D0875864

12/72
1/23.L

Виктор Суворов

Виктор Суворов

БЕРУ СВОИ СЛОВА ОБРАТНО

**Вторая часть трилогии
«Тень Победы»**

**Донецк
2007**

УДК 821.161.1
ББК 84 (2Рос=Рус)6-4
   С89

Подписано в печать с готовых диапозитивов заказчика 28.09.06.
Формат 84×108^1/$_{32}$. Бумага газетная. Печать высокая с ФПФ.
Усл. печ. л. 26,04. Доп. тираж 20 000 экз. Заказ 2896.

ISBN 966-696-874-6 (Ч. 2)
ISBN 966-696-873-8
ISBN 978-985-13-9425-4 (ООО «Харвест»)

ЕДИНСТВЕННЫЙ?
Вместо предисловия

Итог этой войны виден в любой деревне. В деревне — потому что там все обнаженнее и уязвимее, чем в городе, и сколько бы горя ни принесла нам революция, Гражданская война и коллективизация, окончательно добила деревню, а значит, Россию победоносная Вторая мировая война.

В свое время было много сетований, отчего не написана новая «Война и мир». А вот оттого и не написана, что писать бы пришлось о победе ценой уничтожения собственного народа.

Алексей Варламов.
«Литературная газета», 18—24 июня 2003 г.

1

Легенды о Маршале Советского Союза Жукове неисчислимы. Среди них и такая: в деле руководства войной был он у Сталина единственным заместителем.

Миру давно внушили, что Сталин был глуп и труслив, что военного дела не понимал, войной или вообще не руководил, или управлял по глобусу. А раз так, кто же командовал? Вот и выходит, что к Берлину Красную Армию привел не Верховный Главнокомандующий, а его единственный заместитель.

Был, говорят, во время войны такой случай. Принесли Жукову на подпись документ, а должность указали ошибочно: первый заместитель Верховного Главнокомандующего. Тут великий полководец как рыкнет, как ножкой топнет: Я не первый заместитель! Я единственный!

Всем нам велено этим случаем восторгаться: мол, суров был Георгий Константинович, но так ведь война точности требует — незачем Жукова первым заместителем обзывать, если у Сталина других заместителей не было.

Некий литератор этим случаем восхитился и написал книгу о Жукове. Книгу так и назвал: «ЕДИНСТВЕННЫЙ». И в той книге в соответствии с официальной мифологией Государства Российского Сталин показан придурком, а Жуков Георгий Константинович — самородок, умница, спаситель Отечества, великий гений, ясно солнышко без пятнышек. И звучит название книги не в том смысле, что Жуков у Сталина был единственным заместителем, а в том, что он — единственный спаситель Отечества.

И тут же эхом отзывается некий западный сочинитель. Название завораживает: «Маршал Жуков: человек, который сокрушил Гитлера». Это другая книга. Другой автор. Другое название. Но смысл тот же: ЕДИНСТВЕННЫЙ! Вышел Егорий Константиныч в чисто поле, у ракитова куста встретил Идолище поганое с омерзительным его воинством, выхватил меч-кладенец, как махнет — лежит улица, отмахнется — переулочек, самому Идолищу семь голов снес, всю берлогу Третьего рейха разметал. Ни дать ни взять: как выскочил, как выпрыгнул — пошли клочки по закоулочкам!

Давайте же возрадуемся. Давайте пропоем хвалу Маршалу Советского Союза Жукову — спасителю Отечества, единственному заместителю Сталина, а потом спросим: да так ли это? Давайте внимательно посмотрим на окружение Сталина, может быть, помимо Жукова найдем и других заместителей.

2

В ходе войны Сталин занимал несколько должностей: секретарь Центрального Комитета Коммунистической партии, глава правительства, Председатель Государственного Комитета Обороны, председатель Ставки Верховного Главнокомандования,

Верховный Главнокомандующий Вооруженными Силами, народный комиссар обороны. Сталин один, а должностей шесть. На разных должностях у него были разные заместители.

Главная должность Сталина с 4 апреля 1922 года — Генеральный секретарь Центрального Комитета ВКП(б). Главный механизм власти — Учраспред, он же — Орграспред, он же — ОРПО, он же — УК секретариата ЦК.

После Гражданской войны соратники Ленина, распихивая друг друга, рвались к власти. Они считали, что трон Ленина достанется тому, кто победит в бесконечном соревновании по краснобайству и словоблудию. А Сталин тем временем, не вступая в дебаты, взял контроль над лавочкой под вывеской «Учраспред». Ленин первым сообразил, что это означает. Учраспред — это неприметная со стороны контора в составе секретариата Центрального Комитета партии. Нет, нет, это не тот отдел, который руководил подготовкой Мировой революции. И вовсе не тот, который вырабатывал стратегическую линию борьбы мирового пролетариата. И даже не тот, который был призван блюсти чистоту марксистско-ленинского учения. Учраспред — рутина. Учраспред — серенькие чиновники, которые перекладывали с полки на полку столь же серенькие папочки. Учраспред — учет и распределение кадров. Сталинский Учраспред решал, какого партийного деятеля выдвинуть, а какого задвинуть, кого поднять, кого опустить, кого вызвать из белорусского местечка Блудень и направить в Киев, а кого из просторного кабинета в Питере бросить на ответственнейшую работу в Кобеляки под Полтавой, в Пропойск или в село Большая Грязнуха Саратовской губернии.

Секретарь Центрального Комитета партии — главная должность Сталина. Вокруг этой должности и конторы под названием «Учраспред» была выстроена самая мощная, небывалая в истории человечества диктатура Сталина.

Почувствовав крепнущую сталинскую мощь, Ленин предупредил соратников по борьбе: «Товарищ Сталин, сделавшись генсеком, сосредоточил в своих руках необъятную власть». Соратники не вняли предупреждению вождя. Не оценили. А зря.

Учраспред менял свои названия, но суть оставалась: кадры решают все! Во время войны руководство страной, армией, промышленностью, транспортом, сельским хозяйством, тайной полицией, идеологией и пропагандой, дипломатией, культурой, разведкой, наукой, религией и всем, всем, всем осуществлялось все тем же методом — перемещением кадров: этого освободить, этого назначить, не справился — снять и его, назначить третьего. В результате на всех командных постах весьма быстро оказывались те, кто мог обеспечить успех любой ценой. Именно — любой.

Во время войны, за несколько лет до нее и после войны до самой смерти Сталина фактически вторым человеком в партии был Маленков Георгий Максимилианович. С 1934 года он руководил структурой под названием ОРПО — Отдел руководящих партийных органов ЦК ВКП(б). ОРПО — это все тот же Учраспред, но под другой вывеской. «После восемнадцатого съезда закулисная роль Маленкова выходит на открытую поверхность жизни ВКП(б), и по партийной жизни он становится правою рукою Сталина» (Б.И. Николаевский. Тайные страницы истории. М., 1995. С. 200).

Маленков под личным контролем Сталина командовал государством и войной путем распределения кадров. Он выдвигал и задвигал начальников лагерных управлений, командиров бригад, дивизий и корпусов, наркомов и их заместителей, послов и резидентов, начальников районных, областных, краевых, республиканских отделов и управлений НКВД, директоров заводов, фабрик, шахт, нефтепромыслов и золотых приисков, начальников железных дорог, секретарей райкомов, обкомов, крайкомов, начальников отделов и управлений Генерального штаба, командующих флотилиями, армиями, флотами, фронтами, начальников их штабов.

Формально Маленков не был заместителем Сталина по партии. Но если подходить чисто формально, то и Сталин не был диктатором. Если кто забыл: власть в Стране Советов принадлежала рабочим и крестьянам и формально именовалась «советской». Меня давно занимал вопрос: это кто же когда и с кем у нас советовался? Чисто формально власть венчалась Верховным Советом, в котором заседали знатные ткачихи, доярки, сталевары и оленеводы. Чисто формально главой Советского Союза был добрый дедушка Калинин. Однако настоящая власть принадлежала тем, кто расставлял своих людей к рычагам государственного правления.

В ходе войны и после нее, до самой смерти Сталина, к деликатным вопросам учета и распределения кадров, т.е. к вопросам управления государством, экономикой, Вооруженными Силами, внешней и внутренней политикой, Жуков Георгий Константинович допущен не был.

3

Возражают: мы не о руководстве вообще говорим, а о критических ситуациях; где кризис, где труднее всего, в Ленинград, в Сталинград Сталин слал Жукова, и тот железной рукой наводил порядок... Можно ли против этого возразить? Можно.

Я сам так считал, пока доверял мемуарам Жукова. А когда полистал документы, то понял: туда, где кризис, где труднее всего, Сталин посылал другого человека. И тот железной рукой наводил порядок (в советском понимании). Это был Маленков Георгий Максимилианович, и именно его Сталин послал в Ленинград, дав ему исключительные полномочия. Маленков был не один. У него была команда, в состав которой вошли чекисты высшего выбора, «ответственные товарищи» из Управления кадров, генералы и адмиралы высшего ранга, включая наркома ВМФ, командующего авиацией РККА и командующего артиллерией. Когда под руководством Маленкова Ленинград был спасен, когда враг был остановлен, в помощь Маленкову Сталин послал Жукова.

И в Сталинград Сталин послал не кого-либо, а Маленкова. А Жуков прибыл позже (и уехал раньше). И был он в свите Маленкова тем, кого принято именовать «и сопровождающие его лица».

Через два десятилетия Жуков изобразил себя главным. Но «главным» он стал после смерти Сталина, свержения Маленкова, а потом и Хрущева. И Маленкову, и Хрущеву после свержения заткнули рты. Возразить они не могли. А на Жукова работал весь пропагандистский аппарат Советского Союза. На стороне Жукова были и сам Брежнев, и глава правительства Косыгин, и главный коммунистический идеолог Суслов, и министр обороны Гречко, и несметные полчища «историков в погонах». Вот на этом урожайном поле и произрос «спаси-

тель» и Ленинграда, и Москвы, и Сталинграда, и всего остального.

4

С 1922 года, больше 19 лет, должность партийного секретаря была единственной должностью Сталина. 4 мая 1941 года
он стал главой правительства, именовавшегося Советом народных комиссаров (СНК). Во время войны у Сталина в
правительстве первыми заместителями были Молотов и Вознесенский и просто заместителями: Берия, Булганин, Вышинский, Ворошилов, Землячка, Каганович, Косыгин, Маленков,
Малышев, Мехлис, Микоян, Первухин, Сабуров.

30 июня 1941 года Сталин занял пост Председателя Государственного Комитета Обороны (ГКО). Заместителем Сталина по ГКО был Молотов. А с мая 1944 года — Берия.

10 июля 1941 года Сталин принял должность председателя
Ставки Верховного Командования, которая 8 августа была
преобразована в Ставку Верховного Главнокомандования. На
этой должности у него заместителей не было.

19 июля 1941 года Сталин становится народным комиссаром обороны (НКО). На этом посту в годы войны первыми
его заместителями были Буденный и Жуков и заместителями:
Абакумов, Аборенков, Булганин, Василевский, Воробьев, Воронов, Голиков, Громадин, Жигарев, Запорожец, Кулик, Мерецков, Мехлис, Новиков, Пересыпкин, Румянцев, Тимошенко, Федоренко, Хрулев, Шапошников, Щаденко, Щербаков.
И пусть меня простят, если я кого пропустил.

С 8 августа 1941 года Сталин — Верховный Главнокомандующий Вооруженными Силами СССР. На этой должности с
26 августа 1942 года у него был заместитель — Жуков.

Итого в разные периоды войны у Сталина на разных должностях было минимум 38 заместителей, в том числе четыре
первых заместителя: Буденный, Вознесенский, Жуков, Молотов. Шесть человек: Берия, Булганин, Жуков, Маленков, Мехлис, Молотов — были «дважды заместителями» Сталина. Например, Мехлис — заместитель Председателя СНК, заместитель наркома обороны. Молотов — заместитель Председателя
ГКО, первый заместитель Председателя СНК.

С момента, когда Сталин принял должность наркома обороны, т.е. с 19 июля 1941 года, Жуков был его первым заместителем на этом посту. С 26 августа 1942 года Жуков был заместителем Верховного Главнокомандующего. Короче, Жуков был заместителем и одновременно первым заместителем Сталина.

Вокруг Жукова всегда роились лизоблюды и подхалимы. Обстановку в штабе Жукова ярко описал артист Борис Сичкин, друг и собутыльник «маршала победы»: «Обслуживающий персонал состоял из лиц мужского пола в чине не ниже генерал-майора. Они были откровенными холуями: чистили маршалу сапоги, накрывали на стол и убирали со стола. Словом, походили на услужливых собак. Когда они выслушивали распоряжения маршала, то сгибались до полу. Противно было смотреть на этих людей, потерявших к себе всякое уважение... Для маршала эти холуи были кем-то вроде декоративных собачек... Точнее, они были по натуре псами» (Б. Сичкин. Я из Одессы, здрасьте... СПб., 1996. С. 79). И вот однажды во время войны один из этих псов решил вне графика лизнуть хозяйскую задницу — написал в документе должность Жукова: первый заместитель... И не попал! Жуков ужасно не любил, когда его величали первым заместителем наркома обороны. Он любил, чтобы его называли заместителем Верховного Главнокомандующего. Согласимся: тем, кто чистил маршальские сапоги и подносил бумаги на подпись, не мудрено было запутаться в этих хитросплетениях и назвать величайшего полководца всех времен и народов не тем титулом, который ему нравится, а тем титулом, который у него был, но который ему не нравился. И тогда величайший впадал в сатанинскую ярость: я — не первый заместитель, я — единственный!!!

Учитывая вышеизложенное, согласимся: претензии на единственного, мягко говоря, недостаточно обоснованы.

5

Теперь попытаемся навести порядок в табели о рангах. Что важнее: заместитель Сталина по партии или первый заместитель по правительству? Что весомее: заместитель по ГКО, первый заместитель по НКО или заместитель по СНК?

Ответ на этот вопрос был дан 30 июня 1941 года. В этот день был образован Государственный Комитет Обороны (ГКО). Это был «чрезвычайный высший государственный орган СССР, в котором в годы Великой Отечественной войны была сосредоточена вся полнота власти. Постановления ГКО имели силу законов военного времени» (Советская военная энциклопедия. Т. 2. С. 622). «ГКО, сосредоточив всю полноту власти в стране, руководил перестройкой народного хозяйства в соответствии с требованиями войны, мобилизацией сил и ресурсов страны, строительством вооруженных сил, совершенствовал их структуру, расставлял руководящие кадры, определял общий характер использования Вооруженных Сил в войне, осуществлял руководство борьбой советского народа в тылу врага» (Там же. Т. 7. С. 516). Таким образом, в ходе войны основной рычаг диктатуры — учет и распределение кадров — переместился в ГКО. Хотя в принципе ничего не изменилось: все тот же товарищ Маленков под мудрым водительством товарища Сталина претворял в жизнь все тот же нерушимый сталинский принцип, в соответствии с которым кадры решали все.

В ходе войны все государственные и военные структуры и органы Советского Союза, начиная со Ставки Верховного Главнокомандующего, подчинялись решениям ГКО.

В момент создания ГКО в его состав вошли: Сталин — председатель, Молотов — заместитель, Берия, Ворошилов, Маленков. В феврале 1942 года в состав ГКО дополнительно были введены Вознесенский, Каганович, Микоян, в ноябре 1944 года — Булганин. С мая 1944 года Берия — заместитель Председателя ГКО. Теперь у Сталина стало два заместителя — Молотов и Берия.

Маршал Советского Союза Жуков Георгий Константинович не был заместителем Сталина по ГКО. В этот чрезвычайный государственный орган руководства войной Жуков не был допущен даже в качестве рядового члена.

6

ас так учили с детства: война была справедливой, великой, священной. Коварный враг напал без объявления войны, без всякого повода и без причины. Мы к войне не готовились, отсюда такие поражения, потери и жертвы. Суть войны: советский народ защищал свою Родину. Советские люди как один человек сплотились вокруг родной Коммунистической партии и ее мудрого Центрального Комитета. На разгром врага Красную Армию и народ вел великий Сталин.

После смерти и разоблачения Сталина выяснилось, что на разгром врага советский народ вел не Сталин, а верный ленинец Хрущев.

После смещения Хрущева историки вдруг обнаружили, что на разгром врага советский народ вел вовсе не Сталин и даже не Хрущев, а еще более верный ленинец товарищ Брежнев. У Сталина была одна Звезда Героя Советского Союза, он ее никогда не носил, а у Брежнева было аж четыре такие Звезды, и он их всегда носил. Маршал Советского Союза Брежнев был в четыре раза больше герой, чем Сталин.

После смерти Брежнева было сделано сенсационное историческое открытие: на разгром врага Красную Армию и весь советский народ вел все-таки не Брежнев, не Хрущев и не Сталин, а верный сын советского народа великий Жуков, он же — Единственный. Однако если вспомнить предшественников Жукова на роль Спасителя, то получается, что Жуков «единственным» является только на данный момент. На данном историческом этапе.

В этой роли до Жукова побывали другие. Жуков — всего лишь замыкающий в колонне «единственных».

Глава 1
ЧЕСТНОСТЬ С ОГОВОРКАМИ

Могу писать только правду.

Четырежды Герой Советского Союза
Маршал Советского Союза *Г.К. Жуков*.
«Огонек». 1988. №16. С. 11

1

При жизни Жукова вышло только одно издание его мемуаров — один том. «Это была убедительная, честная книга, это была большая правда о войне. Таковой она останется навсегда» («Красная звезда», 12 января 1989 г.).

Тут я позволю себе с любимой газетой не согласиться. «Таковой» жуковская правда навсегда не останется. Она уже таковой не осталась. И не могла остаться, ибо правда в нашей великой стране самая лучшая в мире. Самая правдивая. Самая передовая. Самая прогрессивная. Самая устойчивая. Не оттого наша правда такая живучая, что твердокаменная, а как раз наоборот. У нас гибкая правда! Эластичная. Наша правда выживает в любых условиях, ибо к ним приспосабливается. Ученые товарищи в этом случае применили бы термин: «мутация». Наша правда жизнеспособна и неистребима, ибо меняется вместе с изменением условий обитания. Заявляя, что жуковская правда неизменна, товарищи из «Красной звезды» лукавят. Уж им-то надо знать, что второе издание «Воспоминаний и размышлений» практически ничего общего, кроме названия, не имело с первым изданием. Скажу больше: второе издание полностью опровергает первое, а третье — второе.

Сейчас жуковская большая правда о войне совсем не та, что была раньше. А завтра она будет другой. Она менялась и продолжает стремительно меняться прямо на глазах. Особая роль в этом процессе принадлежит младшей дочери великого стратега Марии Георгиевне. Она сделала все возможное, вернее — невозможное, чтобы книга великого полководца день ото дня становилась все более правдивой. В архивах отца Мария Георгиевна неустанно находит что-то новое. Второе издание, которое вышло после смерти Жукова, стало двухтомным. И было объявлено: вот она наконец — историческая правда! Вот теперь-то в книгу вошло все то, что проклятая цензура не пропустила в первое издание!

Шли годы, времена менялись. Возникали новые проблемы, новые требования. На каждом историческом этапе те же события получали новую оценку, новую трактовку, новое объяснение. И Мария Георгиевна тут же находила вырезанный цензурой кусок или множество кусков. Их вписывали в книгу, одновременно прыткие соавторы вырезали все то, что моменту больше не соответствовало, печатали новое издание, книга снова становилась созвучной времени. И снова объявляли на весь свет: вот теперь-то наконец звучит полная правда!

Оказалось, что Георгий Константинович Жуков предусмотрел все вопросы, которые будут задавать потомки через десятилетия после его смерти, и на все вопросы дал ответы. Самое удивительное: он дал разные ответы. Если сегодня общество ждет от Жукова одного определенного ответа, то именно его и получает. А если через некоторое время официальный взгляд на тот же вопрос изменится, то изменится и жуковский ответ.

Как только требуется подтвердить новую точку зрения, так тут же Мария Георгиевна находит вырезанный цензурой фрагмент. А если назавтра прикажут точку зрения изменить на противоположную, то фрагмент снова уходит в разряд несуществующих.

2

После смерти Жукова его мемуары прошли путь от одно-
томника к двухтомнику, дальше растолстели до трехтомника,
но потом вновь сократились до двухтомника. Книга сама собой съежилась, из нее выпало все лишнее, ненужное, неактуальное.

В 1990 году вышло десятое издание. Оно было особым.
Оказалось, что все, о чем Жуков писал до этого, — полная
чепуха. И только в десятом издании, через четверть века после
смерти великого стратега, наконец перед читателем открылась
та большая правда о войне, которую маршалу не позволили
сказать при жизни.

Первые девять изданий «Воспоминаний и размышлений» — это большая правда. Но вспоминать эту большую
правду больше не рекомендуют. Советы исходят от весьма
авторитетных лиц. Например, от бывшего министра обороны СССР, последнего Маршала Советского Союза Д.Т. Язова. Дмитрий Тимофеевич вписал свое имя в историю тем,
что, уподобившись Гитлеру, через 50 лет после него бросил
танковые армады на захват Москвы. На этом, как и Гитлер,
Маршал Советского Союза Язов сломал шею. Но в отличие
от Гитлера сей стратег не застрелился. Хотя и следовало бы.
Теперь полководец Язов советует молодым бездомным офицерам заводить домашние библиотеки и наполнять их сочи-
нениями Жукова. Но не всякими. «Я посоветовал бы им
перво-наперво обзавестись мемуарами этого великого полководца. Причем приобретать надо не любые попавшиеся
под руку в книжных магазинах издания, а именно последние издания «Воспоминаний и размышлений», начиная с
десятого» («Красная звезда», 2 декабря 2003 г.).

Миллионы книг первых девяти изданий «Воспоминаний и
размышлений» — это отходы исторического развития. Место
им — на свалке истории. Они хороши были для своего времени. Сейчас незачем их держать в домашних библиотеках без-
домных офицеров. Сейчас другие потребности, сейчас нужна
другая большая правда о войне.

Маршал Язов не одинок. Ту же песню поет маршал бронетанковых войск О. Лосик. Его похвалы начинаются с ритуаль-
ных заверений в честности Жукова. Но эти настойчивые по-

вторения рождают сомнения и подозрения. Если кто-то бьет себя в грудь, непрестанно заявляя о кристальной правдивости, то возникает психологическая реакция противоположного характера. Посмотрите на мелких шулеров в подворотнях, это их стиль — на честность напирать. Да и о какой честности Жукова может идти речь, если он описал множество операций и ни разу не вспомнил о потерях? Авторы жуковских мемуаров похожи на организаторов реставрации Кремля и Белого дома. Ремонт завершен. Только смету никому показывать не хочется. Зачем, мол, кому-то знать детали, зачем расстраиваться, зачем помнить, во что все это обошлось и куда лишнее подевалось?

Объявив книгу Жукова честной, маршал бронетанковых войск Лосик тут же уточняет, что жуковская честность не простая, а с оговорками. «Это честная книга. Правда, в девяти изданиях по конъюнктурным соображениям в книгу не вошли факты... Готовя десятое издание, дополненное по найденной к тому времени первой рукописи автора, издательство учло... Мемуары потянули на три тома» («Красная звезда», 2 декабря 2000 г.).

Повествуя о конъюнктурных соображениях, было бы неплохо назвать главного конъюнктурщика. А рассказывая о том, что мемуары когда-то тянули на три тома, следовало бы объяснить непонятливым, почему в настоящий момент они больше никак на три тома не тянут.

И еще: а где гарантия того, что конъюнктурные соображения больше не принимаются во внимание? Два десятка лет в девяти первых правдиво-конъюнктурных изданиях четко просматривалось стремление многочисленных авторов и соавторов «самой правдивой книги о войне» угодить власти, уловить ее желания и ретиво их удовлетворить. А разве в последних изданиях это стремление не просматривается? А разве сегодня книга хоть в чем-нибудь не соответствует официальным идеологическим установкам?

3

Сам Георгий Константинович хорошо понимал, что большая, но вчерашняя правда никому не нужна. Жуков знал, что историю будут постоянно переписывать. Считал, что так и надо. Сам он был ярым сталинцем. Пока Сталин был здоров.

В официальном документе называл себя «слугой великого Сталина». При Хрущеве в моде было быть антисталинцем. Таковым Жуков и стал. Без него никакого XX съезда партии и публичных разоблачений Сталина быть просто не могло. При Брежневе культ Сталина возродили, насколько это было возможно. И снова Жуков стал верным сталинцем. Читайте «Воспоминания и размышления», изданные при Брежневе. А во времена «перестройки» было приказано Сталина снова пинать ногами. И отношение (уже мертвого) Жукова к Сталину в очередной раз изменилось на противоположное. Читайте «Воспоминания и размышления», выпущенные во времена Горбачева. Каждый раз у Жукова рывок на 180 градусов. В прямо противоположную сторону.

Сам Жуков говорил: «При Сталине была одна история, при Хрущеве — другая, сейчас — третья. Кроме того, историографическая наука не может стоять на месте, она все время развивается, появляются новые факты, происходит их осмысление и переоценка, — надо уловить дух времени, чтобы не отстать. С другой стороны, о многом еще говорить преждевременно» («Огонек». 1988. № 16. С. 11).

Фраза о том, что дух времени надо уловить и этому духу соответствовать, просто восхитительна. В соответствии с этим требованием мемуары мертвого Жукова волшебным образом обновляются. В любой данный момент они соответствуют духу времени. Пример. При жизни Жукова в первом издании мемуаров было сказано: «Несмотря на огромные трудности и потери за четыре года войны, советская промышленность произвела колоссальное количество вооружения — почти 490 тысяч орудий и минометов, более 102 тысяч танков и самоходных орудий, более 137 тысяч боевых самолетов» (Воспоминания и размышления. М., 1969. С. 237). При этом живой Жуков ни на какие источники не ссылался. А вот в тринадцатом издании (М., 2003. С. 252) фраза та же, но цифры другие: 825 тысяч орудий и минометов, 103 тысячи танков и самоходных орудий, более 134 тысяч самолетов. И ссылка: Советская военная энциклопедия. М., 1976. Т. 2. С. 66.

Между первым и тринадцатым изданиями расхождение в тысячу танков и самоходных орудий. С самолетами расхождение еще большее: в первом издании — 137 тысяч одних только боевых самолетов, в тринадцатом — 134 тысячи боевых, транспортных, учебных и прочих. Сшибают с ног данные о производстве артиллерии: в первом издании «почти 490 тысяч орудий и минометов», в тринадцатом — 825 тысяч. Разница в 335 000 стволов! Треть миллиона. Это 55 833 огневые батареи, если они шестиорудийные. Это 83 750 огневых батарей, если они четырехорудийные. Если на обслуживание каждого из этих пропущенных Жуковым в первом издании орудий и минометов определить в среднем по пять человек, то потребовалось бы полтора миллиона артиллеристов. Если учитывать всех, кто такой уймой артиллерии управляет и ее работу обеспечивает: командиров взводов, батарей, дивизионов, полков, бригад и дивизий, личный состав артиллерийских штабов, батарей управления, подразделений связи, водителей артиллерийских тягачей и пр., — то цифра уходит далеко за два миллиона. Неужели Жуков об этом не знал? Неужели всем этим управлял, не имея представления о том, что находится под его контролем?

Самое интересное — ссылка на источник. Редакторы тома могли бы честно написать, что Жуков в военных вопросах не разбирался, войной не интересовался, о войне ничего не знал, мостил от фонаря, а вот сейчас открылись другие цифры. И редакторам следовало сослаться на новейшие исследования. Но нет! Повествование ведется от лица Жукова. И этот Жуков в одном издании говорит одно, в другом — другое, в третьем — третье, в тринадцатом — тринадцатое и цитирует книги, которые не читал, которые не мог читать. Второй том «Советской военной энциклопедии», на который в данном случае ссылается Жуков, подписан в печать 20 июля 1976 года. Через два года, один месяц и два дня после его смерти. Ни одного тома «Советской военной энциклопедии» при жизни Жукова выпущено не было. В момент смерти Жукова первый том не был не то что подписан в печать, но даже еще и не сдан в набор. А последний том подписан в печать через шесть лет после кончины величайшего.

Вот как мертвец улавливает дух времени. В стремлении соответствовать Жуков перебрал. Судите сами: Георгий Константинович отсылает нас к четвертому тому «Истории Второй мировой войны 1939—1945». Любопытные, проверьте выходные данные четвертого тома, сравните с датой смерти «маршала победы». Гарантирую: обхохочетесь.

4

А вот еще.

Со времен Сталина утвердилась официальная периодизация войны. В соответствии с ней в конце 1941 года под Москвой Красная Армия развеяла миф о непобедимости гитлеровской армии, а в конце 1942 года под Сталинградом наступил крутой поворот в войне. Почти 50 лет в школах и институтах, в книгах и фильмах, в военных училищах и академиях повторяли эти священные формулы: под Москвой развеян миф, потом, через год, под Сталинградом — крутой поворот.

Прошло полвека, и обнаружилась неувязка. Выяснилось, что роль Жукова в Сталинградской битве измеряется отрицательной величиной. Открылось, что он во время Сталинградской битвы находился на другом фронте и проводил так называемую «отвлекающую» операцию. Причем проводил бездарно и безуспешно. Для «отвлекающей» операции было задействовано почти вдвое больше сил, чем для контрнаступления под Сталинградом. А это нарушение всех устоев стратегии. На главном направлении, там, где решается судьба войны, там, где планируется переломить ее ход в свою пользу, там должны быть главные силы, а на второстепенном направлении — второстепенные. Если на «отвлекающую» операцию выделено больше сил, чем на основную, то это преступление.

Кроме того, в конце 1942 года германская армия на ржевском направлении стояла в обороне. А Жуков там проводил «отвлекающую» наступательную операцию. Но для обороны нужно мало сил, а для наступления — много. Получилось, что огромными наступающими массами Красной Армии Жуков «отвлекал» малые силы германской армии.

И еще: успех под Сталинградом был для советского командования неожиданным. Окружили 22 дивизии, но на это никто не рассчитывал. Предполагалось окружить в три раза меньше. Так вот, для того чтобы всего лишь *содействовать* окружению семи германских дивизий под Сталинградом, Жуков на другом направлении проводил грандиозную «отвлекающую» операцию, в которой участвовали 29 (двадцать девять) общевойсковых, ударных, танковых и воздушных армий.

Для «отвлекающей» операции Жуков сосредоточил 1,9 миллиона бойцов и командиров, 3300 танков, 1100 самолетов.

В результате «отвлекающей» операции Жуков потерял 1850 танков, больше тысячи самолетов, несколько тысяч орудий и минометов, сжег миллионы снарядов, уложил в землю больше ста тысяч солдат и офицеров, обескровив лучшие гвардейские соединения Красной Армии.

«Отвлекающая» операция Жукова в районе Ржева выглядит еще более дикой на фоне событий предшествующего года. Нам говорят, что якобы в конце 1941 года Жуков предлагал Сталину сосредоточить главные силы на Западном фронте, но глупый Сталин рассредоточил силы на многих направлениях и фронтах, погнался за дюжиной зайцев, потому битва под Москвой имела для Красной Армии кровавый финал и особых результатов не принесла. Некоторые этим рассказам верят. Но вот прошел ровно год, и в конце 1942 года возникла та же ситуация: все силы надо было бросить на одно, главное, решающее направление. Таким направлением мог быть Сталинград. Там можно было одержать грандиозную победу. Но Сталинградская операция имела мощный пропагандистский успех, а с точки зрения стратегии завершилась без особого блеска и сияния. В плен попала всего лишь одна обыкновенная германская армия. А была возможность замкнуть кольцо вокруг пяти армий, две из которых танковые. Все пять армий можно было без всяких усилий удержать в кольце. Мышеловку было легко захлопнуть под Ростовом, там германских войск почти не было.

Летом 1942 года германские танковые клинья вырвались далеко вперед, в предгорья Кавказа, топлива на возвращение назад у них не было. Стоило перерезать узкий коридор у Ростова, и тогда весь германский фронт от Белого до Черного моря рухнул бы. В январе 1943 года. Дело в том, что после потери пяти армий пробоина в германской обороне была бы столь же огромной, как и та, что на правом борту «Титаника». Развязка после этого наступила бы в течение месяцев, если не недель. Рана, нанесенная в районе Сталинграда, была тяжелой, а вот удар на Ростов был бы смертельным. Но вместо этого силы Красной Армии снова были распылены на огромных пространствах, на многих фронтах. И почему-то на этот раз Жуков не протестовал, и почему-то не требовал от Сталина сосредоточить силы на одном решающем направлении: или главные силы под Сталинград и далее на Ростов, или контрнаступление под Сталинградом не проводить, а все силы — на Западный фронт, в район Ржева.

Сам Жуков операцию в районе Ржева отвлекающей не считал и так ее не называл. 7 января 1964 года он отправил письмо писателю В.Д. Соколову с описанием подготовки Ржевско-Сычевской операции в ноябре 1942 года: «...Нужно срочно подготовить и провести наступательные операции наших войск. В районе Вязьмы нужно срезать Ржевский выступ противника. Для операции привлечь войска Калининского и Западного фронтов... я поеду к Пуркаеву и Коневу готовить контрнаступление Калининского фронта из района южнее Белый и Западного фронта из района южнее Сычевки навстречу удару войск Калининского фронта. Определив силы и состав войск, которые необходимо привлечь для ликвидации Ржевско-Сычевско-Белый группировки противника, не теряя времени, я выехал в штаб командующего Калининским фронтом...» (Георгий Жуков. Стенограмма октябрьского (1957 г.) пленума ЦК КПСС и другие документы. М., Международный фонд «Демократия», 2001. С. 511).

В районе Ржева готовилась наступательная операция с таким же замыслом, как и под Сталинградом, только большего размаха. Калининский и Западный фронты должны были ударами по сходящимся направлениям срезать Ржевский выступ. Войскам двух фронтов предстояло взломать оборону противника. Их ударные группировки должны были встретиться в глубоком тылу противника и тем самым замкнуть кольцо окружения вокруг основных сил германской группы армий «Центр». Жуков писал о наступательной операции с совершенно определенными целями. Он признавал, что был инициатором этой операции, сам определял количество и состав войск для ее проведения, сам ее готовил и проводил. В момент, когда Жуков писал это письмо, все, что касалось потерь Красной Армии на войне, было покрыто непроницаемым мраком государственной и военной тайны. Потому Жуков, не стесняясь, рассказывал о своих замыслах и планах. Он только не стал говорить о результатах. Он умолчал о том, что никакого окружения германских войск не получилось.

Когда после распада Советского Союза вдруг выплыли на поверхность цифры потерь при полном отсутствии результатов, эту позорную операцию срочно задним числом отнесли к

22

разряду отвлекающих. Вроде изначально только так и замышлялось: пошуметь, пострелять, немцев попугать.

Но не в этом дело. Дело в другом: выяснилось, что крутой поворот в войне (пусть хотя бы и пропагандистский) был достигнут под Сталинградом, а Жуков на месте крутого поворота отсутствовал. И в Москве, откуда шли указания, его тоже не было. Вдруг открылось, что между собой никак не связаны два понятия: «величайший стратег всех времен и народов» и «крутой поворот в величайшей из войн».

Как же быть? Как увязать перелом в войне и личный вклад стратега в означенный перелом?

Долго ломали умные головы, но додумались. У нас умеют.

Решение нашли вот какое: ввести новую официальную периодизацию войны.

Под Сталинградом — крутой поворот, от этого никуда не уйдешь. Этого не изменишь. Тогда вот что: так и будем считать, что крутой поворот был под Сталинградом в ноябре 1942 года, а под Москвой за год до этого было НАЧАЛО КРУТОГО ПОВОРОТА!

Вот и все. Жуков в 1941 году под Москвой был. Вот под его гениальным руководством и было достигнуто главное: положено НАЧАЛО крутому повороту. А уж кто там через год под Сталинградом этот крутой поворот завершал, не суть важно. Главное, кто этот поворот начинал. Главное, что удалось привинтить Жукова к крутому повороту.

А самое интересное вовсе не это.

Самое интересное, что мертвый Жуков в своих мемуарах четко отреагировал на происходящие изменения. Двадцать один год в девяти первых изданиях Жуков писал, что под Москвой в декабре 1941 года был развеян миф, а в десятом «самом правдивом» издании мертвый Жуков вдруг объявил, что не миф он развеивал, а положил начало крутому повороту в войне.

5

Спешу сообщить, что к волшебным трансформациям мемуаров величайшего полководца всех времен и народов я тоже имею некоторое отношение. Я тоже, так сказать, руку приложил.

В коммунистической историографии было принято войну против Гитлера называть «Великой» и даже «Отечественной». Эти названия коммунисты пишут с большой буквы. А название «Вторая мировая война» они писали с малой буквы. Этим они подчеркивали важность войны на советско-германском фронте и полную неважность той же войны на других фронтах. Неоднократно, например, во второй главе «Самоубийства» я уличил грамотеев: имя собственное, как ни крути, надо писать с большой буквы. И еще: война Советского Союза против Германии — это *часть* Второй мировой войны. Не может часть быть больше целого. Если часть заслуживает заглавной буквы, то извольте и целое заглавной буквой величать.

Спорить никто не стал, но понемногу термин «Вторая мировая война» в официальной коммунистической прессе стали писать как положено — с заглавной буквы. Через 25 лет после своей смерти Георгий Константинович Жуков тоже перестроился на общий лад, уловил дух времени и теперь строго блюдет правила правописания. Сомневающихся прошу проверить первые и последние издания «Воспоминаний и размышлений».

Термины «Рейхстаг», «Вермахт», «Имперская канцелярия» — тоже собственные имена. Я их пишу с заглавной буквы. А Жуков — пока с малой. Дальше по тексту этой книги «Рейхстаг» и другие имена собственные будут то с малой буквы, то с заглавной. Причина в том, что, цитируя Жукова, я не имею права переделывать его текст на свой лад, по своему пониманию и усмотрению. Но выражаю твердую уверенность в том, что свое отношение к соблюдению правил грамматики мертвый Жуков изменит.

6

Ставит в тупик заявление Жукова о том, что «о многом говорить еще преждевременно». Это о чем преждевременно? Война завершилась, враг повержен, о чем же нельзя говорить? И почему? Жуков умер через 33 года после германского вторжения, так ничего о войне и не рассказав. Все, что написано в его мемуарах, было известно до него, было опубликовано другими авторами. И если в последних изданиях книги Жукова появляются новые моменты, то новыми они являются только для «Воспоминаний и размышлений». Все «новые моменты» аккуратно переписаны из чужих книг. Из той же «Советской военной энциклопедии». Сам Жуков никаких секретов не открыл.

И как прикажете совместить заявления великого полководца о том, что он способен говорить только правду, с его же откровением в том же абзаце о том, что время говорить правду еще не пришло? И зачем пенять на цензуру, если сам не готов говорить без утайки? Неполная правда есть неправда, т.е. ложь. Сокрытие исторической правды — преступление против собственного народа. Народ, который не знает своей истории, обречен на поражения, вырождение и вымирание. Среди прочих в послевоенном вырождении русского народа виноват Жуков.

В те славные времена, когда великий полководец якобы работал над «самой правдивой книгой о войне», тысячи честных людей писали «в стол». Почему Жуков так не поступил? Некоторые публиковали правду в самиздате и тамиздате. Если это единственно возможные пути правды, почему Жуков ими не воспользовался? Почему, наконец, не бежал за границу, в свободную страну, где он мог бы рассказать правду о войне? Струсил?

Возражают: Жуков не один. О войне врали многие. Согласен. Но не до такой степени.

Своей, мягко говоря, излишней разговорчивостью Жуков нанес невосполнимый урон всем народам бывшего Советского Союза. Но, сам того не ведая, Жуков своей необузданной говорливостью вредил и коммунистической власти. Заявив, что было на войне нечто такое, о чем не следует вспоминать, Жуков нанес смертельный удар по коммунистическому термину «великая отечественная война». Действительно, что это за «священная война», в детали которой великий стратег вникать не рекомендует?

Если, по убеждению Жукова, через треть века не настало то счастливое время, когда можно говорить правду о войне, то когда оно настанет? Когда все свидетели уйдут в мир иной? Когда прочистят все архивы и «за ненадобностью» сожгут все лишнее, неактуальное, не соответствующее историческому моменту?

Во втором издании «Воспоминаний и размышлений» была усилена позиция Жукова в вопросе о том, что правду о войне говорить нельзя: «По вполне понятным причинам, мною не будут затронуты вопросы, раскрытие которых может нанести вред обороне страны» (Воспоминания и размышления. М., 1975. Т. 1. С. 313).

Опубликовано сие через 30 лет после завершения войны и больше чем через треть века после германского вторжения. О великий радетель нашей безопасности! Да что же это за тайны такие? Списаны танки, заросли крапивой взорванные укрепления, обвалились окопы и траншеи, распущены корпуса, армии и фронты, Гитлера давно нет, и Сталина тоже, наши фронтовики большей частью вымерли... А великие тайны остались. Если их раскрыть, будет нанесен вред обороне Советского Союза и боеспособность армии упадет!

Но вот прошло еще 30 лет. Подобно гниющему трупу Советский Союз окончательно разложился. Главная причина: в стране категорически запрещено говорить правду. Разрешалось только врать. Все снизу доверху пропитано враньем. Обманывая народ во всем, правители сами проникаются верой в свои выдумки. Но надо принимать решения, и они их принимают, основываясь на ложных представлениях об окружающем. А раз так, то и решения их не могли быть правильными.

Непроницаемым слоем вранья покрыта вся советская история, прежде всего история военная. После смерти Жукова прошло три десятка лет, но официальные сочинители так ничего нового и не открыли. А тем временем идут миллионами все новые и новые тиражи жуковского творения. И в каждом молотом по нашим головам бьет призыв не затрагивать вопросы, «раскрытие которых может нанести вред обороне» Советского Союза. Которого нет.

Для лубянских сочинителей жуковский мемуар — основа и несокрушимый фундамент истории войны. Они бесстыдно ссылаются на «Воспоминания и размышления», хотя знают, что есть темы, и, как утверждал сам Жуков, их несколько, которые вообще нельзя трогать.

У меня вопрос ко всем защитникам Жукова: объясните, что имел в виду величайший стратег! Назовите те запретные темы, которые, по мнению Жукова, нельзя обсуждать. Так и быть, если обсуждать нельзя, обсуждать их не будем. Но вы их назовите. А то ведь откуда нам знать, о чем можно говорить, а что обсуждению не подлежит?

О чем же рано говорить через десятилетия после войны? О штрафных батальонах? Жуков на войне штрафников видом не видывал и слыхом о таких не слыхивал. В мемуарах он этих рабов войны не вспоминал и о них не размышлял. Но народ об этом знал и без Жукова. В те годы, когда Жуков якобы писал мемуары, Владимир Высоцкий на всю страну сказал про штрафные батальоны, не дожидаясь, когда разрешат говорить правду.

Может быть, не пришло время говорить о том, что население западных областей гитлеровцев хлебом-солью встречало? Жуков об этом не вспомнил. Но мы-то знали об этом из рассказов свидетелей, из великой книги Анатолия Кузнецова «Бабий Яр». Кузнецов не ждал тех прекрасных времен, когда можно будет касаться любых тем и вопросов. Он просто писал правду.

О чем еще не пришло время говорить? О потерях? Жуков нигде ни единым словом не вспоминал о потерях Красной Армии. Но и без Жукова народ знал, что потери были невероятными. И без Жукова честными исследователями была вычислена цифра потерь. И она далеко превосходит 7 миллионов, объявленных при Сталине, 20 — при Хрущеве и 27 — при Горбачеве. (При Горбачеве к сталинской цифре прибавили хрущевскую и получили новую, самую правдивую.)

Трудно понять позицию издателей мемуаров Жукова. Элементарная честность требует изготовить штамп «О многом говорить еще преждевременно. Жуков» и печатать жирными красными буквами поперек каждой страницы его мемуаров.

Заявление Жукова о том, что время говорить правду еще не пришло, является главным свидетельством против его книги «Воспоминания и размышления». После такого заявления честный человек просто не стал бы писать ни единого слова или написал бы все, что думает, все, что считает правдой, запечатал бы в трехлитровые стеклянные банки и зарыл бы в саду. А еще надо было написать письмо потомкам: правду о войне в ХХ веке говорить не позволяют, но я ее для вас сохранил, вот она, читайте! Но Жуков, объявив, что правду говорить не настало время, поставил свою подпись под сочинением в 700 печатных страниц.

Подумаем: если в этом сочинении правда о войне не содержится, тогда чем же оно наполнено? Если правда отпадает, то что остается?

Заявление Жукова — главное свидетельство в пользу «Ледокола». Критиков прошу меня не беспокоить и мне не досаждать до того момента, пока не будет опубликован список запретных тем, которые, по мнению Жукова, не пришло время обсуждать.

Глава 2
ПРО ИСТИННЫЕ ВЗГЛЯДЫ ВЕЛИКОГО ПОЛКОВОДЦА

Тоталитарное государство управляет мыслями, но не закрепляет их. Оно устанавливает неопровержимые догмы и меняет их изо дня в день. Вот пример откровенный и грубый: любой немец до сентября 1939 года должен был относиться к русскому большевизму с ужасом и отвращением — с сентября 1939-го он должен проявлять симпатию к нему и восхищение. Если Россия и Германия вступят в войну друг с другом — что легко может произойти в ближайшие годы, — мы будем присутствовать при столь же внезапном повороте на 180 градусов. Есть ли смысл подчеркивать, каковы результаты этого для литературы?

Джордж Оруэлл.
Литература и тоталитаризм.
Текст передачи по Би-би-си 19 июня 1941 года

1

Полковник А. Кочуков, один из самых рьяных защитников Жукова, откровенно поведал о том, как создавались военно-исторические шедевры: «Два обстоятельства привели меня некогда в дом генерала армии Ивана Владимировича Тюленева. «Горела» юбилейная статья, посвященная 80-летию Маршала Советского Союза С.К. Тимошенко. Тезисы ее были «сориентированы» на маршала Москаленко, но он отказался поставить под материалом свою подпись... С юбилейной статьей особых трудностей не возникало. Иван Владимирович Тюленев прочитал и подписал ее, хотя и заметил:

— Мало и сухо мы пишем о маршале Тимошенко» («Красная звезда», 20 февраля 2002 г.).

Вот так все у нас просто. Разворачиваем газету и читаем мудрую статью генерала армии Ивана Владимировича Тюленева. А при другом раскладе могли бы читать ту же статью и похваливать мудрость Маршала Советского Союза Кирилла Семеновича Москаленко. Статью подготовили для Москаленко. Она ему не понравилась. Ничего страшного. Подписал Тюленев.

Кочуков рассказывает, что маршалу Москаленко подготовили только тезисы, а потом проговаривается: Тюленеву он вез не тезисы, а готовую статью. Полководцу оставалось только прочитать и расписаться. Он это и сделал. Еще и пожурил: эх, писатели, слог казенный, а надо душу вкладывать!

Кто же был настоящим автором, мы никогда не узнаем. Может быть, сам Кочуков. А может быть, Кочуков только возил статью на подпись, а писали ее ребята рангом пониже.

То же самое узнаём и о мемуарах Жукова. Рассказывает В. Комолов, руководитель авторского коллектива мемуаров Жукова: «Мне, например, пришлось изучить около 250 книг и брошюр по военной истории, сделать массу выписок...» («Красная звезда», 12 января 1989 г.). Официально авторы мемуаров Жукова именовались редакторами. Сам Комолов — главным редактором. Но редактору незачем изучать 250 книг по военной истории и делать массу выписок. Этим автор должен заниматься.

И еще: мемуары — это воспоминания. Что вспомнил, то и пиши. А если собрал сведения из сотен чужих книг и вписал в свою, то это — все, что угодно, но только не мемуары.

2

Волшебное самоусовершенствование жуковских текстов лично меня приводит в восторг и трепет. Пример из начального периода войны.

В июне 1941 года в районе Минска был окружен и разгромлен Западный фронт. Погибли все четыре армии этого фронта. В начале июля за счет стратегических резервов Сталин создал новый Западный фронт, но и он тут же попал в окружение. Снова — четыре армии. Только теперь в районе Смоленска. А это — главное стратегическое направление войны.

Виновным за первое окружение был объявлен командующий Западным фронтом генерал армии Павлов. Его расстреляли. Вместе с ним расстреляли не только генералов из высшего руководства Западного фронта, но и вообще всех, кто был рядом: от начальника штаба фронта до начальников санитарного склада, ветеринарной лаборатории и Военторга.

А кого расстреливать за второе окружение Западного фронта? Нового командующего и его штаб обвинить в тех же ошибках? Второй раз такой номер не пройдет. И первый, и второй раз указания Западному фронту шли из Генерального штаба, от его гениального начальника — генерала армии Жукова.

Сталин снял Жукова с поста начальника Генерального штаба. За этим должна была последовать единственно возможная в таких случаях кара. За «гениальное» планирование, за гибель восьми армий Жукова следовало наказывать по высшей мере. Вполне заслужил.

В 1953 году арестованный Маршал Советского Союза Л.П. Берия направил кремлевским вождям несколько посланий. Среди прочего там упомянут достаточно интересный момент: в июле 1941 года Берия спас Жукова от сталинской расправы. А через 12 лет Берия сам ждал расстрела. Терять ему было нечего и врать незачем. Наоборот, явное вранье могло только усугубить его положение — сказали бы: так ты еще и врешь!

Так вот, в 1953 году арестованный Берия напомнил Жукову: я же тебе жизнь спас в 41-м году!

Но чего стоит услуга, которая уже оказана? Жуков, понятное дело, спасителя своего не вспомнил и для его спасения ничего не сделал.

3

11 декабря 1941 года, выступая в Рейхстаге, Гитлер сообщил цифры: за пять месяцев войны, с 22 июня по 1 декабря, захвачено и уничтожено 17 332 советских боевых самолета, 21 391 танк, 32 541 орудие, взято в плен 3 806 865 советских

солдат и офицеров. Это не считая убитых, раненых и разбежавшихся по лесам.

50 лет наши маршалы и генералы объявляли эти цифры выдумками Геббельса и бредом бесноватого фюрера.

Но постепенно картина прояснялась. С годами и десятилетиями официально признанные цифры потерь Красной Армии за 1941 год росли и росли, пока практически не совпали с теми, которые объявил Гитлер. В настоящее время установлено и Генеральным штабом ВС РФ официально признано, что за первые пять месяцев войны Красная Армия потеряла пленными около четырех миллионов бойцов и командиров, 20 500 танков, 17 900 боевых самолетов, 20 000 орудий. Одним словом, была полностью истреблена, разгромлена и захвачена в плен вся кадровая Красная Армия. Помимо этого, противником было захвачено 85% мощностей советской военной промышленности. У Сталина оставались лишь резервисты и 15% военных заводов.

Это был самый страшный и самый грандиозный разгром в истории человечества. Позор усугубляется тем, что все это произошло на своей земле, где, как известно, и стены помогают. Стыд становится нестерпимым, если вспомнить, что у противника было в семь раз меньше самолетов и в шесть с половиной раз меньше танков, гораздо худшего качества, что в боевых частях наступающих германских войск было от полутора до двух миллионов солдат.

Боевые действия Красной Армии планировал Генеральный штаб. Во главе Генерального штаба стоял генерал армии Жуков. Своей вины за это небывалое и невероятное поражение Жуков не признал. Наоборот, он объявил себя величайшим полководцем XX века. У Жукова виноваты все: от рядовых солдат до Верховного Главнокомандующего, от рабочих на военных заводах до конструкторов оружия и членов правительства. Только ни в чем не виноват начальник Генерального штаба.

Жуков представил дело так, что летом 1941 года его не за что было расстреливать. Его даже снимать с должности начальника Генерального штаба было не за что. У него все обстояло прекрасно. По рассказам Жукова выходит, что Сталин его и не снимал с должности начальника Генштаба. Просто... Жуков сам попросил его снять...

В письме писателю В.Д. Соколову от 2 марта 1964 года Жуков описал этот момент (Георгий Жуков. Стенограмма октябрьского (1957 г.) пленума ЦК КПСС и другие документы. С. 516). Причина, по которой Жукову пришлось покинуть пост начальника Генерального штаба, оказывается, не в том, что весь стратегический фронт рухнул от моря до моря. И не в том, что попал в окружение и погиб Западный фронт, и тут же при гениальном планировании Жукова при повторении тех же ошибок и просчетов новый Западный фронт снова попал в окружение и гибнет, открывая Гитлеру путь на Москву. Причина ухода с поста, если верить Жукову, в другом. Сталин якобы позволил себе говорить с великим Жуковым в непозволительном тоне. А принципиальный Жуков такого не стерпел. Тут-то он Сталину и заявил: «...Мне здесь делать нечего. Я прошу освободить меня от обязанностей начальника Генерального штаба!»

Сталин (если эти баллады принимать всерьез) снимать Жукова как раз и не собирался. А Сталин Жукову: «Да вы не горячитесь...» И только после этого Сталин согласился: ну ладно, так уж и быть, снимаю тебя с должности...

Как будто для отстранения Жукова не было причин! Как будто Жуков за разгром 22 июня не заслужил ста расстрелов! Как будто за новое окружение под Смоленском он не заработал позорной казни!

4

Прошло пять лет, и в первом издании мемуаров эта же сцена была улучшена. Она описана иначе. Кроме того, добавлено, что Сталин на великого стратега зла не имел. Освободив Жукова от обязанностей начальника Генерального штаба, Сталин тут же сел пить чай и Жукова рядом посадил... Но Жукову было не до сталинского чая.

Во втором издании фрагмент претерпел новые изменения. Например, Сталин, снимая Жукова, говорит ему такие приятные слова: «У вас большой опыт командования войсками в боевой обстановке» (Воспоминания и размышления. М., 1975. Т. 1. С. 358). Живой Жуков про такие комплименты ничего не рассказывал. А мертвый Жуков спохватился и добавил в мемуар сталинскую похвалу.

Эта сцена (как и все остальные) претерпевала дальнейшие трансформации. В десятом «самом правдивом» издании раздраженный Сталин, снимая Жукова, бросает ему оскорбление... Которое звучит величайшей похвалой: «Мы без Ленина обошлись, а без вас тем более обойдемся». Иными словами, для Сталина Ленин и Жуков — фигуры одного калибра. Интересно, что Сталин не от своего имени говорил, а якобы от имени всех: мы обошлись... Можно понимать: мы — руководители. А можно и так понять: мы — народ, мы — страна кое-как без Ленина выжили.

Если принимать во внимание, что Сталин через год сделал Жукова своим заместителем, то эта фраза приобретает новый смысл: без Ленина Советский Союз выстоял, а вот без Жукова — никак.

5

Дочь Жукова Мария Георгиевна любит рассказывать жуткие истории о том, что великому стратегу якобы не позволяли писать правду: «От Суслова, других работников ЦК поступали в издательство АПН приказы «резать» по живому и выбрасывать из мемуаров самое-самое...» («Красная звезда», 29 июня 2002 г.).

На вопрос «Красной звезды», почему после окончания МГИМО она не пошла в дипломатию, Мария Георгиевна ответила: «Я осознала, что главная задача моей жизни — работа над папиными архивами и книгой, которую он поручил мне написать. Незадолго до смерти, видимо, понимая, что конъюнктурные писаки переврут всю его жизнь, папа завел со мной разговор о том, чтобы я, когда вырасту, изучила все его архивы, дневники, письма и написала правдивую книгу» (там же).

«Правдивую» книгу Мария Георгиевна написала. Вступительная статья — «Душа его христианская». Оказывается, что участник трех государственных переворотов, душегуб, перестрелявший умопомрачительное число людей без суда и следствия, военный преступник, подписавший приказ расстреливать семьи попавших в плен красноармейцев и командиров, вор, мародер и многоженец, член Президиума ЦК КПСС, самый кровавый полководец в истории человечества ко всему этому был еще и глубоко верующим человеком.

Во времена «перестройки» еще не вошло в моду крестным знамением себя осенять, потому при Горбачеве Жукова описывали настоящим коммунистом и верным ленинцем. А с 1991 года пошла мода креститься перед храмом. И тут же, следуя последней моде, «маршал победы» предстал перед изумленной публикой с сияющим нимбом над просветленным челом. О христианских добродетелях великого стратега поговорим особо, сейчас замечу только — даже «Красная звезда» (2 декабря 2003 г.) возмутилась: «Мария Георгиевна излишне наделяет своего отца Георгия Константиновича набожностью».

Уверен, когда пойдет на Руси мода на мусульманство, Мария Георгиевна отыщет доказательства: ее великий родитель всю войну Коран за пазухой носил. А адъютанты возили за ним по всем фронтам молитвенный коврик. И в Мекку все рвался, сердечный, босиком сходить, да не сумел...

Проклятые конъюнктурщики из ЦК воспрепятствовали.

6

Главный подвиг Марии Георгиевны — не книга об отце, а работа с его архивами. Это был долгий, кропотливый труд. Как награда за упорство — удача. «В конце 80-х годов, когда Георгия Константиновича уже не было в живых, его младшая дочь Мария, к счастью, разыскала самый первый вариант рукописи мемуаров своего отца. Оказалось, что в общей сложности в печать не пропустили 300 страниц машинописного текста!» («Аргументы и факты». 1995. № 18—19).

Достаточно интересно, что та же самая фраза, слово в слово, повторена другим автором в «Красной звезде» (1 декабря 1999 г.), только без восклицательного знака.

Но не это главное. Важно обратить внимание на цифру 300.

«Главной заслугой Марии Георгиевны является то, что она сумела разыскать первоначальную рукопись мемуаров Жукова. Мемуары увеличились более чем на 4 печатных листа, т.е. свыше 100 машинописных страниц... Подлинные взгляды великого русского полководца сохранены для потомков» («Красная звезда», 29 июня 2002 г.). А тут важно обратить внимание на цифру 100...

Так все складно получается! В конце 80-х годов над Советским Союзом громыхали так называемые «гласность» и «перестройка». Вот именно в этот момент Мария Георгиевна и нашла «первоначальную рукопись». А раньше рукопись никак не находилась. Сначала она нашла 300 страниц машинописного текста, и был сделан трехтомник. Потом кое-что оказалось неактуальным. Трехтомник вновь порезали, превратив в двухтомник. Под закат «перестройки» было заявлено: найдено 300 страниц. Через десяток лет оказалось, что было найдено не 300 страниц, а только 100.

200 найденных страниц потерялись, их снова невозможно найти. Публику попросили не беспокоиться, о найденных страницах забыть. Оказалось, что нашли то, что находить не следовало. Даже не так: тогда их следовало найти, а сейчас их следует потерять.

Но даже не эти находки и пропажи удивляют. Волнует другой вопрос: как случилось, что «первоначальную рукопись» надо было разыскивать? Если Жуков видел, что идеологи кромсают его творение, если был заинтересован в сохранении исторической правды, то просто должен был сказать дочери: вот она, первоначальная, под кроватью лежит, настанут лучшие времена — публикуй.

Но Жуков почему-то «первоначальную рукопись» запрятал так, что «подлинные взгляды великого русского полководца» могли до потомков и не дойти. Не будь у него такой сообразительной дочери, мы бы так и довольствовались текстами, которые испохабили проклятые конъюнктурщики из Центрального Комитета.

7

Старания Марии Георгиевны по восстановлению «первоначальной рукописи» — настоящий научный подвиг. Четверть века непрерывной правки! То одно найдет, то прямо противоположное. А то вдруг потеряет. Но все находки и потери — именно то, что требует данный момент. Однако нам не следует забывать слова самого Жукова, которые он написал на рукописи первого издания: «Этот экземпляр моей рукописи является окончательным. Со всеми дополнениями и изменениями — в печать! 30/VI-68. Санаторий «Барвиха». Г.К. Жуков».

Этот текст неоднократно выставлялся в Лондоне, Париже, Франкфурте в момент первой публикации мемуаров Жукова на немецком, английском, французском и других языках. До появления «самого правдивого» десятого издания этот текст был опубликован в «Красной звезде» (12 декабря 1989 г.).

Эта надпись Жукова, на мой взгляд, совершенно четко указывает на то, что при его жизни никакой «первоначальной рукописи» не существовало, что сам Жуков был полностью согласен с текстом первого издания. Комолов, руководитель авторского коллектива мемуаров Жукова, категорически заявляет, что не было никакой «первоначальной рукописи»: «За многие годы работы над «Воспоминаниями и размышлениями» мы с автором переработали практически весь имевшийся у него материал. Ни о каких других мемуарах речь не заходила» («Красная звезда», 12 декабря 1989 г.).

После выхода двенадцатого издания мемуаров Жукова я позвонил в издательство. Спрашиваю, понимают ли издатели, что дочь величайшего стратега Мария Георгиевна халтуру гонит? Сначала она триста страниц нашла, потом двести снова потеряла. На ста оставшихся страницах величайший полководец всех времен и народов 14 раз цитирует книги, которые вышли после его смерти. Вы понимаете, спрашиваю, что это означает?

На это возмущенный ответ главного редактора: так он же святой!

Несмотря на мое предупреждение, издательство «ОЛМА-ПРЕСС» выдало следующее, тринадцатое, издание. Видимо, будут и другие издания и тиражи.

Но все, начиная с «самого правдивого» десятого издания, — бесстыдная халтура.

А первые девять изданий, если следовать логике маршала бронетанковых войск Лосика, надо называть конъюнктурными.

Руководителей издательства «ОЛМА-ПРЕСС» я убедить не сумел. Они продолжают подсовывать покупателям гнилой товар. И тогда я позвонил в «Красную звезду»:

— Вы там, случаем, Жукова не читали?

— Читали, — бодро отвечают.

— Последние самые правдивые издания, начиная с десятого?

— Как же, как же.

— И ничего не заметили?

— А что?

Рассказываю, в чем дело.

На том конце провода не поверили, но обещали проверить.

Мое сообщение явно проверили, и через пару недель после телефонного разговора, 26 октября 2002 года, в «Красной звезде» мелкими буквами был опубликован следующий текст: «Посмертные издания воспоминаний Г.К. Жукова во времена перестройки якобы восстанавливают изначальный текст рукописи. Однако достоверность внесенных добавлений и исправлений, к сожалению, не может быть подтверждена самим полководцем».

А ведь это катаклизм!

Столько десятилетий непрерывных восхвалений и вдруг — первое сомнение.

И этого пока достаточно. Малая трещинка в ледяном монолите. Пусть пока первая. Будут и другие. Будет время ледохода.

А Марии Георгиевне, дочери величайшего стратега, пожелаем новых успехов в поисках еще не найденных вариантов «первоначальной рукописи». «Истинные взгляды» великого полководца должны быть сохранены для потомков. Как учил величайший стратег, надо уловить дух времени, чтобы не отстать. Ловите, Мария Георгиевна, дух времени.

Только, публикуя вновь открытые перлы, старайтесь держаться в рамках приличия и правдоподобия.

Глава 3
ПРО БЕЗМОЗГЛУЮ АРМИЮ

> О «фаустпатронах» будете рассказывать после войны внукам, а сейчас без всяких рассуждений наступать вперед!
>
> Приказ Маршала Советского Союза Жукова генерал-полковнику В.И. Кузнецову в ходе штурма Берлина

> Тов. Кириченко! Вы плохо выполняете не только мои приказы, но и приказы тов. Жукова. Прикажите командирам бригад возглавить на головных танках свои бригады и повести их в атаку на Берлин, иначе ни чести, ни славы своего корпуса Вы не завоюете. О «панцерфаустах» будете потом рассказывать детям. Генерал-полковник Кузнецов. 21 апреля 1945 г.
>
> Приказ командующего 3-й ударной армией командиру 9-го танкового корпуса

1

К началу 70-х годов XX века коммунистическая власть сгнила окончательно.

Было использовано множество способов поднять авторитет Коммунистической партии и ее ленинского Центрального Комитета в глазах народа. На заборах огромными буквами писали: СЛАВА КПСС! Было решено переписать конституцию и вписать в нее особую статью о том, что партия — наш рулевой. Композиторы сочиняли песни о родной партии, поэты — стихи, высоколобые профессора переписывали учебники: все наши великие победы — результат плодотворной деятельности коллективного разума партии!

И тут кто-то вспомнил о Жукове.

Мысль простая и гениальная: пусть величайший полководец всех времен и народов выскажется! Пусть сообщит народу, кто привел страну к победе над Гитлером! Пусть расскажет о роли Центрального Комитета Коммунистической партии в руководстве войной и армией!

Несколько осложняло ситуацию одно обстоятельство: пока сообразили, пока хватились, Жуков уже умер.

2

Но нет таких крепостей, которые не взяли бы большевики.

Не беда, что Жуков умер. Не беда, что его мемуары вышли при жизни и разошлись по стране. Не беда, что уже переведены на все мыслимые языки и изданы во многих странах. Мемуары решили подновить в соответствии с требованиями момента. Было высказано предположение, что Жуков понимал роль Центрального Комитета. Раз так, то, ясное дело, свои взгляды на сей счет где-то изложил письменно. Не мог не изложить! Просто прохвосты-цензоры вырезали из рукописи его гениальные соображения. А что, если хорошенько порыться в архивах Жукова? Что, если восстановить первоначальный текст и отпечатать второе издание?

Так и поступили. Обратились к дочери величайшего полководца Марии Георгиевне: нет ли чего о роли Центрального Комитета?

Мария Георгиевна по амбарам помела, по сусекам поскребла и (о чудо!) тут же нашла именно то, что требовали. С этого, собственно, и начался бесконечный процесс волшебного самосовершенствования «Воспоминаний и размышлений». Мемуары Жукова были борзо переписаны на новый лад, и было объявлено, что первое издание — неправильное. А вот теперь-то справедливость восторжествовала, найдено все, что было вырезано цензурой, и врезано в текст. Так родилось второе издание.

Давайте же обратимся к «подлинным взглядам великого русского полководца», которые дочь стратега сумела разыскать и сохранить для потомков. Давайте же оценим степень подлости главного идеолога Советского Союза Михаила Андреевича Суслова и других конъюнктурных писак из ЦК, которые «резали по живому», «выбрасывали из мемуаров самое-самое...».

В первом издании книги Жукова были такие строки: «В конце 20-х годов вышел в свет серьезный труд Б.М. Шапошникова «Мозг армии», в котором был проанализирован большой исторический материал, всесторонне обрисована роль Генерального штаба, разработаны некоторые важные положения по военной стратегии» (Воспоминания и размышления. М., 1969. С. 100).

Что можно возразить? Ничего не возразишь. В конце 60-х фраза звучала безукоризненно. В первом издании живой Жуков полностью соглашался с Шапошниковым и ему не возражал. А мертвый Жуков пошел другим путем. Он нашел нужным опровергнуть и Шапошникова, и самого себя. Во втором издании мемуаров Жукова фраза про книгу Шапошникова получила такое развитие: «Дело прошлое, но тогда, как и сейчас, считаю, что название книги «Мозг армии» применительно к Красной Армии неверно. «Мозгом» Красной Армии с первых дней ее существования является ЦК ВКП(б)» (Воспоминания и размышления. М., 1975. Т. 1. С. 110).

Это заявление Жукова — оскорбление Генеральному штабу и всей Красной Армии. Выходит, у нашей армии собственных мозгов нет. Безмозглая.

Это заявление повторено во всех остальных изданиях. Вот это и есть то «самое-самое», что в первом издании по приказу злодея Суслова беспощадно «резали по живому» конъюнктурщики из Центрального Комитета. Это и есть те самые «подлинные взгляды великого русского полководца», которые сохранила для грядущих поколений сообразительная дочь Мария Георгиевна.

Что же получается? Получается, что главный идеолог Центрального Комитета Коммунистической партии М.А. Суслов и его подручные конъюнктурные писаки из того же Центрального Комитета в 1969 году роли Центрального Комитета не понимали. Мало того, они ее отрицали, они свирепо «резали по живому». А вот Жуков все понимал! И писал в своих рукописях! Но по приказу свирепого злодея Суслова эта проникновенная правда, эти простые, но мудрые слова, это «самое-самое» были из мемуаров Жукова безжалостно вырваны. А через шесть лет, в 1975 году, тот же самый Суслов перестроился-перековался, роль Центрального Комитета уяснил-осознал и разрешил храброй дочери Жукова правду-матку в книгу вписать, привести текст книги в соответствие с «первоначальной рукописью» и «подлинными взглядами».

А неутомимая дочь Мария Георгиевна продолжала поиск. И вот нашла более звучную, впечатляющую и убеждающую фразу о роли Центрального Комитета. Оказывается, Жуков, для того чтобы донести великую правду о войне, взял себе в союзники не менее выдающегося полководца, тоже Маршала Советского Союза и тоже четырежды Героя Советского Союза, Генерального секретаря ЦК КПСС Брежнева Леонида Ильича. Мол, не я один так думаю. Вот и товарищ Брежнев того же мнения. Вновь разысканная фраза Жукова звучала так: «Центральный Комитет, — отмечал Л.И. Брежнев, — был тем штабом, откуда осуществлялось высшее политическое и стратегическое руководство военными действиями» (ВИЖ. 1978. № 4. С. 24).

При живом Жукове эту фразу явно цензура не пропустила. Но потом великая жуковская правда о войне все же восторжествовала, все же пробила себе дорогу к массам...

Но вот беда: через четыре года Брежнев вдруг вышел из моды. И храбрая дочь величайшего гения тут же потеряла эти красивые слова, которые совсем недавно были такими правильными, такими верными и актуальными.

Что поделаешь? Они еще вчера были созвучными времени.

А сейчас требуется другое. Конъюнктура иная. Более правдивая правда о войне нужна.

3

Существует достаточно свидетельств, что с августа 1939 года генералы и офицеры Генерального штаба Красной Армии работали по 15—16 часов в сутки без выходных и праздников, часто оставаясь на ночь в своих кабинетах. У кого большой кабинет, тот мог иметь даже диван. Офицерам рангом пониже рекомендовались три варианта отдыха:

а) сидя на стуле лицом в стол;

б) на столе;

в) под столом.

Ближе к войне работа всего состава Генерального штаба стала практически непрерывной, круглосуточной.

Генерал-полковник Л.М. Сандалов вспоминает: «Иван Васильевич Смородинов был назначен на этот пост с должности заместителя начальника Генерального штаба. Работал он, как мне рассказывали, не менее двадцати часов в сутки» (Л.М. Сандалов. На московском направлении. М., 1970. С. 42).

Об этом говорит и сам Жуков: «Руководящий состав Наркомата и Генштаба, особенно маршал С.К. Тимошенко, в то время работали по 18—19 часов в сутки» (Воспоминания и размышления. М., 1969. С. 241).

Другими словами, еще до германского нападения Генеральный штаб РККА работал в режиме военного времени. Выше этого невозможно. В ходе войны рабочий ритм оставался таким же. Интересно, что и после войны до самой смерти Сталина работа Генерального штаба была столь же напряженной. А пленумы Центрального Комитета Коммунистической партии собирались от случая к случаю. По уставу — раз в три месяца. Но буйно цвели, так сказать, неуставные отношения. Пленумы собирали и через четыре месяца, и через шесть. А то и раз в год. «На Восьмом съезде было установлено, что в течение всего 1918 года, с момента переселения правительства в Москву и до съезда Советов в декабре, не было ни одного собрания ЦК партии, и все решения за ЦК принимали вдвоем Ленин и Свердлов» (Б.И. Николаевский. Тайные страницы истории. М., 1995. С. 134).

Красная Армия создана в 1918 году. Жуков пишет, что мозгом Красной Армии с первых дней ее существования является ЦК. Но сами коммунисты на своем съезде установили, что ЦК в том году никаких вопросов не обсуждал, никаких решений не принимал и даже ни разу не собирался. И это в самый драматический период борьбы коммунистов за власть над огромной страной.

И во время советско-германской войны роль ЦК была точно такой же. На время войны Центральный Комитет вообще самоустранился и затих. Как говорят, не высовывался. Последний предвоенный пленум ЦК — 21 февраля 1941 года, первый послевоенный — 18 марта 1946 года. Между этими датами на протяжении всей войны пленумы Центрального Комитета Коммунистической партии не созывались НИ РАЗУ.

Звание члена ЦК и члена Политбюро сохранялось. Но это было нечто вроде титула: член ЦК — что-то вроде графа, кандидат в члены ЦК — виконт, а член Политбюро — не иначе великий князь. Обладание таким титулом означало, что носитель его приближен к самым вершинам и облечен доверием вождя. Но ничего более.

С 1947 по 1952 год — более пяти лет — не было ни одного пленума Центрального Комитета. Кто же думал за нашу безмозглую армию все эти годы?

Содержание всех пленумов ЦК — выяснение отношений. Центральный вопрос — кадровый. Лучше всего содержание пленумов ЦК определить воровскими терминами: толковище, сходняк, разборка. Никаких военных вопросов на тех пленумах не обсуждали. Но не следует думать, что если не проводилось пленумов, то не было и кровавых разборок. Они были, только в другом оформлении.

За время войны Центральный Комитет Коммунистической партии не проявил себя ничем, не обсудил ни одного вопроса, не принял ни одного решения. Никто об этой лавочке и не вспоминал. На войне без Центрального Комитета обошлись. «И коммунизм, и советская власть, и даже намеки на мировую революцию исчезают из советских газет» (Б.И. Николаевский. Тайные страницы истории. М., 1995. С. 204). Мало того, прекратились любые упоминания о ЦК. Листайте «Красную звезду» за все военные годы — ни единого слова о Центральном Комитете! Да что там «Красная звезда». Листайте главную газету Коммунистической партии. Под названием газеты «Правда» значилось: «Орган Центрального Комитета и МК ВКП(б)». Однако за всю войну «орган Центрального Комитета» не вспоминал про Центральный Комитет. Уже 23 июня 1941 года коммунисты сменили свои лозунги. Они мгновенно перестроились. Они перековались. Из интернационалистов они вдруг превратились в патриотов. Уже 23 июня 1941 года был разогнан так называемый «Союз воинствующих безбожников». Уже 23 июня было дано разрешение на колокольный звон в церквях. Коммунисты вдруг начали объяснять народу, что воюем не за мировое господство, не за коммунизм на всей земле, не за захват соседних стран, не за массовые расстрелы, не за голодные очереди, не за пытки, не за Лубянку с Таганкой и Бутыркой, не за колхозное рабство и трудодни, не за прописку, не за исправительно-трудовые лагеря, не за Центральный Комитет, а за березки-осинки, за вечерний звон малиновый, за Волгу-матушку, за купола золотые, за иконы чудотворные, за белых яблонь дым, за конфетки-бараночки! За Россию!

И войну назвали «отечественной».

И тут Гитлер подыграл Сталину. «Гитлер ухитрился объединить всех русских под сталинским знаменем». Это сказал Гудериан (Panzer Leader. London. Futura. 1979. Р. 440). Если бы Гитлер был платным агентом Сталина, если бы действовал только по указаниям Кремля и Лубянки, то и тогда вряд ли смог бы действовать в интересах мирового коммунизма лучше, чем действовал на самом деле. Он воевал против народа Советского Союза, который поначалу встречал гитлеровцев как освободителей. Германия была совершенно не готова к войне. Эта неготовность выражалась прежде всего в том, что Гитлер и его окружение не понимали самых простых вещей. Они не знали, кто им враг, а кто союзник. Они не понимали, кого нужно бить. Потому гвоздили по кому ни попадя. Прежде всего по своим союзникам: народам Украины, России, Белоруссии. При таком руководстве, при таком понимании обстановки они не могли победить.

Не в стратегических талантах Жукова надо искать причины разгрома Германии, а в потрясающей глупости Гитлера и его стратегов.

4

Коммунизм не может жить без культа. Развенчав культ Сталина, Коммунистическая партия осталась без знамени. Попытки возвести новые культы Хрущева, Брежнева, Андропова, Горбачева провалились. Не говоря уже про Черненко. Потому пришлось воспевать «коллективную мудрость партии» и строить обобщающий культ Центрального Комитета.

На этом ратном поле и отличился величайший стратег. Сравнив, мягко говоря, не слишком бурную деятельность Центрального Комитета на войне и работу Генерального штаба, Жуков решительно взял сторону ЦК. Тем самым «великий русский полководец» обессмертил свое имя. Как ни крути — открытие. Диалектический метод марксизма-ленинизма в своем блистательном воплощении: если сотни и тысячи генералов и офицеров Генерального штаба вкалывали на износ до войны, на войне и после, значит, Генеральный штаб — не мозг. Мозгом армии, по Жукову, был Центральный Комитет, который за время войны вообще ничем себя не проявил, который полностью самоустранился от своей «руководящей и направляющей роли», который от жизни страны отключился, который просто дезертировал с арены войны.

Даже генералы-коммунисты при еще живом Центральном Комитете находили смелость признать, что Центральный Комитет Коммунистической партии во время войны вообще никакой роли не играл. Генерал-полковник Г. Кривошеев вспоминал: «В те суровые годы почти полностью бездействовали верховные органы Советского государства и партии. Практиковались чрезвычайные формы руководства, была практически полностью свернута внутрипартийная демократия. Все в великой стране, в героически сражавшейся армии решал ГКО, а значит — Сталин» (Г. Кривошеев. «Красная звезда», 5 сентября 1990 г.).

А мертвый Жуков упорствует: Центральный Комитет не бездействовал, а действовал! ЦК — мозг армии!

Столь выдающегося открытия не смог сделать никто. И лишь гению это оказалось под силу. Не только генералам и маршалам такое в голову не ударило, но и сами идеологи Центрального Комитета до такого не дошли. Идеологи после Сталина говорили: Центральный Комитет — «руководящая и направляющая сила». Если шаманам из ЦК такие заявления в радость, пусть так и будет. Чем бы Суслов ни тешился...

Но ни один идеологический мракобес не заявил: Центральный Комитет думает за армию. Такое заявил Жуков. И только он.

А удивительное вот где. В октябре 1957 года пленум ЦК отстранил Жукова от рычагов власти. И вот защитники Жукова разоблачают Центральный Комитет за подлость: собрались проходимцы в отсутствие великого стратега и мерзким закулисным маневром сбросили нашего дорогого и любимого...

Дорогие товарищи, это не жуковский взгляд на вещи! Вам следует помнить слова величайшего стратега о том, что ЦК — мозг армии. А коль так, зачем вообще нужны маршалы, генералы и адмиралы?

Объявив Центральный Комитет мозгом армии, Жуков сам себя признал пятым колесом. И если вы, жрецы культа Жукова, согласны с мемуарами своего кумира, то события октября 1957 года следует трактовать иначе: Центральный Комитет занял положенное ему место, при этом было ликвидировано ненужное звено управления в лице величайшего стратега.

В самоунижении перед дутым величием Центрального Комитета величайший стратег обошел всех.

Глава 4
КАК ЖУКОВ ПЫТАЛСЯ
ДОЛОЖИТЬ ОБСТАНОВКУ

> Полководцы и военачальники охотно соглашались выступать на страницах газеты, однако, как правило, слабо владели пером. И приходилось, мягко говоря, оказывать им «безвозмездную» помощь. (Гонорары получали авторы, а не сотрудники редакции.) За них писали «от» и «до». Печатали на машинке, вычитывали. Автору оставалось лишь поставить свою подпись.
>
> «Красная звезда», 27 сентября 2001 г.

1

Причины разгрома Жуков объяснил просто и доходчиво: Сталин ничего не понимал, а вот он, великий Жуков, все понимал, он, гениальный, пытался доложить, но Сталин не слушал.

Раскроем последнее, тринадцатое, издание мемуаров Жукова. Страница 229. Тут сказано следующее: «К сожалению, приходится отметить, что И.В. Сталин накануне и в начале войны недооценивал роль и значение Генштаба. Между тем Генеральный штаб, по образному выражению Б.М. Шапошникова, — это мозг армии. Ни один орган в стране не является более компетентным в вопросах готовности вооруженных сил к войне, чем Генеральный штаб. С кем же, как не с ним, должен был систематически советоваться будущий Верховный Главнокомандующий? Однако И.В. Сталин очень мало интересовался деятельностью Генштаба. Ни мои предшественники, ни я не имели случая с исчерпывающей полнотой доложить И.В. Сталину о состоянии обороны страны, о наших военных возможностях и о возможностях нашего потенциального врага. И.В. Сталин лишь изредка и кратко выслушивал наркома или начальника Генерального штаба».

Чем можно подкрепить заявления Жукова?

Да ничем.

А вот простейшей проверки эти заявления не выдерживают.

Более двух десятилетий кремлевские секретари вели «Журнал записи лиц, принятых И.В. Сталиным». Все посетители зарегистрированы: время входа, время выхода. Эти записи опубликованы полностью в журнале «Исторический архив» в 1994—1997 годах. Документ решительно опровергает Жукова и тех, кто за него сочинял «Воспоминания и размышления».

Вопросами подготовки войны Сталин занимался упорно и ежедневно минимум 17 лет. С каждым годом он все больше и больше времени уделял этой проблеме. Судя по записям, начиная с ноября 1938 года кабинет Сталина превратился в главный мозговой центр предстоящей войны и Мировой революции. Редко мелькнет в списке приглашенных чекист, дипломат или прокурор, остальные — те, кто будет воевать, и те, кто будет их обеспечивать. Но если и бывали иногда в кабинете Сталина чекисты, дипломаты и прокуроры, то из этого вовсе не следует, что с ними Сталин только о вечном мире толковал...

Перед каждым, кто читал эти записи, открывается грандиозная картина подготовки к великому столкновению. Вот осенью 1940 года Сталин пригласил к себе конструктора-оружейника Шпагина Георгия Семеновича. Пока никто не сумел найти упоминаний о личных встречах Гитлера с конструкторами стрелкового оружия. А Токарев, Дегтярев, Симонов, Горюнов — постоянные гости в кабинете Сталина. О чем говорил Сталин со Шпагиным? Мы этого не знаем и не узнаем никогда. Но результат налицо. С середины 1941 года до конца войны германская промышленность произвела 935, 4 тысячи пистолетов-пулеметов. Их надо было использовать на многих фронтах от Норвегии до Африки, от Нормандских островов до калмыкских степей. А промышленность Советского Союза за то же время произвела 6173,9 тысячи пистолетов-пулеметов. Это были в подавляющем большинстве ППШ-41. Официально — пистолет-пулемет Шпагина 41-го года. В народе — «папаша». Их применяли только на одном фронте — против Германии и ее союзников. Гитлеровский министр вооружений и боеприпасов А. Шпеер вспоминал: «Солдаты и офицеры дружно жаловались на перебои в снабжении их стрелковым оружием. Особенно им не хватало пистолетов-пулеметов, и солдатам приходилось пользоваться трофейными советскими автоматами. Этот упрек следовало целиком адресовать Гитлеру. Как бывший солдат Первой мировой войны он упорно не желал отказываться от традиционного и хорошо знакомого ему карабина... Он откровенно игнорировал разработку и производство новых видов стрелкового оружия» (Альберт Шпеер. Воспоминания. Смоленск, 1997. С. 436—437).

Гитлер до конца войны так и не понял роли пистолетов-пулеметов. Ставка на винтовки прошлого века дорого обошлась Гитлеру и его армии. А Сталин понял значение пистолетов-пулеметов в конце 1939 года, в 1940 году по его приказу были разработаны надежные, предельно простые в изготовлении, обслуживании и боевом применении образцы, а в 1941 году началось массовое производство. Кстати, коммунистическая пропаганда все ставит с ног на голову. Если верить коммунистам, то у немцев было множество автоматов, а наш солдатик обходился винтовкой прошлого века. Но дело обстояло как раз наоборот.

А вот Сталин говорит с конструктором Шавыриным. Мы тоже не знаем, о чем шла речь. Но можем догадываться. По результатам войны. Советский Союз вступил в войну с первоклассным минометным вооружением. Ничего равного и близкого шавыринскому 120-мм миномету в германской армии не было. Немцам пришлось копировать советский образец по захваченным в Запорожье чертежам. Непонимание Гитлером и понимание Сталиным роли минометов в войне можно подтвердить цифрами. За время войны в Германии было выпущено 68 тысяч минометов, в Советском Союзе — 348 тысяч более мощных и более совершенных минометов. Это больше, чем во всех армиях мира, вместе взятых. В 1943 году Красная Армия получила 160-мм миномет И.Т. Тиверовского. Вес мины — 40,5 кг. Ничего даже отдаленно напоминающего это сверхмощное оружие не появилось ни в Германии, ни в США, ни в Великобритании даже в начале XXI века.

Прием продолжается. В кабинете Сталина конструкторы Шпитальный, Комарицкий, Таубин, Березин. Мы можем судить о последствиях этих встреч, сравнив советское авиационное вооружение с германским. В 1937 году в Испании гитлеровцы снимали со сбитых советских самолетов скорострельные авиационные пулеметы Шпитального — Комарицкого, которые были приняты на вооружение Красной Армии еще в 1932 году. Германские конструкторы так и не сумели к концу войны создать ничего равного и даже близкого. И скопировать тоже не смогли.

В кабинет Сталина входят авиационные конструкторы Яковлев, Ермолаев, Ильюшин, Петляков, Поликарпов, Таиров, Сухой, Лавочкин. Не все сразу. У Сталина — индивидуальный подход. Даже Микояна принимал отдельно, а через два месяца — Гуревича. Хотя МиГ — это единый и неделимый Микоян и Гуревич. Но Сталину надо послушать каждого в отдельности. За конструкторами самолетов — конструкторы авиационных двигателей Микулин и Климов. Вот в узком кругу Сталин беседует с самыми знаменитыми летчиками, затем с высшими авиационными командирами. Тут же — снова с конструкторами самолетов и двигателей.

Редко найдешь день, когда в кабинете Сталина не побывал бы нарком авиационной промышленности А.И. Шахурин. Иногда глаза протираешь: Шахурин и снова... Шахурин. А это он просто в сталинский кабинет по два захода в день делал. Часто Шахурин не один, а с заместителями Дементьевым, Ворониным, Баландиным. Тут же и директора крупнейших авиационных заводов. И генералы — непрерывной чередой.

Нарком вооружений Ванников — частый гость.

И вдруг — некто Москатов. Разговор с ним — за полночь. Кстати, в этот день, 4 октября 1940 года, Сталин уже переговорил в своем кабинете с наркомом обороны, начальником Генерального штаба, начальником Главного артиллерийского управления, тремя заместителями начальника Генерального штаба, наркомом вооружений, начальником Главного управления ВВС, конструкторами Таубиным, Шпитальным и Шпагиным. День не особенно напряженный. В списке только 20 человек. И последний — Москатов. Кто же такой? Нет такого среди генералов. И конструктора такого вроде не было. Москатов, Москатов... А ведь где-то такой встречался. Ну-ка по справочникам пройдемся. Ах да! Петр Григорьевич. Как же, как же. «...С октября 1940 нач. Главного управления трудовых резервов при СНК СССР». Вот оно что.

С 3 октября 1940 года в Советском Союзе обучение в высших учебных заведениях и в старших классах обыкновенных школ стало платным. Вводилась эта мера в связи с тем, что благосостояние трудящихся ужасающе повысилось и деньги трудящимся все равно девать некуда. По просьбе этих самых трудящихся родное правительство им подарочек подбросило. Мгновенно школы опустели. Чтобы миллионы подростков зря по улицам не шатались, для них были открыты особые «учебные заведения». При военных заводах. В эти «учебные заведения» забирали, не спрашивая хотения. По мобилизации. Побег несовершеннолетних пацанов и девчонок из «учебных заведений» карался по всей строгости Уголовного кодекса. «Учебное заведение» давало профессию. Не ту, которая нравится, а ту, которая в данный момент требуется данному танковому или оружейному заводу. «Обучение» предусматривалось не простое, а «в сочетании с выполнением производственных норм». Потом за это «обучение» надо было с любимой Родиной расплатиться — четыре года отпахать на родном заводе без права выбора места, профессии и условий работы. Забирали в «учебные заведения» с 14 лет. Срок обучения 1—2 года. Значит, расплачиваться надо было начиная с 15—16 лет. А там и в армию загребут.

Вся эта система принудительного труда миллионов подростков именовалась термином «трудовые резервы». Править этой производственно-тюремной системой товарищ Сталин поставил товарища Москатова Петра Григорьевича. И, ясное дело, немедленно вызвал ночью на инструктаж...

На следующий день в сталинском кабинете снова нарком обороны, начальник Генерального штаба, его заместители, начальник Главного артиллерийского управления...

2

Но вот в мрачном военно-промышленном царстве блеснул светлый лучик. Товарищ Сталин думает и о прекрасном. 29 июня 1940 года в кабинете Сталина писательница Ванда Василевская. Разговор 45 минут без свидетелей. 8 октября — снова она. Разговор 2 часа 5 минут. Сначала присутствовал Хрущев. Затем разговор продолжался без свидетелей. Мы снова не знаем, о чем они говорили. Но интересно полистать газету «Правда» и почитать пламенные статьи Василевской о том, что буржуям-кровопийцам недолго пить рабочую кровь, что несчастным пролетариям Европы недолго осталось греметь цепями в капиталистическом рабстве. Если сравнить даты встреч Василевской со Сталиным и даты публикаций ее пылких статей, то четко проявляется причинно-следственная связь.

А вот в кабинете Сталина еще один писатель. Товарищ Шолохов. Присутствует Молотов. Разговор 1 час 10 минут. Но тут товарищ Сталин дал маху. Пустой номер. Тяжел на подъем был писатель Шолохов. Результатов встреч со Сталиным не ищите. Не разразился Шолохов ни серией страстных статей, ни памфлетом, ни басней. Переписать чужую рукопись — пожалуйста. А вот чтобы самому что-нибудь сообразить, так это увольте. «Великому писателю, нобелевскому лауреату М.А. Шолохову газетное дело давалось нелегко. «Особенно остро я ощущал это, — признавался он биографам, — во время Отечественной войны. По характеру не могу скоро писать. Никакой я не газетчик. Нет хлесткой фразы, нет оперативности, что так необходимо для мобильной газетной работы». В «Красной звезде» полковой комиссар, а позднее полковник Шолохов никогда не получал конкретных заданий. Его просили писать о том, что на душу ляжет» («Красная звезда», 18 декабря 2003 г.). Но ничего на его душу так и не легло.

А в сталинском кабинете снова разведчики, наркомы судостроения, боеприпасов, конструкторы танков, пушек и гаубиц, маршалы, генералы, адмиралы.

И сам Жуков это подтверждает: «И.В. Сталин всегда много занимался вопросами вооружения и боевой техники. Он часто вызывал к себе главных авиационных, артиллерийских и танковых конструкторов и подробно расспрашивал их о деталях конструирования этих видов боевой техники у нас и за рубежом. Надо отдать ему должное, он неплохо разбирался в качествах основных видов вооружения. От главных конструкторов, директоров военных заводов, многих из которых он знал лично, И.В. Сталин требовал производства образцов самолетов, танков, артиллерии и другой важнейшей техники в установленные сроки и таким образом, чтобы они по качеству были не только на уровне зарубежных, но и превосходили их» (Воспоминания и размышления. М., 1969. С. 296).

3

Журнал свидетельствует: Сталин работал на износ. И всех заставлял работать.

Несмотря на загруженность, умел товарищ Сталин выкраивать время и для наркома обороны, и для начальника Генерального штаба, для их заместителей, для старших авиационных, танковых, артиллерийских, флотских начальников. Вот только для примера — июнь 1940 года. В этом месяце нарком обороны Маршал Советского Союза С.К. Тимошенко провел в кабинете Сталина в общей сложности 22 часа 35 минут, начальник Генерального штаба Маршал Советского Союза Б.М. Шапошников — 17 часов 20 минут.

Часто в кабинете Сталина вместе с начальником Генерального штаба находились его заместители генерал-лейтенанты Н.Ф. Ватутин и И.В. Смородинов.

Смородинов — начальник Мобилизационного управления Генерального штаба, Ватутин — Оперативного. Смородинов планировал и направлял мобилизацию природных, людских, интеллектуальных, производственных, транспортных и прочих ресурсов страны на нужды грядущей войны, а Ватутин планировал использование уже отмобилизованных масс в войне.

Все, кто бывал в кабинете Сталина, единогласно утверждают: там зря языком не болтали. В кабинет Сталина приглашали только того, чье присутствие было действительно необходимо в данный момент. Сам Сталин практически все время молчал. Своего мнения не навязывал. Он давал слово каждому и внимательно слушал. Более того, Сталин просил каждого высказаться, не проявляя до поры своей точки зрения. В этом и заключалась его сила руководителя. Сталин требовал докладов кратких, ясных, правдивых, четких, по существу.

Уж за 17 часов, а тем более за 22, нарком обороны и начальник Генерального штаба в общих чертах стратегическую обстановку могли обрисовать.

И не надо забывать, что речь идет только о зафиксированных встречах в кабинете Сталина. Но эти встречи происходили и в других местах — на Старой площади, в Наркомате обороны, в Генеральном штабе, на кремлевской квартире и на дачах Сталина. Особо следует помнить о сталинских дачах. Именно там обсуждались самые важные вопросы, именно там принимались основные решения. Начальник Генерального штаба Маршал Советского Союза Борис Михайлович Шапошников был частым гостем на дачах Сталина. Вспомним, он был единственным человеком, кого Сталин называл по имени и отчеству. Этой чести не удостоились ни Берия, ни Жуков, ни Ежов, ни Василевский, ни Тимошенко, ни Жданов, ни Маленков, никто другой. Сталин уважал Бориса Михайловича и ценил его мнение. У Шапошникова было достаточно времени, чтобы подробно доложить Сталину о состоянии дел.

Но ведь и это не все. Основные контакты — по телефону. Если в данный день журнал не фиксирует присутствия наркома обороны, начальника Генерального штаба и их заместителей в кабинете Сталина, из этого вовсе не следует, что в тот день не было между ними контактов. Просто они говорили по телефону.

4

Подозрительные спросят: может быть, июнь 1940 года был особым месяцем? Нет. Был он самым обычным. В июле того же года нарком обороны провел в кабинете Сталина 21 час 57 минут, а начальник Генерального штаба — 14 часов 20 минут.

И каждый месяц так же. Если не насыщеннее.

Возразят, что в августе вместо Шапошникова начальником Генерального штаба был назначен генерал армии К.А. Мерецков, он-то не имел особых отношений со Сталиным, и уж явно у него не было возможности изложить свои соображения.

Возражения отметаем. Вот на выбор — октябрь 1940 года. Нарком обороны маршал Тимошенко провел в кабинете Сталина 25 часов 40 минут, а начальник Генерального штаба генерал армии Мерецков — 30 часов 30 минут.

На фоне этой статистики приходится признать, что Жуков кривил душой, когда рассказывал о том, что ни его предшественники на посту начальника Генштаба, ни нарком обороны не имели возможности доложить Сталину обстановку.

Если учесть заместителей наркома обороны и заместителей начальника Генерального штаба, которые тоже докладывали Сталину о состоянии дел в подчиненных им структурах, то набираются сотни часов каждый месяц, когда Сталин непосредственно занимался вопросами НКО и Генштаба.

Когда Мерецкова сменил Жуков, ситуация не изменилась: каждый месяц Сталин по многу раз принимал в своем рабочем кабинете как наркома обороны, так и начальника Генштаба.

Решение о назначении генерала армии Жукова начальником Генерального штаба РККА было принято 13 января 1941 года. Всю вторую половину января Жуков вникал в обстановку, а 1 февраля официально принял пост.

Еще перед вступлением в должность, 29 января, Жуков просидел в кабинете Сталина 2 часа 30 минут. На следующий день — 1 час 30 минут. В день вступления в должность, 1 февраля, Жуков находился в кабинете Сталина 1 час 55 минут. Только за эти три дня Жуков провел в кабинете Сталина без пяти минут шесть часов. Неужто шести часов великому стратегу не хватило, чтобы кратко обрисовать ситуацию? За это время главные вопросы можно было если не решить, то хотя бы поставить.

12 февраля Жуков находился в кабинете Сталина 2 часа 45 минут.

22 февраля — 3 часа 45 минут.

25 февраля — 1 час 55 минут.

1 марта — 3 часа 15 минут.

8 марта — 1 час.

17 марта — 5 часов 55 минут.

18 марта — 1 час 55 минут.

Давайте поверим Жукову: Сталин не давал ему возможности высказаться. Представим: раз в неделю в кремлевском кабинете Сталин молчит, и Жуков тоже молчит. Только за февраль и март 1941 года набирается 22 часа 25 минут молчания. Только в кабинете Сталина. Но они могли встречаться и в других местах, могли молчать по телефону. Если Сталин и Жуков в эти часы военные вопросы не обсуждали, чем же они занимались? Если все это время великий стратег просто смотрел в потолок и зевал, то об этом надо было прямо сказать. Но не надо было врать о том, что не дали ему возможности встретиться со Сталиным и изложить свою точку зрения.

А ведь эти часы — только начало.

5

9 апреля Жуков находился в кабинете Сталина 1 час 35 минут.

10 апреля — 2 часа 20 минут.

14 апреля — 2 часа 25 минут.

Интересно обратить внимание на время проведения этих встреч и состав участников.

20 апреля Жуков снова провел в кабинете Сталина 2 часа 25 минут. Присутствовали пять человек: Сталин, его ближайшие соратники Молотов и Жданов и двое военных — нарком обороны маршал Тимошенко и начальник Генерального штаба генерал армии Жуков. Начало совещания в 0 часов 15 минут. В 2 часа ночи появился Маленков. Ближе к рассвету, в 2 часа 40 минут, Тимошенко и Жуков вышли из кабинета Сталина. Неужели ответственные товарищи по ночам делом не занимались? Неужто анекдоты травили? Или в картишки резались?

23 апреля Жуков снова в сталинском кабинете — 1 час.

29 апреля.— 1 час 50 минут.

10 мая — 1 час 50 минут.

12 мая — 1 час 35 минут.

14 мая — 1 час 30 минут.

19 мая в кабинете пятеро: Сталин, Молотов, Тимошенко, Жуков, Ватутин. Генерал-лейтенант Николай Федорович Ватутин — начальник Оперативного управления Генерального штаба. Единственная его обязанность — разработка планов войны. Совещание продолжалось 1 час 15 минут. Сталин, как мы помним, особой разговорчивостью не отли-

чался. Молотов — заика. Он тоже длинных монологов избегал. Потому говорить могли только трое военных — Тимошенко, Жуков и его подчиненный Ватутин. Неужели и на этот раз Жукову часа не хватило, чтобы вождю обстановку обрисовать?

6

23 мая Жуков провел в сталинском кабинете 2 часа 55 минут.

24 мая — грандиозный сбор. От Политбюро только двое — Сталин и Молотов. От военных — Тимошенко, Жуков, Ватутин, начальник главного управления ВВС генерал-лейтенант авиации Жигарев и от каждого из пяти западных приграничных округов — командующий, член военного совета и командующий авиацией округа. Совещались 4 часа 55 минут. А ведь интересно, о чем могли толковать со Сталиным те, кто планировал войну, и те, кто командовал авиацией в западных приграничных округах?

Несколько человек из числа участников этого совещания пережили войну и высоко поднялись. П.Ф. Жигарев и А.А. Новиков стали главными маршалами авиации, М.М. Попов — генералом армии, Я.Т. Черевиченко и Ф.И. Кузнецов — генерал-полковниками. Ни один из них никогда ни единым словом не обмолвился о совещании 24 мая. Жуков тоже промолчал: военная тайна!

А по мне, если говорили об отражении внезапного авиационного удара гитлеровцев, то почему об этом нельзя поведать благодарным потомкам?

3 июня в кабинете четверо: Сталин, Тимошенко, Жуков, Ватутин. Совещались 2 часа 45 минут. Не было ни Молотова, ни Маленкова. Первые 15 минут присутствовал Хрущев. Все остальное время — трое военных наедине со Сталиным. Наверное, опять Жукову высказаться не дали.

6 июня снова в кабинете Сталина четверо. В том же составе. Без посторонних. О чем-то говорили (или, может быть, молчали?) 2 часа 5 минут.

7 июня Жуков впервые провел в кабинете Сталина меньше часа. Всего 25 минут. Хотя и за 25 минут можно многое решить.

Зато уж 9 июня Жуков отыгрался. У него два захода к Сталину: первый на 1 час, второй на 5 часов 25 минут.

11 июня — снова два захода, общее время 2 часа 20 минут.

18 июня — 4 часа 5 минут.

21 июня — 1 час 30 минут.

Всего с момента назначения на должность начальника Генерального штаба до германского нападения, т.е. с 13 января до 21 июня 1941 года, Жуков провел в кабинете Сталина 70 часов 35 минут. Об этих часах и минутах в «Воспоминаниях и размышлениях» стратег не вспоминает и не размышляет. Вместо этого горестно сообщает, что Сталин делами Генерального штаба не интересовался.

Сам Жуков рассказывает: «Многие политические, военные, общегосударственные вопросы обсуждались и решались не только на официальных заседаниях Политбюро ЦК и в Секретариате ЦК, но и вечером за обедом на квартире или на даче И.В. Сталина, где обычно присутствовали наиболее близкие ему члены Политбюро. Тут же за этим обычно весьма скромным обедом И.В. Сталиным давались поручения членам Политбюро или наркомам, которые приглашались по вопросам, находившимся в их ведении. Вместе с наркомом обороны иногда приглашался и начальник Генерального штаба» (Воспоминания и размышления. М., 1969. С. 296).

Это он о себе: не только в кабинете Сталина бывал, но и на квартире Сталина, и на даче, где тоже решались важные вопросы.

Но вернемся в кабинет Сталина. Только в период с 13 января по 21 июня 1941 года Сталин 35 раз вызывал в свой кабинет наркома обороны Маршала Советского Союза С.К. Тимошенко. Общее время — 74 часа 26 минут.

Первый заместитель наркома обороны Маршал Советского Союза Буденный был за это время 11 раз в кабинете Сталина. Общее время — 28 часов 45 минут.

Заместитель наркома обороны Маршал Советского Союза Кулик — общее время 33 часа 35 минут.

Заместитель наркома обороны генерал армии Мерецков — 23 часа 50 минут.

Заместитель наркома обороны генерал-лейтенант авиации Рычагов — 28 часов 50 минут.

Заместитель наркома обороны генерал-лейтенант авиации Жигарев — 26 часов 35 минут.

Первый заместитель начальника Генерального штаба генерал-лейтенант Ватутин за тот же период — 13 часов 50 минут.

Я не говорю про Маршала Советского Союза Ворошилова, который проводил в сталинском кабинете больше времени, чем вне его. Я не вспоминаю про начальника Разведывательного управления генерал-лейтенанта Голикова, про командующих приграничными военными округами и армиями, не учитываю наркома военно-морского флота адмирала Кузнецова, начальника его штаба и командующих флотами. Порой Сталин вызывал к себе офицеров достаточно низкого ранга (в сравнении со сталинскими вершинами). Так, например, 21 июня 1941 года почти 4 часа, с 19.05 до 23.00, в кабинете Сталина находился военно-морской атташе в Берлине капитан 1 ранга Воронцов.

Теперь повторяю заявление Жукова: «И.В. Сталин очень мало интересовался деятельностью Генштаба. Ни мои предшественники, ни я не имели случая с исчерпывающей полнотой доложить И.В. Сталину о состоянии обороны страны, о наших военных возможностях и о возможностях нашего потенциального врага. И.В. Сталин лишь изредка и кратко выслушивал наркома или начальника Генерального штаба».

А коммунистическая пропаганда современной России подпевает: ах, какую книгу написал великий стратег! Удивительно правдивая книга! Правдивая до безобразия!

Обращаюсь к Маршалам Советского Союза, к маршалам бронетанковых войск, к многозвездным генералам, к великим писателям, которые удостоены звания Героя Советского Союза. Я обращаюсь ко всем, кто хвалил Жукова и его «самую правдивую» книгу о войне. Никого по именам не называю. Вы сами знаете свои имена.

Товарищи дорогие, давайте согласимся, что вы никогда войной не интересовались. Нельзя же интересоваться войной, не прочитав мемуары Жукова. А вы их не читали. Давайте договоримся, что все хвалебные слова о величайшем полководце вы берете назад. Ведь все же знают, что вы этих слов не писали. За вас писали борзописцы из Агитпропа. А им все равно, кого хвалить. Они хвалят, кого прикажут.

Над нами смеется весь мир: вот какие эти русские дурачки. Ими командовал придурковатый Сталин, который неизвестно чем занимался много лет. В дела обороны Сталин не вникал, наркома обороны и начальника Генерального штаба слушал лишь изредка и кратко...

Если же вы, хвалители Жукова, не возьмете свои слова обратно, то получится нехорошо. Жуков клеветал на Верховного Главнокомандующего, на высшие органы государственного и военного командования, а вы эту клевету повторяете, поддерживаете, усиливаете и распространяете по миру.

Глава 5
ЕЩЕ РАЗ ПРО ГЛУПОГО СТАЛИНА

Как патриот, как аналитик могу прямо
сказать: таких людей воспитала советская иде-
ология, идеи социализма.

Генерал армии *В. Лобов*,
бывший начальник Генерального штаба ВС РФ.
«Красная звезда», 16 ноября 2002 г.

1

Для того чтобы вести народы по пути глупости и преступлений, коммунистам требуется знамя. Им нужен идеал. Таким
идеалом для них может быть либо тот, кто воплотить свои
людоедские идеи на практике не сумел, вроде Маркса, либо
некое безликое образование. Так и повелось: Партия всегда
права! Партия — наш рулевой! Или более конкретно: Коммунистическая партия — руководящая и направляющая сила
советского общества и всего прогрессивного человечества!

Возникновение культа Центрального Комитета было неизбежно и неотвратимо, так как никто конкретно в качестве
идеала и образца не подходил.

Заказ Жукову был дан четкий и ясный: пой славу Центральному Комитету.

Жуков задачу понял. Жуков старался.

За что же, не боясь греха, стратег расхваливал ЦК?

За то, что тот хвалил стратега.

Но возникла проблема. Заключалась она в том, что, воспевая роль ЦК на войне, надо было одновременно втаптывать в грязь Сталина.

С одной стороны, надо было доказать, что мозгом армии является не Генеральный штаб, а Центральный Комитет. С другой — что стоявший во главе этого самого Центрального Комитета, т.е. мозга армии, Сталин ни черта в вопросах войны не разумел, за армию думать не мог по причине непонимания характера современной войны, невежества в вопросах стратегии, скверного характера и невероятного упрямства.

С этой, казалось бы, неразрешимой задачей Жуков и его многочисленные соавторы справились.

2

На несколько минут поверим, что неисчислимые вариации книги «Воспоминания и размышления» являются продуктом труда самого Жукова. Оценим взгляды великого полководца. Оказывается, он «тогда считал», т.е. до войны, и «сейчас считает», т.е. в момент, когда писал книгу, что Генеральный штаб с момента создания Красной Армии мозгом не является. Чем же он, простите, в этом случае является?

И если Генеральный штаб — не мозг армии, то кому он вообще нужен? В январе 1941 года Жуков принял пост начальника Генерального штаба Красной Армии. Вопрос: зачем? Если функции Генерального штаба не определены и его предназначение непонятно, почему Жуков пошел в эту контору, которая серьезными делами не занимается? Если Жуков знал, что во все времена существования Красной Армии ее мозгом был Центральный Комитет, то надо было сказать Сталину: или оставь меня в войсках, или забери в ЦК, назначай хоть писарем, но туда, где действительно решаются важные вопросы, а в Генеральный штаб не пойду, он вообще неизвестно для чего существует.

Где же хваленая жуковская принципиальность? Если Жуков понимал, что Генеральный штаб — пятое колесо в телеге, второстепенная, ненужная лавочка, то почему об этом не сказал Сталину? Почему не настоял на том, чтобы разогнать за ненадобностью Генеральный штаб, это бесполезное образование, этот нарост на теле армии?

Непонятно и другое: если Генеральный штаб — не мозг армии, то чем же в этом самом Генеральном штабе занимался сам Г.К. Жуков с января по июль 1941 года? Пьянствовал и кобелировал? Или бумажки, которые приходили из ЦК, переписывал на бланки Генерального штаба?

3

Достаточно интересно, как руководство Генерального штаба Вооруженных Сил СССР в 1975 году, в момент появления второго издания «Воспоминаний и размышлений», реагировало на столь своеобразную оценку возглавляемой им структуры. В то время начальником Генерального штаба был генерал армии В.Г. Куликов. Его реакция: гений, гений! При получении звания Маршала Советского Союза Куликов попросил не заказывать новую бриллиантовую маршальскую звезду, а выдать ему ту, которую носил Жуков (См.: А. Куценко. Маршалы и Адмиралы флота Советского Союза. М., 2001. С. 9).

Виктор Георгиевич Куликов, если вы считаете Жукова гением и согласны с его оценкой роли и места Генерального штаба, тогда как оценивать вашу кипучую деятельность? Не хочу обзывать вас плохими словами, вы их сами придумайте. Итак, как назвать начальника огромной организации, который не способен думать? Как назвать начальника организации, который ничего физически не делает и умом своим не работает? За которого думают другие? Кто же вы такой? С сентября 1971 по январь 1977 года вы возглавляли Генеральный штаб Вооруженных Сил СССР, который, по мнению любимого и защищаемого вами Жукова, является безмозглым. Жуков Генеральный штаб ни во что не ставил. И вы с ним согласны. Вопрос: зачем вы без толку в этом никчемном Генеральном штабе столько лет сидели? Если шесть лет вы ни о чем не думали, если за вас думал Центральный Комитет, то чем же вы занимались? Да и возможно ли хоть чем-то заниматься, не думая?

После Куликова Генеральный штаб возглавлял еще один «стратег» — Маршал Советского Союза Огарков Николай Васильевич. Тот тоже Жукова гением считал, его писаний не оспаривал. Тем самым маршал Огарков сам себя признал никчемным, ненужным, безмозглым.

Десять лет первым заместителем начальника безмозглого Генерального штаба был генерал армии Варенников. Десять лет беспробудного безделья!

Были в Генеральном штабе и другие. Например, маршал Ахромеев, генералы армии Грибков и Лобов и прочие всякие. Но песня звучала все та же: мы — не мозг армии! Мы — непонятно что! Неизвестно для чего существуем. Мы не способны думать! Да нам и не надо! Главное — не рассуждать! Есть кому думать за нас! Так сказал Жуков! Ура! И гремит над Генеральным штабом победным гимном: Па-а-ртия наш рулевой! Па-а-а-ртия на-а-ш ру-ле-вооооой!

Заявления генералов и маршалов, начиная с Жукова, о том, что у армии нет собственного мозга, что он ей и не нужен, что за армию должны думать другие, — это фашизм чистой воды. В гитлеровской армии насаждались тот же дух, те же идеи. У Высоцкого есть песня «Солдаты группы "Центр"»: Не надо думать! С нами тот, кто все за нас решит!

Эта песня про гитлеровскую армию.

Но разве в «несокрушимой и легендарной» иначе устроено? А разве в ней думать предписано?

4

И вот прошли годы. Наступили совсем веселые времена. Сгинул Центральный Комитет. Нет его. Но армия осталась та же. Только изрядно отощавшая. Остался тот же Генеральный штаб. И публикуются все новые издания и тиражи «Воспоминаний и размышлений» с откровениями о том, что мозгом армии является Центральный Комитет. Начальники Генерального штаба меняются время от времени, но все они поют все ту же ритуальную песню о жуковской гениальности, о его святости и к юбилеям подписывают хвалебные статьи о том, что жуковская мудрость не стареет. И все бывшие руководители Генерального штаба им подпевают. Но вот незадача: раньше за безмозглую армию хоть Центральный Комитет думал, а теперь кто?

Теперь в связи с отсутствием Центрального Комитета надо начинать думать самим. Но ни одному начальнику Генерального штаба новой России не пришло в голову открыть для руководства курсы, на которых генералов учили бы думать.

Раньше способность думать не требовалась ни Жукову, ни тем, кто воспевает его безмозглую мудрость. Но теперь-то надо начинать учиться работать своими головами.

Но никто таких курсов не открыл. Так и повторяют наши стратеги: «Я патриот! Я аналитик! А думает за меня Центральный Комитет!»

Которого больше нет.

5

ЦК — это люди. Не самые хорошие. Народ знал: нет повести печальнее на свете, чем повесть о Центральном Комитете. Кого из членов ЦК конкретно Жуков считал мозгом армии? Товарищ Мехлис — мозг армии? Или товарищ Шкирятов? Может быть, «чахоточный Вельзевул» Ежов Николай Иванович? В его «личном деле» в графу «образование» вписана убийственная строка: «неоконченное низшее». Так это он — мозг армии? Может быть, фельдшер Склянский? Крупская Надежда Константиновна за армию думала? Или Карл Радек? Распутница Александра Коллонтай? В официальных справочниках значится, что и она, и супруг ейный, член ЦК Дыбенко, «были известны крайней половой распущенностью» (К.А. Залесский. Империя Сталина. Биографический энциклопедический словарь. М., 2000. С. 227). А об их способности думать за армию ничего не сообщается. Так кто же — мозг? Николай Бухарин или Всеволод Балицкий, который «широко применял бессудные аресты, расстрелы, казни заложников»? Лаврентий Павлович Берия — мозг армии? Щербаков? Уркаган Рашидов, который имел гаремы, личные тюрьмы и пыточные камеры? Вышинский или Фриновский? Гулящая Катя Фурцева? Хрущев, который порезал самолеты, пушки, танки и крейсера? Яков Свердлов, который набивал сейфы золотыми царскими червонцами и фальшивыми паспортами на случай, если придется мотать удочки с родины мирового пролетариата? Собиратель Генрих Ягода, имевший самую мощную в России коллекцию порнухи? Товарищ Алиев, который в 1941 году уклонился от призыва? Член ЦК товарищ Мир Джафар-оглы Багиров был большим шутником. «Путь на нефтяные промыслы проходил по серпантину, и он со своими присными в подпитии залегал у дороги, стрелял и наслаждался тем, как машины летят в пропасть» («Литературная газета». 2003. № 33). Вот этот стрелок Багиров и был мозгом армии? Или им был четырежды Герой Советского Союза, Герой Социалистического Труда великий стратег Брежнев Леонид Ильич? Урка Щелоков или урка Медунов? Или все же мозгом армии был долгожитель Центрального Комитета Михаил Андреевич Суслов, который не позволял Жукову донести до широких народных масс святую правду о героической роли ЦК?

А может быть, мозгом армии был товарищ Андропов? Или «железный Шурик» Шелепин? Почему нет? За неимением собственных, почему бы армии не думать лубянскими мозгами?

Итак, кто же конкретно был в Центральном Комитете тем самым мозгом, который думал вместо генералов и маршалов?

Хочешь не хочешь, но надо вспомнить и товарища Сталина. На момент смерти Жукова Коммунистическая партия находилась у власти 56 лет. 30 из них во главе Центрального Комитета Коммунистической партии стоял Сталин. При этом он был во главе ЦК во все годы подготовки к войне и во все годы войны. Центральный Комитет куда-то спрятался после германского вторжения, но Сталин оставался на боевом посту. И если ЦК — мозг армии, то Генеральный секретарь ЦК — центральная и самая главная область этого мозга. Это следует из мемуаров Жукова. В годы войны, когда Центральный Комитет растворился в «сиреневом тумане», Сталин собой заменял ЦК.

Интересно, осознавал ли сам Сталин свое положение? Понимал ли, что, возглавляя Центральный Комитет, он возглавляет мозг армии?

6

Давайте вернемся к началу предыдущей главы: «К сожалению, приходится отметить, что И.В. Сталин накануне и в начале войны недооценивал роль и значение Генштаба. Между тем Генеральный штаб, по образному выражению Б.М. Шапошникова, — это мозг армии. Ни один орган в стране не является более компетентным в вопросах готовности вооруженных сил к войне, чем Генеральный штаб. С кем же, как не с ним, должен был систематически советоваться будущий Верховный главнокомандующий? Однако И.В. Сталин очень мало интересовался деятельностью Генштаба. Ни мои предшественники, ни я не имели случая...»

А до этого тот же Жуков в той же книге выразил полное несогласие с позицией Шапошникова: «Название книги «Мозг армии» применительно к Красной Армии неверно. «Мозгом» Красной Армии с первых дней ее существования является ЦК ВКП(б)».

Итак, из «самой правдивой книги о войне» мы узнаем, что:

а) мудрый маршал Шапошников очень правильно считал Генеральный штаб мозгом армии;

б) глупый маршал Шапошников очень неправильно считал Генеральный штаб мозгом армии.

Жуков страстно поддерживает мудрого Шапошникова, когда его слова можно развернуть против Сталина.

Тот же Жуков презрительно пинает того же Шапошникова за те же слова, если этим можно продемонстрировать свою любовь к Центральному Комитету.

Из великой книги Жукова мы узнаем, что Центральный Комитет был мозгом армии. Из этого следует единственно возможный вывод, что Сталин, если он готовил страну к войне, все свое время должен был проводить в недрах ЦК.

Из той же великой книги мы узнаем, что Сталин не должен был терять время в Центральном Комитете, а должен был идти в Генеральный штаб за советом к Жукову, ибо не Центральный Комитет, а Генеральный штаб является мозгом армии.

Сообразительному читателю оставалось делать вывод: войной не могли руководить ни Сталин, ни Шапошников. Это было под силу только величайшему полководцу всех времен и народов Георгию Константиновичу Жукову. Только он все правильно понимал. Причем каждый раз наоборот. То так понимает, а то совсем не так. Но каждый раз правильно! У Жукова по любому вопросу разные мнения. Всегда полярные, но единственно верные.

Каждый для себя может выбрать у Жукова то, что нравится.

Надо доказать, что ЦК — мозг армии, а безмозглый Генеральный штаб ни черта не стоит, — ссылаемся на Жукова.

А надо доказать, что глупый Сталин должен был не в этом дурацком ЦК без толку заседать, а бежать за советом к Жукову в Генеральный штаб, — опять на Жукова ссылаемся.

Доказывая взаимоисключающие вещи, можно ссылаться на того же Жукова, на ту же книгу того же издания. Только странички разные.

Впрочем, часто даже и страницы листать не надо. Мнения у Жукова разные, а страничка — одна.

Эта черта — доказывать одновременно две взаимоисключающие точки зрения — свойственна не только многочисленным авторам мемуаров Жукова, но и ему самому. Есть достаточно свидетельств, например, Маршала Советского Союза К.К. Рокоссовского, когда Жуков говорил одно, а через минуту, опровергая сам себя, орал нечто совершенно противоположное.

Хорошо, когда орал.

А каково, когда он расстреливал за выполнение своих же приказов, которые тут же менял на противоположные?

Воинствующий защитник Жукова полковник А. Кочуков бахвалится: «В моей домашней библиотеке хранятся все 12 изданий «Воспоминаний и размышлений» Маршала Советского Союза Г.К. Жукова» («Красная звезда», 16 апреля 1999 г.).

Уверен, что в настоящее время к этим изданиям прибавилось еще и тринадцатое. Из сказанного следует, казалось бы, неопровержимый вывод: полковник Кочуков Жукова не читал. Если бы читал, то нечем было бы ему гордиться.

Но будем осторожны. Этот вывод скоропалительный и не единственно возможный. Не исключено, что полковник Кочуков все тома всех изданий прочитал. Просто не задумывался над прочитанным. Привык, что за него Центральный Комитет думает, никак отвыкнуть не может.

А вы, товарищ полковник, попробуйте эти тома прочесть. И попробуйте обдумать прочитанное. Уверяю, будете от хохота по полу кататься. Сравните хотя бы шестое издание «Размышлений» с седьмым. Это же комедия на уровне «Семнадцати мгновений весны». В этом фильме советский разведчик прикидывался нацистом, ходил в форме штандартенфюрера СС, но ездил по гитлеровской Германии в машине с советским номером; по черному полю — белые цифры и буквы; двузначная цифра, черточка, еще двузначная цифра, ниже — и буквы. Буквы, ясное дело, русские. И эти буквы: Г, Р, У.

Полный номер шпионской машины Штирлица: 21-47 ГРУ.

Мемуары Жукова на том же уровне. Можете даже не сравнивать разные издания. В одном томе Жукова найдете вещи куда более смешные, чем буквы «ГРУ» на номерном знаке машины Штирлица.

Кстати, про ГРУ...

Глава 6
ТАК О ВОЙНЕ НЕ ПИСАЛ НИКТО!

> Надо специально доказывать, что Жуков был выдающимся стратегом. Но этого никто никогда не обосновывал, поэтому мы можем принять пока за факт, что в этой области «маршал Победы» разбирался постольку-поскольку (да и сам безумно скучный стиль его «Воспоминаний и размышлений» говорит кое-что).
>
> *Арсений Тонов.*
> «Независимая газета», 5 марта 1994 г.

1

Кстати, про ГРУ.

Накануне войны советская военная стратегическая разведка, именовавшаяся тогда РУ ГШ, сумела добыть сведения величайшей важности и почти невероятной достоверности. Военные разведчики совершили подвиг — они достали германский план вторжения и установили ориентировочную, а затем и точную дату нападения Германии на Советский Союз. Мало того, в докладах советских военных разведчиков германский план нападения был изложен в развитии: это — первый вариант, это — второй, а это — третий, окончательный. Однако из точной и правильной информации были сделаны неправильные выводы

Помимо военной стратегической разведки, которая являлась составной частью Генерального штаба, предельно активно и результативно работала военная оперативная разведка — разведывательные органы штабов военных округов, флотов, армий и флотилий. «В мае 1941 года удалось узнать не только количество стянутых к нашим границам дивизий, но и места их дислокации — вплоть до расположения батальонов, штабов частей. Уточнялись даже огневые позиции отдельных артиллерийских и зенитных батарей» («Красная звезда», 16 июня 2001 г.).

Главное в том, что сведения из разных источников стыковались. Агентура военной стратегической разведки в Берлине добывает, к примеру, сведения о переброске на советскую границу еще одной пехотной дивизии, тут же агентура военной оперативной разведки из района, допустим, Кракова подтверждает прибытие этой дивизии, сообщает номера частей, фамилии командиров, места расположения боевых частей, штабов, узлов связи, тылов. Информация из разных независимых друг от друга источников капельками, струйками и ручейками стекалась в Генеральный штаб...

Написаны терриконы книг о том, что советская военная разведка предупреждала о неминуемом вторжении, но Сталин на предупреждения не реагировал. Вывод: глупый трусливый Сталин боялся смотреть правде в глаза.

Обвинения в глупости и трусости пали и на сталинское окружение. Народного комиссара обороны СССР Маршала Советского Союза С.К. Тимошенко и начальника Разведывательного управления Генерального штаба генерал-лейтенанта Ф.И. Голикова нам рисуют кретинами и лизоблюдами: в руках держали информацию потрясающей важности, но, стремясь угодить Сталину, докладывали только то, что было угодно вождю. В результате Советский Союз и его Вооруженные Силы попали под сокрушительный внезапный удар. Гитлер нанес Советскому Союзу смертельную рану, от которой страна так никогда и не смогла оправиться. Свое поражение во Второй мировой войне коммунисты объявили чуть ли не победой. Однако таких позорных «побед» в мировой истории просто не было. В результате «великой победы» страна превратилась в труп, хотя и с ядерной дубиной в гниющей руке. В результате «великой победы» Советский Союз скатился на уровень самых отсталых стран мира и в конечном итоге рухнул и рассыпался. Но и на этом процесс распада не завершился.

Процесс пошел.

А конца не видно.

2

Но вот что интересно. Начальника Разведывательного управления Генерального штаба генерал-лейтенанта Ф.И. Голикова упрекают в ротозействе, глупости и преступной халатности, считают виновником величайшей ошибки, которая в конечном итоге привела к поражению Советского Союза. Виновником этой же ошибки считают народного комиссара обороны Маршала Советского Союза С.К. Тимошенко. В числе виновников Лаврентий Берия, народный комиссар внутренних дел, и Всеволод Меркулов, народный комиссар государственной безопасности. Понятное дело, Сталин — главный виновник. А вот начальник Генерального штаба Красной Армии генерал армии Жуков в числе виновников почему-то не значится. Жуков из цепочки виновников выпал.

Сам Жуков своей вины не признал, себя к преступникам и ротозеям не причислил. Мало того, из обвиняемого он сам себя перевел в обвинители. Жуков негодует: «Сталин доверился ложным сведениям, которые поступали из соответствующих органов» (Воспоминания и размышления. М., 1975. Т. 1. С. 259). В последующих изданиях жуковский гнев усилен: «И.В. Сталин допустил непоправимую ошибку, доверившись ложным сведениям, которые поступали из соответствующих органов» (Воспоминания и размышления. М., 2003. Т. 1. С. 257).

Вот видите, как беспощадно великий Жуков обличает глупенького и доверчивого Сталина. Вождю суют ложную информацию, а он верит. Нашел кому верить!

Однако и к обвинителю Жукову есть претензии.

Информацию о том, будет война или ее не будет, а если будет, то когда и какая, глава правительства должен получать не от каких-то там «соответствующих органов», а из Генерального штаба, так как в вопросах войны «ни один орган в стране не является более компетентным». Это слова самого Жукова.

У «соответствующих органов» — другие задачи. И люди там не военные, в военных вопросах несведущие, хотя иногда и ходят в военной форме. У них другая подготовка, другой взгляд на мир, они не имеют опыта войны. На «соответствующих органах» миллионы преступлений. Им своих грехов не искупить никогда. Но валить на них вину за то, что проглядели войну — это все равно что в число виновников записать начальника Военторга Западного фронта.

И уж если «соответствующие органы» представили главе правительства ложную информацию, то руководимый Жуковым Генеральный штаб должен был выложить на сталинский стол свою информацию: точную, правдивую, исчерпывающую, своевременную, с правильными выводами и неоспоримыми доказательствами.

Представил ли начальник Генерального штаба генерал армии Жуков главе правительства Сталину неоспоримые доказательства намерений Гитлера совершить нападение? Или он таких доказательств не представил? Вот в чем вопрос.

3

Было бы лучше, если бы гениальный стратег не на кого-то вину валил, а рассказал о том, что он лично докладывал Сталину.

Вот что на этот счет сказано в мемуарах Жукова: «20 марта 1941 года начальник Разведывательного управления генерал Ф.И. Голиков представил руководству доклад, содержавший сведения исключительной важности. В этом документе излагались варианты возможных направлений ударов немецко-фашистских войск при нападении на Советский Союз. Как потом выяснилось, они последовательно отражали разработку гитлеровским командованием плана «Барбаросса», а в одном из вариантов, по существу, отражена была суть этого плана» (Воспоминания и размышления. М., 1969. С. 239).

Тут же Жуков излагает суть германского плана так, как он был отражен в докладе Голикова, так, как германские генералы его написали: «Для наступления на СССР создаются три армейские группы: 1-я группа под командованием генерал-фельдмаршала Бока наносит удар в направлении Петрограда;

2-я группа под командованием генерал-фельдмаршала Рундштедта — в направлении Москвы и 3-я группа под командованием генерал-фельдмаршала Лееба — в направлении Киева. Начало наступления на СССР — ориентировочно 20 мая» (Воспоминания и размышления. М., 1969. С. 240).

В своих мемуарах Жуков подробно перечисляет то, что сообщали разведчики руководству: «По данным Разведывательного управления нашего Генштаба, возглавлявшегося генералом Ф.И. Голиковым, дополнительные переброски немецких войск в Восточную Пруссию, Польшу и Румынию начались в конце января 1941 года. Разведка считала, что за февраль и март группировка войск противника увеличилась на девять дивизий... На 4 апреля 1941 года общее увеличение немецких войск от Балтийского моря до Словакии, по данным генерала Голикова, составило 5 пехотных дивизий и 6 танковых дивизий. Всего против СССР находилось... На 5 мая 1941 года, по докладу генерала Ф.И. Голикова, количество немецких войск против СССР достигло 103—107 дивизий... На 1 июня 1941 года, по данным Разведывательного управления, против СССР находилось 120 немецких дивизий...».

Жуков приводит сообщение военного атташе в Берлине от 14 марта, в котором указывался срок германского нападения: между 15 мая и 15 июня.

Жуков негодует: начальник Разведывательного управления генерал-лейтенант Голиков имел такие сведения, но не сумел их оценить по достоинству, из правильной информации Голиков делал совершенно необоснованные выводы!

4

Следующая жертва Жукова — народный комиссар военно-морского флота адмирал Н.Г. Кузнецов, который тоже имел сведения исключительной важности, но тоже не сумел вникнуть в их суть. 6 мая 1941 года Кузнецов направил И.В. Сталину записку, в которой, помимо прочего, говорилось о сообщении военно-морского атташе в Берлине капитана 1 ранга Воронцова: немцы готовят вторжение к 14 мая. «Данные, изложенные в этом документе, тоже имели исключительную ценность. Однако выводы, предлагавшиеся руководству адмиралом Н.Г. Кузнецовым, не соответствовали приводимым им же фактам» (Воспоминания и размышления. М., 1969. С. 240).

Во всех последующих изданиях обвинения против генерала Голикова и адмирала Кузнецова повторены и усилены. Начиная со второго издания «Воспоминаний и размышлений» в числе обвиняемых оказался еще и «посол СССР в Германии Деканозов», от которого якобы тоже поступала «такого же характера информация». Деканозов, по словам Жукова, своими успокаивающими сообщениями дезинформировал Сталина.

В данном случае Жуков ошибся: Владимир Георгиевич Деканозов в 1941 году не имел ранга посла. И вообще в то время у нас послов не было, как не было и министров. Ранг Чрезвычайного и Полномочного Посла Деканозов получил 14 июня 1943 года. А в 1941 году он был заместителем наркома иностранных дел и полномочным представителем СССР в Германии. Но не в этом суть. Суть в том, что и Голиков, и Кузнецов, и Деканозов имели в руках бесценные сведения, но правильных выводов сделать не смогли.

Давайте же вместе с Жуковым посмеемся над, мягко говоря, не очень умными Голиковым, Кузнецовым, Деканозовым, а потом подумаем вот над чем: Голиков сделал неправильные выводы, и Кузнецов дров наломал, другие товарищи дали маху, но ведь это не так страшно! Тогда, весной 1941 года, ошибки Голикова, Кузнецова и других можно было легко исправить. Ведь не Голиков и не Кузнецов и даже не Деканозов определяли политику страны и стратегию ее армии, и не для себя они писали доклады и записки, а для вышестоящего руководства. Вот они-то, вышестоящие, и должны были оценить изложенные в докладах факты, сделать собственные выводы, наложить обоснованные резолюции, принять правильные решения. Если Голиков ошибся, задача вышестоящих руководителей — поправить. В этом суть и смысл их работы. За это им деньги платят. Именно для этого их посадили в высокие кабинеты. Если глупый Голиков сделал необоснованные выводы, то гениальный Жуков из той же информации должен был делать правильные выводы. Сделал ли он их?

Представьте себя начальником любого ранга. Подчиненный высыпает на вашу бедную голову груду весьма неприят-

76

ных фактов, а заключает доклад ничем не обоснованными оптимистическими выводами: все хорошо, прекрасная маркиза! Что прикажете делать? Выбор не широк. Одно из двух.

Первое: думать своей головой и делать из неприятных фактов столь же неприятные выводы.

Второе: своей головой не думать, а соглашаться с необоснованным оптимизмом докладчика, делать из пренеприятнейших фактов весьма приятные заключения.

Никто не спорит: начальник Разведывательного управления Генерального штаба генерал-лейтенант Голиков в своих выводах жестоко ошибся. Теперь ответим на вопрос: а разве Жуков оказался умнее? Разве, имея те же данные в руках, Жуков пришел к другим заключениям?

Жуков возмущен: выводы адмирала Кузнецова не соответствовали фактам, которые он сам же приводил. Да, есть чему возмущаться. Только не после войны следовало всему миру об этом рассказывать. Жуков об этом должен был заявить Сталину и Кузнецову еще тогда, 6 мая 1941 года. Тогда, весной 1941 года, надо было возмущаться: товарищ Сталин, давайте обратим на факты внимание! Давайте сами их оценим! А Кузнецову и Голикову верить нельзя, их выводы не стыкуются с фактами, которые они сами же докладывают!

Жуков — мудрейший стратег. Но в его мудрости есть малый изъян: величайшие озарения приходили в его светлую голову с некоторым опозданием — через 25 лет после позорного разгрома.

5

А как прикажете разуметь загадочную фразу в мемуарах Жукова: «Ф.И. Голиков представил руководству доклад»? Это кому? Руководство — понятие эластичное. Вопрос принципиальный: относит себя Жуков к руководству или нет? Доклад Голикова от 20 марта 1941 года назывался «Варианты боевых действий германской армии против СССР». По рассказу Жукова выходит, что Голиков представил этот доклад некоему абстрактному руководству, с которым у нашего гениального стратега не было ничего общего.

Если Жуков себя к руководству относит, то надо прямо и честно сказать: я, гениальный Жуков, оказался ничуть не умнее придурковатого Голикова, я держал ту же информацию в руках и сделал из нее те же дурацкие выводы.

Если же Жуков себя в понятие «руководство» не включает, то об этом тоже надо было внятно заявить.

Нам рисуют Жукова эдаким борцом, он-де хотел правду о войне рассказать.

Вот и рассказал бы! Вопрос исключительной важности: в чьи руки попал доклад Разведывательного управления Генерального штаба от 20 марта 1941 года? Кто его читал? Кто на нем писал резолюции? Над Голиковым мы уже посмеялись, но кто согласился с дурацкими выводами Голикова? Над кем еще надо смеяться? Кого еще записать в разряд идиотов? А ведь тех, кто этот доклад читал, не могло быть больше, чем пальцев на одной руке! Вот их бы и назвать по именам! Отчего же Жуков говорит о каком-то таинственном руководстве, не называя никого конкретно?

Оттого что пришлось бы и себя любимого назвать в числе тех, кто не оценил по достоинству великий подвиг разведчиков, кто согласился с выводами Голикова и тем самым подставил страну и ее армию под сокрушительный удар.

6

Но может быть, Жуков этот документ и не читал? Может быть, Жуков под ним не расписывался? Эти вопросы давно интересовали историков, и вот через много лет после войны полковник Анфилов предъявил Жукову докладную записку начальника Разведывательного управления Генерального штаба генерал-лейтенанта Ф.И. Голикова от 20 марта 1941 года и задал вопрос: как вы оценили этот документ?

Далее последовало вот что:

«— Я впервые вижу ее, — возмущенно сказал маршал, прочитав документ.

— Разве Голиков вам не докладывал?

— Он не подчинялся мне, а потому и не делал этого» («Красная звезда», 26 марта 1996 г.).

Правда интересно: в своих мемуарах Жуков пространно описал доклад начальника Разведывательного управления от 20 марта 1941 года и высмеял Голикова за неправильные выводы, а через газету «Красная звезда» на весь мир объявил, что впервые видит этот документ.

Что из этой нестыковки следует? А все то же: руководство Центрального Комитета Коммунистической партии Советского Союза к написанию мемуаров Жукова отнеслось крайне халатно. Надо было ознакомить Жукова с содержанием его мемуаров. Надо было определить, вникает ли он в суть написанного, понимает ли смысл? Это не было сделано, и получилось нехорошо. Люди, которые писали мемуары Жукова, с докладом разведки от 20 марта 1941 года были знакомы и весьма пространно от имени Жукова его описали, а сам Жуков кипит от возмущения: впервые эту бумагу вижу!

7

Второе издание мемуаров Жукова было более полным и более правдивым, т.е. более смешным. Вначале, как и в первом издании, Жуков перечисляет множество сообщений разведки о подготовке германского вторжения. Жуков снова лягает адмирала Кузнецова за неправильные выводы, снова обличает Голикова, который своими дурацкими выводами испортил правильный доклад от 20 марта 1941 года. Он снова описывает германский план в том виде, в котором советская разведка его представила руководству Советского Союза, — удар наносят три группы армий: Бок — на Ленинград, Рундштедт — на Москву, Лееб — на Киев. Жуков снова рассказывает о том, что разведка предсказала дату вторжения: вначале с точностью до месяца, затем до недели, наконец, была названа правильная дата.

Сообщив все это, Жуков вдруг начинает сам себя опровергать: «С первых послевоенных лет и по настоящее время кое-где в печати бытует версия о том, что накануне войны нам якобы был известен план «Барбаросса», направление главных ударов, ширина фронта развертывания немецких войск, их количество и оснащенность. При этом ссылаются на известных советских разведчиков — Рихарда Зорге, а также многих других лиц из Швейцарии, Англии и ряда других стран, которые якобы заранее сообщили эти сведения. Однако будто бы наше политическое и военное руководство не только не вникло в суть этих сообщений, но и отвергло их. Позволю со всей ответственностью заявить, что это чистый вымысел. Никакими подобными данными, насколько мне известно, ни Советское правительство, ни нарком обороны, ни Генеральный штаб не располагали» (Воспоминания и размышления. М., 1975. Т. 1. С. 259).

Здрасьте, пожалуйста!

Жуков подробно описал сообщения Разведывательного управления о появлении новых германских войск на советской границе и показал: это был не просто стремительный рост, а рост с ускорением. Разведка сообщала не только голые данные о сосредоточении и развертывании германских дивизий, но и указывала цель такого сосредоточения — вторжение в Советский Союз. Мало того, с указанием приблизительных сроков вторжения. Рассказав все это, Жуков «со всей ответственностью» заявляет, что о сосредоточении германских войск ничего не знал.

Ладно, поверим.

Но как поверить другому: на странице 258 первого тома второго издания Жуков рассказывает, что «Ф.И. Голиков представил руководству доклад, содержавший сведения исключительной важности. В этом документе излагались варианты возможных направлений ударов немецко-фашистских войск при нападении на Советский Союз. Как потом выяснилось, они последовательно отражали разработку гитлеровским командованием плана «Барбаросса», а в одном из вариантов, по существу, отражена была суть этого плана». А на следующей 259-й странице «со всей ответственностью» заявляет, что направление главных ударов не было известно ни разведке, ни Генеральному штабу, ни наркому обороны, ни Советскому правительству.

Главой правительства до 4 мая 1941 года был Молотов, после этой даты — Сталин. Если верить Жукову, то ни Сталину, ни Молотову, ни наркому Тимошенко, ни ему, Жукову, ничего о германских планах не было известно: ни количество германских дивизий, ни направления ударов, ни примерные даты вторжения.

Простите, но тогда какому же руководству Голиков направил свой знаменитый доклад от 20 марта?

На одной странице Жуков сообщает, что были правильные сведения, но дурачки Голиков, Кузнецов, Деканозов их неправильно истолковали. А на следующей странице он же «со всей ответственностью» объявляет, что все это — чистый вымысел, не было никаких сведений.

А противоречия множатся. Вспомним жалобы Жукова о том, что «Сталин очень мало интересовался деятельностью Генштаба. Ни мои предшественники, ни я не имели случая с исчерпывающей полнотой доложить И.В. Сталину о... возможностях нашего потенциального врага. И.В. Сталин лишь изредка и кратко выслушивал наркома или начальника Генерального штаба».

И тут же его заявление, что Генеральный штаб сведениями о количестве германских войск и их намерениях не располагал. Вдумаемся, как мог Жуков «с исчерпывающей полнотой» доложить Сталину о «возможностях нашего потенциального врага», если сам «со всей ответственностью» заявляет: не было у него никаких сведений.

Зачем упрекать Сталина в нежелании слушать, если самому нечего докладывать?

Как быть? Как стыковать мысли гения? Сам я не в силах. Остается обратиться к любимому мной центральному органу Министерства обороны СССР: «Издание «Воспоминаний и размышлений» явилось крупным событием. До сих пор ТАК о войне никто не писал» («Красная звезда», 12 января 1989 г. *Выделено «Красной звездой»*).

Полностью согласен и присоединяюсь: до сих пор ТАК о войне никто не писал.

Надеюсь, и в будущем ТАК о войне никто писать не будет.

Глава 7
ПРО ГОЛИКОВА

> В Лондоне действовала еще одна группа
> советских военных разведчиков, которыми
> руководил военный атташе СССР в Вели-
> кобритании генерал-майор И.А. Скляров. За
> один только предвоенный год Скляров и
> подчиненные ему офицеры направили в
> Центр 1638 листов телеграфных донесений,
> большая часть из которых содержала сведе-
> ния о подготовке Германии к войне против
> СССР, о наращивании объемов военного
> производства в Германии, о переговорах
> немцев с руководителями Финляндии, Ру-
> мынии, Италии и Венгрии.
>
> «Красная звезда», 3 ноября 2001 г.

1

Вина начальника Разведывательного управления Генерального штаба генерал-лейтенанта Ф.И. Голикова минимальна. А
может быть, вообще никакой его вины нет. По крайней мере
Сталин за ним никакой вины не числил. Об этом можно судить по тому, что уже 9 июля 1941 года генерал-лейтенант
Голиков от имени Советского правительства вел в Лондоне
переговоры с правительством Великобритании.

Официально Голиков прибыл в Лондон в качестве главы
советской военной миссии. В документах была правильно ука-

зана его должность: заместитель начальника Генерального штаба Красной Армии. Без дальнейших уточнений.

Это была правда, но не вся.

О неофициальной части миссии Голикова каждый может догадаться сам, задав простой вопрос: неужели в драматические дни июля 1941 года Сталину некого было послать в Великобританию, кроме главы военной стратегической разведки?

Это было критическое время, когда разведывательные данные требовались немедленно. До зарезу. Зарубежные резидентуры РУ ГШ нужной информацией располагали, однако связь со многими из них прервалась. Причина: агентурная связь создавалась на случай сокрушительного наступления Красной Армии в Европе, для ситуации, когда советские фронты и армии стремительно идут к вражеским столицам. А на случай «великой отечественной» каналы связи не готовили. Агентурные радиостанции «Север» обеспечивали устойчивую связь с советской территорией при внезапном нападении Красной Армии на Германию. Однако все сорвалось. В оборонительной войне советский фронт откатился, приемный центр Разведывательного управления Генерального штаба в Минске был потерян. Связь оборвалась. Срочно развернули новые приемные центры, но не хватало дальности.

Винить за это одного Голикова нельзя. «Великую отечественную», т.е. войну на своей территории, в Советском Союзе не предвидел никто. Красная Армия прогревала моторы для освободительного похода. Единственно возможный вариант войны: «на вражьей земле, малой кровью, могучим ударом».

Разведка готовилась к той войне, к которой ей приказали готовиться, к той войне, которую планировали в Кремле и в Генеральном штабе.

Война пошла не по кремлевским сценариям. И переделывать-переиначивать в стране и армии пришлось решительно все.

И вот Голиков летит в Лондон...

Главная цель: перестроить сети агентурной связи. Если с советской территории принимать передачи из Берлина, Женевы, Парижа, Вены, Копенгагена невозможно, то надо срочно развернуть приемный центр и ретранслятор в советском посольстве в Лондоне. Речь шла о внезапной и срочной организации новых каналов связи с самой важной агентурой по всей

Европе. Никому, кроме начальника Разведывательного управления, эту задачу доверить было нельзя.

Именно поэтому Голиков оказался в Великобритании.

Он решал и другие задачи. С ними он тоже справился.

2

Полет главы военной стратегической разведки в Великобританию — это неслыханное доверие со стороны Сталина. 4 июля 1941 года был арестован командующий Западным фронтом генерал армии Павлов. Именно в этот день Сталин назначил Голикова главой советской военной миссии. 6 июля было арестовано все руководство Западного фронта, включая начальников Военторга и ветеринарной лаборатории. В этот день Голиков вылетел из Москвы в Архангельск, чтобы дальше лететь в Лондон.

После возвращения из Лондона Голиков командовал армиями и фронтами, снова был начальником военной разведки, которая к тому моменту получила свое гордое имя ГРУ. А в марте 1943 года генерал-полковник Голиков был назначен на ключевую должность заместителя народного комиссара обороны по кадрам. Народным комиссаром обороны, как мы помним, был Сталин. Маленков расставлял кадры в масштабе государства, Голиков — в масштабе Красной Армии.

За что такое доверие?

За то, что, допустив одну ошибку, Голиков ее тут же исправил.

После войны Голиков стал генералом армии, а затем и Маршалом Советского Союза.

3

Спору нет, был доклад «Варианты боевых действий германской армии против СССР» от 20 марта 1941 года. Да, Голиков сделал неправильные выводы.

Однако *после* этого были другие доклады, в которых Голиков правильно оценивал обстановку.

Уже 4 апреля Голиков направил Сталину, Молотову, Ворошилову, Тимошенко, Жукову, Берии, Кузнецову и другим высшим руководителям Советского Союза и Красной Армии спецсообщение об усилении группировки германских войск на границе СССР (ЦАМО РФ, опись 7237, дело 2, листы 84—86). На этот раз Голиков не делал никаких выводов. Голые факты. Без комментариев. И если Голиков испортил свой доклад 20 марта неправильными выводами, то новую картину от 4 апреля он ничем не портил. Он обрисовал обстановку как она есть, без комментариев. Факты сами говорили за себя. Голиков предоставил возможность вождям страны и Красной Армии самостоятельно делать выводы. Такую возможность имел и величайший стратег всех времен и народов. На этот раз неправильные выводы Голикова не могли сбить Жукова с толку. Он имел возможность самостоятельно оценить обстановку. Но Жуков почему-то никаких выводов не делал.

16 апреля генерал-лейтенант Голиков направил руководству спецсообщение о переброске германских войск в приграничную полосу. Рассылка в восемь адресов: Сталину, Молотову, Ворошилову, Тимошенко, Берии, Кузнецову, Жукову, Жданову (ЦАМО РФ, опись 7237, дело 2, листы 89—91). В этом спецсообщении говорилось о том, что на территории оккупированной Германией Польши запрещен проезд гражданских лиц по железной дороге. Уже одно это должно было насторожить руководителей Советского Союза. И если глупый Сталин ничего не понимал, то мудрейший Жуков должен был сообразить: немцы что-то затевают. Железные дороги им для чего-то требуются.

Жуков мог бы в данном случае и не думать своей головой, ибо Голиков сообщил причину происходящих изменений на польских железнодорожных линиях: германские войска через польскую территорию, помимо прочего, подвезли к советским границам 6995 вагонов боеприпасов и 993 цистерны горюче-смазочных материалов. Голиков сообщал не голые цифры, а давал развернутую картину с точным анализом: вот 16 основных железнодорожных узлов, куда прибывают вагоны с горюче-смазочными материалами и боеприпасами. На станцию Остров — 4000 вагонов снарядов и 342 вагона ГСМ; Седлец — 1640 вагонов со снарядами и 30 вагонов ГСМ; Замостье — 236 вагонов ГСМ...

К докладу приложена карта. Одного взгляда на нее достаточно, чтобы уяснить, где сосредоточены запасы снарядов и где ГСМ. Из этого можно было делать выводы о намерениях и планах германского командования.

Но Голиков и на этом не остановился. Он докладывал в том же спецсообщении, что германское командование перебросило к советским границам полк парашютистов и сосредоточило в этих же районах 17 тысяч вооруженных украинских националистов. Жукову следовало бы задуматься: а это зачем?

Голиков продолжал: идет сосредоточение переправочных средств, понтонов и разборных деревянных мостов у пограничных рек, в том числе севернее Бреста и в 15 и 20 километрах юго-восточнее Бреста.

Это спецсообщение Голиков не испортил неправильными выводами. Вывод прост, как правда: «Продолжается переброска войск, накопление боеприпасов и горючего на границе с СССР».

26 апреля в те же адреса Голиков направил спецсообщение «О распределении вооруженных сил Германии по театрам и фронтам военных действий по состоянию на 25.04.41 г.».

Сообщение начинается так: «Массовые переброски немецких войск из глубинных районов Германии и оккупированных стран Западной Европы продолжаются непрерывно». А завершается фразой: «По имеющимся данным, с 1 апреля немецкое командование приступило к формированию до 40 дивизий, что требует дополнительной проверки». В этом спецсообщении все правильно. Никаких неправильных выводов Голикова оно не содержало.

5 мая Голиков направил в десять адресов спецсообщение «О группировке немецких войск на востоке и юго-востоке» (ЦАМО РФ, опись 7237, дело 2, листы 97—102). Среди тех, кто получил этот документ, как всегда, Сталин, Молотов, Берия, Тимошенко, Жуков... Голиков снова сообщил об усилении группировки германских войск, подробно доложил, куда и какие дивизии перебрасываются. К этому добавил, что в Словакии, Польше, Румынии ведется строительство вторых путей на железнодорожных магистралях стратегического значения, которые идут с запада на восток. Голиков ясно и четко заявлял, что расширяется сеть аэродромов и посадочных площадок в приграничных районах. «По всей границе, начиная от Балтийского моря до Венгрии, идет выселение с приграничной зоны населения... Производятся усиленные рекогносцировки немецкими офицерами нашей границы...»

В мемуарах Жукова не ищите упоминаний про эти спе
общения РУ ГШ.

Ибо они полностью оправдывают Голикова.

Ибо они — обвинение Жукову.

4

Не надо думать, что Голиков излагал голую информацию
без всяких выводов. В мае 1941 года он круто изменил свою
позицию.

«Через некоторое время Голиков, видимо, понял, какую
серьезную ошибку допустил 20 марта 1941 года. Через месяц,
когда в Разведуправление поступили новые неопровержимые
доказательства о подготовке немцев к войне против СССР,
Голиков действовал иначе. 9 мая 1941 года начальник военной
разведки докладывал наркому обороны СССР С.К. Тимошенко и начальнику Генерального штаба Г.К. Жукову материалы,
подготовленные военным атташе СССР в Берлине генерал-
майором В. Тупиковым. В этом докладе, который назывался
«О планах германского нападения на СССР», давалась объек-
тивная оценка группировки германских войск и указывались
направления их ударов при нападении на СССР. Были и другие важные спецсообщения военной разведки высшему воен-
но-политическому руководству страны» («Красная звезда»,
3 ноября 2001 г.).

За спецсообщением от 9 мая следует спецсообщение от 15
мая «О распределении вооруженных сил по театрам и фронтам военных действий по состоянию на 15.05.41 г.» (ЦАМО
РФ, опись 7237, дело 2, листы 109—113). И придраться нельзя.
Все тут правильно.

Среди прочего в этом спецсообщении написано следующее: «В приграничной зоне с СССР. Общее количество немецких войск против СССР достигает 114—119 дивизий... Из
них пехотных — 82—87, горных — 6, танковых — 13, моторизованных — 12, кавалерийская — 1». Далее идет перечисление
изменений на Варшавском и Краковском направлениях, в
Восточной Пруссии, Словакии и т.д.

Если оценить этот доклад с высоты нашего современного
знания, то приходится признать: точность почти невероятная.
Небольшая расплывчатость в сведениях о пехотных дивизиях

от того, что некоторые из них были в тот момент в пути. Не было уверенности, куда они повернут, где осядут.

В этом документе сделан простой вывод: усиление продолжается. И названы районы, где именно. Подписано Голиковым. И указана рассылка — 13 высших руководителей Советского Союза и Красной Армии: Сталин, Молотов, Ворошилов, Тимошенко, Берия, Кузнецов, Жданов, и все заместители наркома обороны: Жуков, Буденный, Шапошников, Кулик, Мерецков, Запорожец.

И если документ военной разведки от 20 марта содержал неверные выводы Голикова, то в последующих документах, в частности в этом, от 15 мая, неверных выводов не было. Но Жукову удобнее об этом не вспоминать. Проще «со всей ответственностью» объявлять, что о сосредоточении германской армии он ничего не знал. И Тимошенко не знал. И Сталин — тоже.

5

Даже если бы никаких сведений от разведки не поступало, то и тогда Генеральному штабу и его мудрейшему начальнику нет и не может быть прощения. Неужели они не видели, что творится? Польша, Дания, Норвегия, Бельгия, Голландия, Франция, Югославия, Греция... И везде по единому сценарию: нарушение всех договоров, внезапный удар по аэродромам, стремительный рывок танковых дивизий к столице. Над этим повторяющимся сценарием нашим великим стратегам следовало бы задуматься. И хотя бы авиацию свою возле границ не держать.

Между тем Голиков бил тревогу.

Особо следует отметить его спецсообщение «О подготовке Румынии к войне» от 5 июня 1941 года (ЦАМО РФ, опись 7237, дело 2, листы 117—119). Оно начинается фразой: «Румынская армия приводится в боевую готовность». А завершается так: «Офицеры румынского генштаба настойчиво утверждают, что, по неофициальному заявлению Антонеску, война между Румынией и СССР должна скоро начаться». Все в этом сообщении правильно. И снова тут не к чему придраться. И снова в числе адресатов — Жуков. И снова Жуков забывает упомянуть об этом и других подобных сообщениях в своей «самой правдивой книге». Придраться не к чему, оттого Жуков о них и не помнит.

А Голиков не унимался. Голиков бил во все колокола. Спецсообщение «О военных приготовлениях Румынии» от 7 июня 1941 года привожу полностью:

«Мобилизация в Румынии подтверждается многими источниками. Призываются возрастные контингенты от 19 до 42 лет. Вызов производится по телеграммам. Одновременно мобилизуется конский состав и обозы.

В результате мобилизации румынская армия будет доведена до одного миллиона человек и сможет развернуть до 30 дивизий.

Железные дороги, сократив пассажирское и обычное товарное движение, выполняют перевозки в Молдавию и Северную Добруджу немецких войск, идущих из Югославии и Болгарии, а также вооружения (артиллерия, танки, прожектора и т.д.) и снаряжения.

Что касается самой Германии, то там с 4 июня возобновились интенсивные перевозки по железной дороге и автострадам через Кюстрин и Франкфурт (оба пункта на р. Одер восточнее Берлина) на восток.

Перевозится людской состав, танки, тяжелая, зенитная и полевая артиллерия, автотранспорт, прожектора и прочее.

Район Познань представляет из себя буквально военный лагерь.

Одновременно с этим наблюдается дальнейшее усиление немецких войск на границе за счет оттяжки ряда соединений из-за Вислы, так, 168-я и 111-я пд из района Кульцы — в направлении Ярослав. В Холи прибыла 183-я пд, а из района Холи передвинулась непосредственно к границе 62-я пд.

Вывод:

Учитывая соответствующим образом румынскую мобилизацию, как средство дальнейшего усиления немецкого правого фланга в Европе, ОСОБОЕ ВНИМАНИЕ необходимо уделить продолжающемуся усилению немецких войск на территории Польши.

Начальник Разведывательного управления Генштаба
Красной Армии генерал-лейтенант ГОЛИКОВ.
Рассылка: Сталину, Молотову, Ворошилову, Тимошенко, Жданову,
Маленкову, Жукову, Кузнецову, Берии».

* * *

Документ вопиющий. Советские руководители знали: мобилизация — это война. И если правительство Румынии решилось на мобилизацию, то отменить это решение уже нельзя. Дальше — война. Но не могло же правительство Румынии принять решение о самостоятельной войне против Советского Союза. Видимо, такое же решение принято и в Германии.

Возразят: но ведь Голиков ничего не сообщает о мобилизации в Германии!

А ему и не надо об этом сообщать. Германская армия давно отмобилизована, и советские руководители знают об этом без Голикова. Вот именно поэтому Голиков пишет, что мобилизация румынской армии — это всего лишь усиление правого фланга группировки германских войск. И огромными буквами добавляет: ОСОБОЕ ВНИМАНИЕ — на переброску уже отмобилизованных германских войск в Польшу.

6

Жуков должен был не только читать спецсообщения Голикова, но и сам направлять доклады Сталину. При этом он неизбежно должен был пользоваться данными Разведывательного управления Генерального штаба.

Один из документов, подписанный Жуковым, опубликовал писатель Карпов. 15 мая 1941 года Тимошенко и Жуков направили Сталину документ, который начинается анализом обстановки: «На границах Советского Союза, по состоянию на 15.05. 41 г., сосредоточено до 86 пехотных, 13 танковых, 12 моторизованных и 1 кавалерийская дивизии, а всего до 112 дивизий... Учитывая, что Германия в настоящее время держит свою армию отмобилизованной, с развернутыми тылами, она имеет возможность предупредить нас в развертывании и нанести внезапный удар...» В этом документе на двух страницах расписаны количество германских войск, районы их сосредоточения и вероятные намерения. В принципе все, что Голиков сообщил Жукову, Жуков переписал в свой доклад для Сталина.

Другими словами, Жуков точно знал, что творилось по ту сторону границы. Это знание подтверждено документом, который Жуков не только подписал, но и сам составил.

Писатель Карпов в восторге: какой анализ! Как ясно Жуков понимал ситуацию!

А в мемуарах Жуков «со всей ответственностью» заявил, что он понятия не имел о сосредоточении германских войск. И тот же писатель Карпов жуковское творение называет «самой правдивой книгой о войне».

С одной стороны, Жуков все знал и все видел, следовательно — гений. И в то же время Жуков ничего не знал, так как Голиков ему якобы не подчинялся и ничего не докладывал. Опять Жуков в гениях числится.

Вывод прост: Жукову можно было заявлять все, что угодно, обливать грязью всех окружающих и выгораживать себя. Писатель Карпов любые заявления Жукова все равно причислит к гениальным творениям.

Даже в тех случаях, когда стратег сам себя опровергает.

7

Поведение Жукова каждый должен квалифицировать самостоятельно. Каждый сам должен подобрать соответствующий термин.

Лично мое мнение, которое никому не навязываю: Жуков — подлец. Из множества сообщений он выбрал одно, в котором Голиков неправильно оценил обстановку. На одном раннем неправильном выводе Голикова Жуков сосредоточил свой благородный гнев, «забыв» поведать, что были другие сообщения. Жуков наковырял, как изюма из булки, то, что ему нравится, и выставил Голикова на всеобщее осмеяние: вот он — виновник катастрофы.

Маршал Советского Союза Филипп Иванович Голиков оказался честнее и благороднее Жукова. Великий стратег поливал Голикова грязью, а Голиков молчал. Хотя было что возразить. И если Жуков привел одно сообщение с неправильными выводами, то Голиков мог бы привести два десятка более поздних сообщений с правильными выводами. Но Голиков не стал ввязываться в бой по схеме: дурак — сам дурак. Голиков знал: если архивы никогда не откроются, то по крайней мере приоткроются. И все встанет на свои места.

В данном случае Жуков мог бы промолчать. Надо было просто Голикова и его доклады не вспоминать. Ведь промолчал же он про грандиозные операции 1942 года с участием тысяч танков и самолетов, десятков тысяч орудий и минометов, миллионных солдатских масс. Эти операции проводил Жуков. И позорно их провалил. Валить было не на кого. Потому Жуков эти операции просто «забыл».

Жуков не просто подлец, но подлец глупый. Он не подумал об архивах.

На момент выхода мемуаров Жуков сам себя оправдал, но надо было думать и о том, что рано или поздно правда все равно выйдет на свет и откроет подлость.

Этот случай — еще одно доказательство давно известного правила: частичная правда хуже лжи. Ибо правдоподобна. Ибо подтверждена документом.

Если взять кусочек правды, то получается, что виноват Голиков: не те выводы сделал. А если взять правду целиком, то получается, что виноват он минимально, если вообще виноват.

А главная вина — на гениальных стратегах, которые регулярно получали достоверные и полные сведения о противнике и правильные выводы разведки, но ничего не сделали для спасения страны.

Вернемся к заявлениям Жукова о том, что на боевых товарищей он доносов не писал. Но вот вам обратный пример. В мирное время, когда никто за язык не тянул, Маршал Советского Союза Жуков написал мерзкий пасквиль на Маршала Советского Союза Голикова, своего боевого товарища, своего бывшего заместителя на посту начальника Генерального штаба. Жуков оклеветал Голикова перед всем миром, ибо его мемуары по приказу Брежнева, Суслова, Гречко публиковали по всей планете, переводили на все мыслимые языки. Платная лубянская агентура во множестве телепередач, статей и книг клеймила Голикова как «дезинформатора» и виновника разгрома.

Жуков обливал грязью Голикова, зная, что Голиков прав, что Голиков жив, что Голикову есть что возразить.

Глава 8
НЕ ПОДМАХНИ!

> К началу 1941 года Генеральный штаб состоял из восьми управлений: оперативного, разведывательного, организационного, мобилизационного, военных сообщений, устройства тыла и снабжения, укомплектования войск, военно-топографического, и четырех отделов: общего, кадров, укрепленных районов и военно-исторического.
>
> Советские Вооруженные Силы.
> История строительства. М., 1978. С. 234

1

Жуков категорически отрицал свою вину за разгром 1941 года и в этом отрицании вышел за грань приличия. Чего стоит одно только его заявление о том, что Голиков ему не подчинялся. Выходит, что Разведывательное управление *Генерального штаба* не подчинялось начальнику *Генерального штаба*.

Каждый командир от батальона, полка и выше имеет свой штаб, куда стекается вся информация. Начальник штаба имеет две «руки»: оператора, который планирует боевые действия, и разведчика, который поставляет информацию для этого планирования. В каждом штабе есть другие отделения, отделы, направления, управления, однако операторы и разведчики — ядро любого штаба, вокруг которого строится остальная работа. Операторы и разведчики — это два колеса мотоцикла. Если убрать из штаба операторов, то мотоцикл останется об одном колесе — далеко не уедешь. Если убрать разведчиков, получим тот же результат. Без этих двух ключевых структур штаб не способен функционировать. По традиции операторов называли Первым отделением штаба (отделом, направлением, управлением, Главным управлением), разведчиков — Вторым отделением (отделом и т.д.)

И вот в январе 1941 года величайший полководец всех времен и народов был назначен на должность начальника Генерального штаба Красной Армии, а Генеральный штаб, если верить Жукову, был совершенно недееспособным. В нем, как заявил Жуков, не было разведывательных структур. Представьте себе слепого бойца, который ведет огонь по движущимся целям. Цели появляются и исчезают внезапно. Высота, расстояние, направление и скорость движения целей постоянно меняются. Кто-то со стороны подсказывает стрелку: ну-ка возьми чуток левей! А теперь — немного выше и правей! Разворачивайся вправо! Ну-ка выше бери! Так! Теперь ниже!

Штаб — мозг. Разведка — глаза и уши. Спросим: может ли мозг быстро и точно реагировать, если нет прямого органического контакта с глазами и ушами, если мозг принадлежит одному организму, а глаза и уши — другому? Именно такую картину нарисовал нам Жуков: была у нас разведка, но ему, начальнику Генерального штаба, она не подчинялась.

Деловое предложение: давайте Жукову поверим. Давайте верить, что наша военная структура была создана кретинами. Давайте поверим: Генеральный штаб Красной Армии сам ни о чем не думал, думать был не способен, собственной разведки не имел. По описанию Жукова, Генеральный штаб Красной Армии был не только безмозглым, но еще и слепым и глухим. Жуков объявил: разведка ему не подчинялась, поэтому за все, что с ней связано, он не ответчик. Пусть будет так. Однако вопросы остаются.

2

Представим себе генерала армии Жукова Георгия Константиновича, который 13 января 1941 года был назначен начальником Генерального штаба. Вот он входит в свой высокий кабинет, принимает дела, знакомится с подчиненными и вдруг обнаруживает, что в структуре Генерального штаба отсутствуют разведывательные структуры, открывает, что Генеральный штаб Рабоче-Крестьянской Красной Армии слеп, как котенок, который мягонькой мордочкой тычется в теплое мамино брюшко. Что же сделал великий стратег, чтобы этот дикий пробел ликвидировать? Что предпринял стратегический гений для того, чтобы руководимый им Генеральный штаб прозрел?

Если Жуков ничего не сделал, тогда его поведение следует квалифицировать как преступную халатность. За это расстрельная статья полагается. Если его не расстреляли за халатность, то потомкам хотя бы надо знать правду о Жукове: накануне войны он полгода томился бездельем в кресле начальника Генштаба, знал, что Генштаб слеп, глух и потому не способен руководить действиями Красной Армии, но ничего не сделал для того, чтобы привести структуру руководимой им организации в соответствие с требованиями войны.

А мог ли Жуков что-нибудь сделать?

Мог. Прежде всего надо было доложить Сталину: Генеральный штаб недееспособен. Надо было предъявить ультиматум: или освободи меня от должности начальника этого дурацкого Генштаба, я за чужую дурь не ответчик, или приведи структуру Генштаба в соответствие с требованиями войны, т.е. дай мне в подчинение разведывательные органы, без собственной разведки я слеп, готовить Красную Армию к отражению вражеского нашествия не могу.

Сделал ли это Жуков? Писал ли он рапорты Сталину с требованием изменить структуру Генштаба? Защитники Жукова, что скажете?

Был и более мягкий вариант. Если Сталин подчинил лично себе Разведывательное управление генерал-лейтенанта Голикова, тогда Жукову следовало, не поднимая скандала, срочно создавать собственную разведку. Это не так трудно, как может показаться на первый взгляд. У Жукова в подчинении пять военных округов и три флота, которые развернуты против Германии и ее союзников. Штабы военных округов и флотов имеют в своем составе разведывательные отделы и мощные силы разведки, включая агентурную. Разведка западных военных округов и флотов — это восемь независимых друг от друга агентурных сетей. Я не говорю о других видах разведки: войсковой, авиационной, корабельной, радио и пр.

Жукову следовало приказать начальникам штабов округов и флотов передавать лично ему важнейшие сведения о противнике, создать возле себя небольшую группу толковых офицеров-аналитиков для обработки информации, поступающей с флотов и из военных округов. Уже одного этого шага хватило бы для того, чтобы руководимый Жуковым Генштаб прозрел.

Но можно было обойтись и без группы аналитиков в непосредственном подчинении Жукова. Разведка приграничных военных округов не только собирала информацию о противнике, но и обрабатывала ее. И делала правильные выводы. Пример: «Сведения о развертывании по ту сторону границы наступательной группировки вермахта стали поступать в штаб ЗапОВО еще с начала 1941 года. 4 июня начальник Разведотдела штаба округа полковник Блохин представил генералу Павлову спецсообщение «О подготовке Германией войны против СССР» («Красная звезда», 24 июля 2001 г.). Допустим на мгновение, что начальник Разведывательного управления Генерального штаба не подчинялся начальнику Генерального штаба, что бедный Жуков сидел во тьме и ничего не знал, в этом случае он должен был обратиться к командующим приграничными округами, начальникам их штабов, начальникам разведывательных отделов этих штабов: что там о противнике слышно? Уж они-то все точно начальнику Генерального штаба подчинялись. Как же гений военного искусства ухитрился так поставить работу, что на местах знали о подготовке нападения, а он, руководитель, сидел в Москве и ничего не знал?

Одно из двух:

— либо Жуков вообще не интересовался сведениями о противнике, которых было достаточно;

— либо он был не способен делать выводы из вполне очевидных фактов.

А ведь возможности Жукова не ограничивались только разведкой приграничных военных округов. Внутренние военные округа: Архангельский, Московский, Орловский, Северо-Кавказский, Приволжский и другие — тоже имели разведывательные органы, включая агентурные сети на территории противника. Следовало и им отдать тот же приказ: важнейшую информацию о противнике — на мой стол!

Кроме того, в НКГБ у Жукова личный друг — Иван Серов. Его должность — первый заместитель народного комиссара государственной безопасности. В НКГБ собственная сверхмощная агентурная сеть по обе стороны советской границы и во всех портах, во всех столицах мира. Вот и сказать бы Серову: выручай, Ваня! Сталин-кретин у меня разведку забрал. Секретов мне можешь не выдавать, но хоть намекни, куда дело клонится. Нападет Гитлер, разгромит Советский Союз, нас с тобой повесит. Ваня, в твоих же интересах намекнуть!

Но Жуков и этого не сделал.

Ну а если этим не озаботился, следовало после войны задним числом в мемуарах сообщить: Генеральный штаб был слепым, но я боролся! Я предлагал придурковатому Сталину, я советовал, но он, лопоухий, моих гениальных советов не послушал и разведывательных структур в составе Генерального штаба не создал.

Удивительно, но таких оправданий в мемуарах Жукова тоже нет.

Если в подводной лодке нет перископа, капитан обязан сделать все, чтобы его добыть. Если ему перископ не дают, он должен отказаться от командования: такой лодкой командовать не буду. В крайнем случае, если перископа не добыл и от командования не отказался, после неудачного боя он должен оправдываться: я, мол, суетился, но достать приборы наблюдения так и не сумел.

Поведение Жукова — это поведение унтера, неспособного думать своей головой. Он даже не нашел нужным после войны оправдываться за свою бездеятельность. Нет разведки в подчинении начальника Генерального штаба, и ничего. Значит, так и должно быть. Пусть так и будет.

3

Ситуация становится совсем смешной, если мы вспомним, что у начальника Генерального штаба генерала армии Жукова собственная разведка все-таки была. Генеральный штаб Красной Армии имел в своем составе Разведывательное управление — РУ ГШ. С 16 февраля 1942 года эта структура была преобразована в ГРУ ГШ. Начальником РУ ГШ в 1941 году был генерал-лейтенант Ф.И. Голиков. Он подчинялся непосредственно начальнику Генерального штаба генералу армии Жукову. Поток разведывательной информации из Разведывательного управления Голикова шел в 8—12 адресов высших руководителей государства и армии. В числе адресатов всегда обязательно были Сталин, Тимошенко и Жуков. Другой поток информации от Голикова шел прямо к Жукову, а уж от него — к наркому обороны Маршалу Советского Союза С.К. Тимошенко и Сталину.

Начальник Разведывательного управления Генерального штаба генерал-лейтенант Голиков был не просто в подчинении у Жукова, он был его заместителем. Это можно проверить по разным источникам: СВЭ (Т. 2. С. 585); А. Куценко. Маршалы и Адмиралы флота Советского Союза (М., 2001. С. 111); Маршалы Советского Союза (М., 1996. С. 29).

Но Жуков упорно Голикова своим заместителем не называет.

О том, что в подчинении Жукова разведка была, можно узнать из любого справочника по истории строительства Вооруженных Сил СССР. В каждом из них перечисление управлений Генерального штаба идет в строго установленном порядке: оперативное, разведывательное и т.д. Об этом сообщает «Советская военная энциклопедия» (Т. 2. С. 512): «В состав Генерального штаба вошли управления: оперативное, разведывательное, организационное, мобилизационное...» О том же сообщает официальная «История Второй мировой войны 1939—1945»: «В начале 1941 года Генеральный штаб состоял из управлений оперативного, разведывательного, организационного, мобилизационного...» (Т. 3. С. 417).

О том, что в подчинении Жукова разведка была, можно прочитать... в мемуарах Жукова: «По данным Разведывательного управления нашего Генштаба, возглавлявшегося генералом Ф.И. Голиковым... Та информация, которая исходила от начальника Разведывательного управления генерала Ф.И. Голикова, немедленно докладывалась нами И.В. Сталину» (Воспоминания и размышления. М., 1969. С. 226). Это написано в первом и во всех остальных изданиях.

Если авторы мемуаров Жукова видели, что Жуков не способен понять структуру армии, если он не в силах уяснить, как этот механизм действует, то надо было оградить великого стратегического гения от контактов с историками. А то в мемуарах написано одно, а историкам Жуков рассказывал совсем другое.

Удивляет поведение академика Анфилова. Жуков с негодованием объявил, что Разведывательное управление Генерального штаба начальнику Генерального штаба не подчинялось, и академик этому поверил. Академик мог бы рассмеяться в лицо великому стратегу, но почему-то не рассмеялся.

И «Красная звезда» объявляет на весь мир: Разведывательное управление Генерального штаба не входило в состав Генерального штаба. «Красная звезда» готова публиковать любой абсурд, лишь бы великий стратегический гений чистеньким остался.

Жуков — клеветник. Его рассказы — клевета на Генеральный штаб, на Красную Армию, на нашу страну, на наш народ. Спасая себя от позора, Жуков объявляет на весь мир, что Красная Армия имела идиотскую структуру. Жуков обливал грязью организационную структуру органов высшего военного руководства страны, чтобы самому уйти от ответственности: структура дурацкая, а раз так, какой спрос с начальника глухо-слепого Генштаба?

4

Великого стратегического гения поймал на слове генерал-лейтенант Н.Г. Павленко: «Жуков уверял меня, что он ничего не знал о плане «Барбаросса» накануне войны, что он и в глаза не видел донесения разведки. На следующий раз я приехал к Жукову и привез те самые сообщения разведки о плане войны с СССР, на которых черным по белому стояли их: Тимошенко, Жукова, Берии и Абакумова подписи. Трудно передать его изумление. Он был просто шокирован» («Родина». 1991. № 6—7. С. 90).

Сказав такое, коммунистический историк Павленко тут же бросается Жукова защищать.

Журнал задает вопрос: «То есть Жуков, будучи начальником Генштаба, не оценил важности информации?»

Павленко отвечает: «Совершенно верно. Однако в этом нет его вины. Виновата сама система, не способная адекватно воспринимать информацию. Начальнику Генштаба ежедневно приходится подписывать десятки, если не сотни различных бумаг. Вот Жуков в ряду других и подмахнул...»

Вот метод коммунистических историков: всех описывать дурачками. Как только встречается непонятный или неудобный момент, их первая реакция: это все от глупости. Они описали совсем глупенького Сталина. Вот и до Жукова очередь дошла: сидит в кабинете начальник Генерального штаба, бумажки подписывает, не вникая... И ни в чем он не виноват. Система виновата. Система не способна адекватно информацию воспринимать.

Система — это циклопическая пирамида. Система — это десятки, сотни, тысячи и миллионы людей: членов Центрального Комитета партии, партийных секретарей союзных и автономных республик, краев, областей, районов, членов правительства, чекистов, разведчиков, аналитиков, генералов, адмиралов, дипломатов, наркомов республиканских, прокуроров, судей, офицеров, старшин, сержантов, солдат. Никто из них к материалам Разведывательного управления Генерального штаба не был допущен. Но выходит, что все они виноваты в том, что проглядели подготовку Гитлера к вторжению. К материалам Разведывательного управления Генерального штаба был допущен прежде всего начальник Генерального штаба генерал армии Жуков. Мало того, он персонально отвечал за работу Разведывательного управления как прямой и непосредственный начальник. Но выходит, что Жуков не виноват. Жуков просто сидел и подписывал бумаги. Не глядя. Жуков, как выразился генерал-лейтенант Павленко, подмахивал.

Прошу прощения у своих читателей: это не мой термин, это не мой стиль, не мой слог. Но коль скоро официальные коммунистические идеологи бросились защищать Жукова таким позорным методом, я вынужден пользоваться их приемами, их языком, их терминами.

Представляю, какой визг поднялся бы, если бы на месте Жукова оказался другой стратег, генерал армии Павлов Дмитрий Григорьевич или, к примеру, Маршал Советского Союза Кулик Григорий Иванович. А Жукову простительно: подумаешь, подмахнул разок!

5

Генерал-лейтенант Павленко щадит Жукова. Он сообщает, что Жуков просто подписывал документы. Но это не так. Сейчас известны не только подписи Жукова под документами, но и матерные резолюции. Это означает: Жуков с содержанием докладов разведки все-таки был знаком — не только их подписывал, но и читал. Не только читал, но и сведения разведки переписывал в свои документы. Это влечет за собой одно пренеприятнейшее следствие.

После войны Жуков с жаром рассказывал простофилям, что он якобы еще в начале января 1941 года предвосхитил немецкий план «Барбаросса», якобы предсказал, где и как немцы будут наносить главные удары и как будут развиваться события. Глянул на карту, да и решил, что немцы нанесут главный удар не где-нибудь, а из района Бреста на Барановичи.

Нашлись среди наших маршалов и генералов ротозеи, которые жуковской болтовне поверили.

На несколько минут давайте и мы этим захватывающим рассказам Жукова поверим. Пусть так все и было: Жуков, допустим, германский план предвосхитил, предсказал все действия Гитлера и его фельдмаршалов. И вот через некоторое время после гениальных предсказаний советская военная разведка добыла этот самый германский план и положила на стол Жукова: все правильно, немцы нанесут удар именно из района Бреста и именно на Барановичи! Дальше — на Минск, Смоленск и Москву.

Увидав такое, Жуков должен был галопом нестись к Сталину: вот я предсказал — на Барановичи, а вот разведка доносит — на Барановичи!

Но великий стратегический гений сообщениям разведки не поверил: быть такого не может, чтобы Гитлер на Барановичи замыслил!

И на сообщениях разведки Жуков матюгами расписывался.

Товарищи придворные историки, объясните мне, непонятливому, как стыковать вышеизложенное? Как поведение гения толковать? Принесли подтверждения его невероятных прогнозов, а он им не поверил.

Дорогой читатель, прикинем: мы что-то такое-эдакое выдумали, но никто нам не верит. Вдруг кто-то желанное подтверждение несет. И в том подтверждении весь вражеский замысел раскрыт! Ура, Россия спасена! Мы бы посланца с такой вестью облобызали да наградили бы. Я бы — соболью шубу с плеча скинул, гонца в нее завернул бы и каменьями самоцветными карманы ему набил. Радость-то какая!

Но гения нам не понять. Принесли гонцы подтверждение его великим пророчествам, а он гонцов — матом. Да взашей! Благо на резных воротах Генштаба не вешал, хребты не ломал, головы не рубил, на колья не нанизывал.

Так вот: сдается мне, что не было никаких гениальных жуковских прогнозов в январе 1941 года о направлениях вражеских ударов. Легенды о гениальной прозорливости задним числом в оборот пущены. И не кем-нибудь, а самим же Жуковым и пущены. Только стратегическому фанфарону сообразительности не хватило одни свои вымыслы с другими верстать.

Заявление генерала Павленко о том, что Жуков подмахивал, задевает еще один весьма больной нерв. Жуков клялся, что на боевых товарищей доносов не писал. Как этому верить, если он не помнит, что подписывал? Если он подмахивал не глядя?

6

Интересно проследить эволюцию взглядов Жукова на данный вопрос.

В письме писателю В.Д. Соколову 2 марта 1964 года Жуков обвинил Разведывательное управление в полной несостоятельности: «Наша агентурная разведка, которой перед войной руководил Голиков, работала плохо, и она не сумела вскрыть истинных намерений гитлеровского верховного командования в отношении войск, расположенных в Польше. Наша агентурная разведка не сумела опровергнуть лживую версию Гитлера о ненамерении воевать с Советским Союзом» (Георгий Жуков. Стенограмма октябрьского (1957 г.) пленума ЦК КПСС и другие документы. С. 518).

Однако через год-два всплыло множество документов, которые доказывали: разведку не в чем винить. Тогда Жуков резко сменил свою точку зрения и в мемуарах сообщил, что разведка работала великолепно, она вскрыла силы германских войск, планы их возможного использования и направления возможных ударов. Доклады разведки, по словам Жукова, «последовательно отражали разработку гитлеровским командованием плана «Барбаросса», а в одном из вариантов, по существу, отражена была суть этого плана»

Во как стратегического гения бросает! В 1964 году одно пишет, а в 1969-м это же опровергает.

Вынужденно признав, что разведка свое дело сделала, Жукову пришлось врать в другом: разведка-то планы Гитлера вскрыла, только ему, великому стратегу, она не подчинялась, и о ее докладах он ничего не знал.

Но и это вранье он сам же и опроверг. В том же письме писателю Соколову Жуков упрекает Сталина в непонимании роли Генерального штаба. А ведь Генеральный штаб, как сказано в письме гениального полководца, помимо всего прочего, «организует оперативно-стратегическую разведку» (Там же. С. 515).

Круг доказательств замкнулся.

Жуков объявляет, что разведка работала плохо. Но у него же мы находим доказательства того, что она работала великолепно.

Жуков объявляет, что разведка ему не подчинялась. Но у него же мы находим доказательства того, что главным организатором и руководителем разведки был Генеральный штаб, во главе которого он сам и стоял.

Жуков рыл яму Сталину: мол, он, великий Жуков, требовал поднять войска по тревоге, изготовить их к отражению вторжения и пр. и пр., а глупый Сталин не позволял привести войска в готовность... Но в эту яму сам Жуков и угодил. Сообразим: мог ли Жуков перед войной требовать от Сталина решительных действий по отражению германской агрессии, если ровным счетом ничего не знал о подготовке такой агрессии? Если о замыслах Гитлера ему было неизвестно? Если разведка ему не подчинялась и не докладывала о сосредоточении германских войск на советских границах?

Теперь возразим генерал-лейтенанту Павленко.

Во-первых, каждый человек отвечает за каждую свою подпись. Если ротный старшина подмахнет не глядя, то может в мантульные места загреметь. А может — и под расстрел. Жукова ставили на пост начальника Генерального штаба именно затем, чтобы зря не подмахивал.

Во-вторых, если начальнику Генерального штаба приходится подписывать десятки и сотни документов в день, значит, он — бездарь. Такого надо гнать из-за полной профессиональной непригодности. Перед хорошим начальником — чистый стол. У хорошего начальника работают подчиненные Хороший начальник обязан так организовать работу, чтобы всю ответственность переложить на нижестоящих, чтобы самому не подмахивать. Пусть заместители подмахивают.

В-третьих, сообщение разведки о предстоящем германском вторжении было не одно, они шли потоком. Павленко сам говорит про эти сообщения во множественном числе... Вот и выходит, что Жуков Георгий Константинович подмахнул не раз.

Он подмахивал регулярно

Глава 9
ТОЛЬКО ЛИЧНО!

Культ личности Жукова давил на всех нас, в том числе и на нашего брата.

Маршал Советского Союза *И.С. Конев*.
Георгий Жуков.
Стенограмма октябрьского (1957 г.) пленума
ЦК КПСС и другие документы. С. 487

1

То, что мемуары Жукова не выдерживают никакой критики, было заявлено мной еще в начале 80-х годов XX века. Храбрецов издать «Ледокол» в то время не нашлось. Но в 1985 году удалось опубликовать книгу отдельными главами в парижской газете «Русская мысль», в журнале «Континент» и британском военном журнале RUSI (Royal United Services Institute). В главе про Сообщение ТАСС от 13 июня 1941 года я высмеял книгу Жукова. Потом «Ледокол» был опубликован в Германии на немецком языке, во Франции, в Польше, Болгарии и других странах. После «Ледокола» во всех моих книгах о войне я недобрым словом поминал мемуары великого полководца.

В Советском Союзе в эти годы шел обратный процесс: культ личности Жукова разрастался и креп, мемуары стратега объявлялись «самой правдивой книгой о войне» и единственным источником знаний о ней. Под самый закат «перестройки», которая на самом деле была агонией Советского Союза, начальник всех писателей СССР Герой Советского Союза В.В. Карпов опубликовал план Генерального штаба Красной Армии от 15 мая 1941 года. Карпов как вождь идеологического фронта коммунизма имел доступ к очень важным архивам. Этот план имел гриф «Особо важно. Совершенно секретно. Только лично». Документ был подготовлен в Генеральном штабе Красной Армии и предназначался только Сталину. В нем шла речь о последних приготовлениях Красной Армии к внезапному нападению на Германию. Значения документа Карпов не понял. По мысли Карпова, этот план свидетельствовал о поразительных способностях Жукова. Стратег, мол, думал не только об обороне и отражении вражеского нашествия, но и пошел дальше, предложив нанести внезапный удар.

О существовании «Ледокола» Карпов в тот момент не знал, потому поместил план Генерального штаба от 15 мая 1941 года в своей книге о Жукове. Если бы в это время «Ледокол» уже появился в России, Карпов скорее всего от публикации воздержался бы.

Справедливости ради надо сказать, что до Карпова об этом плане вспоминал генерал-полковник Волкогонов, но цитировал весьма скупо.

В настоящее время план Генерального штаба Красной Армии от 15 мая 1941 года широко известен, это освобождает меня от необходимости переписывать его еще раз. Вот только отдельные выдержки из него:

«Первой стратегической целью действий войск Красной Армии поставить — разгром главных сил немецкой армии, развернутых южнее Дембдин, и выход к 30 дню операции на фронт Остроленка, р. Нарев, Лович, Лодзь, Крейцбург, Оппельн, Оломоуц. Последующей стратегической целью иметь: наступлением из района Катовице в северном или северо-западном направлении разгромить крупные силы Центра и Северного крыла германского фронта и овладеть территорией бывшей Польши и Восточной Пруссии.

Ближайшая задача — разгромить германскую армию восточнее р. Висла и на Краковском направлении, выйти на р.р. Нарев, Висла и овладеть районом Катовице, для чего:

а) главный удар силами Юго-Западного фронта нанести в направлении Краков, Катовице, отрезая Германию от ее южных союзников;

б) вспомогательный удар левым крылом Западного фронта нанести в направлении Седлец, Демблин, с целью сковывания Варшавской группировки и содействия Юго-Западному фронту в разгроме Люблинской группировки противника;

в) вести активную оборону против Финляндии, Восточной Пруссии, Венгрии и Румынии и быть готовыми к нанесению удара против Румынии при благоприятной обстановке.

Таким образом, Красная Армия начинает наступательные действия с фронта Чижов, Мотовиско силами 152 дивизий против 100 дивизий германских...

Западный фронт (ЗапОВО) — четыре армии, в составе — 31 стрелковой, 8 танковых, 4 моторизованных и 2 кавалерийских дивизий, а всего 45 дивизий и 21 полк авиации.

Задачи: ...с переходом армий Юго-Западного фронта в наступление, ударом левого крыла фронта в направлениях на Варшаву, Седлец, Радом, разбить Варшавскую группировку и овладеть Варшавой, во взаимодействии с Юго-Западным фронтом разбить Люблинско-Радомскую группировку противника, выйти на р. Висла и подвижными частями овладеть Радом.

Граница фронта слева — р. Припять, Пинск, Влодава, Демблин, Радом.

Штаб фронта — Барановичи.

Юго-Западный фронт — восемь армий, в составе 74 стрелковых, 28 танковых, 15 моторизованных и 5 кавалерийских дивизий, а всего 122 дивизии и 91 полк авиации с ближайшими задачами:

а) концентрическим ударом армий правого крыла фронта окружить и уничтожить основную группировку противника восточнее р. Висла в районе Люблин;

б) одновременно ударом с фронта Сенява, Перемышль, Лютовиска разбить силы противника на Краковском и Сандомирско-Келецком направлениях и овладеть районами Краков, Катовице, Кельце, имея в виду в дальнейшем наступать из этого района в северном или северо-западном направлении для разгрома крупных сил северного крыла фронта противника и овладения территорией бывшей Польши и Восточной Пруссии;

в) прочно оборонять госграницу с Венгрией и Румынией и быть готовым к нанесению концентрических ударов против Румынии из районов Черновцы и Кишинев, с ближайшей целью разгромить северное крыло румынской армии и выйти на рубеж р. Молдова, Яссы.

Для того чтобы обеспечить выполнение изложенного выше замысла, необходимо заблаговременно провести следующие мероприятия, без которых невозможно нанесение внезапного удара по противнику как с воздуха, так и на земле:

1. Произвести скрытое отмобилизование войск под видом учебных сборов запаса;

2. Под видом выхода в лагеря произвести скрытое сосредоточение войск ближе к западной границе, в первую очередь сосредоточить все армии резерва Главного Командования;

3. Скрыто сосредоточить авиацию на полевые аэродромы из отдаленных округов и теперь же начать развертывать авиационный тыл;

4. Постепенно под видом учебных сборов и тыловых учений развертывать тыл и госпитальную базу.

В резерве Главного Командования иметь 5 армий и сосредоточить их:

— две армии в составе 9 стрелковых, 4 танковых и 2 моторизованных дивизий, всего 15 дивизий, в районе Вязьма, Сычовка, Ельня, Брянск, Сухиничи;

— одну армию в составе 4 стрелковых, 2 танковых и 2 моторизованных дивизий, а всего 8 дивизий, в районе Вилейка, Новогрудок, Минск;

— одну армию в составе 6 стрелковых, 4 танковых и 2 моторизованных дивизий, а всего 12 дивизий, в районе Шепетовка, Проскуров, Бердичев и

— одну армию в составе 8 стрелковых, 2 танковых и 2 моторизованных дивизий, а всего 12 дивизий, в районе Белая Церковь, Звенигородка, Черкассы...

Прошу:

1. Утвердить представляемый план стратегического развертывания Вооруженных Сил СССР и план намечаемых боевых действий на случай войны с Германией...

Народный комиссар обороны СССР
Маршал Советского Союза С. Тимошенко
Начальник Генерального штаба К. А.
генерал армии Г. ЖУКОВ»

Документ написан от руки генерал-майором А.М. Василевским, будущим Маршалом Советского Союза. Под документом обозначены подписи Тимошенко и Жукова, но их собственноручных подписей нет.

2

Карпов ликовал: «А теперь представьте, что произошло бы, если бы этот план Жукова был принят и осуществлен. В один из рассветов июня тысячи наших самолетов и десятки тысяч орудий ударили бы по сосредоточившимся (скученным) гитлеровским войскам, места дислокации которых были известны с точностью до батальона. Вот была бы внезапность так внезапность! Пожалуй, более невероятная, чем при нападении немцев на нас. Никто в Германии, от рядового солдата до Гитлера, даже подумать не мог о таких действиях нашей армии! Сотни наших самолетов, уничтоженных на земле, и сотни тысяч снарядов, брошенных при отступлении, — все это обрушилось бы на скопившиеся для вторжения силы агрессоров. А вслед за этим мощнейшим ударом несколько тысяч танков и 152 дивизии ринулись бы на растерявшегося противника. Мне представляется: все, что произошло в первые дни на нашей земле после ударов гитлеровцев, точно так же, по такому же сценарию развернулось бы на территории противника. К тому же гитлеровцы абсолютно не имели опыта действий в таких экстремальных для них ситуациях. Паника, несомненно, охватила бы их командование и армию» (В. Карпов. Маршал Жуков. Его соратники и противники в дни войны и мира. Литературная мозаика. М., 1992. С. 218).

Книга Карпова была опубликована, и тут как раз «Ледокол» наконец дошел до России. На основе открытых, всем доступных материалов я доказал, что Сталин готовил внезапное нападение на Германию и Румынию. Последняя глава «Ледокола» называется «Война, которой не было». Я описал то, что должно было случиться: «Из района Львова самый мощный советский фронт наносит удар на Краков и вспомогательный — на Люблин...». А писатель Карпов предъявил совершенно секретный особой важности план, который все это подтвердил.

Не зная о существовании «Ледокола», Карпов попыталс представить, что могло бы случиться после внезапного сокрушительного удара Красной Армии, и почти через десять лет после меня описал ситуацию точно так же, почти теми же словами.

Разница заключалась в том, что Карпов нашел документ и расценил его как один из возможных, но не принятых и неосуществленных планов. А я в «Ледоколе» доказал, что ничего другого и не замышлялось. С момента захвата власти в России вожди коммунизма не имели никаких иных планов, кроме владычества над миром и распространения своей кровавой диктатуры на все континенты. Они четко и правильно понимали, что без мирового господства их власть не может долго существовать. Ничто, кроме мирового господства, их не могло спасти. А мирового господства они могли достичь только в результате новой мировой войны. Ради этого они помогли Гитлеру захватить власть. Ради этого они руками Гитлера развязали Вторую мировую войну. В 1941 году они готовили заключительный акт: внезапный удар по Германии и захват Европы...

Итак, вот «Ледокол» и мои теоретические построения, а вот — найденный высокопоставленным деятелем Коммунистической партии совершенно секретный особой важности план, который все это подтверждает. Карпов, один из ведущих идеологов коммунизма, по простоте душевной документ опубликовал и все, что содержится в «Ледоколе», нечаянно подтвердил.

Официальные идеологи тут же объявили «Ледокол» фальшивкой, но что делать с планом Генерального штаба от 15 мая 1941 года? Фальшивкой документ Генерального штаба не объявишь, тогда сам Карпов попадет в число прислужников вражеских разведок и буржуазных фальсификаторов истории.

Как же быть?

Как нейтрализовать разоблачительный документ?

3

Решений придумали много.

Немедленно выступил бывший сотрудник Института военной истории Министерства обороны Н.А. Светлишин и заявил, что о существовании плана Генерального штаба он узнал не от Волкогонова и не от Карпова. Этот план он якобы нашел еще в начале 60-х годов. Потом, в 1965 году, он якобы имел встречи с Жуковым и задал ему ряд вопросов. Жуков Светлишину якобы рассказал следующее: «Свою докладную я передал Сталину через его личного секретаря Поскребышева. Мне до сих пор не известны ни дальнейшая судьба этой записки, ни принятое по ней решение Сталина. А преподанный по этому поводу мне урок запомнился навсегда. На следующий день Н.А. Поскребышев, встретив меня в приемной Сталина, сообщил его реакцию на мою записку. Он сказал, что Сталин был сильно разгневан моей докладной и поручил ему передать мне, чтобы я впредь такие записки «для прокурора» больше не писал, что председатель Совнаркома более осведомлен о перспективах наших взаимоотношений с Германией, чем начальник Генштаба, что Советский Союз имеет еще достаточно времени для подготовки решительной схватки с фашизмом. А реализация моих предложений была бы только на руку врагам Советской власти» (Н.А. Светлишин. Крутые ступени судьбы. Хабаровск. 1992. С. 57—58).

Вскоре выступил Н.Н. Яковлев и, ссылаясь на Светлишина, подтвердил, что план Генерального штаба от 15 мая 1941 года был Сталиным отвергнут: «Однако предложения Жукова приняты не были. Тогда он, по-видимому, впервые получил представление о невероятном упрямстве главы Советского государства» (Н. Яковлев. Маршал Жуков. М., 1995. С. 61).

Вот видите, какой глупый Сталин! Все беды, оказывается, от его невероятного упрямства. Над этим заявлением Н.Н. Яковлева мы будем смеяться чуть позже. Сперва разберемся с выдумками Светлишина.

Баллада Светлишина об отвергнутом плане превратилась в доказательство того, что план Генерального штаба существовал, но не был принят и даже никогда не обсуждался. В 1998 году официальные кремлевские идеологи выпустили псевдонаучный сборник «1941 год». Среди авторов-составителей — вся коммунистическая элита: бывший член Политбюро А.Н. Яковлев, два бывших премьера Е.Т. Гайдар и Е.М. Примаков, целая рать чекистов. Опираясь на свидетельство все того же Светлишина, ученые товарищи заявили: по мнению большинства военных историков, план принят не был.

Сборник «1941 год» я назвал псевдонаучным.

За свои слова отвечаю. Полистайте его. Почитайте. Самые малозначительные и ничего не значащие события описаны с многократными повторениями: некий секретный агент сообщает... Страниц через 30 мы читаем то же самое сообщение, но в другом изложении: какой-то чекист переписал сообщение секретного агента и послал его вышестоящему начальнику. Еще страниц через 20 вновь читаем тот же самый текст и снова в другом изложении: вышестоящий переписал его и отправляет еще более вышестоящему... Зачем все это повторять?

Но вот перед нами документ № 315. Дата — 11 марта 1941 года. Название совершенно дикое: «Из плана Генштаба Красной Армии о стратегическом развертывании Вооруженных сил Советского Союза на Западе и на Востоке». Почему: из плана? Почему не опубликовать весь план? Дайте нам план войны, а все остальное — не важно. Всю остальную чепуху можно было бы и не публиковать.

Выглядит сей документ очень серьезно. Пока не начнешь его читать...

На трех страницах расписаны сведения о вероятных противниках, состав их сил и возможные замыслы действий. После этого на одной странице — основы нашего стратегического развертывания. Сообщается, сколько дивизий надо иметь для прикрытия северного побережья, сколько в Закавказье и Средней Азии, сколько оставить против Японии, сколько для ведения операций на западе. После этого стоят квадратная скобка, троеточие, еще одна скобка. Далее подписи: Тимошенко, Жуков, Василевский.

Из приложения узнаем, что всего в документе 16 страниц. Нам же сообщили содержание первых четырех, причем на трех из них — сведения о противнике.

Товарищи А.Н. Яковлев, Е.Т. Гайдар, Е.М. Примаков, Р.Г. Пихоя, Л.Е. Решин, Л.А. Безыменский, Ю.А. Горьков и прочие держали в руках план войны, но с нами делиться не стали. Вместо этого они нафаршировали книгу глупейшими сообщениями продажной чекистской агентуры о том, что «многие солдаты симпатизируют Советскому Союзу и воевать против СССР не хотят» (1941 год. М., 1998. Книга вторая. С. 281).

А вот на план Генерального штаба от 11 марта 1941 года у официальных кремлевских идеологов места не хватило. Поэтому они его обкромсали, оставив вводную часть, отрезав все остальное.

Но если по заявлениям Карпова, Светлишина, Волкогонова и прочих план Генерального штаба от 15 мая 1941 года — это нечто необычное, странное, нестандартное, исключительное, отличающееся от всех других подобных документов, то следовало полностью публиковать предыдущий план от 11 марта 1941 года и показать: мы в марте 1941 года исключительно об обороне думали, и только в мае Жукова бес попутал, и он сотворил нечто нам несвойственное, для нашего миролюбивого государства неприемлемое, перепуганным Сталиным отвергнутое без обсуждения.

Но в том-то и дело, что план от 15 мая был развитием всех предшествующих планов подобного рода, включая и тот, который вступил в силу 11 марта. Стратегическая обстановка менялась, соответственно планы корректировались, уточнялись и дополнялись.

Если ошибаюсь, товарищи поправят. Товарищи когда-нибудь опубликуют полный текст плана Генерального штаба от 11 марта 1941 года, и мы увидим, что товарищ Сталин мечтал только о вечном мире и братстве народов. Пока этого не случилось, будем предполагать обратное, а творение «1941 год», этот грандиозный научный труд на хорошей бумаге в добротной обложке, будем считать работой бессовестных, неумелых и неуклюжих фальсификаторов истории.

5

Удивительные люди заправляют идеологией Государства Российского: по мнению большинства военных историков, план был отвергнут... Товарищи дорогие, было время, когда, по мнению большинства лучших умов человечества, Земля стояла на трех слонах. Вариант — на трех китах. Запомните: мнение большинства всегда ошибочно. Повторяю: всегда!

Перед тем как поб.орять слова Светлишина, вы должны были задать этому великому первооткрывателю много вопросов. Почему вы их не задали?

А ведь ситуация удивительная. В начале 60-х годов сотрудник Института военной истории Светлишин знал о существовании совершенно секретного особой важности документа, но 30 лет, до начала 90-х годов, хранил молчание.

Если в начале 60-х годов документ Генерального штаба от 15 мая 1941 года все еще представлял государственную тайну Советского Союза, если с него не был снят гриф «Совершенно секретно. Особой важности. Только лично», то кто и почему допустил к этому документу историка Светлишина?

А если с документа гриф секретности был снят еще в те годы и к нему был допущен историк Светлишин, то зачем молчать? И почему в официальных трудах по истории войны об этом исключительной важности документе не упоминалось?

И что это за странное совпадение: появился «Ледокол», его нужно было срочно и беспощадно опровергать, и вот именно в этот момент Светлишин вспомнил про документ и взломал печать молчания на устах своих. Вот только тут он вспомнил про встречу с Жуковым, про свои вопросы и про ответы единственного спасителя.

Если Светлишин действительно обсуждал документ с Жуковым, то должен был сказать великому полководцу: я, историк, знаю о существовании документа, следовательно, он доступен, следовательно, и другие о нем могут знать, почему бы вам, Георгий Константинович, не рассказать широким народным массам о нем? Если в данный момент все это секретно, то напишите объяснение, запечатайте в конверт и отдайте на хранение дочери. Когда документ будет рассекречен, она вскроет пакет, и мы прочитаем ваше толкование случившегося. А то на словах вы сейчас рассказываете, но мне через много десятилетий могут и не поверить.

Вопрос: почему историк Светлишин, обсуждая с Жуковым столь важный вопрос, не оставил тогда никаких записей? Институт военной истории Министерства обороны имеет секретные фонды. После встречи с Жуковым Светлишин был просто обязан доложить начальнику института, что имел с Жуковым разговор исключительной важности. Тут же следовало подроóно его записать, заверить, опечатать сургучными печатями и положить на хранение до лучших времен.

Если мы уважаем историка Светлишина и хотим верить его рассказам, то вправе спросить о его столь безответственном отношении к сохранению исторической правды. В 1965 году он не стал документально фиксировать свой разговор с Жуковым, почему же больше чем через четверть века мы должны этому безответственному человеку верить на слово?

А ведь рассказ Светлишина — сплошной бред. Он поверил мемуарам Жукова: делами Генерального штаба Сталин не интересовался, начальника Генерального штаба выслушивал лишь изредка... Потому Светлишин вставил в свой рассказ сталинского секретаря Поскребышева, мол, у бедного Жукова доступа к Сталину не было, он вынужден был передавать документ не лично, а через кого-то: доложите, пожалуйста, товарищу Сталину... Но Жуков, как мы теперь знаем, накануне войны бывал в кабинете Сталина весьма часто и проводил в нем много-много часов. Зачем отдавать документ Поскребышеву, если в любой день он мог отдать его в руки вождю: вот, товарищ Сталин, что мы предлагаем!

Если Жуков, имея возможность лично положить документ на сталинский стол, передавал его через кого-то, то это — поведение труса. Так ведут себя люди, у которых нет смелости лично доложить свои предложения. Чтобы не попадаться на глаза начальникам, свои предложения они через кого-то передают, а потом решение хозяина выслушивают от барского холопа.

6

Поведение Жукова более чем странное. Любой нормальный человек, перед тем как разрабатывать в деталях грандиозный проект, сначала заручится поддержкой руководства. В разговоре с вождем Жукову следовало осторожно намекнуть на другие возможные варианты: а не поступить ли нам, товарищ Сталин, несколько иначе? Получив отрицательный ответ, нечего было и огород городить.

Составить план войны — дело нешуточное. Помимо самого документа Генерального штаба от 15 мая 1941 года, в нем упомянуты еще шесть документов, включая «План намечаемых боевых действий на случай войны с Германией». Ни один из этих документов пока исследователям недоступен. И вот вам картина: под руководством Жукова и Тимошенко Генеральный штаб Красной Армии подготовил развернутый план разгрома Германии со всеми теоретическими выкладками, обоснованиями, картами, расчетами, представил его Сталину, а уж потом выяснилось, что Сталину это совершенно не интересно. Неужели перед выполнением этого грандиозного проекта Жуков не мог поинтересоваться мнением Сталина и накануне войны не загружать самых высокопоставленных и талантливых генералов Генерального штаба работой, которая вышестоящему руководству не нужна?

Не менее удивительно и поведение Сталина. Жуков бывал у него очень часто, но Сталин (если верить рассказу Светлишина) так и не высказал своего мнения о предложенном плане. Жукову не известны ни судьба плана, ни принятое Сталиным решение. А своему секретарю Поскребышеву «разгневанный» Сталин приказал передать Жукову, чтобы тот впредь чепухой не занимался.

Представим: вот в приемной сталинского кабинета Поскребышев передает Жукову слова Сталина. Тут же Жуков заходит в кабинет «разгневанного» Сталина и начинается обычная работа... Неужто Сталин сам не мог сказать Жукову, чтобы тот не отвлекался на посторонние дела? Почему это надо было делать через Поскребышева?

7

И объясните мне, почему Жуков документы Генерального штаба называл «моя докладная» или «моя записка»? Повторяю, речь идет не об одном документе, а о комплекте, который по каким-то причинам до сих пор недоступен исследователям. Документы готовил генерал-майор Василевский, правил генерал-лейтенант Ватутин, под документом фамилии наркома обороны маршала Тимошенко и начальника Генерального штаба генерала армии Жукова. Иными словами, в разработке этого проекта участвовали как подчиненные Жукова, так и его непосредственный начальник. Почему же *комплект* документов назван *запиской*, да еще и *моей*?

На комплекте документов гриф: «Совершенно секретно. Особо важно. Только лично». Обратим пристальное внимание на последние два слова: ТОЛЬКО ЛИЧНО! Теперь давайте на минуту поверим выдумкам Светлишина: в нарушение приказов и инструкций по ведению секретного делопроизводства Жуков отдал в чужие руки комплект совершенно секретных особой важности документов, которые имел право отдать только лично Сталину. Это преступление. Если весь этот фантастический сюжет действительно имел место, то Жуков своей преступной безответственностью заслуживал расстрела. В данном случае Жуков нарушил присягу, ибо клялся хранить государственную и военную тайну. Он ее не хранил и хранить не умел. К совершенно секретным особой важности документам относился как к ничего не стоящим бумажкам. Людей расстреливали за халатное отношение к куда менее важным секретам.

Не менее удивительно поведение Сталина. Допустим, что он отверг план Генерального штаба. Но и отвергнутый план должен оставаться совершенно секретным, особой важности. Допустим, по каким-то причинам мы не приняли на вооружение новый тип ядерного боеприпаса. Но это вовсе не значит, что со всей технической документации можно тут же снять гриф секретности. А вот что у Сталина: совершенно секретный особой важности план он якобы отверг и тут же рассказал его содержание Поскребышеву. И Поскребышев выговаривает Жукову: ишь до чего додумался, на Германию нападать, да еще и в ближайшее время! А мы будем обороняться, и времени на подготовку у нас достаточно!

И если Светлишину мы поверили на минуту, чтобы тут же уличить его во вранье и глупости, то писателю Н.Н. Яковлеву мы не можем поверить даже и на минуту. Яковлев заявил о «невероятном упрямстве главы Советского государства», который якобы отверг гениальный план Жукова. Но не надо забывать, что власть у нас принадлежала народу — рабочим и крестьянам. Во главе Советского государства стоял коллективный орган — Верховный Совет. Никакого упрямства сей орган никогда не проявлял. Он одобрял все, что творил товарищ Сталин. Причем одобрял всегда, мгновенно и единогласно. Во главе Верховного Совета стоял Президиум. Но и он упрямством не прославился. А во главе Президиума Верховного Совета стоял добрый дедушка Калинин.

Главная отличительная черта — удивительная гибкость позвоночника. «Своей подписью Калинин санкционировал все действия Сталина, придавая беззакониям вид законов» (К.А. Залесский. Империя Сталина: Биографический энциклопедический словарь. М., 2000. С. 203).

Забыв о нашей небывалой демократии, Н.Н. Яковлев называет Сталина главой государства. Как можно верить заявлениям Яковлева о «невероятном упрямстве», если уважаемый исследователь даже не знает, какие должности занимал великий вождь?

Мне говорят: может быть, в «Ледоколе» все правильно, но где же документ?

Отвечаю: документ хранится в Центральном архиве Министерства обороны РФ (фонд 16, опись 2951, дело 241, листы 1—16).

Все документы времен войны в новой демократической России рассекречены. Это очень хорошая новость.

А вот плохая: вместо грифов «Секретно», «Совершенно секретно», «Совершенно секретно. Особой важности» и «Совершенно секретно. Особой важности. Только лично», которые сняты с документов времен войны, введен новый безобидный гриф «Выдаче не подлежит». Так что можете радоваться: никаких секретов о войне больше нет. Правда, к самым интересным и самым важным документам войны доступа как не было, так и нет. В русском языке для этой ситуации есть весьма мудрое выражение: что в лоб, что по лбу.

А если серьезно, то мы — единственный в мире народ, который совершенно не помнит Вторую мировую войну и ничего о ней не знает. Мы единственные, кого война совершенно не тронула и не взволновала. На официальном уровне у нас не было и нет ни книг, ни учебников, ни исследований, ни статей, ни фильмов о войне. Фальшивки типа «Судьба человека» — не в счет. Войну не изучали ни в военных училищах, ни в институтах, ни в военных академиях, ни в Академии наук. Мы — единственная в мире страна, в которой изучение войны категорически запрещено.

Как можно изучать историю войны, если Горьковы, Гайдары, Пихои, Примаковы и Безыменские сидят на страже архивов, выдавая нам только то, что им выгодно в данный момент?

Глава 10
КАК ЖУКОВ СТАРАЛСЯ УГОДИТЬ СТАЛИНУ

> Жуков опасный и даже страшный человек... Я 30 лет работаю с Жуковым. Он самовластный, деспотичный, безжалостный человек... Я видел, какое невероятное хамство проявил Жуков к ряду людей, в том числе крупным волевым людям.
>
> Маршал Советского Союза *Р.Я. Малиновский.*
> Георгий Жуков. Стенограмма октябрьского (1957 г.) пленума ЦК КПСС и другие документы. С. 487

1

Начиная с «Ледокола», во всех своих книгах о войне я показываю чудовищные и дикие противоречия в мемуарах Жукова. Официальные кремлевские идеологи не остались в долгу. Главный их аргумент: от жизни, милейший, отстаешь! Мы давно отвергли шесть конъюнктурных изданий мемуаров Жукова и ориентируемся только на единственно верное и правдивое седьмое издание, а ты все по-прежнему на первое издание ссылаешься.

Шло время. Выяснилось, что седьмое издание оказалось столь же искаженным проклятой цензурой, как и все предыдущие. Та же судьба постигла и восьмое, и девятое издания. Но снова в меня бросают оружием пролетариата: мы-то улавливаем дух времени, борзо переписываем историю в соответствии с самым правдивым десятым изданием, а ты все никак от первого отказаться не можешь.

Пришлось признаться самому себе: меня загнали в тупик. Как выиграть эту гонку? Они — в Москве. Выходит новейшее издание «Воспоминаний и размышлений», которое опровергает все предыдущие, и шустрые ценители Жукова тут же исправляют свои взгляды на ход войны в соответствии с последними указаниями. А я далеко. Пока до меня новое издание дойдет, кремлевские идеологи его уже конъюнктурным объявляют и работают с новым, самым правдивым.

Что же делать?

Выход напрашивался достаточно простой: собрать все издания мемуаров Жукова, прочитать, сравнить, уловить тенденцию, на этой основе выдавать прогноз развития. Зная, как деформировались мемуары вчера и позавчера, можно предсказать, в какую сторону их выгнет завтра. Используя элементарный анализ, можно заглянуть в будущее, можно узнать, в какую степь грядущим днем занесет великого мемуариста. Величайший стратег всех времен и народов владел (если ему верить) научным предвидением. Вот его-то, это самое предвидение, я и взял на вооружение. Используя оное, можно оказаться впереди тех, кто еще только ждет выхода новейшего, единственно верного издания.

Так я стал предсказателем.

Что же оказалось? Оказалось, что в данной ситуации быть предсказателем — дело нехитрое. Новое, не знаю какое по счету, издание мемуаров величайшего полководца только готовится к печати, а я уже сегодня вглядываюсь в непроницаемую мглу будущего и вижу грядущие изменения.

Открываю секрет ясновидения: надо внимательно читать то, что сегодня пишут защитники Жукова в своих книгах, статьях и диссертациях. Надо всматриваться, вчитываться, вслушиваться в их аргументы. В этом — ключ. То, что защитники Жукова говорят сегодня, завтра обязательно будет найдено в забытых рукописях полководца, и новейшее издание будет исправлено в соответствии с духом времени.

Разберем на примере.

2

Не один Светлишин обсуждал с Жуковым план Генерального штаба от 15 мая 1941 года. Вслед за ним о встречах с единственным спасителем вспомнил академик Анфилов: «В начале 1965 года я, тогда полковник, старший преподаватель кафедры истории войн и военного искусства Военной академии Генерального штаба, встретился с Г.К. Жуковым» («Красная звезда», 26 марта 1996 г.). В 1995—1996 годах во многих газетах и журналах Анфилов рассказал, что план Генерального штаба от 15 мая 1941 года он раскопал не в начале 60-х годов, а еще до Светлишина — в 1958 году. И вот при встрече с Жуковым в 1965 году Анфилов якобы задал вопросы об этом документе. На что Жуков якобы ответил: «Мы этот проект не подписали, решили предварительно доложить его Сталину. Но он прямо-таки закипел, услышав о предупредительном ударе по немецким войскам. «Вы что, с ума сошли, немцев хотите спровоцировать?» — раздраженно бросил Сталин. Мы сослались на складывающуюся у границ СССР обстановку, на идеи, содержавшиеся в его выступлении 5 мая... «Так я сказал это, чтобы подбодрить присутствующих, чтобы они думали о победе, а не о непобедимости немецкой армии, о чем трубят газеты всего мира», — прорычал Сталин» («Куранты», 15—16 апреля 1995 г.).

«Красная звезда», «Военно-исторический журнал», многие другие газеты и журналы многократно повторили слова Сталина: «Так я сказал это, чтобы подбодрить присутствующих...» И все, казалось бы, встало на свои места: Жуков предложил план, раздраженный Сталин категорически с негодованием его отверг. Есть ли о чем спорить?

Есть.

Элементарная честность требует от всех, кто повторяет эту чепуху, сообщить читателям, что это — слова *не* Сталина. Это слова Анфилова, которому якобы сказал Жуков, которому якобы сказал Сталин.

Перед тем как повторять баллады Анфилова, редакторы и издатели должны были задать мудрейшему академику все те же вопросы: а почему же ты молчал 37 лет — с 1958 по 1995 год? Исписал горы книг о начале войны и о величии Жукова, но об этом разговоре молчал. Хорошо, в 1965 году об этом говорить было не принято. Но в конце 80-х, когда бушевала так называемая гласность, болтать можно было о чем угодно. Почему не рассказал тогда? А вот рухнул Советский Союз, и тут вообще в первые месяцы можно было делать все, что нравится. Но только после того, как Карпов опубликовал план Генерального штаба от 15 мая 1941 года, а простые люди, прочитав «Ледокол», смогли по достоинству оценить значение этого документа, тут только Анфилов и очнулся. Тут только и вспомнил, что он об этом плане знал давно, что он с Жуковым его обсуждал, что Жуков рассказал о сталинском кипении и рычании.

Более важный вопрос: почему после встречи с Жуковым в 1965 году военный историк Анфилов нигде никак не зафиксировал объяснение великого полководца? Если он тогда данную тему не считал важной, то нечего через 30 лет, в 1995 году, объявлять себя хранителем исторических свидетельств экстраординарного значения. А если он тогда объяснение Жукова считал важным, то следовало зафиксировать содержание беседы на бумаге и сдать на хранение в Военно-исторический отдел Генерального штаба.

И еще. Анфилов должен был Жукову сказать: вот я, военный историк, раскопал план Генерального штаба от 15 мая 1941 года, не исключено, что и после меня кто-то на него наткнется, посему, Георгий Константинович, вам бы следовало самому об этом рассказать в мемуарах, чтобы потом какой-нибудь проходимец, какой-нибудь кочегар с ледокола не вздумал бы извращать нашу славную историю.

Непонятно поведение и самого Жукова. Допустим, приходит в 1965 году к нему Светлишин, говорит про найденный план. За ним в том же году приходит Анфилов, говорит про тот же план. А Жуков как раз засел за мемуары. Как гражданин и патриот, Жуков должен был на такие разговоры реагировать. Жуков был просто обязан внести ясность, чтобы у потомков не осталось ни малейшей возможности превратно трактовать героическую историю Советского Союза. Даже не ссылаясь на документ, Жуков мог бы сказать что-то достаточно определенное: были у нас и другие варианты, и другие замыслы, но Сталин их отверг. Вот и все. Одно только предложение.

Но Жуков этого не сказал.

Из этого можно сделать только два вывода.

Первый. Жуков не заботился о чести своей Родины и своей армии. Он видел, что выплыл документ, который можно истолковать в крайне невыгодном для Советского Союза свете. Но Жуков не сделал решительно ничего для того, чтобы выбить козырный туз из рук будущих злопыхателей. Не сделал ничего, чтобы пресечь возможность для будущих противников коммунизма использовать сей вопиющий компромат в качестве разоблачительного материала и доказательства агрессивной сущности коммунизма вообще и сталинской диктатуры в частности.

Второй вывод. Ни Анфилов, ни Светлишин и никто другой в то время доступа к этому плану не имели и великого стратега расспросами на данную тему не беспокоили. Жуков был уверен в незыблемости коммунизма, потому не беспокоился о том, что свидетельства о преступном характере режима когда-либо появятся на свет. Вот почему он ничего не делал для того, чтобы обезвредить эту бомбу замедленного действия под героической историей Страны Советов.

Первооткрывателями надо считать не Светлишина и Анфилова в конце 50-х и начале 60-х годов, а Волкогонова и Карпова в конце 80-х. Один о нем упомянул, а второй опубликовал почти полностью, не понимая, что это не подтверждение жуковской гениальности, а обвинение режиму. А когда хватились, было поздно.

Вот потому и были предприняты крайне неубедительные попытки объявить, что документ-то был, да только в действие не был приведен.

Вот потому и потребовались сольные выступления лжесвидетелей: а вот мне Жуков за чаем поведал... Правда, я тогда зафиксировать его слова не удосужился, но теперь-то припоминаю...

3

Интересно, что официальная пропаганда ссылается одновременно как на Светлишина, так и на Анфилова: оба говорили с Жуковым, оба в 1965 году, обоим он рассказал, что план был Сталиным отвергнут.

В основном рассказ двух великих исследователей совпадает, но в деталях не стыкуется. Они друг друга опровергают и разоблачают. Анфилову Жуков якобы сказал *«мы не подписали»*, а Светлишину — *«моя записка»*. Мелочь. Пустячок. Но смысловая разница огромна. В первом случае Жуков говорит о коллективном творчестве, во втором — называет себя единственным автором.

Светлишину Жуков якобы рассказал, что Сталин ему свое решение так и не сообщил, свое неудовольствие «разгневанный» Сталин передал через секретаря Поскребышева. А вот Анфилову тот же Жуков в том же году якобы рассказывал, что Сталин свое неудовольствие выразил лично. При этом «кипел» и «рычал».

Понимая, что разоблачить лжесвидетелей не составляет никакого труда, столпы отечественной идеологии обратились к мнению «большинства военных историков», которые и подтвердили: план был отвергнут Сталиным. А доказательство? Тут у них ответ готов: нет подписи Сталина!

Товарищи ученые, доценты с кандидатами, давайте вспомним одну простую вещь: все мероприятия, которые запланированы в документе Генерального штаба от 15 мая 1941 года, были выполнены.

1. В конце мая — начале июня было проведено скрытое отмобилизование войск под видом учебных сборов запаса. Дополнительно было призвано 813 тысяч резервистов. Из глубины страны их тайно перевезли в западные приграничные военные округа. За счет этого полки, бригады и дивизии в приграничных районах были доукомплектованы по штатам военного времени.

2. Под видом выезда в лагеря было проведено скрытое сосредоточение войск ближе к западной границе. Все армии, о которых идет речь в документе, были развернуты в глубине страны и тайно перебрасывались в районы, указанные в плане Генерального штаба от 15 мая 1941 года. Большая часть дивизий на 22 июня 1941 года находилась в движении — в эшелонах или походных колоннах. Помимо этого, к западным границам по железным дорогам перебрасывалось одновременно 47 000 вагонов воинских грузов.

3. Авиационные полки и дивизии из отдаленных военных округов тайно перебрасывались на полевые аэродромы вблизи границы. Там же был развернут авиационный тыл — сотни

тысяч тонн авиационного топлива, бомб, патронов, снарядов, запасных частей, продовольствия и всего прочего.

4. Под видом учебных сборов и тыловых учений были развернуты тыл сухопутных войск и госпитальная база. Вот тому одно из множества свидетельств. В первые дни войны один только Западный фронт только в Западной Белоруссии потерял 3 управления госпитальных баз армий, 13 эвакоприемников, 3 автосанитарные роты, 3 санитарных склада, 44 госпиталя, в том числе 32 хирургических, кроме того, эвакуационных госпиталей на 17 000 коек и 35 других санитарных частей и учреждений (Генерал-полковник медицинской службы Ф.И. Комаров. ВИЖ. 1988. № 8. С. 43). При этом было потеряно не поддающееся учету медицинское имущество: хирургический инструмент, бинты, медикаменты, госпитальные палатки и прочее. А в восточной части Белоруссии практически ничего не осталось. «Формируемые санитарные учреждения фронта на территории восточной Белоруссии остались без имущества» (Там же).

Зачем толковать о том, подписан документ или нет, если все, что в нем содержится, выполнялось или уже было выполнено?

Представьте себе, что вас всех, уважаемые товарищи ученые, согнали в карьер и за ваши преступления перед народом, за искажение и извращение нашей истории, за вранье, за верную службу сатанинскому антинародному режиму расстреляли. А потом вдруг выясняется, что приговор-то не подписан. Это, конечно, ужасно. Но вам-то от этого легче?

Все, что предусмотрено в плане Генерального штаба, было в точности осуществлено. Поэтому не имеет никакого значения, подписывал Сталин документ или не подписывал, рычал он при этом или не рычал. Отсутствие подписей вообще никакой роли не играет. Аргумент этот фальшивый. Им пользуются защитники Гитлера и Сталина. Гитлер истребил миллионы людей. А подпись его не обнаружена. Разве этого достаточно, чтобы объявить его невинной овечкой? В начале 30-х Сталин истребил миллионы людей в Советском Союзе. Но нет подписи. И нет документов, в которых он бы предписывал уничтожать миллионы людей. Если нет подписи, да вообще и документа такого нет, значит, невиновен? Или никакого истребления не было?

4

И вот еще «большинству военных историков» вопрос: А КТО ЭТОТ ПЛАН ВЫПОЛНИЛ?

Допустим и поверим, что разгневанный Сталин кипел и рычал. Тимошенко и Жуков усвоили урок, от своего плана тут же отказались и больше к этому вопросу не возвращались. План был написан от руки в одном экземпляре. План лег в архив. О нем знали пять человек: Сталин, Тимошенко, Жуков, Ватутин и Василевский. Если поверить фантазиям Светлишина, то содержание плана было известно еще и сталинскому секретарю Поскребышеву. Допустим, что Тимошенко, Жуков, Ватутин и Василевский, убоявшись сталинского рычания, от выполнения плана отказались и никогда больше о нем не вспоминали. Как же случилось, что командующие далекими военными округами в Сибири и на Северном Кавказе, на Урале и на Волге, не сговариваясь, сформировали семь новых армий и двинули их в западные районы страны в соответствии с неизвестным им планом? Как случилось, что кто-то поднял авиацию на Алтае и Дальнем Востоке, в Приволжском, Московском, Архангельском, Орловском и во всех других военных округах и перебросил ее на приграничные аэродромы? Кто имел право призывать сотни тысяч резервистов и переправлять их на тысячи километров к самым границам? Кто у границ развернул на грунте склады и хранилища с десятками миллионов снарядов и миллиардами патронов? Кто и почему загрузил десятки тысяч вагонов военным снаряжением и отправил на запад? Местная инициатива? Так нарком путей сообщения товарищ Каганович не дал бы столько паровозов и вагонов местным начальникам. И Жукову не дал бы. И Тимошенко. Он им не подчинялся. Он подчинялся только Сталину. И только по его приказу мог проводить эту самую грандиозную железнодорожную операцию во всей человеческой истории.

Что же получается? Сталин рычит, кипит, стучит кулаками и топает ногами, а командующие округами и армиями, командиры полков, бригад, дивизий и корпусов вопреки запретам вождя выполняют планы, которые им неизвестны. Сталин объявляет, что выполнение такого плана было бы «только на руку врагам Советской власти», но вся Красная Армия поднята на ноги и план выполняет.

Так, может быть, все они к границам ради обороны шли, ехали и летели?

А вот это разговор за рамками научного подхода. План внезапного нападения на Германию — вот он. Пусть и неподписанный. А где план обороны? Покажите его. Согласен на любой черновик, грязный, никем не утвержденный и не подписанный.

Мне говорят: можно с «Ледоколом» соглашаться, можно спорить, но где подтверждающий документ? Позвольте тем же обухом стукнуть в лоб «большинство военных историков»: а где же документ, дорогие товарищи? Где план оборонительной войны? Где планы оборонительных операций?

Против меня выступил генерал-полковник Ю.А. Горьков с серией сокрушительных статей под звонким названием «Конец глобальной лжи». Генерал-полковник опубликовал *планы прикрытия государственной границы на период сосредоточения войск* и объявил: вот они, планы обороны страны! Несчастный генерал просто не понимает разницы между обороной страны и прикрытием границы. Неужели планами прикрытия границы исчерпывались наши стратегические замыслы? Неужели вся оборона великой державы сводилась к тому, чтобы прикрыть границу, т.е. силами армии *поддержать* пограничников, причем только на период, пока идет сосредоточение главных сил? А когда главные силы сосредоточатся, то по каким планам им действовать?

О, товарищ генерал, о, достойнейший противник, для вашего сведения: пока шло сосредоточение германских войск на наших границах, по ту сторону действовал точно такой же план прикрытия. Войска в эшелонах, в походных колоннах, в районах разгрузки предельно уязвимы, почти беззащитны. Потому районы сосредоточения надо прикрывать передовыми частями, которые заблаговременно выдвинуты к переднему краю или границе. Это не противоречит намерению нанести внезапный удар, а подтверждает оное.

Итак, загадка: как могло случиться, что Сталин во гневе, кипении и рычании отверг план Генерального штаба, Тимошенко и Жуков рванули под козырек и от плана отказались, а командующие как всех приграничных, так и всех внутренних округов, не зная плана и не догадываясь о его существовании, все вдруг бросились его выполнять? И его таки выполнили. Только самую малость не успели. Гитлер помешал. Где же разгадка?

А разгадал сей ребус сам генерал-полковник Горьков в той самой серии разоблачительных статей «Конец глобальной лжи». Он разъяснил, по каким планам действовали командующие, штабы и войска военных округов. Генерал-полковник сообщил: «Стратегический план, разработанный в Генеральном штабе Красной Армии и одобренный 15 мая 1941 г. политическим руководством государства, занимает главенствующее положение по отношению к оперативным материалам военных округов» (ВИЖ. 1996. № 2. С. 2).

Вот оно! Стратегический план был утвержден. Политическое руководство страны — это товарищ Сталин. Именно в соответствии со стратегическим планом по воле Сталина действовали все нижестоящие командиры и командующие.

Чтобы не возникло подозрение, что допущена оговорка, генерал-полковник Горьков ту же мысль повторил в другой статье: «Особое место здесь отводится последнему оперативному плану войны... разработанному Генштабом Красной Армии по состоянию на 15 мая 1941 года. И это вполне естественно. Ведь именно с этим планом мы вступили в войну. Им руководствовались командующие войсками округов и их штабы, действовали войска» (Готовил ли Сталин упреждающий удар против Гитлера в 1941 году // В кн.: Война 1939—1945. Два подхода. М., 1995. С. 58).

Генерал-полковник Горьков сообщил, что план был одобрен Сталиным, что план нападения на Германию от 15 мая 1941 года был единственным, никакого другого не было и что именно им руководствовалась Красная Армия в первые дни войны. И только после этого генерал задумался над своими словами. И только после этого сообразил, что маху дал. Как же быть? Брать свои слова обратно? Да ни в коем случае! И в своих последующих публикациях генерал-полковник Горьков внес уточнение: стратегический план от 15 мая 1941 года был одобрен Сталиным, но из него «был изъят раздел о нанесении упреждающего удара».

Ах, товарищ генерал, мне бы ваш талант изворачиваться! Прочитав ваше уточнение, я провел эксперимент. Приглашаю вас, товарищ генерал, и всех желающих его повторить. Я взял план от 15 мая и острый карандашик и начал из плана вычеркивать все, что относится к внезапному нападению на Германию и Румынию.

Ненужное вычеркнул. А что осталось? Остались дата — 15 мая 1941 года — и сведения о противнике. Больше ничего. Попробуйте сами повторить мой опыт. Не забудьте сообщить, что останется, если из плана нападения на Германию убрать агрессивно-наступательную составляющую.

5

Теперь вернемся к заявлениям Анфилова. 5 мая 1941 года в Кремле Сталин выступил перед выпускниками военных академий. Затем произнес несколько тостов, уточняя свою мысль. Общий тон: хватит говорить о мире, хватит болтать об обороне, пора брать инициативу в свои руки, пора переходить в наступление.

Если верить Анфилову, то Жуков, услыхав сталинские речи, тут же бросился составлять план внезапного нападения на Германию. А потом вдруг оказалось, что Сталин вовсе и не хотел на Германию нападать, он просто хотел подбодрить перепуганных выпускников военных академий.

Если этому верить, то Сталин — полный идиот. Сам он, как рассказывал Жуков, ужасно боялся войны. Выходит, и выпускники военных академий, и весь высший командный состав Красной Армии, который присутствовал на приеме в Кремле, все эти тысячи лучших офицеров, генералов, адмиралов и маршалов тоже от страха дрожали до такой степени, что их надо было подбадривать. Но вместо того, чтобы армию свою поставить в оборону, за оставшиеся недели и дни отрыть окопы и траншеи, установить мины, натянуть колючую проволоку, бедный Сталин объявляет: к чертям оборону, хватит! Не нужна нам оборона!

Подбодрил...

Анфилов разъясняет непонятливым: газеты всего мира трубили о непобедимости германской армии, и вот Сталин решил приободрить выпускников военных академий, мол, не так страшен черт...

Тут только одно несоответствие. Газеты всего мира, может быть, и трубили, да только у выпускников военных академий к тем газетам доступа не было. И не было в те годы вражеских радиоголосов. И не было у подавляющего большинства советских людей в то время радиоприемников, а были черные тарелки репродукторов. Потому слушать они могли только гимн пролетариев всего мира «Интернационал», с которого начинался рабочий день и им же завершался. А еще они слушали вести с полей, речи товарища Сталина и других товарищей, песни про широкие просторы и непобедимую Красную Армию. Если бы и были в те годы вражьи радиоголоса и если бы были радиоприемники, то и тогда, вспоминая 1937 год, убоялись бы красные командиры те голоса слушать. Они читали «Правду», «Известия», «Красную звезду», читали много еще всякого до «Крокодила» и «Мурзилки» включительно и могли почерпнуть информацию только о могуществе Советского Союза и его доблестной, непобедимой Красной Армии.

Посему товарищу Сталину в выступлении перед выпускниками военных академий незачем было опровергать то, о чем трубили газеты всего мира.

6

А теперь допустим на мгновение, что красным командирам вдруг стали доступны газеты всего мира. Поутру просыпается слушатель Военной академии имени Фрунзе, а ему — кофе в постель и свежую газетку. Прямо из Багдада. Раскрывает, а в ней что ни статья, то о непобедимости германской армии. Красиво написано. Арабской вязью... Но если и не арабской вязью, а вполне знакомыми латинскими буквами... Раскрывает он шведскую газету. Или, к примеру, парагвайскую... Есть у нас военная академия, которая готовит офицеров Генерального штаба с приличным знанием языков, да только прием в Кремле для выпускников этой академии проводится отдельно. И говорят там совсем другие речи. А вот опровергать содержание «газет всего мира» в присутствии выпускников всех остальных девятнадцати академий у товарища Сталина оснований не было. И незачем ему было подбадривать выпускников Академии моторизации и механизации им. Сталина, Военно-транспортной им. Кагановича или Военноэлектротехнической им. Буденного, ибо знал товарищ Сталин: нет у товарищей выпускников доступа к «газетам всего мира», а если и был бы, то не каждый из них знает, на каком языке говорит Уругвай, а на каком — Бразилия.

Речь и тосты Сталина 5 мая 1941 года — это не опровержение статей в «газетах всего мира», ибо весной 1941 года «газеты всего мира» о непобедимости германской армии не писали. Британские газеты того времени доступны любому исследователю. И любой исследователь, надеюсь, меня поддержит. Главный мотив британской прессы: выстоим! И пусть Гитлер не хорохорится! И пусть ноздри не раздувает!

Этот тон — не пустое бахвальство. И это не бравада. Королевские военно-воздушные силы отразили все попытки германских ВВС захватить господство в воздухе над Британскими островами. «Битва за Британию» (которую коммунистическая пропаганда ошибочно называет «Битвой за Англию») завершилась победой британских ВВС. И даже не в том дело, что счет сбитых самолетов и погибших экипажей был в пользу Британии. Главное в том, что Гитлеру надо было добиться господства в воздухе, а ему этого не позволили, его авиацию из британского воздушного пространства решительно вышибли и вышвырнули. И весь мир это видел. Не имея господства ни на море, ни в воздухе, никаких шансов на победу у Гитлера не оставалось. Длительная блокада? Да он сам от нее задыхался. Не было у него времени на блокаду, ибо время работало против него. Об этом писали газеты не только Великобритании, Канады, Австралии, Южной Африки, но и всего остального мира. И это достаточно легко проверить любому, кто интересуется тем периодом истории.

За спиной Великобритании стояли Соединенные Штаты. И там, в Америке, была полная ясность: не имея ресурсов, можно рассчитывать только на молниеносную войну, но молниеносная война у Гитлера явно не получилась, ввязался в войну осенью 1939 года, сейчас на дворе весна 1941 года, а конец «молниеносной» не просматривается.

Может быть, о непобедимости германской армии трубили газеты Китая? Не знаю. Не проверял. Но не думаю. Уж очень далека та Германия и та Европа. И много у китайцев своих забот. А вот газеты Японии, точно знаю, об этом не трубили. Признаюсь, с японским языком у меня не очень. Но книги мои в Японии опубликованы. Там тоже была дискуссия. Там тоже был интерес. И есть у меня знакомые японские историки. Есть у кого спросить. По их словам, ничего подобного японских газетах в 1941 году не было. И вот почему. «Дружба» Японии с Германией была достаточно странной. В августе 1939 года, в те самые дни, когда в Монголии шли ожесточенные бои между советскими и японскими войсками, правительство Германии, не предупредив Японию, подписало в Москве пакт о ненападении. С дипломатической, военной и даже с чисто этической точек зрения это был вопиющий акт предательства своего союзника. Потому японские газеты описывали без восторга последовавшие за этим военные победы Германии. А к весне 1941 года стало окончательно ясно, что Германия попала в западню.

Но можно и не читать японских газет того времени и мнения историков не спрашивать, чтобы знать: не трубили японские газеты о непобедимости германской армии. И не могли трубить. Просто потому, что после Халхин-Гола в Японии очень трезво оценивали несокрушимую мощь Красной Армии.

Есть и другие, даже более весомые индикаторы. Япония, как известно, перед Германией в долгу не осталась. 13 апреля 1941 года министр иностранных дел Японии Иосуке Мацуока подписал в Москве советско-японский договор о нейтралитете. Пикантность ситуации в том, что он ехал не в Москву, а в Берлин. Но через Москву. В Москве Мацуока провел предварительные переговоры с Советским правительством. Затем прибыл в Берлин, но Гитлеру о переговорах в Москве не сообщил. На обратном пути из Берлина заглянул в Кремль на часок, подписал договор о нейтралитете с Советским Союзом, на перроне Ярославского вокзала распрощался с товарищем Сталиным и поехал домой. В Германии о предстоящем подписании договора никто не подозревал. Это был ответный удар японского «союзника». Риббентроп дал указание германскому послу в Токио потребовать объяснений от японского правительства...

Вот вам поведение главного германского «партнера» за пару месяцев до нападения Германии на Советский Союз. Если Япония тайно от Германии договаривается со Сталиным о нейтралитете, то чего можно ожидать от нее дальше?

А для нас этот случай — доказательство того, что в Японии германскую армию непобедимой не считали и об этом на весь свет не трубили.

Так о каких же «газетах всего мира» нам рассказывает академик Анфилов? Может быть, о непобедимости Германии писали газеты оккупированной Гитлером Европы? Но кто те газеты читал? И кто им верил?

Не только политикам, экономистам, дипломатам, военным было ясно, что Гитлер с самого начала попал в безвыходный тупик. Это было ясно простым людям с улицы. Ветеран войны Виктор Коган был в то время студентом: «Помню, когда Англия осталась один на один с Гитлером, в Ленинградском физико-техническом институте говорили, что положение Гитлера блестяще и... безнадежно» («Вести», 8 июня 1998 г.).

Итак, всем — от японского императора до питерских студентов, от британских домохозяек до президента США — было ясно, что Гитлер обречен. А академик Анфилов нам рассказывает, что Сталину, высшему командному составу Красной Армии и выпускникам военных академий это было неясно. Слушатели советских военных академий, начитавшись уругвайских и марокканских газет, были до такой степени запуганы рассказами о непобедимости германской армии, что Сталину пришлось их подбадривать... призывая отказаться от обороны.

Рассказы Анфилова — это вымысел жадного, продажного, злого и глупого человека.

7

Жуков в рассказе Анфилова выглядит еще более неприглядно. Он якобы считал, что Красная Армия к отражению агрессии не готова, что сил на оборону нет. «Мы не имеем на границах достаточно сил даже для прикрытия. Мы не можем организованно встретить и отразить удар немецких войск» (Воспоминания и размышления. М., 2003. Т. 1. С. 258). Но вот стратег услышал речь Сталина и вопреки своим убеждениям, забыв все дела и заботы, отодвинув неотложные задачи обороны страны, бросился срочно писать новый план войны. Только уловил новые веяния, и тут же, не имея никаких указаний вождя, вопреки собственному мнению флюгером развернулся в противоположном направлении и через десять дней несет готовый план наступления, хотя знает, что не то что на оборону, но даже и на прикрытие нет сил. Он несет Сталину план не тот, который считал нужным, а тот, который мог бы понравиться Сталину.

Но вот досада: не угодил!

Дальше — лучше. Жуков спорить не стал и от своего нового мнения тут же отказался. Важная деталь. Жуков говорит, что написал новый план войны в угоду Сталину... но почему-то не стал его подписывать.

В Советском Союзе действовали пять золотых правил, следование которым позволяло выжить в любой обстановке:

1. Не думай!
2. Если подумал, не говори!
3. Если сказал, не пиши!
4. Если написал, не публикуй!
5. Если опубликовал, откажись!

И вот вам блистательный образец следования этим заповедям.

С одной стороны, Жуков гордо заявляет: моя записка! С другой — написана сия записка рукой Василевского, а подписи Жукова под ней нет.

С одной стороны, он всей душой старается угодить Сталину, на лету хватая и усваивая слова и мысли вождя и тут же воплощая их в грандиозные планы. С другой — свою подпись под этими планами поставить забыл. Так, на всякий случай.

И этот холуй должен служить примером для подражания? Это у него мы должны учиться услужливо выгибать спины и подмахивать, когда прикажут?

8

Краткий итог: документ о подготовке нападения на Германию найден, опубликован, широко известен. Документ о подготовке страны к отражению вражеского вторжения не известен, не найден, не опубликован.

Я согласен на неподписанный. Но где он?

А если когда-нибудь его и удастся обнаружить, то предстоит объяснить, почему при гениальном планировании вся армия 22 июня 1941 года действовала без планов. И почему в первый день войны никто об обороне не думал, а Жуков под писывал директивы на наступление. Самое удивительное: 22 июня 1941 года Жуков подписал директиву на наступление одновременно трех фронтов, в составе которых было тринадцать армий. По рассказу Жукова, он подписал не по своей воле, а по приказу Сталина.

Чудеса:

5 мая 1941 года Сталин требует от выпускников военных академий и всего высшего командного состава Красной Армии перестать и думать об обороне, а готовиться только к наступлению.

15 мая разгневанный Сталин якобы рычит на Жукова и о наступлении приказывает забыть.

22 июня Сталин требует от Красной Армии перехода в решительное наступление. Об обороне — ни слова.

Из этих трех событий первое и третье многократно документально подтверждены.

А второе, про рычащего Сталина, известно только из многократно уличенных во лжи Светлишина и Анфилова.

Эту главу я начал с заявления о том, что предсказать грядущие превращения мемуаров Жукова достаточно легко. Свидетельства Светлишина и Анфилова — уж слишком откровенное вранье. А грядущим поколениям надо все же будет доказать, что план Генерального штаба Красной Армии от 15 мая 1941 года был Сталиным отвергнут. Предрекаю: скоро будет найден еще один кусок текста, который в свое время не пропустила цензура. И вот в новейшем, самом правдивом издании мемуаров величайшего полководца мы прочитаем его собственную версию событий. Мертвому Жукову предстоит самому лично рассказать о невероятном упрямстве Сталина, о том, как документ, предназначенный лично Сталину, Жуков передавал в чужие руки, и о том, как разгневанный Сталин кипел и рычал.

Глава 11
КТО ЗАХОЧЕТ КЛАСТЬ СВОЮ ГОЛОВУ?

Здесь находится мемориальный комплекс «Родина маршала Жукова», создатели которого... выдвинуты на соискание Государственной премии Российской Федерации имени Г.К. Жукова... И вот мы в Музее Жукова города Жукова.

«Красная звезда», 19 февраля 1999 г.

1

В 1943 году на Курской дуге германские войска имели тяжелые танки. Задача войск — проломить оборону Красной Армии.

Красной Армии предстояло германскую армию остановить. Советские войска опирались на полевые укрепления, т.е. на обыкновенные окопы и траншеи. Красная Армия была укомплектована необученными резервистами. Возразят: но у них уже был боевой опыт. Возражение отметем: солдаты, сержанты и младшие офицеры Красной Армии, которые воевали осенью 1941 года, в своем большинстве до 1942 года не дожили. А те, которые воевали в 1942 году, не дожили до 1943 года. Выжили только те, кто был в тылу и на пассивных участках фронта. Их опыт был ограничен. Так было и потом. В 1944 году воевали необученные резервисты. И в 1945-м. В боевых подразделениях солдаты, сержанты и офицеры долго не жили, потому не было у них возможности приобрести опыт. Пример: летом 1944 года в операции «Багратион» Красная Армия потеряла 765 813 человек убитыми, ранеными и пропавшими без вести. «Красная звезда» (22 июня 2004 г.) объясняет причину: войска комплектовались солдатами, «не имевшими предварительной военной подготовки». Интересно обратить внимание на запись в дневнике генерала армии А.И. Еременко в марте 1945 года: предстоят решающие бои, а войска очень слабо подготовлены.

Но в июне 1941 года Красная Армия была кадровой. Укомплектована обученным личным составом, призванным за два предыдущих года. Если необученные резервисты на Курской дуге остановили тяжелые германские танки, то кадровая армия в 1941 году вполне могла остановить вражеское наступление, тем более что тогда никаких тяжелых танков ни у кого в мире, кроме Красной Армии, не было. И могла опереться Красная Армия в 1941 году не на траншеи, а на сверхмощные укрепленные районы.

Что же случилось? Почему в 1943-м резервисты в обыкновенных окопах и траншеях смогли остановить тяжелые танки, а в 1941 году обученная кадровая армия в сверхмощных долговременных оборонительных сооружениях не удержала легкие танки? В чем дело? А вот в чем:

«Донесите для доклада наркому, на каком основании части укрепленных районов КОВО получили приказ занять предполье. Такое действие может немедленно спровоцировать немцев на вооруженное столкновение и чревато всякими последствиями. Такое распоряжение немедленно отмените и доложите, кто конкретно дал такое самочинное распоряжение. Жуков. 10.06.41 г.».

По приказу Жукова еще в начале мая 1941 года войска были выведены из укрепленных районов. Жуков внимательно следил за тем, чтобы ни в УРах, ни рядом с ними не было советских войск. 11 июня он отправил всем командующим западными военными округами указание: «Полосу предполья без особого на то указания полевыми и УРовскими частями не занимать».

И 22 июня получилось так: вдоль всей западной границы укрепленные районы — без войск, а войска — без укрепленных районов, без траншей и окопов.

Жуков не просто отдавал преступные приказы, выполнение которых обернулось гибелью кадровой армии, но он еще и душил любую инициативу нижестоящих: *доложите, кто конкретно дал такое распоряжение...* Мало того, под градом зверских приказов Жукова нижестоящие командиры попросту теряли способность к самостоятельным действиям. У Жукова выживал тот, кто ничего не делал. Тот, кто делал, попадал в разряд преступников. Потом, после войны, Жуков объявил: укрепленные районы находились слишком близко от границы, войска были неустойчивыми, впадали в панику. Но если бы не приказы Жукова, а они сыпались камнепадом, войска находились бы в железобетонных фортификационных сооружениях. И были бы они устойчивыми, и не было бы им причин впадать в панику.

2

Я ни в коей мере не перегибаю палку, называя действия Жукова преступными.

Выполнение приказа Жукова обернулось гибелью и пленением кадровой Красной Армии, а следствием этого были потеря огромных территорий и гибель десятков миллионов людей. Статья 58-1 УК РСФСР четко определяла признаки, по которым то или иное лицо могло быть осуждено по данной статье. Среди этих признаков — «подрыв или ослабление внешней безопасности СССР». Как иначе квалифицировать приказы Жукова? Именно так: и подрыв, и ослабление внешней безопасности.

Пункт 4 той же статьи предусматривал «высшую меру социальной защиты — расстрел» за «оказание каким бы то ни было способом помощи той части международной буржуазии, которая, не признавая равноправия коммунистической системы, приходящей на смену капиталистической системе, стремится к ее свержению». И тут председатель любого трибунала без всяких натяжек мог бы подписать гражданину Жукову вышак без обжалования: Гитлер стремился к свержению коммунистической власти, а Жуков своими приказами ему совершенно сознательно помогал.

Как же оправдать чудовищное преступление Жукова, которое повлекло за собой гибель десятков миллионов людей?

Великий историк Светлишин нашел решение. Он якобы Жукова встречал, он якобы Жукову вопрос задал, а единственный спаситель Отечества ему якобы ответил: «10 июня 1941 года нарком обороны Маршал Тимошенко и я как начальник Генштаба были вызваны к Сталину, который в резкой форме обвинил нас в провоцировании войны. Здесь же в кабинете Сталина и под его диктовку мною была написана, а затем отправлена командующим приграничными военными округами телеграмма... я был уверен, что если бы не подписал продиктованную Сталиным телеграмму, то присутствовавший при этом Берия немедленно арестовал бы меня...» (Н.А. Светлишин. Крутые ступени судьбы. Хабаровск, 1992. С. 55—56).

В этом рассказе обратим внимание на отсутствие упоминаний о протестах Жукова. Но и угроз не было ни со стороны Сталина, ни со стороны Берии. Просто единственный спаситель Отечества был уверен, что его тут же арестуют... Только присутствия и вида наркома внутренних дел было достаточно для бесстрашного полководца, чтобы без протестов и возражений подписать приказ, сгубивший кадровую Красную Армию.

Для того чтобы убедиться, насколько серьезной была угроза личной безопасности Жукова, давайте откроем «Журнал записи лиц, принятых И.В. Сталиным». А то ведь может получиться, что 10 июня 1941 года Жуков был в кабинете Сталина в одно время, а грозный нарком Берия, которого так боялся бесстрашный полководец, в другое.

Открыли. Убедились.

10 июня 1941 года Берия находился в кабинете Сталина с 22 часов 30 минут до 00 часов 15 минут. Жукова в это время в кабинете Сталина не было. И вообще в этот день Жукова в кабинете Сталина не было. Следовательно, свои преступные приказы он писал не в кабинете Сталина, не под его диктовку и не под угрозой ареста.

В кабинете Сталина Жуков был на следующий день, 11 июня. Дважды. Но в этот день там отсутствовал Берия.

Но допустим, что все было так, как рассказал Светлишин. Что же выходит? На одной чаше весов — безопасность страны и жизнь десятков миллионов людей, а может быть, и полное истребление всего народа, на другой чаше — иллюзорная возможность ареста.

И единственный спаситель Отечества тут же решает: да черт с ним, с Отечеством, черт с ними, с миллионами, лишь бы меня не тронули.

Понимая, что объяснением Светлишина Жукова не оправдать, «Красная звезда» (19 июня 2001 г.) применила другой трюк: «10 июня 1941 года Генштаб был вынужден направить военному совету КОВО следующую телеграмму...» Вот так все просто: Генштаб был вынужден... Да почему же он вынужден отдавать идиотские приказы? Кто его вынуждал на вредительские подрывные действия против собственной армии, народа и страны? И получается у товарищей из «Красной звезды», что гениальный начальник Генштаба тут ни при чем. Весь Генштаб виноват. Но в Генштабе тысячи людей. Кто же именно злодей и вредитель? А никто. Шифровка подписана одним именем: Жуков, но стараниями «Красной звезды» он отодвинут в тень, а весь Генштаб в дураках.

Ладно. Допустим, что Жукова кто-то вынудил и трусливый, слабовольный полководец подчинился. На этот вариант тоже есть возражения. В 1957 году вожди, как свирепые псы, сцепились в драке за власть. Изгоняемые с вершин объяснили, что при Сталине приходилось подписывать преступные приказы помимо своего желания: время такое было. На это гордый Жуков заявил, что он — не такой, что он — исключение. Сам он против своей воли преступных приказов не подписывал. И вот выясняется: подписывал. Одна только вредительская шифровка Жукова от 10 июня по своим последствиям была более губительной, чем сотни приказов Хрущева, Молотова, Маленкова и Кагановича о массовых расстрелах.

3

Нужно обратить внимание на дикую глупость приказа Жукова: «Такое действие может немедленно спровоцировать немцев на вооруженное столкновение...» Бред. Логика Жукова: если мы собственные укрепленные районы будем держать пустыми, если в них не будет войск, то Гитлер не нападет. Спросим: ну и как? Сбылись пророчества гениального военного мыслителя? Вот Гитлеру донесли, что советские укрепленные районы не заняты войсками, и что: он тут же отменил решение о проведении операции «Барбаросса»?

Здравый смысл не на стороне Жукова. Все обстояло как раз наоборот. Представим себе другую картину: в каждом укрепленном районе вдоль всей границы — постоянные гарнизоны. В каждом ДОТе — по пять, десять, пятнадцать бойцов со средствами связи, оптикой, запасом боеприпасов, продовольствия, воды, медикаментов и прочего. Впереди и на флангах каждого УРа — противотанковые рвы, надолбы, непролазные сплетения колючей проволоки и непроходимые минные поля. Кроме того, в дополнение к постоянным гарнизонам в каждом укрепленном районе зарылась в землю стрелковая дивизия, а то и корпус или даже армия, которые за три-четыре предшествующих войне месяца отрыли сотни километров перекрытых траншей, построили и замаскировали сотни блиндажей, тысячи окопов и укрытий. А в промежутках между укрепленными районами — полевая оборона войск: десять — пятнадцать линий траншей и отсечных позиций, противотанковые и противопехотные заграждения, пушки в укрытиях и вкопанные в землю танки. А в глубине советской территории, вдоль старой государственной границы, — еще одна линия укрепленных районов, занятых как постоянными гарнизонами, так и полевыми войсками. А на Днепре — речная флотилия. А по восточному берегу Днепра — третья линия стратегической обороны... В этом случае Гитлер и его генералы подумали бы, нападать им или воздержаться. Полное же отсутствие обороны в соответствии с гениальными решениями великого военного деятеля — это как раз и есть провокация. Это приглашение агрессору: нападай — войск в наших укрепленных районах нет, минных полей мы не ставили, а колючую проволоку сами порезали, захватывай наши укрепрайоны голыми руками.

Приказы Жукова не дать повода для нападения и не поддаваться на провокации — шизофрения в чистом виде. Если германские войска не имеют приказа начать войну, то вы можете их как угодно провоцировать — они войну не начнут. А если у них есть приказ войну начать, то вы можете сколь угодно демонстрировать свое миролюбие — не поможет.

4

Тем временем командующие приграничными округами и армиями не переставая требовали разрешения занять оборону. Вот о том же просит командующий Западным особым военным округом генерал армии Д.Г. Павлов. Но! «20 июня 1941 года шифрограммой за подписью зам. начальника Оперативного управления Генштаба Василевского Павлову было сообщено, что просьба его доложена наркому и последний не разрешил занимать полевых укреплений, так как это может вызвать провокацию со стороны немцев» («Красная звезда», 24 июля 2001 г.).

И тут все так просто: зам. начальника отдела Генштаба Василевский виноват, и нарком обороны Тимошенко виноват, а начальник Генерального штаба Жуков не упомянут. Интересно, что требования генерала армии Павлова и других командующих приграничными округами занять оборону зафиксированы, а подобных требований Жукова никто никак найти не может. О чем же думал мозг армии и его гениальный, почти святой начальник?

Жуков думал о том, как бы отобрать у войск боеприпасы. И отдавал соответствующие приказы: в полках и дивизиях первого эшелона изъять патроны и снаряды. Чтобы на провокации не поддавались.

18 июня командующий Прибалтийским особым военным округом отдал приказ о повышении готовности войск ПВО. Реакция Жукова: «Вами без санкции наркома дано приказание по ПВО о введении положения № 2... ваше распоряжение вызывает различные толки и нервирует общественность. Требую немедленно отменить отданное распоряжение, дать объяснение для доклада наркому. Жуков».

Герой Советского Союза писатель Карпов так объясняет действия святого гения: «Начальник Генерального штаба Жуков, вопреки своему желанию и убеждению в необходимости привести армию в полную боевую готовность, был вынужден отдавать вот такие указания...» (В. Карпов. Маршал Жуков. Его соратники и противники в дни войны и мира. Литературная мозаика. М., 1992. С. 219).

И опять оправдание найдено: он был вынужден. А можно было бы выразить эту мысль еще проще: слюнтяй! Все, кто знал Жукова, единогласно утверждают: это был совершенно безвольный тип, слизняк, своего мнения не имел. Вот об этом Карпову следовало прямо и громко сказать.

Подписей Сталина под этими приказами нет. И нет никаких указаний на то, что Сталин требовал от Жукова такие приказы слать в войска. Но Сталин виноват.

Подписей наркома обороны Маршала Советского Союза С.К. Тимошенко под этими вредительскими шифровками тоже нет, как нет указаний, что он требовал от Жукова вопреки его совести и пониманию обстановки эту гадость писать. Но и Тимошенко виноват.

Под этими документами нет подписей наркома внутренних дел Берии и наркома государственной безопасности Меркулова. Но они виноваты.

Все, кто выполнял приказы Жукова, — тоже виноваты. А ведь они всего лишь хранили верность военной присяге, ибо 23 февраля 1939 года дали клятву «беспрекословно выполнять все воинские уставы и приказы командиров, комиссаров и начальников». В июле 1941 года за выполнение приказов Жукова их беспощадно расстреливали, а сейчас столь же беспощадно высмеивают: глупенькие, до чего додумались, верность присяге хранили, ну разве не дуралеи!

И только один Жуков, подпись которого стоит под этими приказами, ни в чем не виноват.

5

Итак, Жуков понимал, что сейчас грянет война, но своими вредительскими распоряжениями запрещал армии готовиться к отпору врага. Жуков до самого последнего момента под угрозой смерти возбранял командующим приграничными округами и армиями делать хоть что-нибудь для подготовки к отражению гитлеровского нашествия.

А что Жуков мог сделать?

В том-то и дело, что ничего делать было не надо. Не было бы приказов Жукова, мудрые командующие войсками западных военных округов Павлов, Кирпонос и другие сами бы справились, сами отразили бы вторжение. Если бы только Жуков не вязал их цепями запретов.

Возражают: но ведь от Жукова требовали свыше!

Вот тут я вынужден не согласиться. Кто требовал? Сталин требовал? Тимошенко? Или Берия? Никаких следов сталинских требований защитникам Жукова пока найти не удалось. А преступные приказы Жукова — вот они, стопочками.

Но даже если Сталин и требовал, то и в этом случае ни один трибунал такое оправдание не смог бы считать убедительным. Если командир взвода поставил подпись под преступным приказом, то он и несет ответственность. И никого не интересует, приказывал устно ему ротный или не приказывал. Подпись твоя — ответь. Даже если бы и командир батальона устно приказал, передавай его приказ также устно, а подписывать зачем?

У Жукова было множество способов не делать того, что он считал вредным и пагубным.

Первое. Надо было требовать от наркома обороны маршала Тимошенко утверждающей подписи: я, Жуков, с такими решениями категорически не согласен, но в силу своего безволия вынужден их подписывать, хорошо, подпишу, но только после тебя, Семен Константинович.

Второе. Требовать утверждающей подписи Сталина: такие решения ведут страну, народ и армию к гибели, я, безвольный Жуков, подписываю, но только после вас, товарищ Сталин, и после наркома Тимошенко.

Третье. Можно было бы и волю проявить: вы настаиваете, вы и подписывайте, а меня увольте.

Чем рисковал Жуков? Карьерой? Жизнью?

Но допустим, что Сталин за непокорность отстранил Жукова от должности начальника Генерального штаба. Что же в этом плохого? Сам Жуков пишет, что эта должность не для него. Сам пишет, что не создан для штабной работы, что протестовал и отбивался, когда его на эту должность назначали. Коль так, вот тебе повод уйти: освободите, товарищ Сталин, не способен я с таким мудреным делом справиться! Да и для Генерального штаба было бы облегчение. Нет ничего страшнее, чем командир, который ненавидит свою работу и ясно понимает, что для нее не создан.

6

Выступая в редакции «Военно-исторического журнала» 13 августа 1966 года, Жуков дал оправдание своему поведению: «Кто захочет класть свою голову? Вот, допустим, я, Жуков, чувствуя нависшую над страной опасность, отдаю приказание: «Развернуть». Сталину докладывают. На каком основании? На основании опасности. Ну-ка, Берия, возьми его к себе в подвал» («Огонек». 1989. № 25. С. 7).

Никто Жукову Берией и подвалом не угрожал, но осторожный стратег предвидел, что дело может принять и такой оборот, потому благоразумно молчал и покорно подписывал преступные приказы, с содержанием которых был якобы не согласен. Он вновь и вновь усердно подмахивал.

А ведь если он действительно предвидел, что вот сейчас нападут, то можно было бы и рискнуть — со Сталиным публично не согласиться, и пусть заберут к Берии в подвал. Нападет Гитлер, тогда благодарный народ вспомнит: да, был Георгий Константинович смелым человеком...

Жаль, не проявил стратег высокого героизма, потому защитникам Жукова приходится теперь доблестные подвиги стратега списывать из его мемуаров или сочинять самим.

А я тем временем вынужден обратиться к документу, под которым в Советском Союзе подписывался практически каждый гражданин мужского пола. Этот документ — военная присяга. В июне 1941 года присяге изменил начальник Генерального штаба РККА генерал армии Г.К. Жуков. Он ведь тоже клялся защищать свою Родину «мужественно, умело, с достоинством и честью, не щадя своей крови и самой жизни». Мужество солдата — идти вперед под картечь да на вражьи штыки. Мужество начальника Генерального штаба — иметь свое мнение и отстаивать его. Чего бы это ни стоило. В первой половине 1941 года спасение десятков миллионов людей зависело от честности и принципиальности начальника Генерального штаба. И от его личной храбрости. Он мог спасти всех. Он понимал, что сейчас нападут, но ничего не делал для защиты своей Родины. Наоборот, он злонамеренно вредил. В его положении действия по защите Родины заключались в том, чтобы против преступных приказов выступить с достоинством и честью, как этого требовала присяга. По крайней мере сохранять нейтралитет в отношении своей Родины и своего народа, не подписывать самому вредительские директивы.

Перед Жуковым стоял выбор: выступить на защиту своей Родины, не щадя крови и самой жизни, или спасать шкуру ценой предательства своей армии, страны и народа. И Жуков встал на путь измены Родине.

Жуков от защиты Родины уклонился. Изменив присяге, Жуков укрылся в спасительном угодничестве: подпишу, что прикажете, подмахну, что повелите, только бы уцелеть, только бы не высказать мнения, с которым мог бы не согласиться Сталин.

Если бы Жуков не струсил, если бы не изменил присяге, то выход у него был достойный и честный: эту гадость не подпишу! И не вздумайте меня пугать Берией и подвалом, я сам застрелюсь, но под вредительскими приказами, которые ведут мой народ, мою страну и армию к гибели, вы моей подписи не добьетесь даже пытками. Своему народу не изменю!

Но Жуков изменил.

Жуков осудил генерал-лейтенанта Власова за то, что тот попал в плен. Этот момент мы будем обсуждать чуть позже. Подчеркну, не за все дальнейшие действия Жуков осудил Власова, а именно за то, что в плен попал. Жуков считал Власова трусом и настаивал на том, что ему надо было застрелиться до того, как попал в безвыходное положение.

Но сравним действия Власова и Жукова. Власов был захвачен в плен, но этим он никому вреда не нанес. А Жуков, рассылая в войска преступные приказы, сгубил кадровую Красную Армию, отдал противнику неисчислимые военные запасы и 85% военной промышленности страны, за этим последовали многомиллионные жертвы и разрушение многого из того, что страна создавала веками.

И если уж кто-то толкал Жукова на подписание этих безумных приказов, то надо было просто потребовать отставки, в крайнем случае — застрелиться. Но тут сработала другая философия: *кто захочет класть свою голову...*

По Жукову, в безвыходном положении Власову следовало застрелиться. А самому Жукову, когда не было никакого безвыходного положения, следовало любой ценой спасать шкуру.

Даже ценой гибели всей армии, народа и страны.

Глава 12
КАК ЖУКОВ БУДИЛ СТАЛИНА

> Другой факт. директива о приведении войск западных военных округов и флотов в боевую готовность, отданная в ночь на 22 июня. Как бы ее сегодня ни истолковывали, ее нельзя уподобить тем простым четким командам «В ружье», «К бою», которые превращают военнослужащего и военнообязанного в воина, тому ясному сигналу «Стране — мобилизационная готовность!», который поднимает весь народ на войну. В ней столько неясности. Столько запутанности. И это в то время, когда из самых разных источников поступали сведения о точной дате нападения врага.
>
> ВИЖ. 1989. № 6. С. 37

1

«Журнал записи лиц, принятых И.В. Сталиным» разоблачает не один каскад жуковской лжи, а несколько.

Вот два рассказа гениального полководца.

Первый. Вечером 21 июня он, гениальный стратег, якобы совершенно ясно понял, что германское нападение неизбежно произойдет в ближайшие часы, ибо «сообщения немецких перебежчиков окончательно развеяли все иллюзии» (ВИЖ. 19о5. № 3. С. 41).

Второй рассказ. «В 3 часа 30 минут начальник штаба Западного округа генерал В.Е. Климовских доложил о налете немецкой авиации на города Белоруссии. Минуты через три начальник штаба Киевского округа генерал М.А. Пуркаев доложил о налете авиации на города Украины. В 3 часа 40 минут позвонил командующий Прибалтийским военным округом генерал Ф.И. Кузнецов, который доложил о налетах вражеской авиации на Каунас и другие города. Нарком приказал мне звонить И.В. Сталину. Звоню. К телефону никто не подходит. Звоню непрерывно. Наконец слышу сонный голос дежурного генерала управления охраны» (Воспоминания и размышления. М., 1969. С. 247).

Примем к сведению и первый рассказ, и второй. После этого заглянем в журнал, в котором регистрировались посетители сталинского кабинета.

2

21 июня 1941 года Жуков был в кабинете Сталина с 20.50 до 22.20. Когда же окончательно развеялись все иллюзии и гениальный полководец понял, что нападение неизбежно?

Допустим, что Жуков это понял до того, как вошел в кабинет Сталина, т.е. до 20.50. В этом случае его поведение необъяснимо. Стратег вдруг сообразил, что вот сейчас, через несколько часов, будет нанесен смертельный удар Советскому Союзу, в результате которого погибнут десятки миллионов людей, а страна скатится в третий мир, никогда не сможет оправиться от страшной раны и в конечном итоге рассыплется на куски. Как же в этой обстановке великий полководец отпустил Сталина спать? Если он вдруг понял, что война вот сейчас грянет, то надо было хватать Сталина за штаны, орать и визжать: Стой, гад! Спать не пущу! Поднимай армию! Звони во все колокола!!!

Теперь допустим, что «последние иллюзии рассеялись» и мысль о неизбежности германского нападения озарила Жукова в ходе совещания в кабинете Сталина. Но и в этом случае Жуков должен был действовать так же: любыми словами, вплоть до мата, любыми действиями, вплоть до мордобоя, удержать Сталина на боевом посту и заставить действовать в соответствии с обстановкой.

Как же Жуков описывает этот последний вечер в сталинском кабинете? А никак не описывает. И получается чепуха. Если он, великий, все понимал, а глупый Сталин ничего не понимал, то по логике вещей должно было бы произойти грандиозное столкновение: Жуков орет, Сталин орет, Жуков доказывает, Сталин не верит, члены Политбюро, угнув головы, боятся поднять глаза на схватку двух взбесившихся исполинов. И в мемуарах эта сцена должна бы быть центральной, узловой, ключевой, стержневой.

Но нет этой сцены в мемуарах. И выходит, что сообразительно-проницательный Жуков все понял, отсидел покорно полтора часа в кабинете Сталина, пожелал вождю спокойной ночи, счастливых снов и удалился...

3

И совсем уж смешным получается рассказ стратега, если вспомним, что *22 июня 1941 года* в 0 часов 30 минут в войска ушла «Директива № 1» за подписями Тимошенко и Жукова: «...Задача наших войск не поддаваться ни на какие провокационные действия... Никаких других мероприятий без особого распоряжения не проводить».

У него, великого, все иллюзии рассеялись, он понял, что сейчас нападут, и тут же запретил своим войскам открывать огонь! Ему, гениальному, ясно, что сейчас нанесут смертельный удар стране, и вот он своей директивой вяжет руки всем командующим фронтами и армиями, всем командирам корпусов, дивизий, бригад, полков и всем нижестоящим, запрещая стрелять, налагая запрет на ЛЮБЫЕ действия!

Последний вариант. Мысль о неизбежном нападении пришла в голову Жукова после того, как он распрощался со Сталиным. В 22.20 Жуков вышел из кабинета. Прошел через несколько барьеров охраны, пересек Ивановскую площадь Кремля, дошел до своей машины, выехал из Кремля (опять через контроль), доехал до Генерального штаба, поднялся к себе, разобрал ворох бумаг, прочитал донесения, сравнил-сопоставил, и вдруг — озарение: так они же сейчас нападут!

Этот вариант не пройдет. Жуков рассказывал, что вечером окончательно развеялись все иллюзии и он все понял, а в этом варианте дело к полночи клонится.

Но даже если и так, даже если Жуков все понял, уже распрощавшись со Сталиным, почему же он ему сразу не позвонил? Отчего вредительскую директиву подписал?

Он еще и не то рассказывал! В 0 часов 30 минут 22 июня Жуков по телефону доложил Сталину, что директива, которая запрещала командирам всех рангов что-либо предпринимать, ушла в войска (см.: Воспоминания и размышления. М., 2003. Т. 1. С. 263). Через десятилетия после тех событий своим почитателям он гордо вещал: вечером 21 июня я все понял, у меня все иллюзии рассеялись! А 22 июня 1941 года в 0 часов 30 минут величайший полководец говорил со Сталиным, но про рассеянные иллюзии докладывать почему-то не стал. Видимо, не хотел вождю на сон грядущий настроение портить. И товарищ Сталин ушел спать.

Растолкуйте мне ситуацию, разъясните: вечером 21 июня Жуков понял, что нападение неизбежно, а Сталина начал будить телефонными звонками 22 июня после 3 часов 40 минут... Да не по собственной инициативе названивал, а потому, что ему нарком обороны Тимошенко приказал.

4

Представляю себе ту же самую ситуацию в Америке. Вот некий стратегический гений бахвалится: уж такой я разумный, уж такой я хитрый, вечером 10 сентября 2001 года никто ничего не знал и не понимал, а я, умненький, сообразил, что завтра поутру непременно самоубийцы захватят самолеты и нанесут удары по Нью-Йорку и Вашингтону. Весь вечер просидел я в кабинете президента, но ничего ему не рассказал, потом он пошел спать, а я директиву настрочил, чтобы никто ничего против террористов не предпринимал и на их провокации не поддавался, и поутру — они ударили! Как я и предвидел. Президенту я звонить не собирался, но мой вышестоящий начальник приказал: разбуди и порадуй...

Вот вы смеетесь, а мне не до смеха. Ведь именно это нам великий стратег Жуков рассказывает. К этому добавляет, что давно собирался Сталину стратегическую ситуацию обрисовать, да только возможности такой не представилось, ибо Сталин делами Генерального штаба мало интересовался.

150

У меня два объяснения поведению Жукова. Пусть каждый выбирает что нравится.

Первое объяснение: Жуков — преступник. Он знал, что нападение неизбежно совершится в ближайшие часы, но своим трусливым бездействием и своей преступной директивой в последние часы мира поставил армию, страну и весь народ под смертельный удар. За такие действия, вернее бездействия, полагался расстрел по статье 193 УК РСФСР (бездействие власти).

Второе объяснение. Жуков — хвастун. Вечером 21 июня 1941 года он о возможности германского нападения не догадывался. Это после войны в нем удивительная проницательность проявилась.

Задним числом.

Глава 13
У НЕГО НЕ БЫЛО ПОЛНОМОЧИЙ!

> На вопрос о роли Хрущева ответил: «Он занимал такое положение, что не мог не принимать решений о репрессиях».
>
> «А ты имел к ним какое-нибудь отношение?» — спросила я.
>
> «Нет. Никогда», — твердо, глядя мне в глаза, ответил отец.
>
> *Элла Жукова.*
> Эра и Элла Жуковы. Маршал победы.
> Воспоминания и размышления. М., 1996. С. 149

1

Итак, вечером 21 июня 1941 года великий стратег понял: сейчас нападут! На это в книге «Тень победы» я смиренно заметил: если так, то надо было действовать. Надо было поднимать армию по тревоге. Если иллюзии рассеялись, почему ничего не делал?

Коммунистические идеологи и тут нашли объяснение: так у него же не было полномочий!

Товарищи дорогие, если мы знаем, что дом заминирован и в любое время взорвется, если мы знаем, что в доме люди, то какие нужны полномочия, чтобы поднять тревогу?

Если нам приказано точно держать курс, но видим, что наш корабль сейчас врежется в айсберг, неужели не рванем руль, пытаясь увернуться? Неужели сначала побежим полномочия просить, а уж потом курс менять?

Если знаем, что самолет сейчас врубится в небоскреб, нужно ли спрашивать у кого-то разрешение на то, чтобы включить сирену и выгнать людей из здания?

Допустим, нам известно: безграмотные и безалаберные действия операторов ядерного реактора ведут к взрыву, от которого пострадают сотни тысяч людей, а миллион квадратных километров территории на сотни и тысячи лет будет непригоден для обитания людей и животных, — неужто будем ждать формального разрешения на необходимые действия по предотвращению преступления?

21 июня 1941 года речь шла не о взрыве дома, не о корабле, пусть и громадном, не о небоскребе и даже не о чернобыльском реакторе. Вопрос стоял о жизни десятков миллионов людей, о колоссальных потерях и разрушениях. Скажу больше: это был вопрос о существовании огромной страны и народов, которые ее населяют. Великий гений стратегии, как он заявляет, ясно понимал, что катастрофа неумолимо и стремительно надвигается, но ничего не сделал для ее предотвращения, ибо полномочий ему не хватило.

Отдавать преступные приказы войскам Жуков полномочия имел, а отменить собственные запреты у него полномочий не оказалось.

2

В ночь на 22 июня Жуков, который якобы полностью понял, что нападение неизбежно, подписывает Директиву № 1: «Не поддаваться ни на какие провокационные действия... никаких других мероприятий без особого распоряжения не проводить». Эта директива прямо воспрещала вводить в действие план прикрытия государственной границы и поднимать войска по тревоге: будет особое распоряжение из Москвы — объявите тревогу, не будет — поплатитесь головами, если объявите.

И на такие действия у Жукова полномочия тоже были, а вот отменить собственные приказы полномочий у него не оказалось.

Этой хитрой грамотой Жуков отмазывал себя от ответственности: с одной стороны, войскам быть в готовности, с другой — никаких мероприятий не проводить! Что бы ни случилось, Жуков в стороне: он дал и такие распоряжения, и прямо противоположные. А командующие на местах в любом случае виноваты: поднял войска по тревоге — расстрел, не поднял — тоже расстрел.

Генерал-полковник И.В. Болдин в 1941 году был генерал-лейтенантом, заместителем командующего Западным фронтом. Он поведал о разговорах с Москвой ранним утром 22 июня. Командующий фронтом генерал армии Д.Г. Павлов кричал в трубку: «Война! Дайте разрешение действовать! Дайте разрешение открыть огонь артиллерии! Дайте разрешение сбивать немецкие самолеты!»

А в ответ: не поддавайся на провокации!

Через некоторое время следует второй разговор с Москвой. Ответ тот же: не поддаваться! Начальник разведки Западного фронта полковник Блохин докладывает: против Западного фронта одновременно действуют в данный момент более тридцати пехотных, пять танковых, две моторизованные и одна десантная дивизии, сорок артиллерийских и пять авиационных полков противника. Это не провокация!

Но Москва твердо стоит на своем.

Через некоторое время третий разговор с Москвой. Затем четвертый.

Вместо командующего фронтом генерала армии Павлова с Москвой говорит генерал-лейтенант Болдин.

Но ответы все те же: артиллерийский огонь открывать запрещено, никаких действий не предпринимать! На провокации не поддаваться! (И.В. Болдин. Страницы жизни. М., 1963. С. 84—85; ВИЖ. 1961. № 4. С. 65.)

И тогда командующий Западным фронтом генерал армии Павлов совершает подвиг. Он больше не спрашивал полномочий. Он просто отказался выполнять приказы Москвы. Взяв на себя всю ответственность, своим приказом, по существу, объявил Германии ответную войну. Без этого героического решения разгром советских войск был бы более грандиозным. За этот подвиг Павлова следовало наградить второй Золотой Звездой. Но Золотые Звезды достались Жукову, который якобы еще вечером 21 июня знал, что нападение неизбежно, но продолжал упорно требовать от войск на провокации не поддаваться.

22 июня 1941 года в 7 часов 15 минут Жуков написал Директиву № 2, которая разрешала ведение боевых действий, правда, с ограничениями.

В 21 час 15 минут в войска была направлена Директива № 3 за подписями Тимошенко, Маленкова и Жукова, которая требовала от войск Северо-Западного, Западного и Юго-Западного фронтов немедленного перехода в решительное наступление. Войскам Северо-Западного и Западного фронтов ставилась задача «к исходу 24.6 овладеть районом Сувалки». Юго-Западный фронт получил задачу «к исходу 24.6. овладеть районом Люблин».

Жуков объявил после войны: враг был сильнее! Жуков рассказывал, что якобы еще летом 1940 года он понимал, что враг силен, а мы воевать не готовы. Коль так, отдавай приказ на оборону! А если сил нет и на оборону, отдавай приказ на отход. Россия велика, катиться можно аж до Москвы, понемногу изматывая врага. Но в первый день войны Жуков вместе с Маленковым и Тимошенко подписал самоубийственный приказ на захват польских городов Сувалки и Люблин, причем без подготовки, в фантастически короткие сроки. Приказ этот ничего, кроме гибели и позора, Красной Армии не принес и принести не мог. И подписывать такой преступный приказ у Жукова тоже полномочия были.

Можно и тут возразить: время было такое, приходилось подписывать преступные приказы против своей воли... Но сам Жуков это и опровергает. По его рассказам, Сталин 22 июня был якобы растерян, он ни на чем не настаивал, ибо не знал, что делать. Если так, то, не спрашивая полномочий, Жуков должен был взять бразды правления в свои руки и действовать. Но нет.

На умные вещи полномочий у Жукова не было, а на глупые и преступные — сколько угодно.

Если смотреть в корень, то приказы Жукова о том, чтобы вывести войска из укрепленных районов, снизить степень готовности противовоздушной обороны, не поддаваться на провокации и никаких мероприятий не проводить, — это смертный приговор России.

3

В 1957 году Жуков совершил государственный переворот. Большинство в Президиуме ЦК КПСС (так в то время именовалось Политбюро, т.е. высший орган коммунистической диктатуры) восстало против Хрущева. А Жуков выступил на его стороне. Жуков выгнал с коммунистического Олимпа самых влиятельных вождей: Молотова, Маленкова, Кагановича, примкнувшего к ним Шепилова. И ни у кого стратег полномочий не спрашивал. Он просто и доходчиво объяснил, что Вооруженные Силы находятся под его личным и полным контролем.

Для того чтобы свирепый зверь не бросился на хозяина, его ведут на двух поводках: если он вправо рванет, его слева удержат, бросится влево — его оттянут вправо. Именно так коммунистическая диктатура на поводках-растяжках держала Вооруженные Силы. С одной стороны — особые отделы, с другой — политотделы. С одной стороны — контроль ГБ, с другой — контроль партии.

После уничтожения своего друга и кровавого соратника Берии и его окружения, после мощного кровопускания в компетентных органах и их резкого ослабления Жукову позарез был нужен XX съезд КПСС. И он его провел в союзе с Хрущевым. На этом съезде народу показали кое-что из деяний товарища Сталина, тем самым мазнули грязью и кровью как мундир недремлющих органов, так и полувоенный френч партии, которую товарищ Сталин возглавлял 30 лет. Оба сдерживающих поводка ослабли, и вот Жуков объявил обалдевшим вождям, что возглавляемые им Вооруженные Силы ни Центральному Комитету, ни его Президиуму больше не подчиняются. И компетентным органам они тоже подчиняться не намерены: прикажет Жуков — танки будут давить и кромсать, а прикажет — замрут, и ни один с места не сдвинется. Объявив, кто в доме хозяин, Жуков начал сгонять с вершин власти неугодных и непослушных. Свержение шло под флагом «восстановления социалистической законности и ленинских норм партийной жизни».

Но Жуков был незнаком с трудами великого Никколо Макиавелли, который рекомендовал: бей насмерть! Удар должен быть или смертельным — или от удара воздержись.

Жуков этого не знал. Он разогнал большинство Президиума, а меньшинство в лице Хрущева оставил. 22 июня 1957 года Жуков произнес свою историческую речь на пленуме ЦК. Выступление было бестолковым. Жуков наивно раскрыл свои карты. В частности, он заявил: «На XX съезде партии, как известно, по поручению Президиума ЦК тов. Хрущев доложил о массовых незаконных репрессиях и расстрелах, явившихся следствием злоупотребления властью со стороны Сталина. Но тогда, товарищи, по известным соображениям не были названы Маленков, Каганович, Молотов, как главные виновники арестов и расстрелов партийных и советских кадров» (Георгий Жуков. Стенограмма октябрьского (1957 г.) пленума ЦК КПСС и другие документы. С. 157).

Каждый из присутствующих эти слова должен был понимать так: в феврале 1956 года Хрущев и Жуков разоблачили Сталина как величайшего злодея. Но тогда по каким-то соображениям не тронули ближайших его соратников. Теперь, в июне 1957 года, очередь дошла до них, и им тоже припомнили преступления. А что дальше будет? В любой момент Хрущев и Жуков могут вспомнить любого. А ведь все присутствовавшие на пленуме ЦК в июне 1957 года — сталинские птенцы. Каждого лично вождь выбирал. У каждого заслуги перед Сталиным. Каждый кровью измазан.

Тут же мудрейший Жуков об этом и заявил: «У тов. Хрущева, как и у каждого из нас, имеются недостатки и некоторые ошибки в работе, о которых Хрущев со всей присущей ему прямотой и чистосердечностью рассказал на Президиуме. Но, товарищи, ошибки Хрущева, я бы сказал, не давали никакого основания обвинять его хотя бы в малейшем отклонении от линии партии».

Жукову хватило ума лягнуть даже Хрущева, своего единственного союзника в борьбе за власть. Получилось — все в дерьме, и только Георгий Константинович — весь в белом. Заляпаны все, начиная с Хрущева, но чистенький Жуков его пока великодушно прощает.

Хрущев мог делать выводы из речи Жукова: год назад сподвижники Сталина Молотов, Каганович и Маленков не были названы преступниками, а сейчас Жуков им припомнил преступления. Сегодня Жуков не называет преступником Хрущева, хотя он такой же кровавый соратник Сталина, как и остальные в окружении вождя. А что, если завтра Жуков мнение свое изменит?

В заключение Жуков заявил: «Нужно сказать, что виноваты и другие товарищи бывшие члены Политбюро. Я полагаю, товарищи, что вы знаете, о ком идет речь, но вы знаете, что эти товарищи своей честной работой, прямотой заслужили, чтобы им доверял Центральный Комитет партии, вся наша партия, и я уверен, что мы их будем впредь за их прямоту, чистосердечные признания признавать руководителями». Пленум ответил бурными аплодисментами. А Жуков добавил про провинившихся: «Здесь, на Пленуме, не тая, они должны сказать все, а потом мы посмотрим, что с ними делать» (Там же. С. 161).

Именно на этом в свое время свернул шею Робеспьер. Своих соратников он гнал на гильотину по одному и группами, а трусливое большинство народных избранников отвечало воплями восторга. Каждый дрожал за свою шкуру и, когда выяснялось, что на сегодня пронесло, ликовал и визжал от счастья. И вот однажды Робеспьер объявил: я выявил в нашем кругу еще несколько врагов народа, которым давно пора отрезать головы, завтра мы так и сделаем, но пока имен не называю.

Естественно, что каждый такое замечание принял на свой счет. Потому во все пока еще не отрезанные головы одновременно пришла на первый взгляд парадоксальная мысль: а почему бы Робеспьеру голову не отрезать? Так и порешили.

Жуков пошел по той же тропе: вот этих я выгоняю, но и остальные тоже виноваты, имен не называю, вы сами, товарищи, их знаете, но так уж и быть — на сегодня прощаю, пусть пока числятся руководителями, а там посмотрим.

Жуков не понял, что с этого момента все присутствовавшие на пленуме ЦК КПСС (а было их 265 закаленных в подковерных схватках бойцов) стали его смертельными врагами, а бурные аплодисменты — стадное проявление страха. Но именно этот страх сбил их в злобную стаю, именно страх объединил их всех в стремлении от Жукова избавиться.

Жуков возомнил себя хозяином. В своем кругу, даже в семье, он не скрывал, что следующим будет Хрущев. И современные жрецы культа Жукова не скрывают: он намеревался довести до конца линию XX съезда КПСС, т.е. разоблачить всех преступников. Но преступниками были все вожди партии — от Центрального Комитета до самых низов и окраин.

Довести до конца линию XX съезда означало только одно: Жуков намеревался сменить весь руководящий слой, ибо все руководители были выбраны Сталиным, все были повязаны с его властью кровавой круговой порукой.

Кроме, понятно, великого стратега, который, как он заявлял, никаких преступлений при Сталине не совершил.

4

Там же на пленуме ЦК КПСС Жукову было брошено обвинение: сам такой! Если порыться в архивах, то под преступными приказами можно найти и твою подпись! На это стратег гордо ответил: «Ройтесь! Моей подписи вы там не найдете!» А дочкам своим, глядя в глаза, великий полководец твердо отвечал, что к репрессиям отношения не имел. Никогда!

И защитники Жукова воспряли: вот он у нас какой чистенький! Просто святой!

Возразим: если преступник отрицает вину, то из этого вовсе не следует, что он чист. Тем более что обвинение ему бросили без доказательств.

«Моей подписи не найдете!» — орал Жуков в июне 1957 года, а в 1953 году сверг Берию за то, что тот хотел прекратить строительство социализма в Восточной Германии. Рецепт Жукова: давить народ танками, пока не поймут преимуществ социалистического способа производства. Он ужасно хотел разоблачить преступления предыдущего вождя: у Сталина был плохой социализм, а у меня будет хороший! Социалистический эксперимент буду продолжать любой ценой и никого из клетки не выпущу!

25 февраля 1956 года в Москве закрылся XX съезд КПСС, который якобы осудил культ личности Сталина, а уже 9 марта Жуков отдал приказ о расстреле мирной демонстрации в Тбилиси. В ноябре того же 1956 года стратег подписал приказ любой ценой поставить Венгрию на колени. Заодно — и Польшу.

Если бы осмелился выступить кто-то еще, то их тоже давил бы танками.

Свой первый орден великий спаситель Отечества получил за карательные экспедиции. Убивать русских мужиков — это он не относил к разряду репрессий. Если не считать пенсионных побрякушек, то свои последние награды на боевом посту — четвертый орден Ленина и четвертую Золотую Звезду Героя — Жуков получил 1 декабря 1956 года. Официально — к юбилею, а на самом деле за то, что за четыре недели до этого утопил в крови Венгрию. Это тоже к разряду репрессий он не относил.

Обратим внимание и на мелкую деталь: на пленуме ЦК КПСС «кристально честный военачальник уличил душегубов на основе подобранных ему материалов» (Н. Яковлев. Маршал Жуков. М., 1995. С. 278). Особо обращаю внимание на слова: *подобранных ему материалов*.

Суть вот в чем: Жуков вовсе не утверждал, что преступных документов не подписывал. На пленуме соратникам по Центральному Комитету он сказал нечто другое: опоздали, ребятки! В 1953 году я сверг Берию, с тем чтобы во главе компетентных органов поставить друга своего Ваню Серова. Так вот он времени зря не терял, на каждого из вас завел папочки и за три года собрал в них бумаги с вашими подписями. И теперь мы с Ваней будем разоблачать всех, кто нам не угоден. А все, что я подписывал, и все, что сам Ваня подписывал, уже сгорело. Так что ройтесь, не найдете!

Но нашли.

Мы несколько забежали вперед. Хронологически мы еще в июне 1941 года. А в 1957 год заглянули только затем, чтобы показать: отменить собственные приказы, которые не позволяли армии защищать страну и народ, у Жукова не было полномочий. Дать приказ танкам ударить по агрессору — нет полномочий, а повернуть танки против соседних народов и верховного руководства страны — так это пожалуйста.

Глава 14
С ОПОРОЙ НА ДОКУМЕНТЫ

> Умиляет, что, мечтая об «объективной истории», вооруженные «документами», руководители исторических «центров» и «академий» высасывают «факты» из жуковских мемуаров и «Краткой истории Великой Отечественной войны».
>
> *Владимир Бешанов.*
> Десять сталинских ударов.
> Минск, 2003. С. 753.

1

Великий римский историк Корнелий Тацит высмеял любимый прием фальсификаторов военной истории: подвигами прикрывать позор и преступления. Вместо того чтобы правдиво описывать ход войны, фальсификаторы описывают отдельные героические свершения. И не в том беда, что эти подвиги приукрашены или просто выдуманы, а в том, что описаниями действительных или вымышленных подвигов они заслоняют, затемняют и подменяют настоящую историю. Лукавый царедворец, который сочиняет угодную власти версию, в случае, когда факты нельзя извратить, просто их упускает. Он умалчивает о причинах войны, силах сторон, состоянии и положении войск, о замыслах и планах полководцев, о потерях, о результатах сражений и войн. Вместо этого: подвиги, подвиги, подвиги.

Все, что высмеивал Тацит, через две тысячи лет нашло полное и всеобъемлющее воплощение в истории войны, которую некоторые по злому умыслу или по простоте душевной называют «великой» и даже «отечественной». С первого дня войны и вот уже больше 60 лет нам рассказывают про героизм, героизм и еще раз про героизм, но историю войны так и не удосужились написать. Та история войны, которую писали при Сталине, считалась пристойной только в его присутствии. Стоило Сталину уйти, и тут же ее забыли. Причем забыли подозрительно быстро. Об этом варианте истории просто перестали вспоминать. Вроде никогда и не было такого варианта.

При Хрущеве те же придворные охальники деборины-минцы-тельпуховские сочинили новую, на этот раз объективную и правдивую историю войны. Но и она правдивой и объективной была только до того момента, пока «нашего дорогого Никиту Сергеевича» не скинули. И тут же обнаружилось, что вторая версия войны лжива и необъективна. Чистый срам. И чем скорее ее забудем, тем лучше для нашего самочувствия.

При Брежневе выдумали третью версию. Но всем было ясно: Брежнева она не переживет. Умрет вместе с ним. И будут над ней смеяться. Так и вышло.

С тех пор никакой официальной истории войны у нас нет, несмотря на то что это была самая страшная и самая кровавая война в истории человечества. Удивительно: война как бы «великая» и даже как бы «отечественная», но история у нее почему-то неприличная. А приличную написать не выходит. Если вместе сложить все книги о той войне, то вершины штабелей, следуя законам физики, покроются снегом и окутаются туманом, по склонам с вершин поползут ледники. Сложить книги вместе, может быть, и удалось бы, но вот складная история из всех этих книг никак не вырисовывается, не выписывается, несмотря на полувековое старание многотысячных ученых коллективов, табунов писателей, режиссеров, агитаторов, пропагандистов, несмотря на истраченные миллиарды рублей и долларов.

Такая ситуация начинает беспокоить даже самых твердокаменных коммунистов. Герой Советского Союза писатель В.В. Карпов: «Грустно и непонятно другое. В России до сих пор нет подлинной и правдивой Истории Отечественной войны, хотя скоро будем отмечать 60-летие Великой Победы» («Литературная газета». 2004. № 17).

Владимир Васильевич Карпов, предрекаю: история войны, которую вы называете «отечественной», никогда не будет написана. Просто потому, что сначала надо изучить явление, а потом делать выводы и давать этому явлению название. А у вас наоборот. Вы сначала придумали название, а потом стараетесь под него подогнать факты. Однако многие факты несовместимы с понятием «отечественная война», они в это название просто не вмещаются, они вопят и выламываются из него. Конфуций сказал: правильно назвать — значит правильно понять.

Предлагаю: давайте не бросаться высокопарными терминами. Правильное название той войне можно будет найти только после того, как будут открыты архивы, после того, как темнота прояснится. После того, как будет написана ее история. Такая история, в которой все стыкуется. Такая история, над которой не будут смеяться. Такая история, от которой не будет вонять враньем.

Если отбросить казенный патриотизм, то ситуация выглядит достаточно просто: два первых в мире социалистических государства рвались к мировому господству. Они были похожи друг на друга, как два тяжелых яловых сапога. Только у одного сапога кончик носка, как и положено, развернут немного влево, а у другого — чуть вправо.

Интересно, что фюреры обоих этих государств ходили в сапогах. Может быть, кто-нибудь придумает более точное название, но пока, за неимением лучшего, предлагаю эту войну называть Первой Социалистической.

2

Врать о войне начали с первого дня. И уже шесть десятков лет никак не уймутся. Вечером 22 июня 1941 года диктор Юрий Левитан громовым голосом на всю страну, на весь мир прочитал в микрофон «Сводку Главного Командования Красной Армии за 22 июня 1941 года» Смысл: Ура! Мы ломим! Гнутся немцы!

На следующий день прозвучала еще одна сводка Главного Командования. С 24 июня стали передавать не сводки Главного Командования, а сообщения Советского Информбюро. По одному сообщению в день. Совинформбюро было выдумано затем, чтобы народ не смеялся над Главным Командованием Красной Армии.

С 29 июня до конца войны передавали по два сообщения Информбюро. Каждый день гремело утреннее сообщение. В нем воспевали подвиги. Затем следовало вечернее сообщение. В нем воспевали новые подвиги. Часто между утренним и вечерним — еще и экстренное сообщение. В нем воспевали...

Вот самая первая, самая скромная сводка из этой умопомрачительной серии. Та самая, которая прозвучала вечером 22 июня 1941 года: «С рассветом 22 июня 1941 года регулярные войска германской армии атаковали наши пограничные части на фронте от Балтийского до Черного моря и в течение первой половины дня сдерживались ими. Во второй половине дня германские войска встретились с передовыми частями полевых войск Красной Армии. После ожесточенных боев противник был отбит с большими потерями. Только на Гродненском и Кристынопольском направлениях противнику удалось достичь незначительных тактических успехов и занять местечки Кальвария, Стоянув и Цехановец (первые два в 15 км и последнее в 10 км от границы). Авиация противника атаковала ряд наших аэродромов и населенных пунктов, но повсюду встретила решительный отпор наших истребителей и зенитной артиллерии, наносивших большие потери противнику. Нами сбито 65 самолетов противника» (Сообщения Советского Информбюро. Издание Совинформбюро. М., 1944. Т. 1. С. 3). О наших потерях не сообщалось. Надо полагать, 22 июня 1941 года Красная Армия потерь не имела.

А теперь прикинем: кто сочинял эти столь суровые и столь правдивые сообщения? Юрий Левитан лишь зачитывал то, что ему давали. Он только озвучивал, как сказали бы новоявленные ревнители изящной словесности. Но не Левитан все это выдумывал. Поток суровой, горькой правды струился из недр Главного Командования Красной Армии. А конкретно? Из Генерального штаба. Все сведения о своих войсках и войсках противника, об успехах и поражениях, о состоянии войск и их перемещениях, о потерях и многом другом стекаются в Генеральный штаб и там обрабатываются. Ибо Генеральный штаб — мозг армии.

Вот этот мозг, уяснив обстановку, оценив, всесторонне проанализировав и взвесив сложившуюся ситуацию, на исходе первого дня советско-германской войны выдал начальную порцию правдивой и объективной информации.

К этому надо добавить, что начальником Генерального штаба Рабоче-Крестьянской Красной Армии на 22 июня 1941 года был генерал армии Жуков Георгий Константинович. Именно он стал главным борцом за правду. Именно он открыл краны, из которых зажурчали-потекли потоки и струи чистой искрящейся правды о боях и сражениях.

Эти краны так больше никогда и не были перекрыты.

3

А вот только кусочек из сводки 23 июня: «...Все атаки противника на Владимир-Волынском и Бродском направлениях были отбиты с большими для него потерями. На Шауляйском и Рава-Русском направлениях противник, вклинившийся с утра в нашу территорию, во второй половине дня контратаками наших войск был разбит и отброшен за госграницу; при этом на Шауляйском направлении нашим артогнем уничтожено до 300 танков противника. В воздушных боях и огнем зенитной артиллерии в течение дня на нашей территории сбит 51 самолет противника; один самолет нашими истребителями посажен на аэродром в районе Минска. За 22 и 23 июня нашими войсками взято в плен около пяти тысяч германских солдат и офицеров. По уточненным данным за 22. VI, всего было сбито 76 самолетов противника, а не 65, как это указывалось в сводке Главного Командования Красной Армии за 22. VI. 41 г.» (Сообщения Советского Информбюро. Издание Совинформбюро. М., 1944. Т. 1. С. 3).

Итак, до 300 германских танков уничтожено только за 23 июня. На одном только Шауляйском направлении. А ведь это десятая часть всех танков, которые Гитлер бросил против Советского Союза. Но ведь и на других направлениях наша славная армия в тот день германские танки жгла и крошила. Если так дальше пойдет, то Гитлеру танков и на неделю не хватит. А о наших потерях снова — ни слова. Все хорошо, прекрасная маркиза.

Правда, в том же сообщении от 23 июня тихо сказано, что «после ожесточенных боев противнику удалось потеснить наши части прикрытия и занять Кольно, Ломжу и Брест». Не окружены наши части и не разбиты — потеснены. И не главные силы потеснены, а только части прикрытия. Вот, мол, сейчас главные силы подойдут... Интересно и другое: не Брест, Кольно и Ломжу занял противник, а никому не известные Кольно и Ломжу, ну и вместе с ними — ворота страны Брест. Так будет и дальше: наши войска оставили Захудаловку, Тьмутараканьки... и Смоленск; Вшиваревку, Никудышкино... и Киев.

И тут же вслед за скороговоркой об оставлении городов — сообщения о невероятных германских потерях. А у нас — без потерь. А у нас — сплошной беспробудный героизм. А у нас — подвиги, подвиги, подвиги.

Мне возражают, что в первый день войны по приказу Сталина Жуков вылетел на Юго-Западный фронт. Его в Москве не было. Первые сообщения Главного Командования готовились в его отсутствие. Что возразить?

Во-первых, начальником Генерального штаба был Жуков. И именно он отвечал за все, что творилось в Генеральном штабе и в его присутствии, и в его отсутствие. Иначе что это за начальник, если в его присутствии все прекрасно, но стоит ему шаг за порог, как его подчиненные кидаются в разгул и творят безобразия.

Во-вторых, вся страна слушала радио, вся страна читала газеты. Даже находясь за пределами столицы, Жуков должен был слышать голос Москвы и реагировать — поднять телефонную трубку и рыкнуть своим подчиненным в Генеральном штабе: прекратите врать! Или говорите правду, или молчите! Но начальник Генерального штаба генерал армии Жуков никак не реагировал на откровения сочинителей победных реляций. И процесс, начатый при Жукове, пошел.

Меня призывают писать с опорой на документы. Так и делаю: цитирую самые что ни есть официальные документы. «Сводка Главного Командования Красной Армии за 22 июня 1941 года» — круче не придумаешь. Ума не приложу: отчего мои уважаемые оппоненты не опираются на столь достойный источник? Отчего эта шершавая, жесткая правда о первых сражениях в научном обороте не циркулирует?

4

Дальше мы увидим, что 22 июня 1941 года Жуков все же находился в Москве.

Версия о его поездке в первый день войны на Юго-Западный фронт выдумана задним числом, чтобы уйти от ответственности за безответственные, преступные, вредительские действия высшего руководства государства и армии в самый драматичный момент войны. Никакой проверки эта версия не выдерживает.

Всем, кто лепит памятники Жукову, настоятельно рекомендую на гранитных постаментах вырубать полный текст «Сводки Главного Командования Красной Армии за 22 июня 1941 года». Просто ради уважения к правде истории. В этом случае бессмертная слава великого полководца будет прочно стоять не на героических былинах, которые сам он и выдумал, а на монолитном документальном фундаменте. Это будут лавры с опорой на документ.

И совсем было бы хорошо, если бы экскурсоводы, указывая рукой на конную статую Единственного, рассказывали любознательным о последствиях публикации и передачи в эфир «Сводки Главного Командования Красной Армии за 22 июня 1941 года».

Первым следствием было то, что Красная Армия прямо в момент начала войны полностью потеряла доверие к своему Главному Командованию. Бойцы и командиры видели своими глазами, что творится на фронте, на своей шкуре испытали мудрость гениальных стратегов, и тут же они слышали сладкие речи о небывалых победах, о сбитых германских самолетах и сожженных танках. Коммунисты обманывали мужика начиная с 1917 года. С одной стороны, «Декрет о мире». А с другой — «Превратим войну империалистическую в войну гражданскую!». С одной стороны — земля крестьянам! С другой — продразверстка. Земля твоя, только все, что на ней вырастет, загребут комиссары. Потом и землю забрали... Каждый год мужика обманывали. И каждый день. Ему врали про урожаи и про заботу партии. Ему врали про великие достижения и про светлое завтра, которое все никак не наступало. У него пухли дети от голода, а ему врали про страдания трудящихся в Париже и Амстердаме. И вот 22 июня над пылающими советскими аэродромами, над сожженными скопищами танков, над брошенными штабелями снарядов и патронов, над бегущими ордами бойцов и командиров зазвенели радостные вести про новые победы... И началась массовая добровольная сдача в плен кадровой Красной Армии. Солдаты сдавались по одному и группами. Сдавались взводами и ротами. Сдавались сотнями, тысячами. Сдавались бригадами, дивизиями и корпусами. Сдавались десятками и сотнями тысяч. Жаль только, что величайший стратег в своих «Воспоминаниях и размышлениях» не стал об этом ни вспоминать, ни размышлять.

Летом 1941 года кадровая Красная Армия численностью в 4 миллиона без особого сопротивления сдалась, кроме всего прочего, потому, что одним сообщением было подорвано доверие солдата к своим командирам и командующим от взводного до Верховного.

А над страной гремели радостные вести. Население страны было преднамеренно дезориентировано. Если председателю колхоза (начальнику цеха, секретарю райкома, начальнику райотдела НКВД) сообщают, что обстановка тяжелая, то он принимает одни решения и действует соответствующим образом. А если Москва торжествующе объявляет, что все идет лучшим образом, что угрозы нет и не предвидится, то председатель (и все остальные) принимает совсем другие решения и действует совсем другим образом.

Вранье возглавляемого Жуковым Генерального штаба на короткий период подняло энтузиазм народа. Именно так литр выпитой водки может вселить уверенность в своих силах и небывалую отвагу, поднять боевой дух и вышибить из головы заботы. На время. Но тем страшнее похмелье, когда поутру раскалывается голова, когда вдруг рождаются воспоминания о каких-то случившихся вчера весьма неприятных событиях.

Помимо «Сводки Главного Командования», которая была передана открыто для всего мира, в тот же день 22 июня в 21.15 по закрытым каналам на командные пункты пяти фронтов была передана совершенно секретная Директива № 3. В ней командующим фронтами сообщалось: «Противник, нанеся удары из сувалкинского выступа на Олита и из района Замостье на фронте Владимир-Волынский, Радзехов вспомогательные удары в направлениях Тильзит, Шауляй и Седлец

Волковыск, в течение 22.6, понеся большие потери, достиг небольших успехов на указанных направлениях.

На остальных участках госграницы с Германией и на всей госгранице с Румынией атаки противника отбиты с большими для него потерями...» К этой директиве мы вернемся позже. Сейчас обращаю внимание только на то, что подписи Сталина под ней нет. Но есть подпись Жукова. Великий стратегический дезинформатор обманывал не только народ по открытым каналам, но и своих ближайших подчиненных по закрытым каналам правительственной связи.

Если бы командующим фронтами и армиями сказали правду о разгроме от моря до моря, то они принимали бы одни решения. Но Жуков их обманул. И каждый думал: это у меня проблемы, а соседние фронты удерживают границу. Коль так, о флангах можно не заботиться.

Грандиозные окружения целых советских армий и даже фронтов летом 1941 года стали возможными, кроме всего прочего, еще и потому, что Генеральный штаб сознательно и преднамеренно обманывал боевых командиров высшего ранга.

Эти же вредительские директивы Генерального штаба подстегивали фронтовых командиров на собственное вранье. Если у всех успехи, а у меня разгром, то не лучше ли не спешить с докладом? Глядишь, завтра, когда немца по всему фронту до Берлина погонят, мне легче станет. Фронтовых командиров обманывали, потому они не заботились об отводе войск. Потому они заблаговременно не готовили тыловых рубежей. Потому они не поворачивали назад эшелоны с боеприпасами и не вывозили все то, что было собрано у границ. Каждый жил ожиданием перелома в ближайшие дни и часы.

Обманывая командующих фронтами и армиями, Генеральный штаб сам становился жертвой обмана. Туфта множилась на туфту и покрывалась туфтой.

5

Через пять месяцев войны, 26 ноября 1941 года, Совинформбюро объявило, как было заявлено, «неопровержимые данные»: «с 22 июня по 21 ноября германская армия на советско-германском фронте потеряла убитыми, ранеными и пленными около 6.000.000 человек, более 15.000 танков, около

13.000 самолетов и до 19.000 орудий». Удивительно, но вдруг оказалось, что и у нас тоже были некоторые потери. Их открыто и прямо объявили, без утайки: «Убитыми 490 тысяч, ранеными до 1.112 тыс., пропавшими без вести 520 тыс. Потери танков — 7.900. Самолетов 6.400. Орудий — 12.900» (Сообщения Советского Информбюро. Издание Совинформбюро. М., 1944. Т. 1. С. 375).

И эти победные цифры снова и снова сопровождались сообщениями о подвигах, подвигах, подвигах. Подвиги описывали с любовью. Со смаком. Например, такие. «Взвод сержанта тов. Поросенкова в течение одного боя трижды ходил в штыковую атаку на противника и истребил свыше 150 немецко-фашистских оккупантов. Сам тов. Поросенков заколол в этом бою 11 вражеских солдат» (Там же. С. 412).

«Красноармеец тов. Воробьев подкрался к немецкому блиндажу и меткими выстрелами уничтожил 2 часовых. Выбежавших из блиндажа немцев тов. Воробьев забросал гранатами. В этом бою отважный красноармеец истребил 25 фашистских солдат» (Там же. С. 419). Сам он, понятно, жив и невредим. К новым боям готовится. К новым подвигам и свершениям.

А вот еще: «Красноармейцы-повара Чадин и Иванов были окружены десятью немецкими автоматчиками. Смелые красноармейцы вступили в бой с врагами. Тов. Чадин заколол штыком 3 немецких солдат, а тов. Иванов застрелил офицера, остальные враги обратились в бегство» (Там же. С. 447).

Товарищ Чадин, мастерски владея винтовочкой с граненым штыком, в порядке живой очереди колол, как поросят, перепуганных немецких оккупантов, а те, лопоухие, не сообразили пальнуть разок из автомата.

И в том же духе — шесть томов. 2384 страницы. Массовый героизм запредельных масштабов.

Так ведь и это не все. Шесть томов сообщений Совинформбюро, которые издали в 1944 году, — это уже прочищенная правда, остаточная. То, что передавали по радио и печатали в газетах в 1941 году, через три года было профильтровано и опубликовано в куда более пристойном виде. К 1944 году были напрочь забыты тысячи невообразимых подвигов и свершений, которыми с начала войны советские генералы и комиссары удивляли мир. Каждый сам в этом может убедиться.

Надо полистать «Правду» и «Красную звезду» за 1941 год, за 1942-й — открывается сплошная фантастика. Наши доблестные бойцы один на один шли на немецкие танки, топорами гнули орудийные стволы, граблями останавливали мотоциклистов с пулеметами, подростки с вилами и косами брали в плен по взводу автоматчиков. Ах, чего там только не было! В 1944 году самые героические (т.е. самые смешные) деяния первых двух лет войны в шеститомник не попали.

Понемногу было забыто и то, что публиковали в 1944 году. Историю отшлифовали до слепящего блеска. И ничего в ней не осталось, кроме подвигов. Правда, из сотен тысяч выбрали десяток самых, казалось бы, достоверных.

А прелюдией эпопеи стала героическая оборона Брестской крепости.

6

Про оборону Брестской крепости написаны тонны книг, снято больше десяти художественных и документальных фильмов, крепости присвоено звание «Крепость-герой», на ее территории воздвигнут грандиозный мемориальный комплекс. Заказчик не скупился. Денег, цемента и стали отпустил вволю. И архитекторы постарались: в небо воткнули стометровый граненый штык, рассадили по периметру циклопические монументы героев, на берегу реки Мухавец истомленный железобетонный солдат небывалых размеров черпает каской воду... Монумент называется «Жажда». Защитникам крепости не хватало не только снарядов и патронов, не только хлеба и бинтов, но и воды. За каждый глоток приходилось платить ведром солдатской крови. Этот момент в фильме «Бессмертный гарнизон» ярко показан: возвращаются раненые бойцы с задания и в подземном госпитале выкладывают на стол штук десять солдатских фляжек с водой. Медсестра: да вы что! У меня сотни раненых! Этого не хватит ни напоить, ни промыть раны. И тогда командир разведчиков: знаешь ли ты, сколько наших людей полегло у реки, чтобы эти фляги наполнить?!

На подвиге защитников Брестской крепости воспитаны целые поколения советских людей. Я тоже в детстве смотрел «Бессмертный гарнизон», я тоже играл в войну, защищал форты и казематы от наседавших врагов. По мере взросления интерес к обороне Брестской крепости не слабел, а усиливался. Ясности не прибавлялось. Наоборот, она убывала. Она растворялась. А непонимание густело.

Начнем вот с чего. Что за титул такой «крепость-герой»? Мать — героиня, и крепость должна быть героиней. Как же иначе, если женский род?

Ладно, это придирки не по существу. Обратимся к главному: почему Брестская крепость была так быстро, так бездарно и так позорно брошена? Почему гарнизон не остановил противника, не задержал, не причинил вреда? Почему все об обороне крепости ясно только до тех пор, пока неизвестны детали? Почему возникает обратная пропорция: чем больше знаешь об этом героическом эпизоде, тем меньше понимаешь случившееся?

7

Коммунистические агитаторы объяснили просто: крепость устаревшая, XIX век, сил было мало, а у немцев подавляющий перевес.

Усомнимся.

Крепость действительно была построена в XIX веке. Однако и предыдущий, и последующий опыт доказывает: самые обыкновенные траншеи могут быть непреодолимым рубежом. Вся Первая мировая война — пример. К началу Второй мировой войны многое изменилось. Но если дивизия находится в траншеях, то танки ей не страшны, и авиацией пехоту в траншеях не напугаешь. И артиллерией — тоже. Пример — Курская дуга. Во Второй мировой войне германская гаубичная артиллерия практически ничем не отличалась от артиллерии Первой мировой войны. С помощью такой артиллерии пехоту из траншей не выбить. А стрельба из пушек и подавно окопавшимся войскам не страшна.

Если же между нашими траншеями оказывались какие-либо прочные сооружения и строения: кирпичные дома с подвалами, канализационные тоннели, каменные заборы, железнодорожные насыпи и т.д. — тогда пехоте совсем легко оборону держать. Любые прочные постройки облегчают положение обороняющегося и усложняют задачу наступающей стороны. Пример: руины Сталинграда. Или руины Берлина. Обыкно-

172

венные жилые дома, вокзалы, заводские и тюремные корпуса, даже почти полностью разрушенные, если их защищают умело и мужественно, становятся непреодолимой преградой для наступающего противника. Берлин обороняли старики, инвалиды и дети, но они сожгли столько краснозвездных танков, искалечили и убили столько советских солдат и офицеров, что Берлинскую стратегическую наступательную операцию Красной Армии можно смело считать проигранной. Теперь давайте представим, что в Берлине или рядом с ним, кроме домов, дворцов, вокзалов, тюрем и заводов, была бы еще и настоящая крепость с сотнями казематов, с бастионами и бетонными фортами, с обильными запасами боеприпасов, продовольствия и всего прочего. Во что бы тогда обошелся Красной Армии тот позорный штурм?

Или давайте представим, что на Курской дуге, помимо траншей, которые перекрыты прошлогодними кукурузными стеблями и хворостом или вообще ничем не перекрыты, у Красной Армии есть еще и настоящая крепость с внешним периметром обороны в 40 километров, с крепкими подземельями, которые не достанешь никакой бомбой, никаким снарядом, с непробиваемыми стенами, с земляными валами десятиметровой высоты, подходы к которым прикрыты глубокими каналами и рвами. Ну-ка решим, как легче было бы обороняться — имея траншеи и крепость или имея одни только траншеи?

И предыдущий опыт вопит о том же. Зимой 1939/40 года Красная Армия воевала в Финляндии. У советских командиров было достаточно возможностей убедиться: легче наступать там, где нет никаких строений, чем там, где есть обыкновенные каменные или кирпичные дома. Каждый такой дом, если его защищает даже совсем небольшой гарнизон, может быть превращен в опорный пункт. Не так легко с ним справиться.

А в Бресте — не каменный дом, не разбитый завод, а крепость! Настоящая. Внутреннее ядро крепости — цитадель на острове. Перед фронтом цитадели — судоходная, т.е. достаточно широкая, река Западный Буг. С тыла и флангов цитадель омывают протоки реки Мухавец, которая в этом месте впадает в Западный Буг. Кстати, река Мухавец — тоже судоходная. Итак, кругом вода. Уже одно это делает цитадель почти неприступной. Попробуйте прорваться через глубокие водные преграды, если по вам садят из сотен амбразур из-за непробиваемых стен. А стены цитадели были действительно непробиваемыми. Весь периметр Центрального острова был опоясан единым двухэтажным кирпичным строением кольцевой формы. Протяженность этого кольца — около двух километров. Толщина стен — почти два метра. В одном только центральном кольцевом здании — 500 казематов, в которых можно было разместить 12 000 солдат со всеми запасами, необходимыми для длительной обороны. Под казематами находился еще один подземный этаж, который мог служить хранилищем запасов и убежищем для личного состава. Еще ниже, на втором глубинном этаже, были вырыты подземные ходы под цитаделью, под реками и прикрывающими укреплениями на соседних островах. Эти ходы позволяли проводить маневр резервами из любой части крепости в любую ее часть. Некоторые подземные тоннели выходили на несколько километров за пределы территории крепости.

Брестская крепость считалась шедевром инженерного искусства. Германские генералы называли ее «Восточным Верденом» или «Русским Карфагеном». При строительстве цитадели использовались самые передовые на то время технологии. Кладка крепостных стен была такой, что стены и через столетие после завершения строительства выдерживали попадания практически любых артиллерийских снарядов. В стенах были прорезаны узкие бойницы, которые позволяли обстреливать водную поверхность перекрестным огнем с любых направлений. На внешней стороне цитадели были устроены полубашни с бойницами для флангового обстрела ближних подступов к стенам.

Центральный остров со всех сторон был прикрыт тремя другими островами: Пограничным (Западным), Госпитальным (Южным) и Северным. На каждом из этих островов было возведено укрепление, которое представляло собой цепь мощных бастионов высотой до 15 метров. Между бастионами был насыпан земляной вал общей протяженностью более шести километров и высотой более десяти метров. С внутренней стороны валов и бастионов в толще грунта были устроены склады, командные пункты, убежища для личного состава, огневые точки, которые позволяли держать под обстрелом все пространство перед крепостью на много километров. Каждое из прикрывающих укреплений по своим размерам превосходило цитадель, в каждом можно было разместить несколько тысяч солдат и все необходимое для длительной обороны. Подходы к бастионам и валу были, в свою очередь, прикрыты рукавами и протоками рек, каналами и широкими рвами, заполненными водой. Все подступы к бастионам и земляному валу простреливались многослойным перекрестным огнем с разных направлений. Валы и бастионы трех предмостных укреплений прикрывали собой цитадель, не позволяя противнику вести по ней огонь прямой наводкой. Чтобы прорваться к цитадели, противнику надо было форсировать не одну, а несколько водных преград: вначале через каналы и рвы пробиться в одно из укреплений, штурмом его взять, а уж потом форсировать основную водную преграду, чтобы высадиться у цитадели, под ее стенами, где нечем укрыться от губительного огня со всех сторон.

Кроме всего этого, бастионы и валы на многих направлениях были прикрыты еще одним рядом десятиметровых земляных валов и глубоких рвов, заполненных водой. Брестская крепость справедливо считалась одной из сильнейших крепостей Европы. Ряд западных корифеев фортификации ставили ее на первое место.

Крепость постоянно совершенствовалась. В конце XIX века вокруг нее было возведено девять фортов. Каждый из них представлял собой самостоятельную крепость с круговой обороной. Назначение этих фортов — не позволять противнику приближаться к крепости и обстреливать ее с близкого расстояния. Каждый из фортов имел достаточно мощную артиллерию. Каждый был подготовлен для длительной обороны в условиях полной изоляции. Каждый мог поддержать огнем соседние форты и всю крепость.

В начале XX века на удалении 6—7 километров от основного ядра крепости было возведено второе кольцо, на этот раз железобетонных фортов. Общий обвод оборонительной линии увеличился до 45 километров.

Брестская крепость была первоклассной для своего времени. Это признает даже «Советская военная энциклопедия» (Т. 1. С. 590).

И не могла первоклассная крепость начала XX века устареть к 1941 году. Не устарели же форты и бастионы Кенигсберга к 1945 году. Поди ж ты, сколько солдатской крови пришлось заплатить красным маршалам за штурм тех бастионов. В конце Второй мировой войны Красной Армии пришлось штурмовать города-крепости Бреслау, Бромберг, Будапешт, Глагоу, Грудзёндз, Губен, Кюстрин, Краков, Кельце, Кольберг, Котбус, Летцен, Лодзь, Мариенбург, Млава, Модлин, Нейсе, Нейштеттин, Оппельн, Пиллау, Познань, Радом, Ратибор, Руммельсбург, Спала, Торунь, Хелмно, Хмельник, Фордон, Форст, Фюрстенберг, Франкфурт, Шнейдемюль, Штольп, Шпремберг, Штеттин, Эльбинг и другие, включая все тот же Брест. И за каждую крепость пришлось платить кровью, кровью и кровью. И вот хоть кто-нибудь из советских маршалов обозвал бы одну из этих крепостей устаревшей! А ведь только Кенигсберг мог по мощи сравниться с Брестской крепостью. Остальные — слабее и старше.

В том, что Брестская крепость не устарела, советские командиры убедились в сентябре 1939 года во время совместного советско-германского раздела Польши. Брестскую крепость оборонял героический польский гарнизон, а гитлеровцы и сталинцы под командованием Гудериана и Кривошеева ее штурмовали. И когда вам будут показывать руины Бреста, помните: это не только следы штурма 1941 года, но и следы «освободительного похода» 1939 года. Не только германскими снарядами повреждены стены. Тут и сталинская артиллерия поработала на славу в тесном взаимодействии с гитлеровской.

В 1944 году Брестскую крепость штурмовал Рокоссовский. Она уже была порядочно разбитой. Но двухдневный штурм захлебнулся в крови советских солдат. Ибо даже разбитая Брестская крепость представляла собой грозную твердыню.

А в 1941 году германская пехота ворвалась в цитадель утром первого дня войны.

Повторяю: любая крепость, любой форт, элеватор, монастырь годятся для обороны. Там, где есть крепость, оборону организовать легче, чем там, где ее нет. Еще пример: крепость Шлиссельбург, она же — Орешек, она же — Нотебург. Эта крепость была основана в XIV веке, последний раз модернизировалась в качестве крепости в начале XVII века. С начала XVIII века крепость Шлиссельбург служила тюрьмой. Но вот в ходе Второй мировой войны ее снова пришлось оборонять.

Крепость-тюрьма выдержала осаду с 8 сентября 1941 года по 18 января 1943 года, но так и не была захвачена германскими войсками. Крепость Шлиссельбург не шла ни в какое сравнение с Брестской крепостью. Это действительно древняя и действительно устаревшая крепость. Но ее удержали. Удивительно, но крепости Шлиссельбург никто не присвоил геройского звания. Почему такое отличие Брестской крепости?

Потому, что в Бресте геройским званием требовалось прикрыть жестокий позор.

Глава 15
ГЕРОИЧЕСКИЙ ПОЗОР

> История Страны Советов полна гнусных
> тайн и нелепиц, которые при ближайшем рас-
> смотрении складываются в жуткую, но прав-
> дивую картину.
>
> *Виктор Ковальчук.*
> «Сегодня» (Киев), 29 мая 2001 г.

1

В июне 1941 года в районе Бреста находилась та самая советская 4-я армия, которая в сентябре 1939 года штурмовала Брестскую крепость, а потом победным маршем прошла по улицам Бреста вместе с дивизиями Гудериана.

В июне 1941 года по ту сторону границы оказался все тот же Гудериан.

В момент начала войны в составе 4-й армии, которой командовал генерал-майор А.А. Коробков, было два корпуса (28-й стрелковый и 14-й механизированный), две отдельные стрелковые и одна авиационная дивизии, 62-й укрепленный район, Кобринский бригадный район ПВО, 120-й гаубичный артиллерийский полк РГК.

Всего в составе 4-й армии было восемь дивизий: четыре стрелковые (6, 42, 49, 75-я), две танковые (22-я, 30-я), одна моторизованная (205-я), одна авиационная (10-я). Брестский укрепленный район по своей мощи и значению тоже приравнивался к дивизии, комендант укрепрайона — генерал-майор. Кроме того, в Бресте находились 33-й инженерный полк окружного подчинения, окружной военный госпиталь, многочисленные тыловые части и склады, а также части НКВД.

Оперативное построение 4-й армии — в два эшелона. В первом — одна танковая и четыре стрелковые дивизии, во втором — танковая и моторизованная дивизии Аэродромы 10-й смешанной авиационной дивизии были вынесены почти к самой границе. Некоторые находились в восьми километрах от пограничных столбов.

Но коммунистические историки не унимаются. Они утверждают, что Брестскую крепость пришлось позорно бросить потому, что некому было ее защищать. Вот образец их творчества: «Тяжелое положение сложилось на левом крыле Западного фронта. На четыре стрелковые дивизии 4-й армии, предназначенные для обороны границы в районе Бреста, обрушилось десять дивизий правого крыла группы армий «Центр», в том числе четыре танковых» (История Великой Отечественной войны Советского Союза. М., 1961. Т. 2. С. 18).

Казалось бы, враг сильнее: десять вражеских дивизий, в том числе четыре танковые, против четырех советских стрелковых дивизий. Однако лукавые историки, рассказывая о подавляющем преимуществе германских войск, в данном случае «забыли» про советскую 22-ю танковую дивизию, которая находилась в Бресте, про 62-й укрепленный район и про саму Брестскую крепость. И позади «четырех советских стрелковых дивизий» не пустота. Позади — 30-я танковая и 205-я моторизованная дивизии 14-го мехкорпуса, тяжелый гаубичный артиллерийский полк РГК и бригадный район ПВО с 85-мм зенитными пушками, которые прошибали немецкие танки того времени насквозь с любого расстояния.

Итого:

десять дивизий, в том числе четыре танковые и одна кавалерийская,   на германской стороне;

укрепленный район, крепость и семь дивизий, в том числе две танковые и одна моторизованная (с танками), — на советской стороне.

Генерал-полковник Л.М Сандалов, который в 1941 году был полковником, начальником штаба 4-й армии, признает:

«Из приведенных данных видно, что армия располагала большими силами. Если учесть, что полоса прикрытия государственной границы армии не превышала 150 километров, из которых около 60 км были почти не пригодны для действий войск, то армия могла создать оборону с большой плотностью войск и техники на 1 км фронта» (Л.М. Сандалов. Первые дни войны. М., 1989. С. 55).

2

Когда нам рассказывают про десять германских дивизий, которые действовали против советской 4-й армии в районе Бреста, то забывают уточнить, что немецкие танковые дивизии не могли форсировать Западный Буг в первом эшелоне. В германской армии вообще не было плавающих танков. А танков, которые могли форсировать водные преграды по дну, на всю германскую армию было 168. После выхода на берег танк следовало разгерметезировать. На это уходило 30 минут. В эти минуты танки были совершенно беззащитны. В основном это были Pz-III F. Вооружение — 37-мм пушка. А самый «устаревший» советский танк Т-26 имел 45-мм пушку. Их танки беззащитны на нашем берегу, а нашим танкам под воду лезть не надо — заряжай и бей!

Форсирование водной преграды, тем более судоходной реки, всегда ставит наступающую сторону в предельно невыгодное положение. А обороняющейся стороне это дает дополнительные и весьма существенные преимущества.

Германские танковые дивизии, как, впрочем, и пехотные, имели огромные и очень перегруженные тылы. За каждой колонной танков следовали во много раз более длинные колонны грузовых автомашин очень низкой проходимости. И если некоторые танки и могли переправиться через реки по дну, то большинству танков, всем автомашинам и гужевым повозкам требовались мосты.

Через Западный Буг в полосе 4-й армии имелись два железнодорожных (Брест и Семятиче) и четыре автомобильных моста (Дрохичин, Кодень, Домачево, Влодава). «Эти мосты находились под охраной 89-го (Брестского) пограничного отряда, который... никаких заданий по подготовке этих мостов к разрушению не получил. В результате в первый же день войны все переправы и мосты противник захватил в исправном состоянии» (Л.М. Сандалов. Первые дни войны. С. 47).

Даже если считать, что на Брестском направлении у германской стороны был некоторый перевес сил, то нужно помнить: без мостов это преимущество было невозможно реализовать. Переправа одной только германской пехоты без танков, артиллерии, штабов, тыловых подразделений и прочего под огнем Брестской крепости, укрепленного района, четырех стрелковых и одной танковой дивизий означала бы катастрофу для германских войск. Честный человек должен искать причину разгрома советских войск в районе Бреста не в том, что германская сторона имела численное преимущество, а в том, что Красная Армия не взорвала мосты через Западный Буг.

3

22 июня 1941 года в 4 часа 10 минут начался обстрел Бреста и Брестской крепости. В артиллерийской подготовке участвовала артиллерия германской 45-й пехотной дивизии и 12-го армейского корпуса. Кроме того, огонь по крепости вели девять легких и три тяжелые батареи, батарея большой мощности и три дивизиона мортир (Р.С. Иринархов. Западный особый. Минск, 2002. С. 227). Силы, надо признать, огромные, однако и советским войскам в Бресте было чем отмахнуться.

В Бресте находился штаб 28-го стрелкового корпуса 4-й армии. В составе корпуса — две стрелковые дивизии (6-я и 42-я), два корпусных артиллерийских полка (447-й и 455-й), зенитно-артиллерийский дивизион, разведывательная эскадрилья и другие части. Каждый корпусной артиллерийский полк имел по 36 152-мм гаубиц и гаубиц-пушек. 447-й корпусной артиллерийский полк находился в Бресте, в Северном военном городке. 455-й — на окружном артиллерийском полигоне в 5 километрах южнее Бреста. В двух полках — 18 тяжелых огневых батарей. Корпусные артиллерийские полки — контрбатарейные. Борьба с артиллерией противника — их основное предназначение. Этих двух полков вполне хватало для того, чтобы подавить немецкие мортиры и тяжелые гаубицы. После этого Брестской крепости больше ничто угрожать не могло.

Минометами и легкими гаубицами крепость не возьмешь. И танки ей не страшны.

Тут же в Бресте находились штабы 6-й и 42-й стрелковых дивизий. Каждая стрелковая дивизия — это пять полков (три стрелковых и два артиллерийских — пушечный и гаубичный), два отдельных дивизиона (противотанковый и зенитный) и пять отдельных батальонов (разведывательный, саперный, связи, автотранспортный, медико-санитарный).

Тут же в Бресте — штаб 22-й танковой дивизии 14-го механизированного корпуса. В составе этой дивизии — четыре полка (два танковых, артиллерийский, мотострелковый) и семь отдельных батальонов и дивизионов.

Итак, в городе, в крепости и в ближайших окрестностях находились семь артиллерийских полков — два корпусных и пять в составе дивизий. Кроме того, противотанковые дивизионы, тринадцать батарей полковой пушечной и противотанковой артиллерии, 372 полковых, батальонных и ротных миномета.

Проще говоря, артиллерии было достаточно. Больше чем достаточно. И боеприпасов — тоже. Например, 6-я стрелковая дивизия, которая находилась в Брестской крепости, имела в полтора раза больше боеприпасов, чем это было положено, кроме этого — 34 вагона боеприпасов сверх всяких норм. А 42-я стрелковая дивизия, дислоцировавшаяся там же, тоже имела боеприпасов в полтора раза больше положенного, сверх того — еще 9 вагонов (Л.М. Сандалов. Первые дни войны. С. 47).

В Бресте находилось управление 62-го укрепленного района. В составе укрепрайона, помимо прочего, были пять артиллерийско-пулеметных батальонов по 1500 человек в каждом (Там же. С. 55).

Так ведь и это не все. Чуть севернее Бреста находилась 49-я стрелковая дивизия. Южнее — 75-я. И в каждой тоже по пять полков, в том числе по два артиллерийских.

Но может быть, дивизии не были полностью укомплектованы? Нет, это не так. «Стрелковые дивизии, находящиеся в приграничной полосе, были почти полностью укомплектованы и имели полагающееся по штату вооружение» (Р.С. Иринархов. Западный особый. С. 30). «К июню 1941 года соединения и части, входившие в состав 4-й армии, были в основном укомплектованы личным составом и боевой техникой в пределах штатных норм» (Л.М. Сандалов. Первые дни войны. С. 55).

Вот эти нормы: в каждой стрелковой дивизии бойцов и командиров — 14 483, 16 плавающих танков, 13 бронемашин, 78 пушек и гаубиц калибром 76—152 мм, 12 зенитных орудий калибром 37, 76 мм, 54 противотанковые пушки калибром 45 мм, 150 минометов калибром 50, 120 мм, 392 ручных и 166 станковых пулеметов, 558 автомашин, 99 тракторов, 3039 лошадей.

Кроме частей и подразделений Красной Армии, в Брестской крепости находился пограничный отряд НКВД и 132-й отдельный конвойный батальон НКВД. Пограничный отряд по численности равен стрелковому полку. Это 2500—3000 человек. Однако пограничные отряды комплектовали гораздо лучшим человеческим материалом. В среднем каждый из пяти пограничных отрядов, которые в 1941 году находились на государственной границе в Белоруссии, имел на вооружении 1300 самозарядных винтовок, 500 автоматов, 80 ручных и 40 станковых пулеметов, 80 автомашин (Р.С. Иринархов. Западный особый. С. 111).

«Словом, в Бресте скопилось огромное количество войск» (Л.М. Сандалов. На московском направлении. М., 1970. С. 58).

Но если кому-то все еще мерещится подавляющее германское превосходство в районе Бреста, напомню, что весной 1941 года в тыл 4-й армии подвезли 480 152-мм гаубиц-пушек МЛ-20 (ВИЖ. 1971. № 7. С. 19). МЛ-20 весила 7270 кг. Максимальная дальность стрельбы — 17 400 метров. Вес снаряда — 43,6 кг. 480 гаубиц-пушек — это 120 тяжелых огневых батарей. Ничего равного или близкого ни по количеству, ни по качеству на германской стороне не было.

К каждому из этих орудий было заготовлено по десять боекомплектов. Один боекомплект — 60 снарядов и 60 зарядов. Общее количество снарядов и зарядов, выложенных на грунт для этих орудий, легко рассчитать. Один боекомплект в 60 снарядов и 60 зарядов умножим на 10. А потом — на 480.

Только этих 480 гаубиц-пушек и только этих десяти приготовленных боекомплектов было достаточно для быстрого и полного разгрома группировки противника. Тем более что на той стороне не было ни крепости, ни укрепленного района.

4

И вот, несмотря на такое скопление советских войск (и массовый, как нам рассказывали, героизм), в первые часы войны произошли достаточно удивительные события: «К 7 часам части 45-й и 34-й пехотных дивизий 12-го немецкого армейского корпуса заняли Брест» (Л.М. Сандалов. Первые дни войны. С. 84).

У них две пехотные дивизии, а у нас в Бресте две стрелковые и одна танковая дивизии.

У них в пехотных дивизиях по одному артиллерийскому полку, а у нас в стрелковых дивизиях — по два артиллерийских полка, да еще один артиллерийский полк в танковой дивизии.

У них на вооружении дивизионной и корпусной артиллерии — гаубицы времен Первой мировой войны, только слегка модернизированные. В советских дивизиях самые современные орудия, равных которым в то время не было ни у кого в мире.

Им тяжело, они наступают. Нам легко — мы обороняемся.

Им втрое тяжело, они не просто наступают, они форсируют мощную водную преграду — реку Западный Буг. Для них река — труднопреодолимая преграда. А нам совсем легко, для нас река — удобный оборонительный рубеж.

Первая волна наступающих не имеет с собой тяжелого оружия, и запас боеприпасов не может быть большим. А наши войска — при всем тяжелом оружии. И запасы боеприпасов неисчерпаемые. Брест и Брестская крепость забиты складами полкового, дивизионного, корпусного, армейского, окружного и центрального подчинения.

У них в пехотных дивизиях нет ни одного танка, а у нас в стрелковых дивизиях есть танки. А кроме этого, у нас целая танковая дивизия! Вот где момент! Вот где возможность повеселиться. Давить танками беззащитную немецкую пехоту!

Но где же она, 22-я танковая дивизия 14-го мехкорпуса 4-й армии Западного фронта?

5

Жгучий вопрос: как могла советская танковая дивизия допустить форсирование Западного Буга германской пехотой?

Ответ дает генерал-полковник Л.М. Сандалов: «Во время артиллерийской подготовки 34-я немецкая пехотная дивизия нанесла большие потери нашей 22-й танковой дивизии, размещавшейся в Южном военном городке Бреста в 2,5—3,5 км от государственной границы. Этот городок находился на ровной местности, хорошо просматривался со стороны противника... Погибло и получило ранения большое количество личного состава... Этому способствовало скученное расположение частей дивизии... Дивизия потеряла также большую часть танков, артиллерии и автомашин, больше половины всех автоцистерн, мастерских и кухонь. От огня противника загорелись и затем взорвались артиллерийский склад и склад горючего и смазочных материалов дивизии... Значительная часть артиллерии дивизии была уничтожена огнем противника или из-за отсутствия средств тяги осталась в парках» (Л.М. Сандалов. Первые дни войны. С. 76—77). «Неудачная дислокация 22-й танковой дивизии и неразумно запланированный выход дивизии в район Жабинки привели в первые часы войны к огромным потерям в личном составе и к уничтожению большей части техники и запасов дивизии» (Там же. С. 35).

Книга генерал-полковника Сандалова вышла в рассекреченном варианте в 1989 году. Но писал он ее в 1961-м. В те времена всю правду он сказать не мог. Правда открывается сейчас. 22-я танковая дивизия находилась не в 2,5—3,5 километрах от государственной границы, а «непосредственно у границы» (Р.С. Иринархов. Западный особый. С. 52).

О героизме защитников Брестской крепости рассказано много. Даже слишком. А мы поговорим о диком позоре так называемой обороны Брестской крепости. Это где и когда еще такое случалось, чтобы пехотная дивизия разнесла в прах и перья танковую дивизию? И это при том, что танковая дивизия находилась в предельно выгодном положении — перед ее фронтом широкая судоходная река.

Законные вопросы: а как вообще танковая дивизия оказалась у самой границы, и какой смысл ее там держать? На эти вопросы коммунистические агитаторы придумали ответ: танковая дивизия (как и все остальные) находилась у самых границ с единственной целью — отразить вражеское вторжение.

Такой ответ рассчитан на слабоумных. Нормальный человек спросит: если задача дивизии отражать вторжение, отчего же она его не отразила? Да и возможно ли? 22-ю танковую дивизию поставили в такое положение, при котором никакие ответные действия даже теоретически невозможны. Вся боевая техника дивизии — на открытой местности у границы. Противник видит гигантские скопления танков, артиллерии, транспортных машин, складов и прочего. Противнику достаточно открыть внезапный огонь даже из очень легких минометов, и тогда ни один советский танкист не сможет пробраться к своему танку. Или можно просто пулеметами обойтись. Именно это командир 34-й германской пехотной дивизии и сделал. Интенсивным огнем пулеметов, минометов и гаубиц он сокрушил 22-ю танковую дивизию. Так ведь не просто германская пехотная дивизия разгромила советскую танковую дивизию. Она разгромила ее за три часа.

6

Возражают: по городу, крепости и огромным скоплениям советских войск был нанесен не только мощный артиллерийский удар, но еще и авиационный. Это правда. Однако и тут было чем отбиться. Каждый советский стрелковый, танковый и мотострелковый полк имел в своем составе по одной роте зенитных пулеметов. Большая часть танков 22-й танковой дивизии имела зенитные пулеметы на башнях. Каждая из пяти дивизий первого эшелона 4-й армии имела собственный зенитно-артиллерийский дивизион. Помимо этого, у командира 28-го стрелкового корпуса — еще один зенитный дивизион. В придачу к этому Брест и окрестности прикрывал Кобринский бригадный район ПВО. В его составе 11-й батальон воздушного наблюдения, оповещения и связи и шесть зенитных дивизионов — 69, 202, 218, 296, 298, 301-й.

И сверх того — 10-я смешанная авиационная дивизия: 241 боевой самолет, в том числе 138 истребителей. Помимо этой авиационной дивизии, «для действий на брестско-барановическом направлении могли быть привлечены до одной бомбардировочной (примерно 180 средних бомбардировщиков) и половины истребительной (около сотни истребителей) авиационных дивизий окружного подчинения» (Л.М. Сандалов. Первые дни войны. С. 55).

Но удар германской авиации оказался сокрушительным.

А чудеса тем временем продолжались: «К 9 часам крепость была полностью окружена» (Р.С. Иринархов. Западный особый. С. 228).

Да как же такое могло случиться! Прошло только пять часов войны, и вот уже город занят, а огромная крепость окружена. А два кольца фортов вокруг крепости? А две стрелковые и одна танковая дивизии в Бресте и в самой крепости? Они-то что делали?

«Отряды 45-й пехотной дивизии форсировали Буг и ворвались на Западный и Южный острова. Только редкая цепочка пограничников защищала их... Густые цепи автоматчиков наводнили два острова» (там же).

«24 июня был создан штаб обороны крепости и единое командование во главе с коммунистом капитаном И.Н. Зубачевым и полковым комиссаром Е.М. Фоминым» (СВЭ. Т. 1. С. 590). Комиссара сюда приплели к тому, чтобы подчеркнуть руководящую и направляющую роль родной Коммунистической партии. С этой же целью вспомнили и партийность капитана Зубачева. Но эти трюки и финты не могут заслонить главного: обороной первоклассной, одной из сильнейших в Европе крепости, внешний оборонительный обвод которой составлял 45 километров, командовал капитан, а штаб обороны был создан на третий день войны.

Как такое понимать? Крепость была подвергнута артиллерийскому налету в первые минуты войны. С этого, собственно, война и началась. Отчего же штаб обороны был создан на третий день? А до войны о чем думали? И отчего обороной крепости командует капитан? Где командиры и штабы двух стрелковых и одной танковой дивизий? Где комендант укрепленного района? Где командиры и штабы шести стрелковых, четырех артиллерийских, двух танковых, одного мотострелкового и одного инженерно-саперного полков? Где командир и штаб пограничного отряда? Где командиры и штабы 46 батальонов и 19 артиллерийских дивизионов?

А где вышестоящее командование? 6-я и 42-я стрелковые дивизии — это 28-й стрелковый корпус. Командир корпуса должен был командовать обороной. Где же он был? И что делал его штаб?

22 июня 1941 года в Бресте находились:

— генерал-майор Попов В. С. — командир 28-го стрелкового корпуса;

— дивизионный комиссар Шлыков Ф.И. — член Военного совета 4-й армии;

— генерал-майор Пузырев М. И. — комендант 62-го укрепленного района;

— генерал-майор артиллерии Дмитриев М.П. — начальник артиллерии 4-й армии;

— генерал-майор Лазаренко И.С. — командир 42-й стрелковой дивизии;

— генерал-майор танковых войск Пуганов В.П. — командир 22-й танковой дивизии.

Там же находились полковники на генеральских должностях:

— Серегин П.С. — заместитель командира 28-го стрелкового корпуса;

— Лукин Г.С. — начальник штаба 28-го стрелкового корпуса;

— Попсуй-Шапко М.А. — командир 6-й Краснознаменной Орловской стрелковой дивизии.

И вот вам героический эпизод: обороной города Бреста не руководил никто, а обороной Брестской крепости — капитан. Однако, как сообщает энциклопедия, «централизованное управление было вскоре нарушено» (СВЭ. Т. 1. С. 590). Другими словами, обороной Брестской крепости тоже никто не руководил.

Экскурсоводы в крепости-герое вам обо всем этом безобразии не расскажут.

Вам расскажут про подвиги.

7

Теперь откроем книгу Г.К. Жукова — величайшего полководца всех времен и народов. Брест — ворота страны. О сражении в районе Бреста в любом издании книги Жукова — 13 строк. О чем? О подавляющем германском превосходстве и о беспримерном героизме советских войск. Жуков вынужден признать, что, кроме двух советских стрелковых дивизий в районе Бреста и двух стрелковых дивизий в самом Бресте, в городе находилась еще и 22-я танковая дивизия. А вот о том, почему она там оказалась, и о том, как она была разбита германской пехотной дивизией, Жуков рассказать забыл.

У противника (если верить Жукову) в этом районе было 5—6-кратное превосходство. Это заявление неплохо было бы подпереть цифирью, но величайшему полководцу не до мелочей. Он о героизме: «Однако сломить сопротивление защитников Брестской крепости врагу не удалось, осажденные герои дали достойный отпор. Для немцев Брестская эпопея оказалась чем-то совершенно неожиданным. Бронетанковым войскам группы Гудериана и 4-й немецкой полевой армии пришлось обойти город» (Воспоминания и размышления. М., 1969. С. 266).

Тут величайший полководец слегка приврал. Германские дивизии не обошли город Брест, а взяли его. Любой справочник по истории войны дает официальную дату: Брест брошен Красной Армией 22 июня 1941 года. А участники событий столь же официально уточняют: в 7 часов утра. Более того, и эта дата, и это время подтверждены документально. В 11.55 утра 22 июня штаб 4-й армии направил в штаб Западного фронта и в Генеральный штаб «Боевое донесение № 05», в котором докладывал: «6-я сд вынуждена была к 7.00 22 июня 1941 года отдать с боями Брест» (ВИЖ. 1989. № 5).

Если мы не верим и этому документу, поверим самому Жукову. Руководимый им Генеральный штаб в «Сводке Главного Командования Красной Армии за 23 июня 1941 года» официально на весь мир объявил о том, что Брест оставлен. Мы только что читали в предыдущей главе: «После ожесточенных боев противнику удалось потеснить наши части прикрытия и занять Кольно, Ломжу и Брест».

Ничего себе... части прикрытия.

Но вот через четверть века Георгий Константинович вдруг опомнился и объявил, что «осажденные герои дали достойный отпор», что немцам Брест был не по зубам, они его якобы не смогли захватить и были вынуждены обойти стороной.

И все же Жуков фальшивит не все время. Иногда он говорит правду: «Для немцев Брестская эпопея оказалась чем-то совершенно неожиданным». Золотые слова. Святая правда.

В районе Бреста было шесть мостов через Западный Буг, в том числе два железнодорожных. И все они попали в руки германской армии неповрежденными. Это для германской армии было полной неожиданностью.

Советская артиллерия, несмотря на подавляющее количественное и качественное превосходство, огня в первые часы войны не открывала. Ибо выполняла приказ Жукова: на провокации не поддаваться. И это было совершенно неожиданным для немцев.

Советская танковая дивизия находилась у самой границы. Германская пехотная дивизия разбила ее за несколько часов. Такого немцы не ожидали.

Советские аэродромы находились у самой границы. Они были забиты самолетами. Но летчики имели приказ огня не открывать, вместо этого помахиванием крыльев принуждать вражеские самолеты к посадке. Это для немецких летчиков было неожиданностью. Они на такие действия отвечали помахиванием...

В незащищенном городе Бресте у самой границы оказались штаб советского корпуса, штаб укрепленного района, штабы двух стрелковых и одной танковой дивизий. И все это было накрыто одним ударом. Управление войсками в районе Бреста с первой минуты не осуществлялось никем. Это для немцев было полной неожиданностью.

Через три дня стремительного продвижения, которому никто фактически не препятствовал, на окружном полигоне в районе Барановичи германские войска захватили 480 новеньких, прямо с завода, 152-мм гаубиц-пушек МЛ-20 и по десять боекомплектов для каждого из этих орудий. В мае эти орудия для вновь формируемых артиллерийских полков Резерва Главного Командования вывезли на полигон, а личный состав еще не подоспел. Это было настоящее сокровище. Для германских артиллеристов — полнейшая неожиданность. Советские гаубицы-пушки МЛ-20 использовались германской артиллерией на всех фронтах до самого последнего дня войны.

И вот начальник Генерального штаба Жуков ответственность за все это безобразие списывает на командующего 4-й армией генерал-майора Коробкова.

Как будто Коробков, а не Жуков определял места дислокации дивизий и их штабов.

Как будто Коробков выбирал места строительства новых аэродромов.

Как будто Коробков имел право в мирное время двигать танковые дивизии к границам. Прямо под удар. Под разгром.

190

Как будто Коробков, а не Жуков выдвинул в приграничный район сотни тяжелых орудий для формируемых полков Резерва Главного Командования, но не озаботился обеспечить их расчетами и тягой.

Как будто Коробков, а не Жуков должен был ставить перед правительством вопрос о заблаговременном уничтожении не нужных в оборонительной войне мостов через пограничные реки.

Как будто Коробков, а не Жуков подписывал директивы: «Никаких других мероприятий без особого распоряжения не проводить».

Как будто Коробков, а не Жуков отдавал под трибунал всех, кто нарушал драконовские приказы не поддаваться на провокации, ответного огня не открывать, а вместо огня помахивать крылышками.

Глава 16
КТО И КАК ГОТОВИЛ ОБОРОНУ БРЕСТА?

> Основным недостатком окружного и армейского планов являлась их нереальность.
>
> Генерал-полковник *Л.М. Сандалов*.
> Первые дни войны. М., 1989. С. 31

1

Ведут туристов по Брестской крепости: посмотрите направо, посмотрите налево, это — цитадель, это — остров Пограничный, а это — Госпитальный...

Всё ясно, все понятно. Только вот...

На острове Пограничном в Тереспольском укреплении Брестской крепости на *западном* берегу Западного Буга находился 132-й отдельный батальон войск НКВД. В музее обороны крепости вам расскажут о специфике этого батальона. Он был конвойным. Любой справочник (например, «Великая Отечественная война. Энциклопедия». М., 1985. С. 110) эти сведения подтверждает. Расстояние от казарм 132-го отдельного конвойного батальона НКВД до государственной границы измерялось десятком шагов.

Я ничего не понимаю. Пусть хоть кто-нибудь мне объяснит, зачем тюремных вертухаев посадили к границе ближе, чем пограничников? Если готовились к внезапному сокрушительному удару по Германии, тогда все ясно. В случае нападения Красной Армии на Германию тут был бы развернут при-

емный и пересыльный пункт военнопленных и классово чуж
дого элемента. Крепостные рвы, казематы и бастионы — это
сооружения, по конструкции и по духу родственные тюремным и каторжным централам. Издревле крепости служили
тюрьмами. Так, построенная Петром Петропавловская крепость уже при нем служила тюрьмой. Но никакие боевые
свершения и подвиги в ее послужном списке не числятся.

Брестская крепость в качестве пересыльного лагеря вполне сгодилась бы. И транспортировка пленных из Бреста проблемы не представляла. Брест — ворота Советского Союза.
Отсюда могучая магистраль ведет прямо в Москву, а это самый крупный железнодорожный транспортный перекресток
мира. Другого столь мощного железнодорожного узла на этой
планете не сыскать. Из Бреста — на Москву, а дальше — куда
угодно, гони скотскими эшелонами хоть сто тысяч врагов,
хоть миллион. Рядом с пересыльным лагерем Брест можно
было бы устроить фильтрационные лагпункты. Два кольца
фортов вокруг крепости вполне для этого сгодились бы. Стены там глухие, непробиваемые. Пусть орут в пыточных каме-
рах, никто не услышит. Тут и расстрельные пункты можно
было бы организовать. Урочище Борки или Ведьмы Лисьи на
юг от Бреста просто природой созданы для такого дела. Можно, конечно, врагов расстреливать и подальше от границы.
Кстати, если отъехать на восток по этой магистрали, то именно рядом с ней мы найдем самые знаменитые (из известных)
расстрельные места Советского Союза: Куропаты под Минском, Катынь под Смоленском.

Но если нападение на Германию не готовилось, тогда назначение 132-го отдельного конвойного батальона НКВД, а
главное, его расположение — чистый идиотизм, если не вредительство.

2

Рядом с островом Пограничным — остров Госпитальный.
На этом острове находился центральный госпиталь Западного
особого военного округа. Как прикажете это понимать? Страна знала: граница — на замке. Каждый помнил: лучше от
границы подальше держаться — сталинские погранцы, как
вертухаи в лагере, стреляют без предупреждения. Но на Гос-

питальном острове Брестской крепости накануне войны логике и духу социализма вопреки происходило нечто невероятное. Прикинем: прямо в приграничной полосе, вдоль берега пограничной реки гуляют молодые мужики в госпитальных халатах, в белых тапочках. А если какой нырнет и уплывет прямо к врагам классовым? Кто же такое позволил? Кто допустил? И куда, простите, недремлющие органы смотрели?

Нам говорят, что нападение Германии было внезапным, т.е. войны в обозримом будущем советские вожди не ждали и уж сами, ясное дело, нападения не планировали и не замышляли. Просто жили мирной жизнью. Поверим. В мирное время лечение личного состава организовано по простой двухступенчатой схеме: санитарная часть полка (иногда дивизии) — окружной военный госпиталь. Солдат — молодой здоровый парень, никаких серьезных болезней у него быть не может. Потому солдата, как правило, лечат на месте. И только если требуется сложное лечение, например хирургическое вмешательство, тогда его отправляют в окружной военный госпиталь.

В мирное время в составе Западного особого военного округа были четыре армии: 3-я, 4-я, 10-я и 13-я. Помимо этого, четыре стрелковых, один воздушно-десантный, два механизированных корпуса, шесть укрепленных районов и несколько отдельных дивизий, бригад, полков и батальонов, которые в состав армий не входили, а напрямую подчинялись командующему округом. И вот представим ситуацию. В 100-й стрелковой дивизии, которая находилась в районе Минска, у рядового Иванова воспален аппендикс. Местный эскулап пишет направление: Иванова доставить в приграничную полосу для срочной операции...

До германского вторжения в окружной военный госпиталь на Госпитальный остров Брестской крепости возили бойцов и командиров из Витебска, Могилева, Смоленска за 400, 500, 600 километров, из глубокого тыла прямо к пограничным столбам.

Такое расположение центрального госпиталя Западного особого военного округа нам объясняют просто: так сложилось исторически... Да ничего подобного! До сентября 1939 года окружной военный госпиталь находился в Минске. А еще раньше — в Смоленске. После «освободительного похода» Брест стал советским, и сюда срочно перенесли окружной военный госпиталь. Зачем?

Когда я узнал об этом госпитале и его, мягко говоря, необычном расположении, то решил: видимо, товарищ Сталин после «освободительных походов» 1939—1940 годов либерализацию замыслил — пусть, мол, народ на заграничные просторы любуется, пусть граница будет прозрачной! Но не все так просто. Если дело пошло к смягчению нравов людоедского режима, зачем в той же крепости на соседнем острове батальон тюремных вертухаев держать?

И с военной точки зрения не все тут ладно. Вы где-нибудь когда-нибудь такое встречали, чтобы государство развернуло крупнейший военный госпиталь прямо на границе с соседней страной? Да не просто на границе, а на центральной магистрали, которая связывает две столицы! Прямо рядом с пограничными постами. Мыслимое ли дело: в мирное время армия Пакистана поставила бы крупный стационарный военный госпиталь в сотне метров от границы с Индией? И именно там, где границу пересекает дорога между двумя столицами. Или, допустим, появился сирийский военный госпиталь на границе дружественного Израиля. Да зачем же? Неужто им в Сирии земли мало?

Вот я и думаю: неужто товарищу Сталину земли в России не хватало, чтобы военные госпитали к пограничным столбам выносить?

Теперь представим ту же ситуацию, но уменьшим масштаб. Вообразите себя начальником штаба корпуса или общевойсковой армии. Возможность войны не исключена. Ваши дивизии готовятся к обороне. Каждая дивизия занимает полосу в 30 километров по фронту и 20 километров в глубину. И вот командир одной из этих дивизий решил дивизионный госпиталь расположить прямо на переднем крае, да не по центру боевого порядка, а на левом фланге, на самом краю.

Получается, что в оборонительном бою предстоит под огнем противника возить раненых вдоль фронта с правого фланга на левый. За 30 километров. Но если и довезем беднягу, то предстоит его лечить прямо на переднем крае. Опять же под огнем противника.

Вникните в ситуацию и, как начальник вышестоящего штаба, оцените действия ваших подчиненных...

Теперь вернемся к действительному масштабу.

Каждая дивизия имеет медико-санитарный батальон, каждая армия во время войны имеет госпитальную базу в составе нескольких эвакуационных и хирургических госпиталей. Кроме того, военный округ, который в случае войны превращается во фронт, имеет свою собственную госпитальную базу — до десятка и более госпиталей. Так вот: самый главный из всех этих госпиталей расположили в Брестской крепости, на самом левом фланге Западного фронта, в сотне метров от государственной границы. Западный фронт — это 470 километров с севера на юг, от границы Литвы до границы Украины. На самом левом фланге — центральный госпиталь Западного фронта. Если готовилась оборона, то выбор места для этого госпиталя — преступление. Как сюда возить раненых из соседних армий? За 200, 300, 400 километров вдоль фронта? Через разрывы снарядов? Под градом осколков? Но больные и раненые будут не только на переднем крае, но и в тылу. Например, пострадавшие от бомбежек. И что прикажете делать: возить раненых из глубокого тыла на передний край? Да и что толку людей с особо опасными ранениями везти в Брестскую крепость, если она с первых минут оборонительной войны в любом случае окажется под огнем противника?

3

Командующий Западным фронтом генерал армии Д.Г. Павлов, как нас учили, особыми умственными способностями не отличался. Не будем спорить. Но над Павловым была управа. Над ним стоял вышестоящий штаб. И это был не какой-нибудь, а Генеральный штаб Рабоче-Крестьянской Красной Армии. Во главе этого штаба — величайший полководец всех времен и народов генерал армии Жуков. Позвольте полюбопытствовать: куда смотрел Генеральный штаб? О чем думал его гениальный начальник?

Накануне войны и на первом ее этапе руководство тылом осуществляли общевойсковые штабы. «На начальников штабов возлагалась персональная ответственность за организацию и работу тыла по всестороннему обеспечению войск при ведении боевых действий. В составе Генерального штаба Красной Армии имелось Управление устройства тыла и снабжения... Под устройством тыла понималось назначение тыловых районов, размещение тыловых частей и учреждений, подготовка и использование путей сообщения» (Тыл Советских вооруженных сил в Великой Отечественной войне / Под общ. ред. генерала армии С.К. Куркоткина. М., 1977. С. 46).

Тыл Красной Армии включал службы снабжения и обеспечения: автобронетанковую, артиллерийскую, инженерную, противохимической защиты, связи, интендантскую (продовольственно-фуражную, вещевую и обозно-хозяйственную), горюче-смазочных материалов, санитарную, ветеринарную и финансовую.

За организацию и работу этих служб тыла несли ответственность начальники штабов батальонов, полков, бригад, дивизий, корпусов, армий, военных округов и фронтов. На самом верху пирамиду ответственности венчал начальник Генерального штаба. Инструкции и наставления того времени подчеркивали, что эта ответственность — *персональная*. За тыл Западного особого военного округа (во время войны — Западного фронта) нес персональную ответственность начальник штаба округа (фронта) генерал-майор В.Е. Климовских. Это он назначал районы для тыловых частей, подчиненных округу, в том числе и за расположение окружного военного госпиталя в Брестской крепости. А за весь тыл Красной Армии, в том числе и за тыл Западного особого военного округа, персонально отвечал начальник Генерального штаба генерал армии Жуков. Работа вышестоящего начальника заключается в том, чтобы работу подчиненных контролировать и направлять. И если подчиненные творят глупости, то старший обязан на промахи указать и потребовать устранения.

Высказываю мнение, и можете не соглашаться. Можете опровергать. Сдается мне, что перед войной центральный госпиталь будущего Западного фронта на берегу пограничной реки развернули только потому, что было решено границу слегка отодвинуть. Причем в обозримом будущем. Если готовилось нападение на Германию, то лучшего места для главного госпиталя Западного фронта не найти. Москва — Смоленск — Минск — Барановичи — Брест — Варшава — Берлин — это главное стратегическое направление войны. Это центральная ось. Это главная магистраль. По ней будет идти основной поток грузов в действующую армию. По ней же в обратном направлении —

поток пленных и раненых. Именно на этой магистрали, именно в Бресте на самой границе, на самом краешке советской земли и следовало ставить самый лучший госпиталь Западного фронта. За государственной границей вслед стремительно уходящим вперед войскам пойдут подвижные госпитали. А тут — стационарный. Развернутый уже в мирное время. Если нужна срочная и очень сложная операция, так чтоб не везти до Минска, Смоленска и Москвы...

Если же отрицать агрессивные намерения и замыслы командования Красной Армии, тогда не только генерал-майора Климовских, но и генерала армии Жукова следует считать кретинами и преступниками.

4

Еще вопрос: как случилось, что огромную крепость с внешним периметром в 45 километров окружили за несколько часов?

Перед самым крушением Советского Союза ответ на этот вопрос дал заместитель начальника Генерального штаба Вооруженных Сил СССР генерал армии М.А. Гареев: «На участке протяженностью 80—100 километров севернее и южнее Бреста вообще не было войск» (Мужество. 1991. № 5. С. 256).

Вот причина окружения. С одной стороны, «в Бресте скопилось огромное количество войск» (Л.М. Сандалов. На московском направлении. С. 58), с другой — правее и левее Бреста на десятки километров — никого. Дикое скопище в центре, а фланги открыты. При таком расположении советские войска в Бресте были просто подставлены под окружение и разгром.

Чем же эти войска занимались? Если справа и слева от города на сотню километров границу не защищал никто, то, может быть, войска в Бресте готовили оборону самого города и крепости?

Вовсе нет. «На оборону самой крепости по окружному плану предназначался лишь один стрелковый батальон с артдивизионом» (Там же. С. 52).

Стрелковый батальон 1941 года — 827 человек. Если, конечно, он полностью до последнего человека укомплектован. Советские же генералы и историки в погонах уверяли нас, что везде был ужасный некомплект.

Артиллерийский дивизион — 12 орудий и 220—296 человек в зависимости от типа орудий и тяги.

Если расставить один багальон и один артиллерийский дивизион по внешнему периметру Брестской крепости, то на каждом из 45 километров будет больше двадцати бойцов. Но это теоретически. На практике их будет меньше. Потому как не все в стрелковом батальоне — стрелки с винтовками. В стрелковом батальоне есть минометная рота и противотанковый взвод. Их надо держать ближе к командному пункту, чтобы в нужный момент развернуть в правильном направлении. И в артиллерийском дивизионе не все солдаты при пушках. И в батальоне, и в артиллерийском дивизионе есть и медики, и повара, и связисты, и старшины в ротах и батареях, и писари в штабе, кто-то в каптерке сидеть должен, сапоги считать, а кто-то должен обеспечивать личный состав денежным и табачным довольствием, кто-то снабжать патронами и снарядами, подвозить хлеб и кашу, кто-то должен ухаживать за лошадьми или обслуживать машины. Кто-то должен командовать, управлять огнем батарей, вести наблюдение, оценивать обстановку, принимать решения, отдавать приказы, следить за их неукоснительным выполнением. Разведка работать должна. И выходит, что в стрелковом батальоне чистой пехоты с винтовками и ручными пулеметами — 36 отделений по 12 человек в каждом. Если эти отделения полностью укомплектовать и если посадить их по внешнему периметру, то получается больше километра на отделение. Но тогда внутри крепости — в цитадели, в трех предмостных укреплениях, в бастионах и фортах — вообще не останется пехоты. И в резерве у командира батальона не останется ни взвода, ни отделения пехоты. Чем он дыры в обороне закрывать будет? И как бедному командиру батальона всем этим воинством управлять, если жидкая цепочка сидит по периметру? Гонцов на велосипеде посылать? Так ведь крепость вся реками, каналами и рвами изрезана. Вроде Венеции.

И 12 орудий на всех. Если вспомнить противотанковый взвод батальона, тогда орудий будет 14. Тоже по периметру расставить? Не густо получится. Или в кулак собрать? Выходит жиденький кулачок. И как прикажете управлять огнем? На все направления артиллерийских наблюдателей выслать? Так нет их столько в дивизионе.

Итак, великое скопище войск в огромной крепости и рядом с ней, но для обороны крепости выделено столько войск, что едва хватит для несения караульной службы. А всех остальных зачем сюда пригнали? Ради чего, если не ради обороны?

Может быть, остальные батальоны, полки и дивизии оборону не в крепости, но вокруг крепости готовили?

Опять же нет. «Окопы строились преимущественно в виде отдельных прямоугольных ячеек на одного-двух человек без ходов сообщения, без маскировки; противотанковые заграждения создавались только на отдельных участках в виде противотанковых рвов и надолб. Противопехотные заграждения не минировались. Командных и наблюдательных пунктов и убежищ имелось незначительное количество» (Л.М. Сандалов. Первые дни войны. С. 46).

Из этой цитаты мы узнаем две важные вещи.

Во-первых, минно-взрывные заграждения вообще не использовались. Ни противотанковые, ни противопехотные. Надолбы и рвы хороши против танков. Но только если позади них — окопы и траншеи. Да не пустые, а занятые войсками, которые своим огнем вражеских саперов к заграждениям не подпускают. Если же никто рвы и надолбы не охраняет и огнем не прикрывает, то нет от них прока. Подойдут вражеские саперы, не спеша установят заряды, взорвут надолбы или завалят стенки рва. Работы на десять минут. Или на пять. Еще проще: противник такие заграждения может обойти. Тем более что они не сплошные, а только на отдельных направлениях. Как уточняет генерал-полковник Сандалов, «количество заграждений было незначительным». Главное, такие заграждения видны противнику. И с земли, и с воздуха. Противник на них не полезет. А вот противотанковые мины не видны. Кроме того, они не только останавливают противника, но и убивают его и калечат. Вот картинка была бы: выползают танки Гудериана из реки и прямо на минное поле. Но не было противотанковых минных полей. Как и противопехотных. Можно было бы надолбы проволокой оплести и противопехотными минами начинить, чтоб вражеским саперам служба медом не казалась. Но этим тоже никто не занимался.

Во-вторых, в районе Бреста четыре советские стрелковые и одна танковая дивизии траншей не рыли. Стрелковые ячейки на одного-двух человек не были связаны между собой траншеями и ходами сообщения. А если так, то против сильного противника удержать такую «оборону» невозможно. Как снабжать стрелков патронами? Как их кормить? Как менять на время сна и отдыха? Как выносить раненых? Как перебросить резерв туда, где враг явно готовит прорыв? Как стрелками руководить? Как командиру отделения проверить, не спит ли боец в своем окопе? Ведет ли бой? А то ведь хитрый свернется клубочком на дне своей стрелковой ячейки, и пока остальные супостата отбивают, он, прохвост, головы из-за бруствера не высунет. Если окопы соединены траншеей, то нет проблем. Командир отделения прошел по траншее, поговорил с каждым, каждому задачу поставил, каждого проверил, каждого матом покрыл. По траншее и лекарь прибежит, и боец ящик патронов поднесет или термос с кашей. А как без траншей? Если траншеи нет, то командир отделения по полю вынужден бегать или ползать. Много не набегаешь. Убьют. И ползать долго не позволят. А взводному как отделениями управлять? А ротному — взводами?

Но и солдату не мед одному в такой ячейке сидеть. Маршал Советского Союза К.К. Рокоссовский в первые дни войны, когда был еще генерал-майором, поставил на себе эксперимент. Залез в одиночную стрелковую ячейку, которая не была связана траншеей с другими ячейками, и немного там посидел. Признается: жутко было. Сидишь и не знаешь, справа и слева от тебя есть кто-нибудь или уже нет никого. Может быть, соседи давно убиты. Или, не будь дураками, разбежались, а ты тут один фронт держишь...

О том, что такая «оборона» с одиночными и парными ячейками без траншей не могла продержаться несколько часов, да и не замышлялась на столь длительный период, можно судить по совсем простой детали...

Русская армия применяла траншеи со времен обороны Севастополя в 1854 году и во всех последующих войнах. Траншеи защищали солдата от пуль и осколков. В траншеях на позиции отделения и взвода создавалось все необходимое для жизни и работы людей: перекрытые щели, ниши для продовольствия и боеприпасов, укрытия, блиндажи, командно-наблюдательные пункты. Кроме всего прочего, полевая фортификация предписывает на позиции каждого отделения иметь тупиковое ответвление траншеи, которое официально называется «отхожий ровик». Теперь представим себе любую советскую дивизию на самой границе 22 июня 1941 года. Подавляющее число солдат принимают первый бой. При этом у людей возникают самые естественные надобности. Они, кстати, иногда и без боя возникают. Как отцы-командиры мыслили первые сражения? Если от Балтийского до Черного моря не было нигде траншей, следовательно, не было и тупиковых ответвлений. Где прикажете отправлять естественные надобности в оборонительной войне? Выскакивать бойцу из одиночной или парной стрелковой ячейки с этой целью или не выскакивать? Как перед войной Генеральный штаб замышлял решать эту проблему? И о чем, простите, думал его гениальный начальник?

Полбеды, если бы эти одиночные ячейки были заняты стрелками. Обошлись бы без отхожих ровиков. Так ведь нет же. Дивизии располагались в местах постоянной дислокации — в военных городках. И что прикажете делать, если завтра война? Поднять дивизии по тревоге и гнать их бегом на 20, 30, 50 километров к своим одиночным и парным стрелковым ячейкам? Под минометным обстрелом?

Если бы дивизии далеко от границы находились. Хотя бы в десяти километрах. Или в двадцати. Но они у самых границ. Они под огнем с первого момента войны. Возможности занять свои жалкие одиночные и парные ячейки у них не было никакой.

Наши гениальные стратеги явно рассчитывали не на огонь батарей, не на траншеи, не на ряды колючей проволоки и не на минные поля, а на массовый героизм.

После войны Жуков валил вину на нашего несгибаемого солдата: войска были неустойчивы! войска впадали в панику!

Защитникам жуковской мудрости на память: необстрелянные войска впадают в панику только в чистом поле под внезапным ударом. Если войска находятся в траншеях, то по чисто психологическим причинам они не бегут, а стойко обороняют свои позиции. Ибо в траншее человек чувствует себя в большей безопасности, чем на открытом пространстве. Ползущий на тебя танк с пушкой, наведенной прямо в душу, воспринимается из траншеи совсем не так, как в чистом поле. Даже грохот боя в траншее воспринимается иначе: и пули не

202

так страшно свистят, и осколки визжат дружелюбнее. Если внезапный удар застал необстрелянного солдата в чистом поле, то для него спасение бегством — один из вариантов. Если же внезапный удар застал его в заблаговременно отрытых полевых укреплениях, то для того, чтобы убежать, солдату надо из безопасной траншеи выскочить на открытое пространство под огонь, под снаряды, мины, бомбы, осколки и пули. Под танковые гусеницы. Бежать для него — худший вариант, чем сидеть в окопе. Если же основная масса не рванула с позиций, то скоро кто-то начнет стрелять по противнику. За ним — и остальные.

И когда Жуков уличал доблестные дивизии Красной Армии и обвинял их в трусости и неустойчивости, надо было спросить, а что сделал начальник Генерального штаба для того, чтобы войска не впадали в панику? Что он предпринял для того, чтобы гарантированно обеспечить устойчивость войск в первых оборонительных сражениях?

5

Был в районе Бреста еще и укрепленный район. В стадии строительства. Он имел первую позицию и вторую. «Первая позиция строилась по восточному берегу реки Западный Буг и воспроизводила начертание его русла. В июне 1941 года велось строительство сооружений только на первой позиции укрепрайона. В глубине этого района строительство сооружений еще не начиналось. Полоса предполья, вследствие того, что сооружения строились по берегу реки, не создавалась» (Л.М. Сандалов. Первые дни войны. С. 45). «Строительство долговременных сооружений и работы по полевому усилению укрепленных районов на многих участках проводились непосредственно вдоль границ на виду у немецких пограничных застав. Бетонированные точки и дзоты первой позиции просматривались с немецких наблюдательных пунктов» (Там же. С. 12).

Дальше можно цитату не продолжать. И не надо буйного воображения, чтобы представить, что случилось ранним утром 22 июня 1941 года.

Противник знал, где именно строятся ДОТы, знал точн расположение каждого из них, знал секторы обстрела каждой амбразуры. Перед ДОТами не было полосы предполья: ни колючей проволоки, ни минных полей. ДОТы вдобавок ко всему не были заняты войсками. Не надо быть гениальным стратегом, чтобы сообразить: в случае внезапного нападения противник на лодках переправится через реку и захватит ДОТы до того, как советские солдаты проснутся по тревоге и успеют до них добежать. От казарм путь неблизкий. Иногда и до десятка километров.

Гудериан вспоминает «Береговые укрепления вдоль реки Буг не были заняты русскими войсками».

На других направлениях — как под Брестом. «ДОТы перед Граево оказались без личного состава и были захвачены вражескими диверсантами» (Р.С. Иринархов. Западный особый. С. 183).

Весьма важно, что в укрепленных районах не было полевого усиления, т.е. не было обыкновенной пехоты, которая сидит в окопах и траншеях между ДОТами, впереди и позади них. ДОТ — это страшный крокодил. Но если сесть крокодилу на спину, то он не укусит. ДОТ имеет мертвые пространства, которые не простреливаются из его амбразур. Потому ДОТы строятся группой. Мертвые пространства одного перекрываются секторами обстрела другого и третьего. Если же один ДОТ занят гарнизоном, а соседние пустуют или вообще не готовы, то мы рискуем очутиться в ситуации крокодила, на спине которого сидит дядя с топором. Если ДОТ один, то вражеские саперы могут подойти с непростреливаемого направления, установить на крыше обыкновенные или направленного действия заряды либо дымовыми шашками вентиляцию забить. Саперы вообще на выдумки горазды, на многие хитрости способны. Положение могут спасти бойцы из полевого усиления. Они отобьют вражеских саперов. Но если одиночный ДОТ без кругового обстрела (а таких подавляющее большинство) не защищен огнем соседних ДОТов или не прикрыт действиями хотя бы одного отделения стрелков, которые действуют в окопах и траншеях вокруг него, тогда гарнизону ДОТа лучше выйти наружу. По крайней мере все вокруг видно, во все стороны стрелять можно. Пример для наглядности: «К югу от крепости, у деревень Митьки и Бернады, оборонялась 2-я рота лейтенанта И.М. Борисова. Сплошной линии обороны здесь не было, ДОТы стояли поодиночке и были недостроены. После нескольких часов боя они были блокированы гитлеровцами и подорваны вместе с гарнизонами» (Там же. С. 192).

6

«В полосе 4-й армии срок занятия Брестского укрепленного района был определен округом для одной стрелковой дивизии 30 часов, для другой — 9 часов» (Л.М. Сандалов. Первые дни войны. С. 12). План простой и понятный: если немцы внезапно нападут в 4 часа утра, то одна советская дивизия займет оборону вокруг ДОТов, которые стоят прямо вдоль берега пограничной реки, к 13 часам, а другая дивизия — через сутки, к 10 утра следующего дня. К этому генерал-полковник Сандалов добавляет, что «на учебных тревогах выяснилось, что эти сроки являются заниженными». Иными словами, сроки нереальные. В такие фантастически короткие сроки дивизии просто не успевали занять оборону в укрепленном районе. Коль так, следовало гарнизоны ДОТов и полевые войска держать не в казармах, а в поле, там, где предстоит воевать.

Вот рассказ об одной только роте Брестского укрепленного района. «Почти весь апрель 1941 года личный состав находился неотлучно в ДОТах. Но в начале мая поступил приказ, и гарнизоны были выведены из ДОТов. Бойцов поселили в казармах, продовольствие, боеприпасы возвратили на ротный склад. Таким образом, к началу войны в огневых точках не было ни продовольствия, ни боеприпасов, кроме нескольких ящиков патронов в ДОТе караульного взвода. С момента нападения гитлеровцев ДОТы занимались под огнем. Из 18 бойцов ДОТа Шанькова в ДОТ пробралось только 5 человек. За снарядами и патронами приходилось пробираться на ротный склад, но вскоре он взлетел на воздух от попадания снаряда» (Р.С. Иринархов. Западный особый. С. 192).

Коммунистические пропагандисты десятилетиями рассказывали истории о том, что советские фортификационные сооружения были слабыми, плохо вооружены, имели плохую оптику, в основном были пулеметными, а пушечных было мало. Это не так. И есть достаточно свидетельств, опровергающих выдумки всех мастей Тельпуховских и Дебориных. Огромную исследовательскую работу непосредственно на местности, в частности в Укрепленном районе № 1 (Киевском), провел украинский историк Александр Кузяк. Настоятельно рекомендую ознакомиться с его статьями в украинском журнале «Сержант» № 13—15 за 2000 год и в польском альманахе «Forteca». Каждый желающий может сам заняться научным поиском в Коростеньском, Новоград-Волынском, Шепетовском, Минском и десятках других брошенных советских укрепленных районах и убедиться лично в лживости официальных кремлевско-лубянских сказочников. Но вернемся в Брестский УР: «Многие ДОТы имели по одному или несколько орудий, спаренных с пулеметами. Орудия действовали полуавтоматически. Боевые сооружения оснащались очень хорошей оптикой» (Р.С. Иринархов. Западный особый. С. 231).

Не в том беда, что ДОТы были непрочными или слабо вооруженными, а в том, что гарнизоны не успели их занять. Вот пример из обороны УР № 6 (Рава-Русского) соседнего Юго-Западного фронта. Двухэтажный ДОТ «Медведь». В двух орудийных амбразурах — 76-мм пушки со спаренными пулеметами, кроме того, две пулеметные амбразуры со станковыми пулеметами. 22 июня 1941 года в этом ДОТе на два орудия и четыре пулемета было три человека. «Каждый ДОТ... являлся неприступным бастионом на пути врага... В ДОТе «Медведь», кроме него, Соловьева, было всего два бойца — Павлов и Карачинцев. Соловьев встал у одного орудия, Павлова он поставил к другому, находившемуся слева, Карачинцеву приказал в случае необходимости вести огонь поочередно из двух пулеметов» (Год 1941. Юго-Западный фронт. Львов, 1975. С. 67—69). Прикинем: один человек у орудия. Мастер на все руки: он же и командир, и наводчик, и заряжающий, и замковый, и подносчик боеприпасов. И у другого орудия — та же картина. А пулеметчик от одного пулемета к другому бегает. Круговое наблюдение не ведет никто: в перископы («очень хорошая оптика») некому смотреть. Огонь орудий и пулеметов никто не координирует. И связь с соседними ДОТами никто не поддерживает. Опять же — некому. И стрелками из полевого усиления никто не командует. Впрочем, стрелков полевого усиления и в помине нет.

Представим, что в этом ДОТе не два подземных этажа, а четыре, не два орудия, а пять, не четыре пулемета, а десять. От этого вам легче будет, если вместо положенных по штату десятков людей в ДОТе три бойца? Если вместо взвода полевого усиления вокруг ДОТа в траншеях ни души? Если и траншей рядом нет?

И по всей границе — то же самое. Рассказывает полковник Д.А. Морозов, который встретил войну совсем на другом направлении: «Мощные сооружения не были заняты своевременно советскими войсками и не оправдали тех надежд, которые возлагало на них командование. В первые часы войны укрепления очутились в тылу у противника. А наша дивизия, как и некоторые другие, осталась без саперного батальона» (О них не упоминалось в сводках. М., 1965. С. 9).

И вот красная пропаганда рассказывает душещипательные истории про одну винтовку на троих, а платные друзья за рубежами эти истории со смаком повторяют. До «одной винтовки на троих» мы еще дойдем. Но если дело действительно так обстояло, то следовало тех, кто без винтовок, ставить пулеметчиками в ДОТы, заряжающими и замковыми к орудиям, направить их к перископам и телефонам.

Не в нехватке оружия дело, а в гениальном планировании некоего почти святого начальника Генерального штаба, у которого на приграничных аэродромах на каждого летчика приходилось по два самолета, а во внутренних военных округах оказалось больше СТА ТЫСЯЧ безлошадных пилотов.

Приказ вывести гарнизоны из ДОТов и возвратить все запасы на склады был отдан Жуковым 2 мая 1941 года. Не в одной роте ДОТы оказались без личного состава, без снарядов, патронов и продовольствия, а часто и без людей, но во всех. От Балтики до устья Дуная.

Одним словом, Брестский укрепленный район себя ничем не проявил, врага не остановил и не задержал, вреда ему не причинил. Средства, угробленные на его строительство, не просто зря пропали. Они пошли на пользу Гитлеру, во вред Красной Армии и Советскому Союзу. Если бы укрепленный район у границы не строили, то хотя бы строители со всей техникой, а также сотни саперных батальонов в первый момент войны в плен не попали бы.

Брестский укрепленный район не один. По всей линии границы случилось то же самое. И попали в лапы германских передовых отрядов тысячи строителей высокой квалификации, строительная техника, сотни тысяч тонн строительных материалов, вооружение и оптика ДОТов, боеприпасы и все остальное, что было необходимо для обороны, но хранилось не в железобетонных ДОТах, а в деревянных складах или просто за колючей проволокой под открытым небом в стороне от узлов сопротивления укрепленных районов.

Главное в том, что в оборонительной войне Брестский и все другие укрепленные районы на западной границе Советского Союза были обречены именно на такую судьбу.

А позади Брестского и других укрепленных районов никаких подготовленных оборонительных рубежей не имели ни 4-я армия и никакая другая. Во всех остальных армиях Первого стратегического эшелона все обстояло точно так же.

7

«К вечеру 22 июня немецкие танковые соединения, продвинувшись от границы на 50—60 километров, захватили Кобрин. Здесь, как и на правом фланге фронта, в связи с отсутствием на тыловых оборонительных рубежах заблаговременно развернутых резервов создалась реальная угроза глубокого прорыва неприятельских войск и охвата ими левого фланга главных сил Западного фронта» (История Великой Отечественной войны Советского Союза. М., 1961. Т. 2. С. 20).

Так писали официальную историю для толпы. В те же годы наши маршалы и многозвездные генералы писали другую, секретную историю для ограниченного круга. Генералы и маршалы в секретных книгах тоже экономили на правде, но деталей сообщали больше. Некоторые из генеральских книг были рассекречены через полвека после начала войны. Итак, официально, для народа: «в связи с отсутствием на тыловых оборонительных рубежах заблаговременно развернутых резервов». А для ограниченного круга сообщалось, что не только резервов не было на тыловых оборонительных рубежах, но не было и тыловых оборонительных рубежей (Л.М. Сандалов. Боевые действия войск 4-й армии Западного фронта в начальный период Великой Отечественной войны. М., 1961. С. 106). Генерал-лейтенант В.Ф. Зотов воевал на соседнем фронте: «Минно-взрывных заграждений не было. Противопехотные проволочные заграждения были построены, но их тоже явно не хватало. Строительство тыловых рубежей по плану, к сожалению, не намечалось» (На Северо-Западном фронте (1941—1943). Сб. статей участников боевых действий / Под ред. П.А. Жилина. М., 1969. С. 175).

Официальная история войны подробностей не сообщала. Нам скороговоркой сказали, что к вечеру 22 июня был захвачен Кобрин, и галопом понеслись дальше. Подумаешь, Кобрин.

А мы задержимся.

В Кобрине находился штаб 4-й армии. Этой армией, как и всеми остальными армиями Первого стратегического эшелона, никто не управлял с самого первого момента войны просто потому, что оборонительная война не замышлялась, не планировалась, не предусматривалась. Падение Кобрина означало захват противником штаба, командного пункта и узла связи 4-й армии. А это, в свою очередь, значило, что вечером 22 июня управление 4-й армией было потеряно полностью и окончательно.

Там же, в Кобрине, находился штаб 14-го механизированного корпуса. Штаб 4-й армии не управлял своими корпусами, но и оба корпуса не управляли своими дивизиями: штаб 28-го стрелкового корпуса был разгромлен ранним утром 22 июня в Бресте, штаб 14-го механизированного корпуса — во второй половине того же дня в Кобрине.

Говорят, что 4-я армия Западного фронта имела мало самолетов. Святая правда. Однако все познается в сравнении. Одна только 4-я армия в районе Бреста имела самолетов больше, чем их было во внезапном японском ударе по Пёрл-Харбору. Авиация 4-й армии — это 10-я смешанная авиационная дивизия. Штаб — все в том же Кобрине. Там же, в Кобрине, — основной аэродром дивизии и 123-й истребительный авиационный полк.

Ранним утром германская авиация накрыла все аэродромы 10-й смешанной авиационной дивизии. В первые часы войны был захвачен аэродром Высокое со всеми запасами. К концу дня разгромлен штаб авиационной дивизии и захвачен аэродром Кобрин. С этого момента никто авиацией 4-й армии не руководил, никто ею не управлял.

Там же, в Кобрине, находился штаб бригадного района ПВО. После его разгрома и захвата служба воздушного наблюдения, оповещения и связи перестала действовать. Больше никто не предупреждал войска 4-й армии о приближении вражеских самолетов, не управлял зенитным огнем и не координировал его с действиями истребительной авиации.

Там же, в Кобрине, находились армейские госпитали. И они тоже были захвачены противником. Правда, интересно: армейские госпитали — в 50—60 км от границы, а центральный фронтовой госпиталь, т.е. госпиталь более высокой инстанции, — на самой границе, в Брестской крепости. Как такое объяснить? Очень просто: армейский тыл — подвижный. Госпиталям и всем остальным частям и учреждениям армейского тыла предстояло двигаться вперед. Не велика разница: они в ходе наступления пройдут по вражьей земле 500 километров с самой границы или 560, начав передвижение из глубины советской территории. А «фронтовой тыл предполагалось иметь стабильный со стационарными складами, базами, медицинскими, ремонтными и другими частями и учреждениями» (Генерал-полковник Г.П. Пастуховский. ВИЖ. 1988. № 6. С. 19). Оттого что госпиталь высшей инстанции в первой наступательной операции предполагалось оставить на своем месте, его заблаговременно выдвинули ближе к границе, чтобы он не оказался уж слишком далеко от района боев.

Там же, в Кобрине, были огромные запасы боеприпасов, горючего, продовольствия, инженерного имущества и пр. Проще говоря, к вечеру 22 июня 4-я армия была разбита и Брестское направление полностью оголено. Часть войск 4-й армии была блокирована в Брестской крепости.

8

Вот еще загадка. Через 30 лет после войны в Брестской крепости открыли мемориальный комплекс. Многие восхищались. А я ничего не понимал. Самый для меня необъяснимый монумент — «Жажда». Циклопических размеров железобетонный солдат тянется к речной воде... Да почему же жажда? Кругом вода. Крепость на островах. Крепость построена в месте, где река Мухавец впадает в Западный Буг. Протоки, каналы, заполненные водой рвы и канавы — это один из основных элементов обороны крепости. Крепость тут была и раньше. Старую снесли, новую построили. За тысячу лет до германского вторжения это место выбрано для крепости именно потому, что оно труднодоступно, ибо окружено водой. И вся прилегающая местность низменная, местами болотистая. Грунтовые воды близко. Кто же и как готовил Брестскую крепость к обороне? В каждом полку — саперная рота. А полков в Бресте, как мы видели, в избытке. В каждой дивизии, помимо этого, саперный батальон. И у командира корпуса — еще один саперный батальон. Кроме того, в самой крепости 33-й инженерный полк.

Неужели перед войной никто не удосужился всей этой массе саперов поставить задачу отрыть колодцы в крепости? Вода-то рядом. Чай, не в пустыне.

У этой загадки тоже есть разгадка. Причем предельно простая. Как мы уже знаем, 24 июня был создан штаб обороны крепости и состоялось первое совещание: капитан Зубачев, полковой комиссар Фомин и старший лейтенант Семенков. «Было принято решение — прорываться из крепости с боем» (Р.С. Иринархов. Западный особый. С. 231). Зачем же прорываться? У вас же крепость! Неужто в чистом поле лучше, чем в крепости?

Когда-то очень давно, когда мне было десять лет, осенью 1957 года по вечерам я слушал радиопередачу «Рассказы о героизме». Ее вел писатель Сергей Смирнов. Он рассказывал о Брестской крепости. Передачу вел мастерски, дух захватывало. Не я один слушал. Вся страна со мной. Телевидения тогда у широких народных масс не было, а выступления Смирнова были действительно интересными. Но одна фраза меня поразила. Именно эта: *24 июня был создан штаб обороны крепости, было принято решение на прорыв...* Как же так? Если создан штаб обороны, то он должен принимать решение на оборону. Если же штаб на своем самом первом совещании принимает решение бросить крепость, то это не штаб обороны. Этот штаб надо называть как-то иначе.

Между тем и в музее обороны Брестской крепости, во множестве статей и книг повторено тысячекратно: так называемый штаб обороны крепости первым делом принял решение вырваться из нее. Проще говоря, *штаб обороны создавался не для обороны и о ней не думал.*

Возможно, был создан какой-то штаб. Но в ранг штаба обороны его задним числом возвел писатель Сергей Смирнов.

Можно смеяться, можно плакать, но факт остается: решение об обороне крепости никто не принимал ни до войны, ни после того, как война началась.

Было только решение на прорыв, но из крепости не вырвешься. Крепко ее устроили военные инженеры Николая Первого.

Германская 45-я пехотная дивизия окружила Брестскую крепость, поставила заслоны на выходах и долбила по отдельным казематам цитадели из мортир. А Брестская крепость молчала. Несмотря на огромное качественное и количественное превосходство советской артиллерии, она так и не подала голоса.

«Героическая оборона» Брестской крепости — это не следствие выдающегося планирования или целенаправленной подготовки. Вовсе нет. «Большое количество личного состава частей 6-й и 42-й стрелковых дивизий осталось в крепости не потому, что они имели задачу оборонять крепость, а потому, что не могли из нее выйти» (ВИЖ. 1988. № 12. С. 21).

«Основные силы этих дивизий, запертые шквальным огнем противника в крепости, не смогли выйти из нее, они оказались в огненном мешке» (Р.С. Иринархов. Западный особый. С. 219).

Непробиваемые бастионы и форты Брестской крепости возводили для того, чтобы сдержать напор противника. И вот эти стены, валы и рвы стали для советских дивизий мышеловкой.

Выдающиеся русские инженеры, которые строили крепость, конечно же, предусмотрели достаточное количество колодцев. Колодцы были, и они там есть до сих пор. Каждый в этом может сам убедиться, побывав в цитадели. Дело в том, что крепость была рассчитана на централизованное сопротивление. Вот тогда воды всем бы хватило. Но германская пехота уже 22 июня господствовала не только на фортах и всех трех предмостных укреплениях — она прорвалась и в цитадель. Большие и малые группы советских бойцов и командиров были изолированы в разных частях крепости. Единой централизованной обороны не было. Были отдельные очаги сопротивления. Там, где была вода и патроны, люди держались долго. Но не всем повезло. Какая-то группа оказалась запертой в подвалах со снарядами. Но зачем они нужны, если пушки уничтожены на открытых площадках? Другая группа отбивалась в казематах, превращенных в вещевой склад. Тысячи пар сапог и шинелей, только патронов нет. Кому-то повезло попасть в продовольственный склад. Ешь сколько хочешь. Только воды нет. Воду на складе не хранили. Колодец мог быть в соседнем каземате. За стеной. Но стены-то непробиваемые. Вот отсюда и жажда.

И не могли великие инженеры, которые возводили жемчужину фортификационного искусства, предположить, что оборона первоклассной крепости с первых минут войны рассыплется на отдельные очаги. Не могли царские инженеры предвидеть, что враг способен прорваться в цитадель в самый первый день. Такого позора никто из них не мог даже вообразить.

9

Вопрос остается: если полки, дивизии и корпуса 4-й армии (как и всех остальных советских армий) подготовкой к отражению агрессии не занимались, то что же они тогда делали?

Ответ не надо долго искать.

«Осенью 1940 года... в округе началась полоса полевых командирских и штабных занятий и войсковых учений. Показ, как проводить учения с войсками, был организован в основных округах лично наркомом обороны Маршалом Советского Союза С.К. Тимошенко, и в основу его был положен опыт советско-финляндской войны. У нас в 4-й армии такое занятие по теме «Наступление стрелкового полка» состоялось на артиллерийском полигоне под Брестом. Вспоминаю, каким непривычным показалось нам пустынное поле, на котором через несколько минут должны были начаться тактические учения. Но вот эти минуты истекли, и грянула артиллерия. Под ее прикрытием к проволочным заграждениям и минным полям (мины были установлены учебные) ползком подобрались саперы и стали проделывать проходы. Потом из глубоких окопов поднялась пехота и, прижимаясь к разрывам снарядов, ринулась в атаку. Вместе с пехотой шли танки и тоже вели огонь боевыми снарядами.

Подводя итоги этого учения, С.К. Тимошенко многократно подчеркивал:

— Надо учить войска действовать как на войне и только тому, что будет нужно на войне» (Л.М. Сандалов. На московском направлении. С. 55).

«Все предвоенные учения по своим замыслам и выполнению ориентировали войска главным образом на осуществление прорыва укрепленных позиций» (Л.М. Сандалов. Первые дни войны. С. 39).

«Командно-штабные учения и выходы в поле в течение всего зимнего периода и весны 1941 года проводились исключительно на наступательные темы...» (Там же).

Иногда разнообразия ради темой учений и военных игр было не наступление, а контрнаступление. Враг, мол, напал, а мы наносим ответный удар. Если так, то, прежде чем наносить ответный удар, следует отразить удар противника. Но именно это всегда и оставалось за кадром: «Осенью 1940 года по разработке и под руководством Генерального штаба в Белоруссии проводилась большая штабная военная игра на местности со средствами связи... Эта военная игра имела крупный недостаток. Основное внимание на ней обращалось не на организацию отражения наступления противника, а на проведение контрнаступления...» (Там же. С. 41).

И тут тоже все понятно и объяснимо. Войска учили ведению «контрнаступления» на опыте Зимней войны в Финляндии: подлые финны напали, а мы отразили их вторжение, после этого нанесли ответный удар... Советские маршалы и генералы планировали точно такую же «оборонительную» войну и против Германии. «Отражение нападения» — это листочек между мраморных ног. Древние греки думали, что если приладить листочек, то никто и не догадается, что там под ним спрятано. Так и советские стратеги иногда листочком прикрывали цель своих учений. Однако быстро возвращались к отработке чисто наступательных тем. «В марте—апреле 1941 года штаб 4-й армии участвовал в окружной оперативной игре на картах в Минске. Прорабатывалась фронтовая наступательная операция с территории Западной Белоруссии в направлении Белосток — Варшава» (Там же).

«В конце мая проводилась армейская полевая поездка, закончившаяся игрой на картах. Проигрывалась наступательная операция...» (Там же).

«21 июня 1941 года закончилось проводимое штабом армии двустороннее командно-штабное учение на тему "Наступление стрелкового корпуса с преодолением речной преграды"» (Там же). Штаб 28-го стрелкового корпуса, как мы помним, находился в Бресте на самом берегу Западного Буга. Тут же — обе его дивизии и оба корпусных артиллерийских полка. Попробуем догадаться, с какой целью отрабатывалась такая тема.

После смерти Сталина советским генералам средней руки (до генерал-полковника включительно, но не выше) приказали писать объяснения своих действий летом 1941 года. Генерал-полковник В.С. Попов, бывший командир 28-го стрелкового корпуса 4-й армии, в своем объяснении от 10 марта 1953 года написал: «План обороны государственной границы до меня, как командира 28-го стрелкового корпуса, доведен не был» (ВИЖ. 1989. № 3. С. 65). Итак, 28-й стрелковый корпус, который находился прямо на берегу пограничной реки, отрабатывает тему «Наступление стрелкового корпуса с преодолением речной преграды», но никто в этом корпусе, начиная с командира, с планами обороны государственной границы не был знаком, в глаза таких планов не видел.

«На последнюю неделю июня штаб округа подготовил игру со штабом 4-й армии тоже на наступательную тему» (Л.М. Сандалов. Первые дни войны. С. 40—41).

«На артиллерийском полигоне армии, расположенном южнее Бреста, штаб армии наметил провести утром 22 июня в присутствии представителей округа запланированные округом опытно-показательные учения на тему "Преодоление второй полосы укрепленного района"» (Там же. С. 57). На эти учения должны были прибыть представители Народного комиссариата обороны.

Не надо пояснять, что на нашей территории нет и быть не может укрепленных районов противника. Они только по ту сторону реки.

Как видим, учения в 4-й армии шли непрерывной чередой, наползая друг на друга. Они шли днями и ночами. Осенью, зимой, весной, летом. В будни и праздники. Это были учения полкового, дивизионного, корпусного, армейского, фронтового уровней. В Генеральном штабе Красной Армии готовились тоже только к прорыву обороны, форсированию водных преград, штурму укрепленных районов, выброске воздушных десантов, стремительному продвижению в глубокий тыл противника. И к этому Красная Армия была вполне подготовлена.

А оборону не отрабатывали ни на каких уровнях

Глава 17
ВО ВСЕМ ВИНОВАТ ВОЕНТОРГ

> Георгий Константинович Жуков обладал редким даром предвидения. Он умел предвидеть и предсказывать события в реальном, естественном развитии.
>
> «Наш современник». 1993. № 5. С. 11

1

21 июня 1941 года Сталин утвердил решение о создании фронтов: Северного, Северо-Западного, Западного, Юго-Западного и Южного. Пять фронтов вместе с тремя флотами составили Первый стратегический эшелон Красной Армии.

Центром стратегического построения был Западный фронт. После раздела Польши осенью 1939 года граница между Германией и Советским Союзом стала волнистой. «Волны» получились достаточно крутыми. В Западной Белоруссии в районе Белостока граница изгибалась крутой дугой в сторону Германии. Белостокский выступ глубоко врезался в оккупированную Германией территорию. Вот именно в этом выступе и были сосредоточены главные силы Западного фронта.

Белостокский выступ — это советский клин, глубоко вбитый в тело покоренной Гитлером Польши. На острие клина находилась сверхмощная 10-я армия Западного фронта. Армией командовал генерал-майор К.Д. Голубев. Ничего равного этой армии в то время не было ни у Гитлера, ни у Рузвельта, ни у Черчилля, ни у японского императора.

В составе 10-й армии было пять корпусов: два механизированных (6-й и 13-й), один кавалерийский (6-й) и два стрелковых (1-й и 5-й). Кроме того, в составе 10-й армии — 66-й укрепленный район, 155-я стрелковая и 9-я смешанная авиационная дивизии. Общее количество дивизий в 10-й армии: танковых — 4, моторизованных — 2, стрелковых — 6, кавалерийских — 2, авиационных — 1, укрепленный район — 1.

О мощи 10-й армии можно судить по таким деталям. В 9-й авиационной дивизии было 435 одних только истребителей. Устаревших, говорят коммунисты. Вовсе нет.

41-й истребительно-авиационный полк (иап) этой дивизии имел 100 МиГ-3 и 19 И-15бис.

124-й иап — 78 МиГ-3 и 29 И-16.

126-й иап — 68 МиГ-3 и 23 И-16.

129-й иап — 57 МиГ-3 и 61 И-16.

Командовал 9-й авиационной дивизией опытный ас, Герой Советского Союза генерал-майор авиации А.С. Черных. Геройское звание получил в Испании.

После разгрома 22 июня в ходе всей войны ни одна авиационная дивизия не имела такого количества самолетов. Редко какой авиационный корпус таким количеством мог похвалиться. Бывало, что и воздушная армия столько не имела.

Не следует сбрасывать со счета 6-й кавалерийский корпус 10-й армии. В его составе, кроме всего прочего, было 112 танков. Советская кавалерия 1941 года была не гусарского типа, а драгунского. Это не рубаки с саблями, а посаженная на лошадей пехота: двигаться — на лошадях, бой вести — в пеших боевых порядках. В отличие от пехоты кавалерия такого типа обладала огромной огневой мощью, ибо была насыщена и даже перенасыщена пулеметами и могла иметь с собой гораздо больший запас боеприпасов. По скорости передвижения в маневренной войне кавалерия резко превосходила пехоту, а по проходимости — танковые войска. В случае внезапного советского нападения кавалерия представляла собой грозную силу. Действуя вслед за массами танков, нанося удары на открытых незащищенных флангах, двигаясь по труднопроходимой местности вне дорог, в лесах, на болотистой местности, кавалерия могла пройти там, где не могли пройти танки. И сделать это она могла гораздо быстрее пехоты.

Кстати, на той стороне, в танковой группе Гудериана, была одна кавалерийская дивизия. Танков в ее составе, правда, не было, однако, действуя даже без танков, на той же местности она показала себя лучшим образом. Германское командование, изучая опыт действий своей единственной кавалерийской дивизии, пришло к заключению о недооценке роли кавалерии в современной войне и приняло решение о срочном формировании кавалерийских дивизий в Вермахте и войсках СС.

На советской стороне в составе 10-й армии находилась не дивизия, а кавалерийский корпус с танками.

Огромную силу представляли оба полностью укомплектованных стрелковых корпуса 10-й армии. Общее количество полков в 1-м стрелковом корпусе — 6 стрелковых и 6 артиллерийских. В 5-м стрелковом корпусе — 9 стрелковых и 8 артиллерийских. По существу, эти корпуса были не стрелковыми, а стрелково-артиллерийскими.

Краса и гордость 10-й армии — 6-й механизированный корпус. В его составе — 1021 танк, 229 бронеавтомобилей, в том числе 127 тяжелых пушечных БА-10, 163 миномета, 76 гаубиц калибром 122—152 мм, 24 полевых, 36 противотанковых и 36 зенитных пушек (ВИЖ. 1989. № 4. С. 25). В общем количестве танков — 114 КВ и 238 Т-34. Тяжелые пушечные бронеавтомобили БА-10 могли успешно бороться с любыми германскими танками того времени. Их пушки пробивали в лоб любой вражеский танк. Ни одного механизированного корпуса такой мощи не имел никто в мире ни в начале, ни в ходе, ни в конце Второй мировой войны.

У Гитлера для нападения на Советский Союз все бронетанковые войска были сведены в четыре танковые группы, по нескольку корпусов в каждой группе. Но ни одна из германских танковых групп не могла сравниться с 6-м механизированным корпусом 10-й армии. 352 новейших танка КВ и Т-34 в составе 6-го мехкорпуса делали его не только сильнее любой из четырех германских танковых групп, но и сильнее всех германских бронетанковых войск, вместе взятых. И даже не так: 6-й мехкорпус 10-й армии по своей мощи превосходил все танковые войска всех стран мира, вместе взятых.

Кстати сказать, в 1945 году основной ударной силой Красной Армии на Дальнем Востоке была 6-я гвардейская танковая армия. Танков в ней было меньше, чем в 6-м мехкорпусе в 1941 году, — 1019. Этого количества хватило для нанесения сокрушительного удара по японским войскам в Маньчжурии. Разгром японских войск в 1945 году — самая блистательная, самая стремительная, самая рискованная и самая красивая операция в истории военного искусства, — рывок от советской границы к океану на 1100 км за 11 дней через безводную пустыню, непроходимый (теоретически) горный хребет Большой Хинган и рисовые поля. Так вот, в 6-й гвардейской танковой армии в августе 1945 года отнюдь не все танки были новейшими. В составе этой армии было 110 «устаревших» Т-26 и 31 БТ-7.

В 1941 году 6-й мехкорпус 10-й армии мог вполне совершить нечто подобное против Германии, благо ни пустынь, ни горных хребтов, ни рисовых полей перед ним на пути к океану не было.

Возражают, что все это так, но вот 13-й механизированный корпус 10-й армии был не до конца укомплектован: в нем было «всего только» 294 танка, 34 бронеавтомобиля, 144 орудия и 148 минометов. Согласен. Но и одного 6-го мехкорпуса с его непробиваемыми КВ было достаточно для того, чтобы проломить германский фронт, перерезать пути снабжения, раздавить штабы, разорить тылы, опрокинуть аэродромы. А 13-й мехкорпус — это вспомогательная мощь. Его можно было пополнить в ходе боев. Так всегда на войне и делалось: если есть голова и скелет дивизии, корпуса или армии, то их быстро дополняют составными частями, прибывающими из тыла. За несколько дней.

2

Слабость 10-й армии лежала совсем в другой плоскости.

Эта армия находилась на острие клина, врезанного во вражескую территорию. Уже в мирное время 10-я армия с трех сторон была окружена германскими дивизиями. Далеко позади на ее флангах у основания клина находились относительно слабые армии: 3-я генерал-лейтенанта В.И. Кузнецова правее,

4-я генерал-майора А.А. Коробкова — левее. Позади 10-й армии — 13-я армия, но она — в стадии формирования.

Слабость фланговых армий — относительная. Это только по советским стандартам, только в сравнении с центральной 10-й армией их можно считать слабыми. На примере 4-й армии мы видели, что для отражения нападения сил было достаточно. Дело в том, что силы фланговых армий, так же как и центральной 10-й армии, были собраны в ударные группировки, а не развернуты вдоль границы.

Слабость 10-й армии была в том, что ее аэродромы были вынесены к самой границе, а на аэродромах — плотными массами новейшие самолеты МиГ-3. В самом слабом полку — 91 истребитель, включая 68 новейших. В остальных полках — больше сотни истребителей в каждом. Представьте сто истребителей на одном летном поле и подсчитайте, сколько времени нужно на взлет такого полка с одной взлетной полосы. К этому прибавьте приказ Жукова: на провокации не поддаваться! Не теряйте из виду: за нарушение приказа — расстрел.

Если летчик в воздух не поднимется, ему ничего не грозит. Если поднимется и будет отбивать нападение противника, тогда или немец собьет, или чекист после возвращения на аэродроме пристрелит. Чтобы неповадно было на провокации поддаваться.

Слабость 10-й армии заключалась в том, что ее дивизии находились у самой границы, но не имели права занимать оборонительные рубежи. Слабость заключалась в том, что патроны и снаряды были на складах. Под охраной. Слабость заключалась в том, что в танках по приказу Жукова не разрешалось иметь боекомплект.

10-я армия была подставлена под разгром. Удар был нанесен по ее аэродромам, штабам и складам. А удар танками — не по ней, а по фланговым армиям — по 3-й и 4-й. Гот и Гудериан обошли 10-ю армию с двух сторон и замкнули кольцо окружения позади нее.

3

4-я армия на левом фланге Западного фронта была разгромлена 22 июня 1941 года. Но это, как видим, не конец трагедии, а начало. От ворот страны — Бреста — через Барановичи, Минск, Смоленск на Москву идет главная стратегическая железнодорожная магистраль. Все ее станции и полустанки были забиты советскими эшелонами с горючим, боеприпасами, продовольствием. Вдоль этой магистрали наступал Гудериан. И брал трофеи. В районе Барановичей, как мы помним, его ждал подарок — 480 гаубиц-пушек МЛ-20 с запасом снарядов, но без расчетов и без тяги. Тут не грех снова вспомнить и гениального планировщика, и вопли об «одной винтовке на троих». Тех, без винтовок, если таковые действительно были, надо было к пушкам ставить. Но гениальный стратег до этого не додумался.

Но не это главное. В районе Барановичей на станции Обуз-Лесьна находился тайный командный пункт Западного фронта. Гудериан взял Барановичи 27 июня. После этого управление Западным фронтом было окончательно потеряно. Путь на Минск был открыт. В районе Минска встретились 2-я танковая группа Гудериана и 3-я танковая группа Гота, отрезав пути снабжения и отхода. В кольце оказались сверхмощная 10-я армия, остатки и осколки 3-й, 4-й и 13-й армий, несколько отдельных корпусов и дивизий, словом — весь Западный фронт. Противником было взято в плен 324 000 советских солдат и офицеров, захвачено 3332 танка и 1809 орудий. Кроме того, неисчислимые количества автомашин, тракторов, лошадей, запасных частей, продовольствия, инженерного имущества, топлива, пулеметов, минометов, винтовок и автоматов, боеприпасов, паровозов, вагонов, телефонного кабеля, миллионы пар сапог, сотни тысяч шинелей и плащ-палаток, десятки госпиталей с полным комплектом медицинского имущества и много всего прочего. И это не считая уничтоженных самолетов, танков и орудий, сожженных штабелей и взорванных хранилищ, не считая тех, кто погиб, и тех, которые разбежались по лесам.

Товарищу Сталину следовало немедленно определить виновников поражения Западного фронта и примерно их наказать. В Белоруссию срочно вылетел армейский комиссар первого ранга Л.З. Мехлис, который в тот момент был заместителем председателя СНК, народным комиссаром государственного контроля и заместителем наркома обороны. Карьерный взлет он начинал как личный сталинский секретарь «по полутемным делам». Прибыв в Белоруссию, Мехлис на трех листах блокнота написал текст телеграммы Сталину. Кроме него, телеграмму подписали первый секретарь ЦК КП(б) Белоруссии П.К. Пономаренко и народный комиссар обороны СССР

Маршал Советского Союза С.К. Тимошенко, который тоже прибыл в район событий.

Вот текст телеграммы:

«Москва, Кремль, Сталину.

Военный совет установил преступную деятельность ряда должностных лиц, в результате чего Западный фронт потерпел тяжелое поражение.

Военный совет решил:

1) Арестовать бывшего начальника штаба Климовских, бывшего заместителя командующего ВВС фронта Таюрского и начальника артиллерии Клич.

2) Предать суду военного трибунала командующего 4-й армией Коробкова, командира 9-й авиадивизии Черных, командира 42-й сд Лазаренко, командира танкового корпуса Оборина.

3) Нами арестованы — начальник связи фронта Григорьев, начальник топографического отдела фронта Дорофеев, начальник отделения отдела укомплектования фронта Кирсанов, инспектор боевой подготовки штаба ВВС Юров и начвоенторга Шейнкин.

4) Предаются суду помначотделения АБТУ Беркович, командир 8-го дисциплинарного батальона Дыкман и его заместитель Крол, начальник минского окружного сансклада Белявский, начальник окружной военветлаборатории Овчиников, командир дивизиона артполка Сбиранник.

ТИМОШЕНКО. МЕХЛИС. ПОНОМАРЕНКО. 6. 7. 41 г.».

Товарищ Сталин в тот же день утвердил решение народного комиссара государственного контроля, народного комиссара обороны и первого секретаря ЦК КП(б) Белоруссии. Вот сталинский ответ:

«Тимошенко, Мехлису, Пономаренко.

Государственный Комитет Обороны одобряет ваши мероприятия по аресту Климовских, Оборина, Таюрского и других и приветствует эти мероприятия как один из верных способов оздоровления фронта.

№ 7387
6 июля 41 г. И. СТАЛИН».

223

4

В телеграммах не идет речь о Павлове, так как командующий Западным фронтом Герой Советского Союза генерал армии Павлов Дмитрий Григорьевич был арестован раньше — 4 июля 1941 года. Его расстреляли 22 июля. Вместе с ним были расстреляны: начальник штаба Западного фронта генерал-майор В.Е. Климовских, начальник артиллерии Западного фронта генерал-лейтенант артиллерии Н.А. Клич, начальник связи Западного фронта генерал-майор войск связи А.Т. Григорьев, командующий 4-й армией Западного фронта генерал-майор А.А. Коробков, командир 14-го механизированного корпуса генерал-майор С.И. Оборин и другие.

Командующий ВВС Западного фронта генерал-майор авиации И.И. Копец застрелился, поэтому под сталинский топор пошел его заместитель генерал-майор авиации А.И. Таюрский.

Из всех перечисленных в телеграмме Мехлиса в живых остался лишь командир запертой в Брестской крепости 42-й стрелковой дивизии генерал-майор Лазаренко И.С. Он был приговорен к расстрелу, но приговор смягчили. Хорошо у Сталина и Жукова было устроено: за бездействие — расстрел, за любые действия — тоже. 22 июня 1941 года в 0 часов 30 минут в войска была отправлена Директива № 1. Ее подписали Тимошенко и Жуков. Директива категорически требовала: «Никаких других мероприятий без особого распоряжения не проводить». Павлов, Климовских, Таюрский, Копец, Коробков, Лазаренко и все остальные приказ Тимошенко и Жукова выполнили. И вот за это — им трибунал и расстрельная статья. Не тем расстрел, кто преступные директивы слал, а тем, кто их выполнял. И над ними коммунистические историки глумятся-изгаляются: ишь, недоумки, до чего дошли! Приказ Москвы выполняли! А надо было не выполнять! А надо было приказам не подчиняться!

Армия без дисциплины — вооруженная толпа. Приказ начальника — закон для подчиненного. Приказ должен быть выполнен безоговорочно, точно и в срок. Армия должна действовать как отлаженный компьютер — нажал на кнопочку и получил желаемый результат. Но дисциплина накладывает на вышестоящих командиров исключительную ответственность:

224

глупых приказов не отдавай, жми только на те кнопки, на которые нужно жать в данный момент. Но вот вам ситуация: Жуков отдал дурацкие приказы, подчиненные, как требует устав, их выполнили, и теперь их за это объявили кретинами и преступниками. Гениальный Жуков нажал не на те кнопки, компьютер от такой команды взорвался и сгорел, и нам объясняют: дурацкий компьютер попался, а оператор гением был.

Разжалованному генералу Лазаренко, который после приговора просидел два месяца в расстрельном подвале, повезло. Расстрел ему заменили на 25 лет тюремного заключения. В 1942 году он был направлен на фронт рядовым. В 1943 году восстановлен в звании полковника, в 1944 — в звании генерал-майора. Безупречно командовал 369-й стрелковой дивизией. В том же 1944 году погиб в бою.

Многие командиры Западного фронта летом 1941 года избежали расстрела потому, что успели погибнуть до ареста. Среди них:

— полковник М.А. Попсуй-Шапко, командир запертой в Брестской крепости 6-й стрелковой дивизии;

— генерал-майор танковых войск В.П. Пуганов, командир разгромленной в Бресте 22-й танковой дивизии;

— генерал-майор М.И. Пузырев, комендант 62-го Брестского укрепленного района.

И все же сталинской логики без определенного умственного усилия нам не понять. Список «виновников» разгрома Западного фронта на первый взгляд необъясним. Как в этот список попал командир 9-й смешанной авиационной дивизии 10-й армии Герой Советского Союза генерал-майор авиации А.С. Черных? Разве он сам выбирал место для аэродромов? Разве по своему хотению он их строил в пограничной полосе в зоне артиллерийского огня германских батарей? Разве по своей воле он держал по сотне самолетов на каждом аэродроме? Разве он отдавал приказы немецких самолетов не сбивать, а принуждать их к посадке помахиванием крылышек?

А как в этот список попали начальники Военторга, санитарного склада и ветеринарной лаборатории?

И как в него не попали командир 28-го стрелкового корпуса, начальник штаба 4-й армии и командующий 3-й армии?

28-й стрелковый корпус находился в Бресте. Командир этого корпуса генерал-майор Попов В.С. был старшим воинским начальником в Бресте и начальником гарнизона. Город был брошен через три часа после начала войны. За это все вышестоящие командиры — под расстрел. Стоящий позади такой же командир корпуса Оборин — тоже под расстрел. Нижестоящий генерал Лазаренко получил расстрел, замененный на 25 лет тюрзака. А генерал-майору Попову — повышение. В сентябре 1941 года он был назначен заместителем командующего 50-й армии. Еще через пять месяцев он становится командующим вновь сформированной 10-й армией. Войска под командованием Попова участвовали во многих стратегических операциях от Московской до Берлинской. Особо отличились при освобождении Бреста в 1944 году. В.С. Попов завершил войну генерал-полковником, Героем Советского Союза, командующим 70-й армией.

Совсем непонятна судьба полковника Л.М. Сандалова. Он был начальником штаба 4-й армии. Все вышеописанные безобразия на брестском направлении планировал именно он. Сам он признает, что планы прикрытия границы имели небольшой изъян — были нереальными, а план выхода по тревоге 22-й танковой дивизии из Бреста — неразумным. Так вот командующему 4-й армией — пулю в затылок, а начальнику штаба — невероятное повышение. В жалкие остатки разбитой 4-й армии влили свежие дивизии и корпуса, которыми командовали генералы, а командующим армией 8 июля 1941 года поставили *полковника* Сандалова. Через две недели — новое повышение: *полковник* Сандалов был назначен начальником штаба Центрального фронта. Войну он завершил генерал-полковником, начальником штаба 4-го Украинского фронта.

Начальник Военторга в Минске виноват в разгроме Западного фронта. Явно вражина — бойцам и командирам пряники и тройной одеколон продавал вредительским образом. У него, прохвоста, несомненно, был злой умысел: так организовать торговлю иголками и гуталином, чтобы облегчить Готу и Гудериану окружение и разгром всех советских армий Западного фронта. Но ни в чем не виноват начальник штаба 4-й армии, которая была разбита в один день, которая за три часа бросила город Брест, первоклассную крепость и неисчислимые военные запасы. За месяц отступления и бегства полковник Сандалов дважды получал повышение, поднявшись на такую высоту, на которую полковнику просто невозможно подняться.

5

Объяснить все это можно только так: виновников на этом уровне не было. Их надо было найти. Выбор был произвольным. Кандидатура командующего Западным фронтом генерала армии Павлова понятна и очевидна, а остальные — кто под руку попадет. На правом фланге Западного фронта находилась 3-я армия генерал-лейтенанта В.И. Кузнецова. Ее разгромили так же позорно и быстро, как и 4-ю армию на левом фланге. Причины и следствия — те же самые. Танковая группа Гота прошла сквозь боевые порядки 3-й армии Кузнецова с такой же легкостью, как и танковая группа Гудериана прошла сквозь 4-ю армию Коробкова. Командующего 4-й армией Коробкова — под расстрел. Раз так, то и с командующим 3-й армией Кузнецовым следовало поступить точно так же. Но его не расстреляли, не посадили, не разжаловали. Да почему же? Тут очень серьезная причина. В момент, когда народный комиссар государственного контроля армейский комиссар первого ранга товарищ Мехлис проводил серию арестов «виновников» разгрома Западного фронта, связь со штабом 3-й армии была потеряна. Потому вызвать на расстрел командующего 3-й армией генерал-лейтенанта В.И. Кузнецова не получилось. А командир дисциплинарного батальона с заместителем, начальник санитарного склада и прочие — вот они, голубчики. Их и порешили.

Количество арестованных «виновников» товарищ Сталин признал достаточным, потому про командующего 3-й армией никто больше не вспоминал и разгром Западного фронта ему в вину не ставил. Дальнейшая судьба В.И. Кузнецова удивительно похожа на судьбу командира 28-го стрелкового корпуса В.С. Попова. В.И. Кузнецов тоже завершил войну в Берлине, тоже Героем Советского Союза, тоже в должности командующего армией и тоже в звании генерал-полковника. 3-я ударная армия генерал-полковника В.И. Кузнецова штурмовала Рейхстаг и Имперскую канцелярию. Хороший был генерал. Только непонятно, что с ним случилось летом 1941 года? Отчего у него все было не так? Вернее, все было так, как у всех.

6

В расстрельном списке виновников брестского позора можно легко понять и логически объяснить отсутствие трех человек. Это сам товарищ Сталин. Не мог же вождь мирового пролетариата, отец народов в той драматической обстановк сам себя объявить виновником. Как не мог он обвинить на родного комиссара обороны Маршала Советского Союза С.К. Тимошенко и начальника Генерального штаба генерала армии Г.К. Жукова. Если обвинить Тимошенко и Жукова, то тен ляжет и на самого Сталина. Спросят: Сталин-то куда смотрел, когда рядом с ним вредители орудовали?

Потому список виновников надо было обрубить на самом высоком командире, который действовал на периферии, но не включить в него никого, кто работал в столице. Так и сделали.

Вина Сталина очевидна и доказана. Сам Сталин вину признал кратко, но по-сталински предельно четко. 24 мая 1945 года на приеме в Кремле в честь командующих войсками Красной Армии он произнес тост «За здоровье русского народа». Глава правительства Сталин сказал: «У нашего Правительства было немало ошибок, были у нас моменты отчаянного положения в 1941—1942 годах». Сталин заявил, что за такое руководство войной вождей следовало гнать: «Иной народ мог бы сказать Правительству: Вы не оправдали наших ожиданий, уходите прочь...»

Сталин вполне конкретно высказал, что сам он и возглавляемое им правительство вполне заслужили пинка под зад. А за отстранением последовали бы и другие кары. Сталин благодарил русский народ за доверие. Благодарил за то, что русский народ его не прогнал с поста в 1941 и 1942 годах.

Столь же очевидна вина народного комиссара обороны Маршала Советского Союза Тимошенко. Сам Семен Константинович Тимошенко свою вину понимал и глубоко осознавал. После войны он ни на кого не валил вину и не оправдывался. Он категорически отказался писать мемуары. Он молчал. Историки и мемуаристы крыли его последними словами, он не отвечал. Он молчал, как молчит, глядя в пол, провинившийся солдат, которого командир перед строем кроет матом. Он молчал, как подсудимый, которому нечего возразить.

А вот последний из этой троицы вины не осознал, вину не признал. Маршал Советского Союза Г.К. Жуков сам себя объявил великим полководцем. Свою вину за разгром Красной Армии в 1941 году, в частности за разгром Западного фронта, Жуков свалил на вышестоящего Сталина и на ниже-

228

стоящих: Павлова, Коробкова, Климовских, Оборина, Таюрского и остальных. Нет бы однажды сказать: Павлов виноват, Климовских виноват, но вот начальник Военторга Шейнкин, может быть, и виноват в каких-то там своих мелких делишках, но в стратегическом разгроме в Белоруссии его зря обвинили. Но не сказал такого великий стратег товарищ Жуков. Потому до сих пор так и числятся в виновниках грандиозного поражения командир дисбата с заместителем и заведующий ветеринарной лабораторией с начальником Военторга. Они виноваты, а начальник Генерального штаба за разгром ответственности не несет. А начальник Генерального штаба числится в гениях и даже в святых. И поступило предложение, вполн официальное: учредить на Руси монархию и Георгия, внука величайшего стратега всех времен и народов, венчать на царство. Дабы потомки великого гения передавали власть над Россией от отца к сыну по наследству.

7

После войны совершенно естественно возникли вопросы о мотивах поведения Сталина накануне германского вторжения. И Жуков дал исчерпывающий ответ. Выступая в редакции «Военно-исторического журнала» 13 августа 1966 года, Жуков вещал: «Главное, конечно, что довлело над ним, над всеми его мероприятиями, которые отзывались и на нас, — это, конечно, страх перед Германией. Он боялся германских вооруженных сил» («Огонек». 1989. № 25. С. 7). О сталинском страхе Жуков вдохновенно повествовал и перед полными залами, и в узком кругу. Жуковские рассказы о том, что Сталин боялся Гитлера, донесли благодарным потомкам и Константин Симонов, и генерал-лейтенант Павленко, и академик Анфилов. Жукова спрашивали о причинах сталинского поведения, а стратегический гений изрекал горькую правду: «Сталин боялся войны, а страх — плохой советчик».

Но не надо думать, что песни коммунистической пропаганды о сталинском страхе выдумал Жуков. Так думал Геббельс. Вот запись в его дневнике 14 сентября 1940 года: «Сталин испытывает слишком сильный страх перед Вермахтом». После смерти Сталина марксисты подхватили многие выдумки гитлеровской пропаганды. Уверен, сам Жуков Геббельса не читал. Но в написании мемуаров Жукова участвовал весь идеологический аппарат Советского Союза под руководством главного идеолога коммунизма Суслова, так что было кому подсказать. И Жуков подхватил тезис. Тем более что на фоне сталинской «трусости» ярче высвечивался жуковский героизм.

Разница между Жуковым и Геббельсом в том, что Геббельс очень быстро сменил свою точку зрения. Достаточно полистать его дневники. А Жуков пластинку не сменил. Он так и повторял: Сталин — трус, а я не только гений, но еще и храбрец. Сталин боялся, а я — нет. Сталин виноват, а я при чем?

Свою невиновность Жуков доказал просто. Он объявил, что с января 1941 года по 22 июня просто не успел вникнуть в обстановку. («Красная звезда», 30 ноября 1996 г.). Рассказы о том, что ему не хватило полгода, чтобы понять ситуацию и принять правильные решения, Жуков любил разбавлять рассказами о том, что одного взгляда на карту ему было достаточно для уяснения любой самой запутанной обстановки.

Некто Василий Соколов, называющий себя писателем, имел встречу с Жуковым в сентябре 1972 года. Писатель задавал великому полководцу много вопросов. Например, таких: «Как же вам все-таки удалось безошибочно и, прямо скажу, гениально решить идею?» («Наш современник». 1993. № 5. С. 12).

Гениальный не делал секрета из своего мастерства, щедро делился опытом, на многочисленных примерах показывал писателю, как ему удавалось «решать идеи».

А писателю мало. Писатель не унимается: «Поделитесь, Георгий Константинович, впечатлениями, как зрели тогда ваши мысли, идеи, планы, сыграла тут роль интуиция или, проще говоря, предвидение полководца?»

На это великий изрекал: «Предвидение, основанное на научном анализе обстановки, было важным, если не решающим моментом... Шут знает, то ль везло мне в войну, то ль рожден был для деятельности военным, во всяком случае, и на этот раз повезло, вытянул груз непомерной тяжести» (там же).

Вот так брал и сам вытягивал.

Задним умом гранитно-крепкий Георгий Константинович якобы перед войной заявлял: «Укрепленные районы строятся слишком близко от границы и имеют крайне невыгодную оперативную конфигурацию, особенно в районе Белостокского выступа. Это позволяет противнику ударить из районов Бреста и Сувалки в тыл всей нашей белостокской группировки. Кроме того, из-за небольшой глубины УРы не могут долго продержаться, так как они насквозь простреливаются артиллерией» (Воспоминания и размышления. М., 1969. С. 194).

Поразительная прозорливость. Если не сказать больше.

Итак, если верить Жукову, Сталин войны боялся, а гениальный Жуков отчетливо видел, каким образом немцы осуществят разгром Западного фронта. Если так, то Жукову следовало воспользоваться сталинским страхом. Надо было Сталину доходчиво объяснить: Белостокский выступ — мышеловка. Давай из мышеловки 10-ю армию отведем! 3-й и 4-й армиям тоже на границе делать нечего. А 13-ю лучше формировать за Волгой, а не вблизи границ. Когда будет готова, тогда на фронт отправим. А неготовая, зачем она в Белоруссии?

Но Жуков, понимая, что Белостокский выступ — это западня для советских войск, не требовал от Сталина вывести войска из-под возможного удара. Как раз наоборот. Перед войной Жуков требовал гнать в Белостокский выступ все больше и больше войск. 13-й механизированный корпус 10-й армии был создан по требованию Жукова и вопреки сомнениям Сталина. Жуков сам об этом пишет. То же относится к 14-му мехкорпусу 4-й армии, 11-му 3-й армии, 17-му и 20-му, которые непонятно зачем находились в выступе.

Сталин был не только против размещения мехкорпусов в Белостокском выступе и у его оснований, он вообще сомневался в целесообразности их формирования. Генерал армии Д.Г. Павлов категорически возражал против создания мехкорпусов. Он понимал, что эти чудовищные скопления людей, танков, орудий и автомашин в случае оборонительной войны будут означать гибель и разгром. Но на их создании настоял Жуков.

Результат известен.

Мы видели разгром 22-й танковой дивизии 14-го мехкорпуса в Бресте в самые первые часы войны. Можно валить вину на командующего Западным фронтом генерала армии Павлова: не там дивизию разместил.

Но есть и оправдание. За дислокацию дивизий отвечает Генеральный штаб. И его начальник. 22-я танковая дивизия создана по настоянию Жукова. И не только она. Из десяти танковых дивизий Западного фронта восемь созданы по требованию Жукова. И по его приказу размещены там, где их накрыли в первые дни войны. Как и многие другие авиационные, стрелковые, кавалерийские и прочие дивизии и корпуса.

Картина стандартная. Вот 4-я танковая дивизия 6-го механизированного корпуса Западного фронта. Ее штабы, склады, казармы и парки были рядом с границей. 22 июня 1941 года тут события развивались по тому же сценарию, что и по всей границе: «Полыхали огнем танковые парки. Пометавшись некоторое время в бессильном отчаянии, почти безоружные танкисты вместе с пехотой и пограничниками подались, как говорили в старину, в отступ. На дорогах было столпотворение. Немецкие летчики безжалостно и безнаказанно бомбили и расстреливали людей с бреющего полета. Связь в войсках была нарушена, управление потеряно» («Красная звезда», 19 марта 1999 г.).

Речь идет об одной из сильнейших дивизий Красной Армии, в составе которой было 357 танков, в том числе 176 новейших КВ и Т-34.

Жуков вспомнил каких-то неназванных недоумков, которые строили укрепленные районы не там, где надо. Но он забыл сообщить, что главная причина быстрого захвата противником укрепленных районов не в этом. Заключалась она в том, что укрепленные районы, пусть и недостроенные, не были заняты войсками, ДОТы не были прикрыты проволочными заграждениями и минными полями, в ДОТах не было ни гарнизонов, ни боеприпасов, ни продовольствия, ни воды. Все это — в соответствии с приказом Жукова от 2 мая 1941 года.

И если Жуков обвиняет во всем стрелочников, то хотя бы начальника военторга из числа виновников исключил.

Глава 18
НЕОБЫЧАЙНОЕ ПУТЕШЕСТВИЕ
В ТЕРНОПОЛЬ

Наполеон не смог, как он делал обычно, навязать нам генеральное сражение у границы, не смог окружить русскую армию.

Почему? Да потому что русские полководцы того времени знали противника, его повадки, его способы действий — и соответственно могли предвидеть развитие событий. И вот на той же фактически территории в первые дни Великой Отечественной войны у нас были окружены и взяты в плен около четырех миллионов человек, организованных людей, объединенных в полки, дивизии, корпуса, армии. Реально наступали против них полтора-два миллиона, остальные составляли второй эшелон. Почему они не смогли оказать эффективное сопротивление «изнутри», в окружении? В чем вообще причина проиешедшего в 1941-м?

«Красная звезда», 16 июня 2001 г.

А ответ на эту загадку, думается, может быть найден, если не отмахиваться от вполне очевидной вещи, опровергнуть которую невозможно: все, что планировалось и предпринималось в Красной Армии в стратегическом масштабе с осени 1940 года до самого начала войны, было продиктовано не целями обороны, а задачами наступления.

П.Н. Бобылев.
«Отечественная история». 2000. № 1. С. 41

1

«Приблизительно в 13 часов 22 июня мне позвонил И.В. Сталин и сказал:

— Наши командующие фронтами не имеют достаточного опыта в руководстве боевыми действиями войск и, видимо, немного растерялись. Политбюро решило послать вас на Юго-Западный фронт в качестве представителя Ставки Главного Командования. На Западный фронт пошлем Шапошникова и Кулика. Я их вызвал к себе и дал соответствующие указания. Вам надо вылететь немедленно в Киев и оттуда вместе с Хрущевым выехать в штаб фронта в Тернополь.

Я спросил:

— А кто же будет осуществлять руководство Генеральным штабом в такой сложной обстановке?

И.В. Сталин ответил:

— Оставьте за себя Ватутина.

Потом несколько раздраженно добавил:

— Не теряйте времени. Мы тут как-нибудь обойдемся.

Я позвонил домой, чтобы меня не ждали, и минут через 40 был уже в воздухе.

Тут только вспомнил, что со вчерашнего дня ничего не ел. Выручили летчики, угостившие меня крепким чаем с бутербродами.

К исходу дня я был в Киеве в ЦК КП(б)У, где меня ждал Н.С. Хрущев. Он сказал, что дальше лететь опасно. Немецкие летчики гоняются за транспортными самолетами. Надо ехать на машинах. Получив от Н.Ф. Ватутина по ВЧ последние данные об обстановке, мы выехали в Тернополь, где в это время был командный пункт командующего Юго-Западным фронтом генерал-полковника М.П. Кирпоноса.

На командный пункт прибыли поздно вечером, я тут же переговорил по ВЧ с Н.Ф. Ватутиным...

Н.Ф. Ватутин сказал, что И.В. Сталин одобрил проект Директивы № 3 наркома и приказал поставить мою подпись.

— Что за директива? — спросил я.

— Директива предусматривает переход наших войск к контрнаступательным действиям с задачей разгрома противника на главнейших направлениях, притом с выходом на территорию противника.

— Но мы еще точно не знаем, где и какими силами противник наносит свои удары, — возразил я. — Не лучше ли до утра разобраться в том, что происходит на фронте, и уж тогда принимать нужное решение.

— Я разделяю вашу точку зрения, но дело это решенное.

— Хорошо, — сказал я, — ставьте мою подпись.

Эта директива поступила к командующему Юго-Западным фронтом около 24 часов. Как я и ожидал, она вызвала резкие возражения начштаба фронта М.А. Пуркаева, который считал, что у фронта нет сил и средств для проведения ее в жизнь» (Воспоминания и размышления. М., 2003. Т. 1. С. 268).

2

Все вроде бы складно. Но обратим внимание на неприметные мелочи.

Не Москва, выходит, виновата в разгроме 22 июня, не верховное руководство и не Генеральный штаб, а командиры на местах. Не в том, оказывается, причина позорного бездействия Красной Армии, что Директива № 1, подписанная Тимошенко и Жуковым 22 июня в 0 часов 30 минут, категорически запретила командующим фронтами и армиями отвечать огнем на огонь и вообще предпринимать какие-либо действия, а в том, выходит, причина, что глупенькие командующие фронтами «не имеют достаточного опыта в руководстве боевыми действиями войск и, видимо, немного растерялись». И вот в помощь им Сталин шлет великого Жукова, который имеет достаточный опыт и никогда не теряется.

Красиво все это звучит... Только такого телефонного разговора у Жукова со Сталиным днем 22 июня не было. И быть не могло.

И вот почему.

Сталин готовил сокрушительный удар по Германии и Румынии. 21 июня 1941 года было принято постановление Политбюро об образовании фронтов. Пять приграничных военных округов тайно разворачивались во фронты.

Этим же постановлением устанавливалось единое командование над семью армиями Второго стратегического эшелона. Командующим «армиями второй линии» был назначен первый заместитель наркома обороны Маршал Советского Союза С.М. Буденный, членом военного совета — член Политбюро Г.М. Маленков, начальником штаба — генерал-адъютант наркома обороны генерал-майор А.П. Покровский. Штаб — в Брянске.

В этом же постановлении говорилось: «Поручить нач. Генштаба т. Жукову общее руководство Юго-Западным и Южным фронтами, с выездом на место. Поручить т. Мерецкову общее руководство Северным фронтом, с выездом на место».

Постановление Политбюро от руки писал лично Маленков. Жуков находился в кабинете Сталина и доводил содержание документа до всех исполнителей, в части их касающейся. Выезд политических и военных лидеров первой величины к западным границам был решен не 22 июня после германского нападения, а 21 июня, до нападения.

Мерецков немедленно отбыл в Ленинград, Покровский — в Брянск, а Маленкова, Буденного и Жукова задержал Сталин. 21 июня Жуков уже отдавал приказы об исполнении решения Политбюро и сам готовился его исполнять. Поэтому Сталину незачем было «приблизительно в 13 часов 22 июня» звонить Жукову и второй раз сообщать решение Политбюро. Жуков давно об этом решении знал, и Сталин знал, что Жуков знает.

3

Жуков подозрительно точен: приблизительно в 13 часов... минут через 40 был в воздухе...

Короче, в 14.00 Жуков (по его рассказу) уже летел. Зачем нам сообщают эти подробности? Не все ли равно, в 10 часов позвонил Сталин, в 12 или в 15? Велика ли разница — через 40 минут стратег был в воздухе или через пару часов?

Удивляет тут вот что. Директива № 3, которая, как пишет Жуков, «предусматривает переход наших войск к контрнаступательным действиям с задачей разгрома противника на главнейших направлениях, притом с выходом на территорию противника», — это документ величайшей важности.

К исходу 22 июня 1941 года верховное руководство Советского Союза, оправившись от первого потрясения, отдало командующим войсками фронтов первый конкретный приказ: что кому надлежит делать. В своих мемуарах начальник Генерального штаба Жуков вспомнил, что ничего не ел целый день. Он вспомнил про добрых летчиков, про крепкий чай и бутерброды, но забыл привести текст самого важного документа войны.

Из рассказа Жукова мы только узнаем, что:

а) Директиву № 3 он не писал;

б) он ее не читал;

в) Директива № 3 была невыполнимой, т.е. глупой и преступной;

г) он сомневался в разумности Директивы № 3, он предлагал разобраться в обстановке, а уж после того отдавать приказы;

д) решения направить Директиву № 3 в войска он не принимал, все было решено без него, в его отсутствие;

е) подпись стратега появилась под Директивой № 3 не по его воле, а потому, что так приказал Сталин, потому, что дело все равно было уже решенным.

А мы прикинем: не слишком ли легкомысленно ведет себя начальник Генерального штаба, подписывая в первый день войны директиву, которую не читал? Станет ли уважающий себя человек подписывать документ, смысл которого ему передали по телефону в двух словах, не вдаваясь в подробности?

Жуков был якобы не согласен с содержанием директивы, но подписал не глядя. Куда же девалась хваленая принципиальность гения стратегии? И не надо нам рассказывать, что вопрос все равно был решен, потому не имело значения, есть под директивой подпись Жукова или ее нет. Об этом следовало не нам через десятилетия после войны рассказывать, об этом надо было сказать ТОГДА тем, кто директиву сочинил: раз вопрос вами, дорогие товарищи, решен, вы ее и подписывайте. Раз моя подпись все равно ничего не меняет, то давайте без нее обойдемся. Ваших, любезные друзья, подписей достаточно.

4

Теперь вернемся к поездке Жукова в Тернополь.

Итак, выпив крепкого чая и подкрепившись бутербродами, Жуков, как он сообщает, полетел в Киев. Расчет времени каждый может делать самостоятельно. Сколько времени потребуется винтовому «Дугласу» долететь до Киева? Расстояние — 860 километров. Максимальная скорость 330 км/час у земли, 350 — на высоте. Своих решений не навязываю, считайте сами. Но самолет на максимальной скорости все время не может лететь. Сначала набрать высоту надо, потом — спуск. Вот долетели. Сели. Зарулили. Подождали, пока остановятся винты. Вышли на травку. Подкатили машины. Сели. Поехали. Киев — не Москва. Аэродрома в центре города нет. И путь не близок. Это сейчас асфальт лежит. Тогда не было. Наши дороги, как известно, имеют подкидывающую силу. Не разгонишься. Первый день войны на исходе. Военное положение уже введено. Потому на мостах и перекрестках кордоны НКВД: Стой! Куда прешь?! Документ покажи!

Тут два варианта.

Первый: Проезжайте!

Второй: Ах, прохвосты фашистские, подпись самого товарища Сталина заделали!

«Профессор диверсионных наук» полковник Старинов рассказывал, что имел множество неприятностей с патрулями НКВД именно потому, что документы его были подписаны маршалом Тимошенко. Вот это и вызывало подозрения. За это его нигде не пропускали. За это его чуть было к стенке не поставили.

Ладно. Въехали в Киев. Как пишет Жуков, «к исходу дня». Когда речь шла о вылете из Москвы, там часы и минуты в рассказе мелькали. Тут ясности поубавилось. И неспроста. Чуть позже увидим причину. Что такое «исход дня», судить не берусь. 22 июня — самый длинный день года. В 4 часа — день в разгаре. Да и нельзя было, вылетев из Москвы в районе 14.00, долететь до киевских аэродромов к 16.00. И к 17.00 тоже сомнительно. А потом еще до ЦК добраться. Потом встретились с Хрущевым. Поговорили. В Москву позвонил, еще поговорили.

Теперь — в Тернополь на машинах.

Кратчайший путь — 431 километр (Атлас автомобильных дорог СССР. М., 1983. С. 21). Стратег должен был пронестись через Калиновку, Васильков, Ксаверовку, Гребенки, Белую Церковь, Шамраевку, Сквиру, Ружин, Казатин, Комсомольское, Корделевку, еще через одну Калиновку, Винницу, Литин, Летичев, Меджибож, Проскуров, Войтовцы, Волочиск и Подволочиск, не считая множества сел и хуторов. Дороги наши в обход не шли, а все норовили через центр, через села, по которым вечером стада гонят, через города, где не каждый перекресток с ходу проскочишь. На правом берегу Днепра села раскидистые. Едешь как по Манхэттену. Только дома ростом пониже. И куры через дорогу бегают. А размах все тот же. Через все эти села и города Жуков как-то уж очень быстро проскочил. В Тернополь на командный пункт Юго-Западного фронта «прибыли поздно вечером».

Дороги булыжником мощены. В лучшем случае. На мощеных дорогах выбоины. На немощеных — глубокая колея в песке. Или в засохшей глине. Мостов много. Мосты деревянные. С дырками. На мостах патрули НКВД. Снова и снова: Стой! Стрелять буду! Кто такие? Предъяви документ!

Прикинем, сколько времени потребовалось Жукову, чтобы просто выехать из Киева? Кто не бывал, сообщаю: город не из малокалиберных. От Центрального Комитета до окраин быстро не доехать. Сколько времени Жукову потребовалось проехать через Белую Церковь? А через Винницу и Проскуров?

Возможно, путь стратега лежал через Житомир и Бердичев на Винницу. Но от этого не легче.

На дорогах столпотворение. На дорогах пробки. Война застала все тыловые дивизии Киевского округа на марше. Прямо на тех дорогах, по которым ехал Жуков, к границам выдвигались 31-й, 36-й и 49-й стрелковые корпуса. В каждом корпусе — по три дивизии. В каждом корпусе по 50 тысяч солдат, 23 тысячи лошадей, 900 орудий и минометов, 2500 автомобилей, 400 тракторов. Вам, случаем, не приходилось обгонять колонны войск на наших дорогах? Вы только постарайтесь себе представить 23 тысячи лошадей на одной дороге. С повозками. С артиллерийскими передками и орудиями. С зарядными ящиками. А если не один корпус на дороге, а два, тогда как? А их не два и не три. Тут же выдвигались к границам еще механизированные корпуса — 9, 19 и 24-й. Это десятки тысяч солдат, тысячи танков и машин, сотни тракторов с орудиями на крюке.

Это цветочки.

Прямо на выезде из Киева все станции забиты воинскими эшелонами, а все дороги — колоннами войск. Тут разгружались прибывающие с Северного Кавказа дивизии 19-й армии Конева. Кроме того, прямо к местам разгрузки 19-й армии перебрасывались три стрелковые, две танковые и одна моторизованная дивизии из Харьковского округа. Эти дивизии планировалось включить в состав 19-й армии в качестве усиления.

А чуть проедешь вперед, попадаешь в водоворот дивизий 16-й армии Лукина, которая тайно переброшена из Забайкалья. В этой армии одних только танков более 1200. Но и эту армию прямо в местах разгрузки усиливали 217-й стрелковой дивизией из Орловского военного округа и двумя стрелковыми корпусами из Московского. Все эти массы войск запрудили дороги не в день начала войны, а еще 13 июня. Они шли бесконечными потоками к границе. Эти массы войск заторили, заполнили и переполнили все дороги. Сотни тысяч людей и десятки тысяч машин. И у каждого моста — пробка. И уже навстречу толпы беженцев...

Я к чему?

Я к тому, что не мог Жуков «к исходу дня» быть в Киеве, а «поздно вечером» — на 431 километр западнее, в Тернополе, проскочив почти полтысячи километров на машине.

Даже если бы все дороги были пустыми.

Даже если бы его сабля гремела по телеграфным столбам, ак по штакетнику.

5

После смерти Сталина Жуков внезапно превратился в яр стного противника сталинизма. Он храбро ринулся пинать сверкающими маршальскими сапогами тень мертвого Сталина: «Мы обязаны из этого извлечь все необходимые уроки, продолжать настойчиво разъяснять антиленинскую сущность культа личности, преодолевая боязнь обнажения фактов, мешающих ликвидации культа личности». Это слова из проекта выступления Жукова на пленуме ЦК КПСС в мае 1956 года (Георгий Жуков. Стенограмма октябрьского (1957 г.) пленума ЦК КПСС и другие документы. С. 137).

Великий стратег яростно и самоотверженно боролся с культом личности Сталина... и раздувал свой собственный. В той же речи на пленуме ЦК, «преодолев боязнь обнажения фактов», Жуков рассказал о том, как глупо Сталин руководил войной: «Вместо того чтобы немедля организовать руководящую группу Верховного командования для управления войсками, Сталиным было приказано: начальника Генерального штаба на второй день войны отправить на Украину, в район Тернополя для помощи командующему Юго-Западным фронтом» (Там же. С. 141).

Вот оно! Не в первый день войны Сталин отправил Жукова в Тернополь, а во второй! Тогда все сходится. Тогда можно было, прилетев утром в Киев, к вечеру 23 июня попасть в Тернополь.

В 1956 году, не подумав, Жуков «обнажил факты, мешающие ликвидации культа личности»... Потом спохватился: если Сталин приказал ему ехать в Тернополь 23 июня, то кто же вместе со Сталиным несет ответственность за безумные директивы первого дня войны?

Чтобы вывернуться и уйти от ответственности за 22 июня, Жукову потребовалась новая, «более правдивая версия» событий и фантастическая поездка в Тернополь не на второй, а уже на первый день войны. Он вдруг опомнился: ах да! Правильно! Не 23 июня Сталин услал меня в Тернополь, а 22-го! Да, да, припоминаю! Около 13.00 позвонил и отправил меня на Юго-Западный фронт. Я-то упирался: а кто же Генеральным штабом управлять будет? А он мне с раздражением: а ну скорее лети! Мы тут сами справимся!

Под преступной самоубийственной Директивой № 3, которая являлась не чем иным, как смертным приговором Красной Армии и Советскому Союзу, нет подписи Сталина.

Зато есть подпись Жукова.

Потому великий стратег, сгубивший Советский Союз и чеисчислимые миллионы его жителей, изворачивается, как змей на сковородке. Ему надо уйти от ответственности за гибель страны и десятков миллионов людей, которых он подставил под гитлеровский топор. Вот потому он в «самой правдивой книге» вспоминает, что целый день (аж до 2 часов дня) ничего не ел. Если бы в правительственном самолете не оказалось бутербродов, то совсем отощал бы. Рассказ про бутерброды нужен для того, чтобы заполнить пустоту, чтобы в мемуарах не вспоминать лишний раз про Директиву № 3 и не публиковать ее текст.

Вот зачем выдуман разговор со Сталиным «приблизительно в 13.00 22 июня» и взлет через 40 минут.

Сталин, оказывается, гнал Жукова из Москвы. Сталин якобы с некоторым раздражением приказывал: езжай скорее, без тебя обойдемся!

Вот зачем выдумана фантастическая, невероятная поездка до Тернополя: меня, великого, в Москве не было! Не я директиву сочинял! Они без меня обошлись! Это Сталин приказал мою подпись поставить! А я в то время в Тернополь галопом скакал! А я протестовал! А я не соглашался! Но дело было уже решенное! Без меня! Моя подпись ничего не меняла!

Но стратег не подумал о том, что рукописи не горят.

6

Жуков рассказывает, что 22 июня Сталин был ужасно растерян и не знал, что надо делать. А сам Жуков, понятно, был целеустремлен и собран. Однако почему-то первую задачу командованию ВВС Жуков поставил во второй половине дня. Из-за этого большая часть советской авиации в первой половине дня в боях не участвовала. А когда Жуков наконец пришел в себя и командованию ВВС задачу поставил, советский фронт уже рухнул, германские танки прорвались далеко вперед, теперь уцелевшую авиацию надо было срочно перебазировать на тыловые неподготовленные аэродромы, где не было ни боеприпасов, ни топлива, ни охраны, ни зенитного прикрытия, ни штабов, ни технического персонала. Самолеты улетели на восток, а технический персонал, штабы, средства связи остались на приграничных аэродромах. И попали в лапы Гудериана, Манштейна, Клейста, Буша, Гота. А советская авиация снова в своем большинстве воевать не могла. Пойди повоюй без патронов, без снарядов, без бомб, без штабов и технарей. Все это уравняло силы небольших германских ВВС и гигантской советской авиационной мощи.

Боевая задача, которую Жуков поставил командованию ВВС во второй половине дня, — это ещё одно доказательство того, что весь день 22 июня он находился в Москве. Не мог же он ударять «автопробегом по бездорожью и разгильдяйству» и одновременно рассылать приказы подчиненным. Не было тогда таких средств связи. И из самолета не мог он управлять действиями ВВС. С борта можно было передать сообщение, да только не совершенно секретную директиву на боевые действия всей советской авиации. Да Жуков и не вспоминает о том, что с борта самолета слал директивы и руководил действиями всей авиации.

Он только про бутерброды вспомнил.

По рассказу Жукова, 22 июня где-то в районе 14.00 он уже точно летел. А вот «Журнал записи лиц, принятых И.В. Сталиным» фиксирует присутствие Жукова в сталинском кабинете 22 июня 1941 года с 5.45 до 8.30 и с 14.00 до 16.00.

Если Сталин и звонил Жукову 22 июня в 13.00, то не затем, чтобы с раздражением в голосе услать из Москвы, а затем, чтобы потребовать в свой кабинет, где и была Жуковым написана директива, сгубившая Красную Армию.

И не только записи сталинских секретарей уличают Жукова в элементарном передергивании. Стратег сам проговаривался, причем многократно. Он передает слова Сталина 22 июня: «Политбюро решило послать вас на Юго-Западный фронт в качестве представителя Ставки Главного Командования».

Это написано на с. 268 тринадцатого издания.

А на с. 312 той же книги тот же Жуков сообщает, что «Ставка Главного Командования была создана 23 июня 1941 года».

Как могли члены Политбюро 22 июня назначить Жукова представителем Ставки Главного Командования, если никакой Ставки Главного Командования еще не существовало?

Из этого следует, что Сталин не мог отправить Жукова в Тернополь 22 июня. А из этого, в свою очередь, следует, что 22 июня Жуков находился в Москве и потому несет полную ответственность за безумный поток директив, который извергался из московских кабинетов на генералов, офицеров и солдат Красной Армии.

Глава 19
НАСТУПЛЕНИЕ ИЛИ
КОНТРНАСТУПЛЕНИЕ?

> Контрнаступление — особый вид наступления, в которое переходят обороняющиеся войска после отражения наступления противника.
>
> Советская военная энциклопедия. Т. 4. С. 318

1

Отчего же из «самой правдивой книги о войне» мы узнаем о фантастической поездке? Отчего в мемуарах честнейшего полководца содержится то, чего не могло быть?

Для ответа на эти вопросы мы должны прочитать Директиву № 3, которую командующие войсками фронтов получили к исходу дня 22 июня 1941 года, которую Жуков подписал, как он говорит, не глядя, но которую забыл опубликовать в своей книге.

Вот она:

«1. Противник, нанеся удары из сувалкинского выступа на Олита и из района Замостье на фронте Владимир-Волынский, Радзехов, вспомогательные удары в направлениях Тильзит, Шауляй и Седлец, Волковыск, в течение 22.6, понеся большие потери, достиг небольших успехов на указанных направлениях.

На остальных участках госграницы с Германией и на всей госгранице с Румынией атаки противника отбиты с большими для него потерями.

2. Ближайшей задачей на 23—24.6 ставлю:

а) концентрическими сосредоточенными ударами войск Северо-Западного и Западного фронтов окружить и уничтожить сувалкинскую группировку противника и к исходу 24.6 овладеть районом Сувалки;

б) мощными концентрическими ударами механизированных корпусов, всей авиацией Юго-Западного фронта и других войск 5 и 6А окружить и уничтожить группировку противника, наступающую в направлении Владимир-Волынский, Броды. К исходу 24.6 овладеть районом Люблин.

3. ПРИКАЗЫВАЮ:

а) Армиям Северного фронта продолжать прочное прикрытие госграницы.

Граница слева — прежняя.

б) Армиям Северо-Западного фронта, прочно удерживая побережье Балтийского моря, нанести мощный контрудар из района Каунас во фланг и тыл сувалкинской группировке противника, уничтожить ее во взаимодействии с Западным фронтом и к исходу 24.6 овладеть районом Сувалки.

Граница слева — прежняя.

в) Армиям Западного фронта, сдерживая противника на варшавском направлении, нанести мощный контрудар силами не менее двух мехкорпусов и авиации во фланг и тыл сувалкинской группировки противника, уничтожить ее совместно с Северо-Западным фронтом и к исходу 24.6 овладеть районом Сувалки.

Граница слева — прежняя.

г) Армиям Юго-Западного фронта, прочно удерживая границу с Венгрией, концентрическими ударами в общем направлении на Люблин силами 5 и 6А, не менее пяти мехкорпусов и всей авиации фронта, окружить и уничтожить группировку противника, наступающую на фронте Владимир-Волынский, Крыстынополь, к исходу 26.6 овладеть районом Люблин. Прочно обеспечить себя с краковского направления.

д) Армиям Южного фронта не допустить вторжения противника на нашу территорию. При попытке противника нанести удар в черновицком направлении или форсировать рр.

Прут и Дунай мощными фланговыми ударами наземных войск во взаимодействии с авиацией уничтожить его; двумя мехкорпусами в ночь на 23.6 сосредоточиться в районе Кишинев и лесов северо-западнее Кишинева.

4. На фронте от Балтийского моря до границы с Венгрией разрешаю переход госграницы и действия, не считаясь с госграницей.

5. Авиации Главного Командования:

а) поддержать Северо-Западный фронт одним вылетом 1-го ав. корп. ДД и Западный фронт одним вылетом 3-го ав. корп. ДД на период выполнения ими задачи по разгрому сувалкинской группировки противника;

б) включить в состав Юго-Западного фронта 18-ю авиадивизию ДД и поддержать Юго-Западный фронт одним вылетом 2-го ав. корпуса ДД на период выполнения им задачи по разгрому люблинской группировки противника;

в) 4-й ав. корпус ДД оставить в моем распоряжении в готовности содействовать главной группировке Юго-Западного фронта и частью сил Черноморскому флоту.

Народный комиссар обороны Союза ССР
Маршал Советского Союза ТИМОШЕНКО
Член Главного Военного Совета МАЛЕНКОВ
Начальник Генерального штаба Красной Армии
генерал армии ЖУКОВ».

2

Если вас бьют топором по голове, то надо отскочить. В крайнем случае — чем-нибудь прикрыться. В нашем случае — если противник наносит страшный удар по Красной Армии, то надо отойти, пусть удар придется в пустоту. В крайнем случае — прикрыться от удара, т.е. встать в оборону.

Ранним утром 22 июня Гитлер нанес сокрушительный удар по черепу Красной Армии и раскроил его. Красная Армия не отскочила и не прикрылась. Ибо ей было запрещено что-либо делать. Ибо руки ее и ноги были связаны Директивой № 1.

Утром 22 июня войскам за подписями Тимошенко, Маленкова и Жукова была направлена Директива № 2. Все о ней — в книге «Тень победы». В этой директиве тоже не было ни единого слова ни об обороне, ни об отходе. Красной Армии снова не предписывали ничего, что могло бы уберечь ее от позорного разгрома.

Были все основания полагать, что 23 июня по раскроенной голове Красной Армии Гитлер нанесет повторный удар все тем же топором. И хотя бы теперь надо было отдать приказ Красной Армии отскочить или хотя бы прикрыться, т.е. начать отход или хотя бы встать в оборону. Вместо этого поздним вечером 22 июня войска получили Директиву № 3. И снова в ней ничего о том, чтобы уклониться от удара. И ничего о том, чтобы защититься. Вместо этого Красной Армии был отдан приказ размахнуться...

Если вы истекаете кровью, если ваш череп по самые уши расколот предыдущим ударом свистящего колуна, то размаха и удара у вас все равно не получится. Если вы размахиваетесь в момент, когда вас повторно бьют, вы открыты и уязвимы.

Позади Красной Армии два брошенных пояса укрепленных районов. Но Директива № 3 не вспоминает о них и не ставит войскам задачу укрыться в этих районах. Позади Красной Армии сотни и тысячи рек. Каждая из них — естественный рубеж обороны, которым легко прикрыться от удара, который легко удерживать, через который противнику трудно наносить удар. Но Директива № 3 не ставит задачу войскам сдержать удар, используя многочисленные водные рубежи.

Красная Армия за одну ночь могла бы отрыть окопы и траншеи и встретить удары врага огнем с места. Но и этого ей не позволили сделать. Вперед! Только вперед! На Сувалки! На Люблин! Обеспечить себя с краковского направления!

3

Даже официальная (и лживая) «История Великой Отечественной войны Советского Союза. 1941—1945» (Т. 2. С. 30) и та вынуждена признать, что директива была невыполнимой, а потому губительной: «Директива требовала от войск перейти на главных направлениях к наступательным действиям с целью разгрома ударных группировок врага и перенесения боевых действий на его территорию... Этот замысел был нереален, так как он не учитывал состояния и возможности войск, которым эти задачи предстояло выполнить. Трудно даже представить, чтобы привлекаемые для операции войска могли в такой короткий срок сосредоточиться на намеченных направлениях и организованно нанести массированные удары по врагу... Понесенные потери, расстроенное управление войсками и неудовлетворительно организованная работа оперативного тыла создавали непреодолимые трудности для проведения крупных наступательных операций на глубину 100—150 километров, как этого требовала директива... Из-за ограниченности времени удары готовились наспех и не были достаточно продуманы и обеспечены. Наша авиация, понесшая большие потери, не смогла надежно прикрыть свои войска от налетов вражеских бомбардировщиков, поэтому, когда танковые и моторизованные дивизии механизированных корпусов выдвигались на рубежи развертывания, они подвергались массированным ударам с воздуха и понесли большие потери. Очень трудно оказалось организовать артиллерийское обеспечение наступления. Артиллерия механизированных корпусов и общевойсковых соединений, испытывавшая острый недостаток в средствах тяги, не имела возможности быстро сосредоточивать свои усилия на решающих направлениях. Наши общевойсковые соединения, не обеспеченные автотранспортом, тоже не смогли своевременно выйти в назначенные им районы. Все это в конечном итоге привело к тому, что наступательные действия советских войск в полосе Северо-Западного и Западного фронтов, предпринятые 23—25 июня в соответствии с Директивой № 3, вылились в плохо организованные и не согласованные между собой контрудары механизированных соединений. Оперативный результат контрударов, несмотря на самоотверженные действия войск, был незначителен, а понесенные потери слишком велики... Попытки командования Северо-Западного фронта осуществить фланговый контрудар по войскам 4-й немецкой танковой группы из района северо-западнее Каунаса закончились неудачей...» И т.д. и т.д.

В этом отрывке прошу обратить внимание на термины *наступательные действия, крупные наступательные операции*. И второй раз — *наступательные действия*.

4

Если вы бросаете в наступление небольшое количество войск, к примеру, сто тысяч, то даже и в этом случае должны дать на подготовку какое-то время. Ну хотя бы — неделю. Прежде всего надо знать, где противник, каковы его силы, что

248

он делает и что намерен делать. Штабам надо спланировать боевые действия и дать указания нижестоящим. Надо организовать взаимодействие и связь. Командирам всех степеней надо побывать в районах грядущих боевых действий и на местности уточнить все детали. Инженерам надо разведать и проложить маршруты выдвижения войск, штабам спланировать и всесторонне организовать движение колонн. Особая работа тыловикам: туда, куда надо, подвезти массу боеприпасов. Да не просто так, а вот сюда — снаряды для 122-мм гаубиц, сюда — для противотанковых пушек, сюда и сюда — винтовочные патроны, а туда — снаряды для 37-мм зенитных пушек. Надо развернуть госпитальную базу. Надо организовать водоснабжение. Надо в заранее подготовленных местах сосредоточить запасы горюче-смазочных материалов. Не забыть пункты сбора и ремонта поврежденных машин. Надо обеспечить войска картами. И еще надо сделать уйму важных дел, каждое из которых при недостаточном к нему внимании может привести к провалу всего грандиозного замысла. Самое главное — надо войска подтянуть к районам боевых действий. Чтобы не получилось — одни уже в бой бросились, а другие еще не подтянулись. Да и не очень это умно войска с ходу в бой бросать. Дайте солдату после походов и переходов перед боем хоть 15 минут передыха.

А у нашего великого стратега все наоборот. Войска были подняты по тревоге ранним утром 22 июня. У них при себе только то, что успели захватить. У одних нет оружия, у других — боеприпасов. Третьи оказались без ремонтных частей. Практически все — без саперов. Все саперные части были до германского вторжения переброшены на самые западные границы, где в первые дни погибли или были захвачены. Практически все корпуса и дивизии оказались без зенитной артиллерии. Полки и дивизии перемешались. Командиры без солдат, солдаты без командиров. Штабы потеряли управление. Связи нет. Весь день их била вражеская артиллерия и авиация. Их давили танками и расстреливали с дальних и ближних дистанций. Дайте же им хотя бы ночь себя в порядок привести. Дайте солдатам умыться. Накормите их! Дайте им воды. Позвольте им поспать хотя бы по 30 минут. Дайте танкистам время дозаправить танки, пополнить боекомплект, проверить технику. Но нет! В ночь на 23 июня Директива № 3 бросила в наступление миллионные массы войск. Всем вперед! Не евши и не спавши! Раненых бросить на дорогах и лесных опушках! Маршировать всю ночь! С рассветом — в бой! Не зная, где противник! Не имея карт районов предстоящих сражений! Не разведав маршрутов и районов ввода в сражения! Не подготовив ни связи, ни взаимодействия! Не имея никаких планов! Не имея с собой никаких запасов: ни снарядов, ни патронов, ни горюче-смазочных материалов. Без воздушной разведки и без прикрытия с воздуха.

Если нет средств тяги для артиллерии, ставь ее в оборону. Если нет автотранспорта для перевозки пехоты и всего необходимого для ведения боев, ставь пехоту в оборону, да поближе к артиллерии и к тем местам, где сосредоточены стратегические запасы. Но ничего этого не было сделано.

К утру 23 июня колонны пехоты, измученные и смертельно уставшие после бесконечных маршей, далеко отстали от танков. Люди не спали по 24 часа и более. И ничего не ели. Артиллерия или отстала от танков, или осталась на своих местах. Танковые колонны без пехоты, без артиллерии, без прикрытия авиацией бесконечными вереницами рвались к границам. А их безнаказанно бомбили и расстреливали с воздуха. На рубежах вступления в бой советские танковые дивизии оказались без топлива. И встали. Тысячи танков, которые страна, недоедая, строила годами, были брошены в считанные дни. Десятки тысяч подготовленных танкистов оказались в плену. После них в танковых войсках воевали люди почти без подготовки...

Пехоту без танков и артиллерии (и без боеприпасов) также безнаказанно расстреливала германская авиация.

Артиллерия без прикрытия пехоты и танков вообще беззащитна...

23 июня Красная Армия получила повторный дробящий удар по тому же уже проломленному черепу. И пошло, и поехало... Кадровая Красная Армия погибла и была взята в плен...

5

«Красная звезда» (24 июля 2001 г.) называет причины, которые повлекли за собой разгром сверхмощного советского Западного фронта. В числе причин: «Отсутствие у фронта резервов и оборонительного рубежа по реке Щара и снятие с него войск в ночь с первого на второй день войны, вследствие чего противник, беспрепятственно заняв его, создал условия для окружения войск 3-й и 10-й армий, запоздалое занятие рубежей УРов вдоль старой госграницы войсками 13-й армии».

Иными словами, 22 июня надо было отдать приказ войскам встать в оборону позади рек, а войскам 13-й армии, которая находилась во втором эшелоне Западного фронта, немедленно занимать брошенные укрепленные районы вдоль старой государственной границы. Вместо этого войска получили приказ: Без подготовки — вперед! Ура! Даешь Сувалки!

И «Красная звезда» определила виновника. Она приводит мнение генерал-полковника В.И. Кузнецова, который в тот момент был генерал-лейтенантом, командующим 3-й армией Западного фронта: «Кузнецов сообщил, что посчитал неверным указание Кулика об организации 24 июня контрудара частями армии в общем направлении на Гродно — Сувалки с целью обеспечения с севера ударной группы фронта в составе 10-й армии и мехкорпуса Хацкелевича. Дело в том, что корпус имел тогда горючего всего на полторы заправки, авиация фронта была разгромлена, фланги фронта открыты».

Итак, «Красная звезда» во всем винит Маршала Советского Союза Г.И. Кулика, это якобы он отдавал приказы на проведение самоубийственного наступления.

Но этот номер у товарищей из «Красной звезды» не пройдет. Маршал Советского Союза Кулик Григорий Иванович дурацкую Директиву № 3 не подписывал. Под этой преступной директивой, сгубившей Красную Армию и весь Советский Союз, стоят три подписи. В том числе и подпись Жукова.

6

Интересно, как сам Жуков оценивает сей документ и кого винит.

«Следует указать еще на одну ошибку, допущенную Главным Командованием и Генштабом, о которой я уже частично говорил. Речь идет о контрнаступлении согласно Директиве № 3 от 22.6.41 года. Ставя задачу на контрнаступление, Ставка Главного Командования не знала реальной обстановки, сложившейся к исходу 22 июня. Не знало обстановки и командование фронтов. В своем решении Главное Командование исходило не из анализа реальной обстановки и обоснованных расчетов, а из интуиции и стремления к активности без учета возможностей войск, чего ни в коем случае нельзя делать в ответственные моменты вооруженной борьбы» (Воспоминания и размышления. М., 1969. С. 264).

Меня снова и снова поражает неповторимая отрешенность Жукова: это все они, Ставка Главного Командования и Генштаб, допустили непростительные ошибки. А сам гениальный начальник Генерального штаба, который директиву подписал, тут совершенно ни при чем. И Жуков тут же выговаривает Ставке Главного Командования и Генеральному штабу: нельзя так, дорогие товарищи! Нельзя! В ответственные моменты вооруженной борьбы надо действовать иначе!

Между тем незачем винить «Ставку Главного Командования» за директивы, отданные 22 июня, ибо означенная Ставка была создана 23 июня. И сам Жуков нам об этом сообщил.

Главным же автором Директивы № 3 Жуков выставляет Сталина. Сталин якобы, не спрашивая советов у великого полководца, все сам решил и повелел поставить подпись Жукова... Хотя сам Жуков рассказывает, что 22 июня видел Сталина растерянным и подавленным. Но растерянный и подавленный человек, который не знает, что делать и что предпринять, не может быть настойчивым.

Но главное даже не в этом.

Жуков рассказывает нам о каком-то контрнаступлении, хотя в Директиве № 3 нет такого термина. Ни о каком контрнаступлении тогда речь не шла. И даже официальная «История Великой Отечественной войны Советского Союза. 1941—1945» вынуждена признать, что войска бросили не в контрнаступление, а в наступление, которое потом вылилось в неудачные контрудары. Другими словами: замысел был один, а результат другой. А Жуков говорит о том, что изначально замышлялось контрнаступление.

Велика ли разница?

Велика.

«Контрнаступление — переход от обороны в решительное наступление с целью окончательного разгрома наступающего противника, ослабленного в предыдущих боях и лишившегося способности к развитию успешного наступления. Контрнаступление в отличие от обычного наступления подготавливается в ходе оборонительных боев и сражений, когда обороняющийся в максимальной степени истощил и обескровил наступающего врага» (Краткий словарь оперативно-тактических и общевоенных слов (терминов). М., 1958. С. 142).

Официальный вариант истории, как мы видели выше, говорит не о контрнаступлении, а о наступлении. И только из книги Жукова можно узнать, что войскам была поставлена задача именно на контрнаступление. Смысл вранья Жукова вот к чему сводится. Термин «контрнаступление» подразумевает ответные действия. Но их не было. Командование Красной Армии бросило Северо-Западный, Западный и Юго-Западный фронты в наступление на территорию противника, пытаясь действовать по предвоенным наступательным планам (ибо других не было). Оба агрессора, и красный, и коричневый, наступали одновременно. Но у Гитлера было преимущество: он рубанул первым. И еще: советское наступление готовилось на начало июля 1941 года. А его приказали начать 23 июня. Но в самый последний момент перед любым грандиозным действием существует момент полной неготовности. За час до финального матча все хоккеисты — в раздевалке без штанов. За день до свадьбы — суета, суматоха, столы не накрыты, а пироги еще печь не начинали. За две недели до внезапного удара по противнику миллионные массы войск — в вагонах, на дорогах или в приграничных лесах, миллионы тонн боеприпасов, топлива, запасных частей — в пути, системы связи мирного времени уже не действуют, а системы связи военного времени еще не действуют, штабы уже тайно снялись с мест постоянной дислокации, но еще не развернулись полностью на командных пунктах военного времени, машины — в последнем ремонте, танковые двигатели разобраны, идет отладка, подгонка, доводка.

Гитлер застал Красную Армию точно так, как убийцу застают в последний момент перед преступлением. Когда глушитель, затвор, магазин, патроны разложены на столе. Когда в стволе шомпол с тугой тряпкой.

7

Используя лживый, неуместный в данном случае термин «контрнаступление», Жуков пытается создать иллюзию того, что действия Красной Армии были ответом на нападение. Но ответом на вторжение Гитлера в той ситуации могли быть только оборонительные действия большей части советских войск на главных направлениях в сочетании с контрударами меньшей части войск. И только измотав и обескровив противника, главным силам можно было идти вперед на Варшаву, Берлин, Вену, Бухарест и Париж. Вот это и было бы настоящим контрнаступлением.

Но противник не был истощен и обескровлен в предыдущих боях, не был лишен возможности наступать. Такая попытка не предпринималась и первыми директивами Верховного командования не предусматривалась. Красную Армию бросили не в контрнаступление, предварительно измотав противника обороной, а в обыкновенное наступление, которое вылилось в неорганизованные встречные сражения.

Но снова у Жукова толпа защитников. Придумали они вот какой финт: не готовили мы удар по Германии! По жуковскому замыслу, противника следовало быстренько остановить, выбросить с нашей территории и тут же перейти в решительное наступление на вражьей земле! Вот сольное выступление на эту тему маршала бронетанковых войск О. Лосика: «Да, в то время действительно господствовали неправильные представления о характере оборонительных операций в начальном периоде войны. Эти операции виделись кратковременными, всего лишь предшествующими решительному наступлению. Но только человек, способный на грубые передержки, домыслы и фальсификации, может выдавать такого рода стратегические заблуждения за подготовку упреждающих превентивных ударов» («Красная звезда», 21 ноября 2000 г.).

Для недогадливых: это камушки в мой огород.

Приходится отвечать.

Товарищ маршал бронетанковых войск, где же они — кратковременные оборонительные операции? Если Жуков их замышлял, отчего же не отдал приказ на их проведение? Отчего же — с места в галоп? Отчего войскам с самого начала он отдавал приказы на наступление, на захват городов на чужой территории? Про захват Сувалок и Люблина стратег распорядился, и про варшавское и краковское направления тоже, а про оборону Бреста, Гродно, Минска, Кобрина, Слонима, Львова, Вильнюса, Лиепаи — ни слова, ни намека.

И мне говорят, что полномочий ему не хватило.

Выходит, на захват чужих городов полномочия были, а на защиту родной земли — не было.

Глава 20
УМНЫЙ ПОЙМЕТ?

> В Советских Вооруженных Силах большие военачальники, не говоря уже о министре обороны, сами мемуаров не писали. Высокопоставленному автору мемуаров готовили добротную болванку, а он уже решал, что подходит для книги, а что надо выбросить.
>
> «Красная звезда», 20 октября 1998 г.

1

О мемуарах Жукова сложено не меньше легенд, чем о нем самом. Легенды были выдуманы как самим товарищем Жуковым, так и другими товарищами.

Основной мотив легенд: «Воспоминания и размышления» — это не просто лучшая книга о войне, это уникальное творение, которое своим блеском не только затемняет все остальные книги, но и заменяет их. Прочитав «Воспоминания и размышления», все остальное можно не читать. Тут уже содержится все!

В этих заявлениях звенит все та же идея: великий гений стратегии был не только единственным спасителем Отечества, но и к тому же он один сумел рассказать правду о войне. Вот несколько образцов для примера.

А. Иващенко: «Лишь с выходом мемуаров Г. Жукова, хотя и очень профильтрованных, начала проясняться кое-какая правда о начальном периоде войны» («Вечерняя Москва», 6 мая 1995 г.). Смысл сказанного: ах, если бы великому полководцу не мешали писать, если бы не фильтровали мемуары, так мы бы вообще всю правду узнали!

В. Морозов: «Книге Жукова суждено стать на долгое время единственным источником, в котором имеется полная, неприукрашенная правда о Великой Отечественной войне» («Красная звезда», 15 января 1994 г.).

Сам Жуков стоял на тех же позициях: кроме него, великого, никто правду не говорил и никогда не расскажет. Сергей Марков, последний начальник охраны Жукова, сообщает: «После октябрьского пленума, будь он трижды проклят, Жуков попросил у руководства трехмесячный отпуск... Как-то на прогулке он мне сказал: "Помнится, Сергей Петрович, еще во времена Бедова существовал список моих поездок на фронт: где и когда я находился. Найдите мне этот список, займусь от нечего делать бумажной работой. Хочу вспомнить, какой была война для нашей армии и народа. Быть может, после моей смерти какой-нибудь архивариус прочитает и узнает правду о войне"» («Красная звезда», 30 ноября 1996 г.).

Ситуация: в полной темноте и невежестве пребывает грядущий архивариус, и нет в книжно-газетной пустыне источников, из которых мог бы он, несчастный, черпнуть живительной правды, но вот попадет ему однажды запыленная рукопись стратега, и тут же прояснятся безбрежные дали и воссияет горизонт светом истины и знания.

А уж как трудно было гению стратегии эту правду о войне пробивать!

Генерал армии М.А. Гареев: «С большим трудом Георгию Константиновичу удалось издать свою знаменитую и наиболее правдивую книгу о войне «Воспоминания и размышления» («Красная звезда», 28 апреля, 2000 г.). «С большим трудом, преодолевая всевозможные бюрократические рогатки, ему удалось написать свою знаменитую теперь книгу «Воспоминания и размышления». На пути его творчества чинились всяческие преграды, его статьи почти не публиковались» («Красная звезда», 18 февраля 1998 г.).

Вопрос генералу армии Гарееву: а кто вам, товарищ генерал, президенту Академии военных наук, сегодня мешает опубликовать статьи великого стратегического гения? Препятствие, если не ошибаюсь, только одно: не особо утруждал себя Георгий Константинович их сочинением. Нет их, статей. Не оставил после себя гений военного искусства никакого теоретического наследия.

«Мучительно трудно боролся Георгий Константинович за каждую строчку рукописи, однако верх брал не всегда. То, что не вписывалось в рамки разрешенного сверху, вычеркивалось беспощадно» (ВИЖ. 1988. № 11. С. 57).

Сам Жуков якобы произнес: «Книга для меня — вопрос жизни» («Литературная газета», 27 ноября 1996 г.).

Мы найдем еще множество заявлений о том, что Жукову якобы мешали говорить и писать. Но вот однажды В.Г. Комолов, который был руководителем всего авторского коллектива мемуаров Жукова, проговорился. Он сообщил, что «Воспоминания и размышления» выпускалась «на основании указаний Генерального секретаря», т.е. по приказу Л.И. Брежнева («Красная звезда», 12 января 1989 г.). И хотел бы я посмотреть на того храбреца, который вздумал бы мешать авторам мемуаров Жукова в их благородном начинании.

Об этом же писала Жукову А.Д. Миркина, один из главных авторов «Воспоминаний и размышлений»: «Глубокоуважаемый Георгий Константинович! ...говорю Вам со всей ответственностью: никто не чинит препятствий книге, наоборот, все делается для того, чтобы она скорее вышла» («Огонек». 1988. № 19. С. 20).

2

У любого, кто читал книгу Жукова, неизбежно возникал вопрос: неужто маршал не мог уклониться от этого позорного занятия? Каждый нормальный человек во все времена понимал, что антинародная сатанинская власть заставит любого мемуариста клеветать на свою Родину, на свой народ. Каждый понимал, что коммунисты не позволят писать правду. Потому перед каждым ищущим был выбор: или мемуаров не писать, или подчиниться кремлевским идеологам и под их диктовку возводить поклеп на свою страну, свой народ, свою армию.

Возражают: всех советских генералов, адмиралов и маршалов коммунисты подкупали и запугивали, увернуться было невозможно. С этим я почти согласен. Однако примеры стойкости есть. Даже в среде советских генералов и маршалов иногда, правда, очень редко, встречались люди, которые Родиной не торговали, которые категорически заявляли: делайте что хотите, а мемуаров при моей жизни от меня не дождетесь, после смерти от моего имени можете сочинять все, что нравится, но я за это ответственности не несу. Так поступил Маршал Советского Союза Семен Константинович Тимошенко. Он сказал: писать не буду! И коммунисты от него отстали. Вопрос: а почему Жуков струсил? Почему не проявил мужества? Почему не вел себя, как Тимошенко? Где же его хваленая смелость? Жуков мог заявить: писать не буду, если напишете за меня, публично застрелюсь. Но почему-то стратег так не заявил. Почему-то тут же рванул под козырек и бросился выполнять указания Центрального Комитета КПСС.

Были и другие варианты, другие возможности уклониться от писания мемуаров. Маршал Советского Союза Рокоссовский Константин Константинович на домогательства идеологов поддался, но в книге заявил: «Я не касался тогда и не касаюсь сейчас проблем большой политики...» (Солдатский долг. М., 1968. С. 8). Вот и Жукову следовало так же поступить: книжечку — потоньше, в детали не вдаваться...

Маршал Советского Союза Голиков Филипп Иванович в 1941 году был генерал-лейтенантом, начальником Разведывательного управления Генерального штаба РККА. Он мемуары написал. Про 1918 год. Коммунистические вожди требуют еще мемуаров? Пожалуйста: написал о том, как в декабре 1941 года воевал под Москвой в должности командующего 10-й армией. А про то, как началась война, промолчал. Правду все равно сказать не позволят, тогда лучше молчать.

Еще умнее поступил Маршал Советского Союза Конев Иван Степанович: требуете мемуары, дорогие товарищи идеологи? Пожалуйста! Конев взял да и написал книгу не про начало войны, а про конец, так ее и назвал — «Сорок пятый». Идеологи не отстают. Пожалуйста! Конев выдал еще книгу. Про 1943 и 1944 годы. Вот она, русская находчивость! Хитрый мужик Конев зашел не с того конца, он описывал войну не с начала, а с ее победоносного завершения. А кроме того, тянул да тянул. Тут ему и смерть подошла. Так мудрый Конев избавил себя от позорной и унизительной необходимости врать про 1941 год. Так Конев Иван Степанович ушел из жизни, не осквернив своего имени клеветой на страну, народ и его армию.

Спрашивается, а почему Жуков Георгий Константинович так не поступил? Тянул бы время, а потом и умер бы. Все, что после смерти, — не его. Мертвые сраму не имут.

Но Жуков почему-то не следовал примеру боевых товарищей, вместо этого он угодливо вписывал в свои мемуары все, что ему диктовали в Идеологическом отделе ЦК, все, что требовала Коммунистическая партия. А требовала она только одно: побольше грязи да измышлений о неготовности к войне.

3

Любого читающего жуковский мемуар сшибает с ног та пламенная любовь, с которой несгибаемый полководец целует в корму Генерального секретаря Коммунистической партии Советского Союза товарища Брежнева Леонида Ильича: ему, Жукову, Маршалу Советского Союза, заместителю Верховного Главнокомандующего, первому заместителю народного комиссара обороны, члену Ставки ВГК, на войне ужасно хотелось найти никому тогда не известного политического горлопана Брежнева и посоветоваться с ним. Товарищ Брежнев за всю жизнь не только не провел ни одного боя, ни одно операции, но даже ни одного ротного учения сам не организовал. Задача товарища Брежнева была проще: утверждать отчеты о политико-моральном состоянии войск. Вот с ним-то Жуков и хотел советоваться. Без подсказки агитатора Брежнева в Ставке Верховного Главнокомандования дела не клеились...

Так вот: до такой низости в мировой истории не докатился никто. Ни один советский генерал, адмирал или маршал до такого блеска задницу коммунистам не вылизывал и не полировал. Никто. И за рубежами нашего милого Отечества до такой низости не докатился ни один мемуарист. О той России, которую мы потеряли, я и не говорю. В той России господа офицеры имели понятия о чести. Так не поступил ни один из них. А если бы поступил, то такую мерзкую книжонку сжигали бы на кострах, а автору и всем, кто осмелился эту грязь хранить на книжной полке, плевали бы в лицо.

История о том, как полковник Брежнев попал в мемуары Жукова, имеет разные версии. Вначале А.Д. Миркина излагала все это так: рукопись якобы никак не пропускали в печать, «наконец дали понять, что Л.И. Брежнев пожелал, чтобы маршал Жуков упомянул его в своей книге. Но вот беда, за все годы войны они ни разу ни на одном из фронтов не встречались. Как быть? И тогда написали, что, находясь в 18-й армии генерала К.Н. Леселидзе, маршал Жуков якобы поехал посоветоваться с начальником политотдела армии Л.И. Брежневым, но, к сожалению, его на месте не оказалось. «Он как раз находился на Малой земле, где шли тяжелые бои». «Умный поймет», — сказал с горькой усмешкой автор. Эта нелепая фраза прошла во всех изданиях «Воспоминаний и размышлений», с первого по шестое включительно. Только в юбилейном, седьмом, издании она была опущена» («Огонек». 1988. № 18. С. 19).

Итак, Брежнев якобы пожелал видеть себя в книге Жукова. Холуи из Центрального Комитета якобы об этом намекнули авторскому коллективу. Авторы мемуаров Жукова задались вопросом: как быть? И выход нашли: да, не встречал Жуков Брежнева на войне, но ужасно хотел встретить, стремился, но не вышло.

Миркина всеми силами старалась отмазать Жукова, мол, это не он принимал решение вписать Брежнева, решение принято неизвестно кем. Интересно, что принимающий решения упомянут Миркиной во множественном числе: *и тогда написали*. Взяли некие безымянные граждане да и вписали в мемуары великого стратега нелепую фразу про несостоявшуюся встречу с будущим Генеральным секретарем ЦК КПСС.

Хвост вытащили — голова увязла. В этом оправдании содержится признание, что мемуары сочиняли гурьбой, решения принимали коллективно, а стратег отношения к этому не имел. Его работа — одобрять и соглашаться.

По прошествии некоторого времени эта история приобрела драматический привкус. Та же Миркина рассказала: «Леонид Ильич Брежнев тоже захотел попасть в мемуары Жукова... Кто-то из помощников подсказал генсеку оригинальный ход.

Жукову «предложили» вставить текст... Конечно, на даче Жукова была буря. Я приехала уже после ее окончания: всем стало ясно, что без этой вставки книга не выйдет. Георгий Константинович был мрачный, как тень. Он долго молчал, потом сказал: «Ну ладно, умный поймет» — и подписал текст» («Аргументы и факты». 1995. № 18—19).

Разница достаточно существенная.

В первом варианте кто-то неизвестный из ЦК КПСС намекнул на необходимость помянуть Брежнева. Коллектив авторов мемуаров Жукова искал решение и его нашел.

Во втором варианте инициатива принадлежала самому Брежневу. Фразу придумали не авторы мемуаров Жукова, а кто-то из помощников Генерального секретаря. По настоянию Брежнева ее навязали великому полководцу.

В первом варианте бури не было. Оно и понятно: фразу выдумали в своем кругу.

Во втором варианте — буря, ибо стратегу стараются всучить то, чего он не желает.

Давайте на минуту согласимся. Давайте поверим: Жукова заставили. Он согласился и философски заметил: «Умный поймет». Ай да философия! По Жукову, тот, кто покорно выгибается перед очередным гениальным вождем, кто жуковское усердие на этом фронте понимает и оценивает, тот умный. А кто жуковского рвения не понимает и не оценивает, кто сам не прогибается, тот, выходит, дурак.

4

Выдумки Миркиной опроверг В.Г. Комолов, начальник авторского коллектива мемуаров Жукова: «И почему кому-то кажется, что упомянуть имя Брежнева автора «Воспоминаний и размышлений» вынудили? Разве личность Брежнева в годы, когда создавались мемуары, все мы оценивали так же, как сейчас?» («Красная звезда», 12 января 1989 г.). Мысль Комолова: сейчас-то мы над Леонидом Ильичом посмеиваемся, а когда он был у власти, все мы, авторы жуковских мемуаров, считали его выдающимся полководцем и в мемуары вписали от чистого сердца, без подсказок со стороны.

Комолов развивает свою мысль и ее доказывает: «В мемуарах в таком же контексте упомянут не один Брежнев. Речь идет и о А.Н. Косыгине, Н.С. Патоличеве, Н.С. Хрущеве. Мне доподлинно известно, что, когда Косыгин прочитал о себе в книге, он не поверил, что Жуков так тепло о нем отозвался, и попросил оригинал. И когда убедился в подлинности руки Георгия Константиновича, успокоился и был удовлетворен» («Красная звезда», 12 января 1989 г.).

Аргумент убойный. Допустим, что Жукова вынудили прогнуться перед Брежневым, но кто вынуждал его вести себя так же в отношении Косыгина и Патоличева?

Во время войны Алексей Николаевич Косыгин был аппаратчиком высокого ранга. Но таких были сотни. А вот в момент, когда авторская группа лепила нетленное творение Жукова, Косыгин поднялся высоко, он был главой правительства, вторым после Брежнева человеком в Советском Союзе. Никто не заставлял Жукова вспоминать про Косыгина. Но Косыгин был в мемуары вписан, мол, без вождей такого типа не видать нам победы. Когда Косыгина вписывали в «самую правдивую книгу о войне», Жуков почему-то не протестовал, и буря на его даче почему-то не бушевала, гром не грохотал и молнии не сверкали. И никому в голову не приходит сейчас заявлять, что Жукова заставили вписать Косыгина.

С 1941 по 1946 год, т.е. на протяжении всей войны, Николай Семенович Патоличев был первым секретарем Челябинского обкома ВКП(б). Вот что о нем написано в мемуарах Жукова: «Огромную организационную работу провел, в частности, Челябинский обком ВКП(б) под руководством первого секретаря Н.С. Патоличева. Человек большой энергии, высоких организационных способностей, Николай Семенович много сил и творческой энергии отдал перестройке работы промышленных предприятий области, организации четкой взаимосвязи их между собой. Его неутомимость в достижении задач, поставленных партией, не раз отмечалась правительством...» (Воспоминания и размышления. М., 2003. Т. 1. С. 295).

Сталинско-ленинско-нобелевский лауреат Михаил Шолохов стиль Жукова ценил по высшему разряду: «Писателям-профессионалам иной раз нелегко тягаться с такой литературой». Чую сердцем, как только прочитал Михаил Александрович Шолохов про товарища Патоличева, про *неутомимость в достижении задач*, так сразу разомлел и в Жукове собрата признал.

Таких, как Патоличев, у Сталина были целые стада в областях, краях, республиках, наркоматах, государственных комитетах, в армии, на флоте, в НКВД. Пути Жукова и Патоличева на войне никогда не пересекались. Уж слишком глубоко в тылу сидел товарищ Патоличев. Но стратег (вернее, те, кто писал его книгу) в восторге: ах, какой руководитель! Отчего восторг? От того, что в момент написания мемуаров товарищ Патоличев был министром внешней торговли СССР.

Верю, никто перед Жуковым не ставил ультиматум: не впишешь Николая Семеновича Патоличева в свой мемуар, не опубликуем твою книгу! А раз ультиматум такой не ставился, значит, Патоличев вписан не по указанию сверху, а по инициативе снизу.

У Миркиной узор не вяжется: Брежнева навязали, а вот Патоличева, от которого благополучие Жукова никак не зависело, мы в мемуар вписали по собственному верноподданническому почину.

Анна Давыдовна Миркина, если ваше холуйское сознание продиктовало по собственной инициативе кланяться какому-то Патоличеву, то уж Брежневу вы клали поклоны без принуждения.

Непонятно и другое. Жуков якобы писал книгу не ради денег и сиюминутной выгоды, не ради благосклонных улыбок партийных идеологов, а правды ради, писал для вечности, в расчете на одинокого архивариуса, который через много лет после смерти великого стратега, может быть, найдет рукопись и узнает истину. Но зачем же в этом случае марать рукопись холуйскими поклонами Брежневу, тем более Косыгину и Патоличеву?

И еще: никто не принуждал Жукова и авторов его мемуаров обзывать армию безмозглой и преклонять колени перед коллективной мудростью Центрального Комитета. Жуков вылизал коллективную задницу Центрального Комитета, и никто не видит в этом ничего зазорного, и никто не говорит, что его заставили. А вот когда он бросился полировать индивидуальную задницу Генерального секретаря, так тут же нам объясняют: его, бедного, заставили.

Говорят, что Жуков хотел донести правду о войне, потому вынужден был на компромиссы идти... Тоже правильно. Но каждая проститутка именно так свои действия обосновывает — жестокой необходимостью.

Ну а насчет правды, которую Жуков хотел донести...

5

Мемуары Жукова подавляют каждого, кто их читал, царапающей душу безграмотностью.

Повторяю: я ставлю в вину Жукову только первое издание — Москва, АПН, 1969 год. За все, что было вписано в «более правдивые варианты» после смерти Жукова, несут ответственность его дочь и многочисленные соавторы. А первое издание вышло при жизни стратега, потому он ответчик за все, что в этой книге содержится. А содержатся там вещи удивительные. Но потрясает она не только тем, что в ней есть, но и тем, чего в ней нет. Нет ничего в книге о массовой сдаче в плен кадровой Красной Армии в первые месяцы войны, нет ничего о заградительных отрядах, о мордобое, о расстрелах перед строем без суда и следствия.

Но не это главное. Главное для стратега — карты. Для бывшего начальника Генерального штаба карта — основа основ. Можно было мемуары не писать, а опубликовать карту группировки советских войск на 21 июня 1941 года. Любому военному человеку все стало бы сразу ясно. Но группировка советских войск на 21 июня 1941 года — это государственный секрет высшей категории. Его бдительно хранили в СССР, а теперь в РФ. Любители истории из мелких осколков составляют картину, но государство молчит. Всех мастей «институты военной истории» и «академии военных наук» созданы не ради того, чтобы картину прояснить, а с тем, чтобы ее затемнить. Если раскрыть группировку советских войск, то легендам о том, что война была якобы «великой и отечественной», будет нанесен окончательный и смертельный удар.

Ясное дело, Жуков вопрос о группировке советских войск обошел молчанием. Но мемуары начальника Генерального штаба, в которых нет карты обстановки, — это роскошная коробка ювелирной фирмы, на которой золотыми буквами вытиснено всемирно известное имя, но почему-то отсутствует бриллиантовое ожерелье. Такие мемуары —

это соска-пустышка. Резиночка есть, а молока нет: сосите, дорогие товарищи!

Жуков знал, что группировку советских войск ему раскрыть не позволят, а коль так, нечего было и браться за мемуары, ибо текст книги — это вещь второстепенная, это только пояснение к тому, что нанесено на карту.

Но стратег и компания выход нашли. На стр. 225 первого издания карту поместили: положение советских войск, которые должны были, как нас уверяют, «отразить германское вторжение». Коммунистические идеологи не жалели средств на издание книги Жукова. Миркина пишет: «Такая нарядная в пурпурном целлофановом супере была она, эта царь-книга!» («Огонек». 1988. № 18. С. 20).

Да, не поскупился Центральный Комитет: и бумага хорошая, и обложка яркая, и карты цветные с разворотом. Но самая главная карта, которая должна была прояснить мрак 1941 года, — маленькая, черно-белая, даже серенькая и без разворота. Весь советско-германский фронт от Балтики до Черного моря — 56 миллиметров. Грудной ребенок своей ладошкой накроет сразу Северо-Западный, Западный, Юго-Западный и Южный фронты и двадцать армий, которые входили в состав этих четырех фронтов и тайно выдвигались из глубины страны на просторы Белоруссии и Украины. Карта преднамеренно сделана столь мелкой, что на ней ничего все равно не поместишь. Вроде карта и есть, но в то же время ее и нет.

Армии на этой карте перечислены списком, но их положение не показано. Просто написано: «Западный особый военный округ (3А, 4А, 10А)». Товарищи шахматисты, представьте, что вам надо анализировать шахматную партию; вам сообщают, что есть на шахматной доске король, ферзь, конь и три пешки, но где они находятся — государственная тайна. Как бы вы анализировали? Жуков явно считал читателей умственно неполноценными и именно в расчете на них писал свои сочинения.

Жуков обманывал читателей без стеснения. 21 июня 1941 года западные военные округа решением Политбюро были преобразованы во фронты. Уже одно это заставляет задуматься: Сталин нападения не ждал, а фронты развернул. Зачем? Для того чтобы такие мысли нас не тревожили и не смущали, на карте Жукова никаких фронтов нет. Вместо этого — мирные военные округа: Киевский, Прибалтийский, Западный. Мол, жили мы мирной жизнью и ничего не затевали... А ведь это — наглое передергивание. За такие вещи в былые времена били в лоб канделябром. Но измельчал народ. Почти святого шулера от истории никто за руку ловить не стал. А жалко мне, что канделябр не стал оружием пролетариата.

Но это не все. В Прибалтике находилась 27-я армия генерал-майора Берзарина Николая Эрастовича. Положение 27-й армии не только не указано, но она даже и не названа. 27-я армия попросту пропущена. Берзарин завершил войну генерал-полковником, Героем Советского Союза, кавалером девяти боевых орденов, в том числе четырех полководческих, командующим 5-й ударной армией, первым советским комендантом Берлина. По давней боевой традиции лучшего из командиров уже в ходе сражения назначали комендантом вражеского города или крепости. Этой чести Берзарин был удостоен 24 апреля 1945-го, когда до завершения ожесточенных боев за Берлин было еще далеко.

А теперь укажите мне другой пример в мировой истории, чтобы начальник Генерального штаба писал мемуары и пропустил целую армию. Удивительно, что на карте группировки советских войск Жуков пропустил армию того самого Берзарина, которого сам лично в 1945 году назначил комендантом Берлина.

Интересно отметить, в тексте армия Берзарина есть, а на карте ее нет. Эта мелочь явно указывает на неприятное обстоятельство: текст писали одни люди, а карты составляли другие. Жуков работу этих людей не координировал и не контролировал. Иначе как прикажете верить легендам, что одного взгляда на карту ему было достаточно, чтобы вскрыть коварные замыслы противников? Вот обратный пример: у Жукова было множество консультантов, редакторов и прочих помощников, но ни сам великий стратег, ни многочисленная братия не обнаружили пропажу целой армии.

Товарищ Жуков не одну армию пропустил, не одного Берзарина. С первого дня войны на Западном фронте воевала 13-я армия генерал-лейтенанта П.М. Филатова. Эта армия была развернута в соответствии с постановлением СНК № 1113-460сс от 23 апреля 1941 года. Жуков об этом или не знал, или забыл. Но 13-й армии на карте нет.

21 июня 1941 года решением Политбюро был создан Южный фронт в составе 9-й и 18-й армий. На жуковской карте обе эти армии пропущены. Пропущен весь Второй стратегический эшелон в составе семи армий и весь Третий эшелон, который находился в стадии формирования. Двенадцать армий Жуков назвал (положения не указывая), а одиннадцать армий пропустил. До корпусов, дивизий и бригад великий полководец не опускался и на такие мелочи не разменивался. После этого объявил: враг был сильнее!

Стратег ошибся. Даже если, как это сделал Жуков, половину советских армий пропустить, то и в этом случае на советской стороне оставался количественный и качественный перевес по танкам, авиации и артиллерии.

Смотрят господа иностранцы в жуковские карты, созерцают пустоты, соглашаются: эти русские остолопы совсем к войне не готовились.

Нет, господа, готовились. И не дурнее вас были. Просто не надо дурацким мемуарам верить.

Нам объясняют, что Жуков был вынужден пресмыкаться перед Брежневым ради того, чтобы рассказать правду о войне. Стоило ли ради *такой* правды пресмыкаться? Кому она такая кривобокая нужна?

6

Перед авторами «Воспоминаний и размышлений» стояла задача доказать неготовность к войне, и они старались. В выборе методов обмана застенчивости не проявили. В книге 734 страницы, на опровержение следует выделять вдвое больше, ибо жуковская ложь многослойна, пропитана презрением к своему народу и приторной лакейской любовью к очередному генеральному секретарю. Вот только один пример нашей «вопиющей неготовности». На стр. 214 Жуков сообщает, что за два года до германского вторжения в Советском Союзе было сформировано 125 новых дивизий. Эту цифру повторяли и до Жукова, и после него. Такую же чепуху нес и безграмотный Маршал Советского Союза А.А. Гречко: «Это позволило в 1939—1941 годах... сформировать 125 новых дивизий» (Вооруженные силы Советского государства. М., 1974. С. 60).

А вместе с ним главный военный историк генерал-лейтенант П.А. Жилин: «За 1939—1941 гг. было сформировано 125 новых дивизий» (Великая Отечественная война. М., 1973. С. 46).

Я этому тоже когда-то верил, потом усомнился. Начал сам считать, начал на дивизии карточки заводить и сведения о каждой дивизии в них вписывать. И быстро выяснил, что одних только стрелковых дивизий было сформировано 125, причем 23 из них были тут же переформированы в моторизованные. Нужно помнить, что моторизованные дивизии по количеству танков почти ничем от танковых дивизий не отличались. А кроме стрелковых дивизий, только за последний год перед германским вторжением в Советском Союзе была сформирована 61 танковая дивизия. А еще за тот же год были сформированы 79 авиационных дивизий. Жуков 125 новых дивизий вспомнил, а еще 140 дивизий забыл. Он назвал стрелковые дивизии, а про танковые и авиационные не вспомнил.

И когда говорят, что вот только у Жукова и открылась большая правда о войне, возражаю: все эти шулерские финты и трюки задолго до Жукова были тысячекратно повторены Тельпуховским, Жилиным и иже с ними.

Еще до Жукова сборник «50 лет Вооруженных сил СССР» поведал доверчивым читателям: «Особенно крупные мероприятия были осуществлены в 1939—1941 гг. Достаточно указать, что за эти годы было сформировано 125 новых дивизий» (М., 1968. С. 262). Авторы забыли уточнить, что речь идет только о стрелковых дивизиях, про 140 новых танковых и авиационных дивизий они вспоминать не стали. Так что не Жуковым этот финт придуман.

Кроме того, в то же время были сформированы пять воздушно-десантных корпусов и еще пять готовились к развертыванию. Были сформированы десять противотанковых бригад и пр. и пр. и пр. Жуков об этом тоже забыл.

Гитлер вступил в войну за мировое господство, имея 6 танковых дивизий. А мы за один только год развернули танковых дивизий больше, чем все армии мира, вместе взятые, за всю историю человечества. Но начальник Генерального штаба, при котором это развертывание происходило, ничего об этом не знает.

Кроме дивизий Красной Армии, в тот же период бурно росли дивизии НКВД. На германской стороне Жуков пересчитал все дивизии СС, а наши дивизии НКВД в статистику не включил. Почему? Чем они от СС отличались? Только формой. А еще звериной жестокостью. СС — преступная организация. Но против собственного населения войска СС не совершили и сотой доли того, что наши доблестные чекисты совершили против народов СССР.

Возражают, что ни одна советская дивизия не была полностью укомплектована. Это вы, дорогие мои, Жукова начитались. Будьте бдительны: Жуков врет. Сейчас ради экономии места и времени этот вопрос опустим. Доказательства за мной. Я их представлю.

Соавторы Жукова повторили избитую советскую ложь: на западных границах Советского Союза находилось 170 дивизий и 2 бригады (АПН, 1969. С. 204. ОЛМА-ПРЕСС, 2003. Т. 1. С. 212). К этому вопросу я однажды вернусь и разберу его особо. Эту глупость десятилетиями повторяют наши высоколобые эксперты. Вот Григорий Иваницкий, старший научный сотрудник Института военной истории МО РФ, на страницах «Российской газеты» (22 июня 1993 г.) рассказал удивительные истории про 170 дивизий и 2 бригады. Главному редактору надо было проявить малую толику мужества: мы такого печатать не будем! И над старшим научным сотрудником надо было посмеяться всем коллективом: не надо говорить глупостей! Но редактор струсил и протестовать не стал.

Старший научный сотрудник не одинок. Жуковские выдумки про 170 дивизий и 2 бригады распространяют по миру лица с куда более высоким положением. Мемуары Жукова хвалили Маршалы Советского Союза В.Г. Куликов и С.К. Куркоткин, маршал бронетанковых войск О. Лосик. Последний министр обороны СССР Маршал Советского Союза Д.Т. Язов не только хвалил мемуары Жукова, но и подтвердил цифру: 170 дивизий и 2 бригады (ВИЖ. 1991. № 6. С. 7). Всеобщее одурачивание, которое исходило из стен Министерства обороны и Генерального штаба, туда же и вернулось. Наши маршалы настолько вжились в свое вранье, что перестали отличать правду от вымыслов. Согласен, проверить сведения о количестве советских дивизий на западных границах не просто. Не каждый Маршал Советского Союза одарен способностью считать до 170. Но очень легко было проверить сведения о двух бригадах. Ведь это как два пальца загнуть. Вот бригада — загнем один пальчик. Вот еще — второй пальчик загнем. А вот еще десять! Если бы кто-то из наших уважаемых маршалов (и старших научных сотрудников) удосужился посчитать бригады, то легенда про 170 и 2 рухнула бы мгновенно. Любой справочник по войне дает цифру: в западных приграничных военных округах находилось 15 одних только воздушно-десантных бригад. При этом названа их дислокация, указаны командиры, расписаны структура, численность, вооружение, боевой путь бригад и дальнейшая судьба. Там же, в западных округах, находились 10 артиллерийских противотанковых бригад. И одна бригада морской пехоты. 7 бригад ПВО. 10 железнодорожных бригад. 2 стрелковые бригады.

Итого — 45.

Вот жуковская арифметика: 2 бригады назвал, 43 пропустил.

Помимо этого, существовала организационная единица под названием «бригадный район ПВО». Это та же бригада ПВО, только рассредоточенная на значительной территории. Бригада ПВО прикрывала один крупный важный объект, а бригадный район ПВО — несколько менее важных. В пяти приграничных округах было 20 бригадных районов ПВО.

Если к 45 бригадам добавить и бригадные районы ПВО, то получается, что из 65 боевых единиц бригадного уровня гений военного искусства пропустил 63. С такими математическими способностями нетрудно доказать, что враг был сильнее.

А теперь представим себе, что весной 1941 года сидит в Генеральном штабе величайший полководец XX века. Перед ним задача — планировать войну. Действия двух бригад он способен планировать, ибо знает, что они существуют. Но как мог этот гений планировать действия остальных 63 бригад и бригадных районов, если он не подозревал об их существовании?

Один критик — о «Ледоколе»: это на уровне анекдота. Спорить не буду. Но почему критики молчат, читая сочинения величайшего полководца XX века? Рассказы про две бригады — это на каком уровне?

С дивизиями — та же ситуация. В стране были развернуты за один год 61 танковая и 79 авиационных дивизий, но гений об этом слыхом не слыхивал. Как он мог планировать действия танковых и авиационных дивизий, если не знал, что они существуют?

Но вот завершилась война. Вот стратег засел за мемуары. Если на войне он совершенно не представлял себе боевую мощь Красной Армии, то надо было хоть после войны пробел заполнить. К середине 60-х годов XX века было выпущено достаточно книг и о танковых войсках, и об авиации, о стратегии и тактике. Открываешь книгу об артиллерии, а в ней обязательно описаны все десять противотанковых бригад, которые были созданы в западных районах страны до германского вторжения. Если бы Жуков или его многочисленные помощники раскрыли хотя бы одну книгу про артиллерию, то тут же убедились бы, что в одной только артиллерии бригад было не две, а больше. А раскрыли бы книгу про ПВО, то прочитали бы про 6 бригад и 20 бригадных районов...

Мемуары Жукова подперли заклинаниями: «Георгий Константинович исключительно ответственно подходил к работе над своими мемуарами. Были перевернуты горы архивных документов, состоялись беседы со многими бывшими подчиненными, сотни раз выверялись цифры, факты» («Красная звезда», 12 января 1989 г.). Тот, кто мемуаров не читал, кто не знаком с продукцией Агитпропа о войне, тот этим заклинаниям может поверить. Но надо просто полистать официальную коммунистическую макулатуру о войне и сравнить с мемуарами стратегического гения. Из этого сравнения следует только один вывод: никто никаких цифр и фактов не проверял и архивов не использовал. Жуков и братия лепили «самую правдивую книгу о войне» от фонаря, бессовестно переписывая факты и цифры из книг столь же безграмотных и безответственных сочинителей. С познавательной точки зрения мемуары Жукова — это военно-исторический Чернобыль. Опыт войны в Советском Союзе, а теперь в России не изучался никак. Маршалы Советского Союза Куркоткин, Куликов, Язов — случайные люди в армии. Весь их интерес заключался в том, чтобы в казармах был порядок, чтобы кровати были заправлены образцово, чтобы табуретки блестели свежей краской, чтобы стенные газеты отражали генеральный курс родной партии. Но их военные знания каждый может оценивать самостоятельно. Как можно изучать опыт войны, как можно извлечь уроки из ошибок и просчетов, если наши стратеги не имеют даже приблизительного понятия о численности войск, о количестве боевой техники? Наши маршалы хвалят книгу, авторы которой не имели ни малейшего представления о Красной Армии. Ясно, что уровень военных знаний Куркоткина, Язова, Лосика, Куликова и прочих — на уровне Жукова. А может быть, и еще ниже.

7

Когда мы говорим о том, чего в мемуарах нет, надо справедливости ради отметить, что в них есть. После смерти Сталина, дорвавшись до власти, Жуков стремился подчинить Вооруженные Силы лично себе. Для этого армию следовало вырвать из-под контроля партии и компетентных органов. Этим Жуков и занимался. Политработникам от него жизни не было. На этом стратег и погорел. Свидетельствует генерал-лейтенант Н.Г. Павленко: «Жуков не отрицал ошибок, которые совершил, находясь на посту министра обороны. Особенно переживал за те, которые были связаны с недооценкой роли армейских партийных организаций и явными перекосами в дисциплинарной практике» (ВИЖ. 1988. № 12. С. 34). Жукова прогнали с вершин. И он тут же перековался. Вся его книга — гимн политработникам. В каждом эпизоде присутствует мудрый комиссар или замполит, который дельным советом и личным примером ведет батальоны от победы к победе.

Но вернемся к тому, чего нет.

Итак, первое, что должно было быть в мемуарах честного начальника Генерального штаба, — карта обстановки. Ее не оказалось. Вернее, оказалось нечто такое, что должно заполнить звенящую пустоту. Эта работа была не выполнена, а обозначена.

Второе, что должно быть в таких мемуарах, — соотношение сил: у противника столько-то танков, столько-то самолетов, а у меня столько-то.

Третье — замыслы и планы: на что мы рассчитывали, что из этого вышло, кто виноват.

Все остальное — не важно.

К замыслам и планам мы вернемся в третьей книге, а сейчас — о соотношении сил. В изложении этого вопроса Жуков использовал метод уличных проходимцев, мошенников самого низшего звена, у которых на месте совести — кленовый лист, узорчатый и широкий, как на канадском флаге.

Мемуары Жукова испытания арифметикой не выдерживают.

Количество германских танков и самолетов Жуков сообщил дважды: «В составе групп армий «Север», «Центр» и «Юг» противник ввел в действие 3712 танков и штурмовых орудий. Сухопутные войска поддерживались 4950 боевыми самолетами». Это страница 263. На странице 411 Жуков повторил цифры: 3712 танков и 4950 самолетов.

А у нас? А у нас — пустота. Товарища Патоличева в тылу великий полководец вспомнил, а танки на фронте забыл. В «самой правдивой книге о войне» великий стратег открывал ужасные тайны: «Больше 50 процентов населения страны составляли женщины» (ОЛМА-ПРЕСС. 2003. Т. 1. С. 296). А вот про самолеты не подумал сообщить. Вместо цифр: «Количественное превосходство войск врага было велико — в 5—6 и более раз, особенно в танках, артиллерии, авиации». О, бедный архивариус! Как ему разбираться: в пять раз у нас было меньше танков или в шесть? Или в десять?

Если стратег знает количество боевой техники противника с точностью до единицы, то уж свои-то пять пальцев он должен сосчитать! Зачем архивариусу жуковские разы? Почему не названы цифры? Тем более что большими (если верить Жукову) они никак быть не могли. Если у противника 3712 танков и это в пять раз больше, чем у нас, следовательно, в Красной Армии было 742 танка. Так надо прямо и откровенно сказать. А уж если у нас в шесть раз меньше было танков, то назови цифру — 618. А что такое «и более раз»?

Вот вам штабная культура: танков, по Жукову, в Красной Армии было, может быть, 742, а может быть, и не 742. Может быть, 618, а может быть, и нет. Если превосходство противника было в семь раз, то танков у нас было 530, а может быть, их было 371, если превосходство противника было десятикратным. Большим оптимистом был Георгий Константинович, когда восклицал: умный поймет!

Нет, полная ясность и чувство глубокого удовлетворения возникают только у Язовых и Карповых, когда они читают «самую правдивую книгу о войне».

Жуков вспомнил только наши новейшие танки. Если дело на то пошло, надо было назвать их точное количество: КВ — 711, Т-34 — 1400, Т-40 — 233, БТ-7М — 704. Итого — 3048. Тут же указать, что в германской армии все танки были устаревшими, танков новых образцов не было вовсе. Как и во всех остальных странах мира. И если наших одних только новейших танков было почти столько же, сколько в Германии устаревших, то откуда вдруг взялось многократное германское численное превосходство?

Если у противника 4950 самолетов, и это в «5—6 и более раз» больше, чем у нас, следовательно, в Красной Армии самолетов было 990. Или 825. А может быть, их было 618. Или 495. Понимай как знаешь.

Вместо точного количества самолетов в этом «единственном источнике правды о войне» сказано: «В авиации преобладали машины старых конструкций. Примерно 75—80 процентов общего числа машин по своим летно-техническим данным уступали однотипным самолетам фашистской Германии» (Там же. С. 210).

Если превосходство противника было пятикратным, при этом 75—80 процентов наших самолетов были устаревшими, то новых самолетов в Красной Армии получается 200—250. А если превосходство противника было десятикратным, то новых самолетов в Красной Армии было вдвое меньше — 100—125.

Простите, но получается полнейшая чепуха, которая легко опровергается мемуарами самого Жукова.

«Маршал победы» использовал примитивный, но действенный главпуровский трюк. Он сообщил сведения, которые нельзя сравнить: СКОЛЬКО самолетов у них и КАКИЕ у нас. Прикинем: нас интересует количество воды, а нам сообщают, что она мокрая.

Ликуют товарищи: «Лишь с выходом мемуаров Г. Жукова начала проясняться кое-какая правда о начальном периоде войны». Для полного прояснения напомню: танков в Красной Армии было не 300, не 600 и не 900, а 23 925.

И боевых самолетов — не 500 и не 900. И даже не 1000, а 21 130.

Жуков попросту врал про 75—80 процентов устаревших самолетов. Ил-2 он посчитал, Ил-4 пропустил. Пе-2 посчитал, Пе-8 пропустил. Як-1 засчитан, Як-2 и Як-4 забыты и т.д. и т.п.

Мемуары названы с претензией: «Воспоминания и размышления». О каких воспоминаниях речь, если стратег ничего не помнит? Если он даже приблизительно не представлял мощь Красной Армии? О чем после того размышлять?

Известно, что Жуков книг не читал. Это зафиксировано в документах. В протоколе негласного обыска, который был проведен на даче Жукова в ночь с 8 на 9 января 1948 года, записано: «На даче нет ни одной советской книги, но зато в книжных шкафах стоит большое количество книг в прекрасных переплетах с золотым тиснением, исключительно на немецком языке» (Военные архивы России. 1993. № 1. С. 190). Жуков языками не владел. Следовательно, немецких книг он тоже не читал. И вот вопрос: а удосужился ли он прочитать «свои» мемуары? Если читал эту грязь, то почему не протестовал? Куда девалась несгибаемая воля «великого полководца»?

8

Когда вся гниль и фальшь жуковского творения всплыли, идеологи тут же нашли ответ: он не врал! Он просто не знал, сколько в Красной Армии было танков и самолетов. Метод все тот же: чтобы не назвать Жукова обманщиком, его перевели в разряд идиотов. Об этом объявил один из ведущих коммунистических военных историков, генерал-лейтенант Н.Г. Павленко (ВИЖ. 1988. № 11. С. 26).

Мы снова в тупике.

Если молодой, только что выпущенный желторотый лейтенант принимает взвод, то обязан прежде всего узнать, сколько под его командованием будет солдат и сержантов, за сколько танков, пулеметов и автоматов он лично отвечает.

Если старшина принимает роту, то обязан совершенно четко знать, сколько у него в роте пар сапог, сколько одеял, портянок и шинелей.

Если буфетчица принимает хозяйство, то знать ей положено, сколько у нее в кассе денег и сколько ящиков водки на складе.

В начале 1941 года Жуков принял Генеральный штаб. Он должен был потребовать от предшественника генерала армии Мерецкова краткий отчет — на одну страницу: людей в Красной Армии столько-то, дивизий, корпусов, армий — столько-то. В их составе: танков, пушек, гаубиц... На складах и хранилищах: снарядов, патронов, пулеметов, винтовок...

И тут же обзвонить всех командующих округами: сколько у тебя в СибВО самолетов? А у тебя в СКВО сколько танков?

Допустим, что Мерецков не сумел назвать точных цифр, в этом случае Жуков должен был тут же написать рапорт Сталину: с Мерецкова надо срочно содрать генеральские лампасы и отправить рядовым в дисбат. Или, допустим, Мерецков доложил цифирь, но она не совпадает с тем, что сообщили из военных округов. Но и в этом случае надо было звонить во все колокола, срочно формировать комиссии для обследования ведения дел в центре и на местах.

Но никаких следов жуковской активности в этом направлении никто никогда не находил.

Одно из двух:

— либо при передаче дел генерал армии Мерецков сообщил генералу армии Жукову количество танков, самолетов, артиллерии, дивизий и прочего, а Жуков все это тут же забыл;

— либо, принимая дела, Жуков просто не интересовался количеством танков, самолетов и дивизий.

Вот вам и вся разгадка катастрофы 1941 года. Начальник Генерального штаба РККА генерал армии Жуков должен был планировать боевые действия 24 тысяч танков и 21 тысячи самолетов, но он об их существовании просто по-человечески забыл. Поэтому он планировал действия 500—900 самолетов и 300—600 танков. А все остальное попросту выпало из поля его гениального зрения и планами было не охвачено.

И еще одно противоречие. Жуков и все остальные коммунистические стратеги сообщают: мы внезапный удар по Германии не готовили. Мы ждали, когда Гитлер ударит первым, сожжет наши самолеты и танки, опрокинет аэродромы, передавит командные пункты, захватит стратегические запасы, а уж после этого мы намеревались быстренько выбить его с нашей земли и тут же перенести боевые действия на вражескую территорию.

Товарищи дорогие, если у противника превосходство в танках и самолетах в «5—6 и более раз», если к тому же наши самолеты на 75—80 процентов устаревшие, то после первого внезапного удара ситуация усугубится и превосходство противника станет воистину подавляющим. Не кажется ли вам, что только дебил мог при таком раскладе планировать краткосрочные оборонительные бои с немедленным переносом боевых действий на территорию противника?

И еще: как назвать ту неблагодарную свинью, которой народ, доведенный до людоедства и трупоедства, дал под командование 24 000 танков, в том числе тысячи лучших в мире, а он даже не удосужился поинтересоваться, сколько же их было? И какая, простите, ценность мемуаров начальника Генерального штаба, который или полный дурак, или дурака из себя корчит?

Теперь вспомним заявления Жукова о том, что перед войной Сталин не интересовался делами Генерального штаба. Великий стратег Жуков якобы хотел доложить о состоянии войск, но такой возможности не представилось.

Давайте этому поверим. Но спросим: а мог ли Жуков доложить о состоянии Красной Армии, если не представлял даже приблизительно ни количество дивизий, ни число танков, самолетов и орудий в Красной Армии?

Не знаю про Сталина, а вот Жуков явно делами Генерального штаба не интересовался.

А медные трубы ревут все громче: «Будучи начальником Генерального штаба, он совершенно правильно оценивал армии врагов и состояние своих войск» (Маршал Советского Союза Д.Т. Язов. «Красная звезда», 20 апреля 2004 г.). Уж куда правильнее.

Альтернатива вот какая: или нас так и будут во всем мире считать полными идиотами (а Жукова гением), или книгу Жукова мы все-таки прочитаем и выявим в ней некоторые, мягко говоря, неточности.

Вот мнение Константина Симонова. Он говорит обо всех наших мемуаристах, в первую очередь о Жукове: «Многие из них привыкли, что пишут за них, что они только подписывают то, что им предлагают, а предлагают им то, что требуется, то, что надо. Ни цены слова они не знают, ни ответственности за написанное слово» («Знамя». 1997. № 2. С. 188).

За эти слова можно простить Симонову все его грехи.

Глава 21
ПРО КУЛИКА И ПАВЛОВА

В сложившейся ситуации Сталин и Жуков, поняв, что за эти преступные ошибки, кроме них, собственно, спрашивать больше не с кого, быстро нашли «рыжего». Им оказался Павлов.

И хотя он вынужден был действовать на направлении главного удара немцев в той обстановке, которую ему создали вышестоящие (причем официально «помогали» ему вначале три маршала — Шапошников, Кулик, Ворошилов, потом еще два — Тимошенко, Буденный и «примкнувший» к ним Мехлис), расстреляли с группой генералов округа именно его.

М.В. Сафир.
Военно-исторический архив. 2001. № 2. С. 94

1

Это старый прием: чтобы оттенить ослепительное сияние и величие, надо рядом изобразить нечто темное, мрачное, мерзкое, гнусное, смердящее. Для контраста.

Рядом с величайшим стратегом всех времен и народов нам рисуют никчемных мелких людишек, тупых служак, которые были ни на что не способны, которые ничего не понимали. В сложной обстановке начала войны они проявили неорганизованность, растерянность, нерасторопность, неумение руководить войсками, а то и самую обыкновенную трусость. В качестве главных антиподов стратегического гения XX века коммунистическая пропаганда выбрала Маршала Советского Союза Григория Ивановича Кулика и генерала армии Дмитрия Григорьевича Павлова.

Поливать грязью Кулика и Павлова — работа хлебная, непыльная. И умственного напряжения не требующая. И Кулик, и Павлов были расстреляны по приказу Сталина, возразить клеветникам не могут. И мемуаров не оставили. А тома Жукова — вот они, горкой лежат. Черпай ведрами грязь из жуковского мемуара да от себя добавляй.

Первым против Кулика и Павлова выступил Жуков. И выбор его был неслучайным. Причина вот какая. Бросился Жуков с разоблачениями на адмирала Кузнецова, а тот ответил: сам дурак! Кинулся на Рокоссовского, тот огрызнулся. Сделал подлость Василевскому, а тот не забыл. Давил Малиновского, но и тот нашел, как отбиться. Рыпнулся на Соколовского, сдачи получил. Потянул на Конева, а тот чуть было великому стратегу морду не разбил. Публично. Жаль, разняли.

И понял Жуков: тут не прошибешь. Надо там, где полегче. Так и стали Павлов с Куликом любимыми мишенями «объективной критики». Безответные — вот в чем удобство.

2

В чем же виноваты Кулик и Павлов?

Цепь обвинений против Павлова состоит из трех звеньев.

Первое. В январе 1941 года в ходе стратегической игры на картах он продемонстрировал полную беспомощность. Жуков якобы разбил Павлова играючи.

Второе. Через полгода, вечером 21 июня, когда надо было поднимать войска по тревоге, когда на счету были каждый час и каждая минута, благодушный Павлов веселился в театре. Вместе со всеми своими заместителями.

Третье. Когда грянула война, Павлов якобы проявил полное непонимание природы современной войны, неумение управлять войсками в сложной неясной обстановке. Оттого — катастрофа Западного фронта, а вслед за этим — целая цепь катастроф. Пришлось Павлова расстрелять. Жалко, но что поделаешь, — заслужил. По грехам ему и мука.

Но давайте внимательно посмотрим на грехи, просчеты и ошибки генерала армии Павлова.

Начнем с самого главного обвинения, которое состоит в том, что Павлов плохо действовал в первые дни войны. Эти обвинения по меньшей мере несправедливы. Летом 1941 года в Красной Армии было пять Маршалов Советского Союза: Ворошилов, Буденный, Тимошенко, Шапошников и Кулик. В первые дни войны *все пятеро* находились на Западном фронте. Все «помогали» Павлову.

Их должности на 22 июня:

Ворошилов — член Политбюро ЦК, заместитель Председателя СНК, председатель Комитета обороны при СНК СССР. До 1940 года Ворошилов 15 лет был наркомом обороны СССР.

Тимошенко — член ЦК, народный комиссар обороны СССР.

Буденный — член ЦК, первый заместитель наркома обороны СССР.

Шапошников — кандидат в члены ЦК, заместитель наркома обороны, бывший (и будущий) начальник Генерального штаба.

Кулик — заместитель наркома обороны, начальник Главного артиллерийского управления РККА.

Задумаемся. Меньше чем за неделю был разгромлен Западный фронт — вооруженная по последнему слову техники полумиллионная группировка советских войск на самом главном стратегическом направлении войны. Неужто в этом не виноват председатель Комитета обороны Ворошилов, который до этого 15 лет возглавлял Наркомат обороны? Западное направление во все века было той накатанной дорогой, по которой через Смоленск завоеватели шли на Москву. С 1925 года Ворошилов как глава оборонного ведомства был обязан укреплять именно это направление, именно его готовить к отражению агрессии. И если главный прорыв получился именно тут, то неужто в этом нет вины Ворошилова? Неужто он не заслужил такого же наказания, как и командующий Западным фронтом?

Допустим, с 1925 по 1940 год нарком обороны Ворошилов подготовил войска и территорию Белоруссии к отражению агрессии, но вот в 1940 году командующим в Минск был назначен непутевый Павлов, который все сделанное наркомом Ворошиловым загубил. Тогда возникает вопрос: а куда смотрел член Политбюро, заместитель Председателя СНК, председатель Комитета обороны Ворошилов? Если он видел, что Павлов в последний год перед германским вторжением губит дело, почему не вмешался?

Одно из двух.

Либо Ворошилов накануне вторжения попустительствовал Павлову в ослаблении обороны западного направления. Тогда оба достойны наказания.

Либо Ворошилов за 16 лет бурной деятельности войска Западного округа и территорию Белоруссии к отражению агрессии не подготовил. В этом случае наказывать надо было одного Ворошилова. Что мог сделать один Павлов в Минске за последний год, если нарком обороны в Москве на своем высоком посту ничего не сделал за 16 лет?

С 1940 года в кресле наркома обороны сидел маршал Тимошенко.

Вопрос вот как поставим: знал Тимошенко, как надо организовать отражение агрессии на западном направлении, или он этого не знал?

Если знал, то почему не отдал соответствующих распоряжений Павлову? На вожжах и лошадь умна. При умном наркоме даже непутевый Павлов должен был действовать правильно. У хорошего ротного непутевые взводные хорошо и правильно работают. А если неправильно, то и с ротного спрос: а ты на что тут поставлен?

В руках наркома обороны — вся мощь Красной Армии. Если, имея в подчинении всю Красную Армию и все ресурсы страны, сам нарком обороны не знал, как организовать отражение агрессии на земле Белоруссии, то какой спрос с начальника местного масштаба?

И если случился стратегический разгром Западного фронта, неужто первый заместитель наркома обороны маршал Буденный не виноват? Если он не подготовил отражение агрессии, то чем он вообще перед германским вторжением занимался?

Неужто не виноват Маршал Советского Союза Шапошников, который с мая 1937 года по август 1940 года был начальником Генерального штаба? Как в предвоенные годы он планировал оборону на западном направлении?

И если ВСЕ Маршалы Советского Союза, вместе взятые, включая председателя Комитета обороны, наркома обороны с его первым заместителем и двумя заместителями, при всем совокупном опыте, при своем влиянии и необъятной власти, находясь рядом с Павловым, не смогли остановить Гота и Гудериана, то мог ли это сделать один Павлов?

Вопрос ставлю так: перед германским вторжением высокие московские начальники отдавали себе отчет в том, что Западный фронт может рухнуть за неделю, или они этого не понимали? Если не понимали, то всех их надо судить за преступную халатность. А если понимали опасность разгрома, но ничего не делали для подготовки обороны на западном направлении, тогда их надо было судить за вредительство.

Все пять Маршалов Советского Союза вместе проявили в Белоруссии полную беспомощность. Справедливо ли в беспомощности обвинять одного Павлова? Некоторые из маршалов тайно появились в Белоруссии до германского вторжения. И если они видели, что Павлов не работает, а сидит в театре, то почему они его оттуда не выгнали? Почему не поставили вопрос перед Москвой о немедленном смещении Павлова?

Да ведь и маршалы были не одни. Там же в Белоруссии находился и нарком государственного контроля Мехлис с поистине неограниченными расстрельными полномочиями. Почему он не остановил немецкие танки? И если в предвоенные годы, месяцы и дни в Западном особом военном округе никто не готовился к отражению агрессии, то куда же смотрел верховный сталинский контролер Мехлис? Кроме дел военных, не было в нашей стране никаких других дел. Все было подчинено подготовке к войне. Как же Мехлис просмотрел непорядок?

Кроме него, там же в Белоруссии в первые дни войны (и за несколько дней до нее) находился представитель Ставки Главного Командования генерал-лейтенант инженерных войск Д. Карбышев. Там же с первых дней войны были первый заместитель начальника Генерального штаба генерал-лейтенант В.Д. Соколовский и начальник оперативного управления Генерального штаба генерал-лейтенант Г.К. Маландин. Это они планировали войну, в том числе и на Западном фронте. Вот с них и следовало спрашивать вслед за Ворошиловым, Буденным, Тимошенко и прочими. Но все они вышли из воды сухими, из пламени — неопаленными.

3

Еще больше оснований было для привлечения к суду генерал-майора А.М. Василевского. С мая 1940 года он занимал должность заместителя начальника Оперативного управления Генерального штаба. Он лично разрабатывал оперативную часть плана стратегического развертывания Советских Вооруженных Сил на северном, северо-западном и западном направлениях (СВЭ. Т. 2. С. 27). Это он планировал действия Северного, Северо-Западного и Западного фронтов. Это на его совести лежит разгром Красной Армии не только на Западном фронте, но и на Северо-Западном — в Прибалтике, и выход германских войск к Ленинграду. Блокада с миллионом погибших — тоже результат его планирования, его плодотворной деятельности.

Но удивительное дело: Павлова расстреляли, а никто из московских начальников не пострадал (Кулика разжаловали позже за другие дела, а расстреляли через пять лет после войны уже совсем по другим статьям). В подавляющем большинстве все московские начальники, которые в первые дни войны находились на Западном фронте, вскоре получили повышение.

Маршал Ворошилов через несколько дней после разгрома Западного фронта вошел в состав Государственного Комитета Обороны — чрезвычайного высшего органа, в котором была сосредоточена вся полнота государственной власти. Кроме того, Ворошилов стал членом Ставки Верховного Главнокомандования.

Маршал Шапошников уже в том же месяце, в июле, вернулся на пост начальника Генерального штаба.

Генерал-лейтенант Маландин через семь лет поднялся до генерала армии, а генерал-лейтенант Соколовский через пять лет — до Маршала Советского Союза.

Особо следует сказать про генерал-майора Василевского. Он не был на Западном фронте, но он лично планировал боевые действия Западного фронта. За позорные поражения Красной Армии в Белоруссии и Прибалтике, за окружение Ленинграда генерал-майора Василевского ждал самый головокружительный взлет во всей Красной Армии. Через три недели после ареста командования Западного фронта Василевский становится заместителем начальника Генерального штаба, начальником Оперативного управления. До этого он отвечал только за планирование боевых действий от Белого моря до Бреста. Тут — сплошной провал. Теперь Сталин доверяет ему планировать все действия Красной Армии. В октябре 1941 года Василевский становится генерал-лейтенантом. Через полгода — генерал-полковником. Еще через месяц Сталин назначает его начальником Генерального штаба. Прошло еще полгода, и Василевский получает звание генерала армии. Затем через 29 дней — Маршала Советского Союза.

И уж совсем непонятна судьба Жукова. Западный фронт рухнул. И Северо-Западный. И Юго-Западный. И Южный. Северный тоже. Если бы Северный фронт устоял, то не было бы блокады Ленинграда. Рухнули все пять фронтов. Их действия планировал лично Жуков. Но под топор пошло только руководство Западного фронта.

А начальника Генерального штаба в святые определили.

Мало того, 26 июня 1941 года Сталин поставил Жукову задачу заниматься исключительно делами Западного фронта. Вот как Жуков сам об этом рассказывает. «В тот же день (26 июня. — *В. С.*) вечером по вызову Сталина я возвратился в Москву и сразу прибыл к нему в кабинет. Он возложил на меня организацию обороны на рубеже Полоцк — Витебск — Орша — Могилев — Гомель, с тем чтобы задержать наступление противника в связи с критическим положением на Западном фронте» («Красная звезда», 26 марта 1996 г.).

Так что Павлову «помогали» не только все Маршалы Советского Союза, но и сам величайший полководец XX века. Однако ничего ни у маршалов, ни у гениального полководца не получилось.

А виноват Павлов.

4

Павлова обвиняли в том, что он плохо проявил себя в январе 1941 года в ходе стратегических игр. Источник обвинений известен. Это следует из захватывающих охотничьих рассказов Жукова. Материалы стратегических игр были закрыты грифом совершенной секретности, поэтому Жуков мог сочинять все, что ему заблагорассудится, рассказывать доверчивым все, на что были способны его буйная фантазия и длинный язык. И он сочинял. И он рассказывал. Но чуть приоткрылись архивные сейфы, и оказалось, что Павлов на тех играх был нисколько не хуже Жукова. Оказалось, что Жуков просто выдумал ход и исход игр. Рассказы Жукова — треп, злобный вымысел престарелого хвастуна.

А вот еще обвинение: вечером 21 июня 1941 года генерал армии Павлов веселился в театре, а ведь надо было...

Глупость Павлова налицо. Однако и тут есть что возразить. Не один Павлов в театре сидел. Внимательному читателю рекомендую полистать мемуары других генералов из других военных округов. Гарантирую, любой, кого интересуют загадки начального периода войны, найдет десятки упоминаний о *столичных* артистах, которые во второй половине июня пели и плясали по большим и малым гарнизонам вдоль всей западной границы Советского Союза. Не Павлов столичными концертными бригадами распоряжался, не он их слал на границу. Не было у него власти столичными распоряжаться.

Молодому поколению не понять, а сверстники подтвердят — у нас так было устроено: готовится сбор урожая, и вот артисты всех рангов — от школьных драмкружков до московских знаменитостей — на полевых станах поднимают боевой дух земледельцев перед грандиозной битвой за урожай. Или — готовятся выборы. Тут вам в магазины и колбаски подбросят, и банок каких-то с завлекательными этикетками, и кислого вина подвезут аж из Алжира. Однажды в Куйбышеве перед выборами даже бананы продавали. Правда, только с десяти до обеда и только в центральных кварталах. А вот водки, точно помню, на всех хватило. У кого деньги были. И тут же рядом с магазинами, внезапно разбогатевшими на закуску и выпивку, — радость всенародная: бубны стучат, гитары бренькают, гармошки надрываются. А в заводских клубах, а то и прямо в цехах, любимцы всенародные, от Пьехи до Зыкиной, разносят по душам человеческим надежду, тепло и счастье беспредельное.

Или вот: в 1968 году, ближе к августу, любителям эстрады и цирка, поклонникам оперетты, сатиры и драмы, балета и оперы в Москве было нечего делать. Ценителю надо было в тот момент оказаться в войсках Прикарпатского военного округа. На границе с Чехословакией. Вот где раздолье было! Любуйся-наслаждайся достижениями советского, самого гуманного в мире искусства! Главное — бесплатно. На халяву!

В июне 1941 года нечто подобное случилось вдоль всей западной границы Советского Союза. Историкам искусства рекомендую полистать воспоминания певцов и танцоров, скрипачей и пианистов, артистов кино и театра. Самое, казалось бы, им место в июне 1941 года перед сбором урожая — на Дону, на Кубани, на Алтае, в Поволжье. Ан нет. Все они стайками и табунами почему-то по западным границам роились. Некоторые из них развлекали командование и штаб Западного фронта. Именно так: фронта! Вечером 21 июня, в тот самый момент, когда Павлов со своим штабом в театре хлопал в ладоши, в Кремле товарищ Сталин принимал решение о развертывании пяти советских фронтов от Белого моря до Черного. В частности, было принято решение о создании Западного фронта и назначении генерала армии Павлова командующим. И если так, то Павлову должен был позвонить сталинский секретарь товарищ Поскребышев и сообщить: решается ваш вопрос, вам приказано сидеть в служебном кабинете у телефона и ждать решения.

И если Павлов беспечно расслаблялся в театре, то из этого следует, что подобного распоряжения из Кремля не поступало.

И тут из области смешного мы переходим в область непонятного. Над Павловым каждый волен смеяться, но как понимать поведение Сталина? В годы его правления весь государственный аппарат работал в сталинском ритме и был подчинен режиму дня отца народов. Сталин работал ночами, потому все наркомы, а позже министры сидели до утра в своих кабинетах: а вдруг позвонит Сталин? Раз в кабинетах ночью сидели наркомы, то сидели и их заместители: а вдруг наркому срочно потребуются какие-то сведения? А раз сидели в креслах заместители наркомов, то оставались на рабочих местах и начальники главных управлений. И их заместители. И начальники управлений. Тоже с заместителями. И начальники отделов. И все прочие. Каждый желающий найдет во множестве такие сообщения: «В Наркомате обороны, в Политическом управлении РККА, так же как и в аппарате ЦК ВКП(б), в то время господствовал порядок авральной ночной работы. Скажем, Мехлис не уезжал домой раньше 5—6 часов утра» (Генерал-майор Е.А. Болтин. «Красная звезда», 10 марта 2004 г.). «Во всех наркоматах работали ночами» (В.С. Емельянов. На пороге войны. М., 1971. С. 23). О сталинском стиле работы рассказывает кандидат в члены Политбюро Д.Т. Шепилов: «Работа шла до утра... Нередко конец одного рабочего дня (вернее, ночи) смыкался с началом другого... Работа шла на износ. Инфаркты, инсульты и смерти сыпались всюду» («Вопросы истории». 1998. № 5. С. 12—13).

И не только правительственно-чиновничья Москва жила в этом ритме. Но и вся страна. Всему аппарату управления приходилось подстраиваться под ритм Москвы. Сидит ночью партийный секретарь в каком-нибудь Уркаганске, а уйти не моги: а вдруг помощник московского замзавотдела потребует немедленного ответа?.. Хорошо на Дальнем Востоке. Когда в Москве ночь, там уже день. А каково остальным?

Но вот исключение, которое выделяется из всех правил. 21 июня 1941 года в Москве решался вопрос экстраординарной важности: впервые в истории Советского Союза в мирное время в обстановке строжайшей секретности создавались пять фронтов. Сталин формировал фронты не для обороны, не для отражения гитлеровской агрессии. В возможность германского нападения Сталин категорически отказывался верить. Фронты создавались для какой-то неизвестной для нас цели. При этом Западный фронт — главное направление войны, центр, сердцевина стратегического построения. И вот в этот решающий момент Сталин не потребовал присутствия Павлова на своем командном пункте или в рабочем кабинете.

И нарком обороны Тимошенко этого не потребовал. Хоть бы начальник Генерального штаба предупредил: эй, Павлов, Дмитрий Григорьевич, далеко не убегай, от кремлевского телефона не удаляйся.

Но вот вам картиночка: не только генерал армии Павлов, но и генерал-майор Климовских там же в театре сидел. А ведь он начальник штаба Западного особого военного округа, который в тот самый момент превращался в штаб Западного фронта. Там же — и начальник артиллерии теперь уже фронта генерал-лейтенант артиллерии Клич. Рождается фронт, а все командование — в театре!

И не только на Западном фронте такое. Наши историки почему-то не любят вспоминать, что днем 21 июня 1941 года командующий Киевским особым военным округом генерал-полковник М.П. Кирпонос с ближайшим окружением сидел на стадионе «Динамо», а вечером отправился в театр. И опять в сопровождении ответственных товарищей. Маршал Советского Союза И.Х. Баграмян описывает жуткий рабочий ритм в штабе округа: начиная с ранней весны 1941 года — ни выходных, ни праздников, работа от зари до зари и дальше в ночь до новой зари, все валятся с ног от усталости и недосыпа... А тут вдруг — стадион, театр... в момент, когда Киевский особый военный округ тайно превращается в Юго-Западный фронт. Генералам не до театров. Им бы дела завершить. Им бы поспать часок!

Но и в Риге — театр. И в Одессе.

Как эту комедию понимать?

Так давайте же будем смеяться не над беззаботными Павловым, Климовских, Кличем, давайте смеяться над Сталиным, Тимошенко и Жуковым.

Впрочем, можно и не смеяться. Меньше чем за три месяца до описываемых событий в Средиземном море, у мыса Матапан, произошло морское сражение между соединениями итальянских и британских кораблей. Сражение завершилось блистательной победой британского флота. Решающую роль в победе Британии сыграли авианосная авиация и применение нового средства обнаружения — радаров. А еще на стороне британского флота — и это главное — была внезапность. Соединение британских кораблей появилось там и тогда, где и когда такое появление не ожидалось и полностью исключалось. Самое удивительное в том, что за несколько дней и даже часов до выхода в море беззаботные британские адмиралы, казалось бы, вовсе делами флота не интересовались. Они вели исключительно напряженную светскую жизнь: танцевали на балах, играли в гольф, появлялись в театрах. А потом как-то незаметно, по-английски, не прощаясь, один за другим пропали.

И никто после разгрома итальянского флота у мыса Матапан над поведением британских адмиралов не смеется.

А вот если бы итальянцы внезапно накрыли британский флот прямо перед выходом из баз, то уж тогда бы историки припомнили британским адмиралам и балы, и гольф, и картишки, и беспечные вечера в театрах.

5

Решение Сталина о развертывании пяти фронтов 21 июня 1941 года — это заключительный этап длительного невидимого со стороны процесса. Приказ немедленно приступить к строительству фронтовых и армейских полевых командных пунктов был отдан еще 27 мая («Красная звезда», 29 мая 1991 г.). К середине июня на эти командные пункты были переброшены оперативные группы. 13 июня 1941 года все радиостанции Советского Союза передали Сообщение ТАСС: «Слухи о том, что СССР готовится к войне с Германией, являются ложными и провокационными... проводимые сейчас летние сборы запасных Красной Армии и предстоящие маневры имеют своей целью не что иное, как обучение запасных и проверку работы железнодорожного аппарата, проводимые, как известно, каждый год, ввиду чего изображать эти мероприятия как враждебные Германии по крайней мере нелепо».

Именно в этот день, 13 июня 1941 года, произошло окончательное и полное разделение структур управления в западных приграничных военных округах, кроме Ленинградского. В тот день нарком обороны отдал приказ вывести фронтовые управления на полевые командные пункты. В Западном особом военном округе, так же как в Прибалтийском и Киевском особых военных округах, уже с 13 июня существовали фронты. Параллельно с этим функционировали и военные округа, из состава которых выделились фронты.

Начиная с 13 июня 1941 года в Белоруссии существовали две независимые военные системы управления: тайно созданный Западный фронт (командующий фронтом генерал армии Д. Г. Павлов, командный пункт в лесу, в районе станции Обуз-

Лесьна) и Западный особый военный округ (командующий генерал-лейтенант В.Н. Курдюмов, штаб в Минске). Павлов продолжал играть роль командующего округом, но он уже официально — командующий фронтом, и его штаб уже перебрасывается на тайный командный пункт, чтобы существовать независимо от Западного особого военного округа. Сам Павлов с высшим руководством фронта пока в Минске. В театре.

Весь этот театр затеян ради того, чтобы показать германской разведке: на Западном фронте без перемен, тут у нас в Советском Союзе жизнь идет своим чередом, ничего серьезного не затевается, никто никуда тайно не уходит, вот они, руководители, все рядочком в театре сидят. И пора понять, господа хорошие, что слухи о том, что СССР готовится к войне с Германией, являются ложными и провокационными...

Когда Сталин в Москве утверждал решение о развертывании фронтов, командные пункты пяти фронтов были уже оборудованы, на многих уже находились офицеры и генералы штабов. Они уже отдавали приказы от имени фронтового командования. Пример: 21 июня 1941 года в 14 часов 30 минут было отдано распоряжение 8-й, 11-й и 27-й армиям о введении светомаскировки в гарнизонах и в местах расположения войск. Распоряжение подписал помощник командующего Северо-Западным фронтом по ПВО полковник Карлин (ЦАМО, фонд 344, опись 5564, дело 1, лист 62). Обращаю внимание: подписал бумагу помощник командующего не округом, а фронтом! Германского вторжения никто не ждал, но фронты уже развернули.

6

В театре рядом с генералом армии Павловым сидел генерал-лейтенант артиллерии Н.А. Клич, начальник артиллерии Западного особого военного округа, на самом деле — Западного фронта. Вот небольшой фрагмент о нем и генерале И.Н. Руссиянове, командире 100-й стрелковой дивизии. Чуть позже, 18 сентября 1941 года, 100-я стрелковая дивизия будет преобразована в 1-ю гвардейскую. В приказе Верховного Главнокомандующего № 308 о преобразовании первых четырех дивизий в гвардейские генерал-майор Руссиянов был назван первым. Именно он официально стал советским гвардейцем № 1. Но сейчас речь не о сентябре, а о начале июня 1941 года.

«100-я стрелковая дивизия перед войной стояла в пригородах Минска, потому неофициально именовалась столичной. В начале июня 1941 года ее командир генерал-майор И.Н. Руссиянов был вызван в штаб округа: предстояло получать новые 76-мм пушки. Начальник артиллерии округа генерал-лейтенант Н.А. Клич хорошо встретил Ивана Никитича, своего старого знакомого. Когда они остались вдвоем, Клич тихо и, пожалуй, чуть неуверенно (что обычно было ему несвойственно) промолвил:

— Иван Никитич, я советую тебе новые семидесятишестимиллиметровые пушки пока не брать. Но — только советую. Решай сам.

— Разве это плохие орудия?

— Новые семидесятишестимиллиметровки — не пушки, а мечта. Но у нас снарядов к ним всего один боекомплект. А к старым пушкам — горы боеприпасов. Начнется война, ты за два дня сожжешь все снаряды к новым пушкам. Что же дальше будешь делать?

— А что — война на носу?

— Я тебе и так сказал больше, чем мог...

— Сколько же мне придется тянуть с получением новых пушек?

— Думаю, не больше месяца» («Красная звезда», 17 июля 1991 г.).

Этот кусочек — вроде гексогена. Маленький совсем, а силищи сколько!

Сидел в Москве, в Генеральном штабе, какой-то гений, гнал в Белоруссию лучшие в мире 152-мм гаубицы-пушки МЛ-20 и по десятку боекомплектов в каждой. Но орудия эти — россыпью: без расчетов, без командиров, без обеспечивающих тылов. Если нет артиллеристов, то дождись, когда будут; на уральских полигонах сформируй батареи, дивизионы, полки, подготовь, сколоти, только тогда в Белоруссию отправляй.

Тот же гений из Генерального штаба гнал в ту же Белоруссию лучшие в мире 76-мм пушки, но только по одному боекомплекту снарядов к ним. Если нет в достатке снарядов к новым пушкам, так держи пушки за Волгой. Когда развернут на полную мощь производство снарядов, вот тогда и пустишь пушки в дело. Иначе армию беззащитной делаешь. Кому нужны пушки без снарядов? Только врагам. Только Гитлеру. Гитлеровцы наши захваченные 76-мм пушки на вооружение приняли, производство снарядов наладили. В первой половине Второй мировой войны советские 76-мм пушки были самыми мощными противотанковыми орудиями гитлеровской армии. Своего ничего подобного и равного у Гитлера не было.

Да и «устаревшие» наши пушки тоже чего-то стоили. Затейники из Генерального штаба и Института военной истории «устаревшее» оружие вообще в статистику не включали. Над этим оружием они глумились. Но вот пример: отказался генерал-майор Руссиянов от новейших, лучших в мире пушек, остались у него в дивизии трехдюймовки образца 1902 года. И потому дивизия его через неполных два месяца войны стала гвардейской. Самой первой.

Так что не в «устаревшем» оружии дело.

7

В начале войны генерал-лейтенант артиллерии Клич был арестован в числе «виновников». «Профессор диверсионных наук» полковник И.Г. Старинов был свидетелем ареста. Вот его рассказ: «В особенности поразил меня арест Н.А. Клича. В его честности и невиновности я был убежден... Н.А. Клич делал все, чтобы повысить боеспособность артиллерии округа. Но у него отнимали тягачи, снимали его людей с позиций на... оборонительные работы. Забирали у него старые пушки с боеприпасами, а взамен присылали новые без снарядов. Что же мог сделать Клич?! Протестовать? Он протестовал, но его осаживали» (И.Г. Старинов. Мины ждут своего часа. М., 1964. С. 211).

Но наш разговор сейчас не о снарядах и пушках, а о том, что начальник артиллерии Западного особого военного округа генерал-лейтенант артиллерии Н.А. Клич в начале июня 1941 года знал: максимум через месяц, т.е. в начале июля, начнется война. Об этом он намекал генерал-майору Руссиянову. «Красная звезда» сообщает, что Руссиянов намек уяснил: «Поняв после разговора с Кличем, что в его распоряжении осталось ничтожно мало времени, комдив с особым упорством налег на огневую подготовку, на тактические учения, школил штаб. Совершенно замучил дивизию. И все же быстрее, чем ожидалось, подошел первый день войны».

Готовился Руссиянов на начало июля, а война началась на две недели раньше...

Командир 100-й стрелковой дивизии генерал-майор Руссиянов узнал о предстоящей войне от начальника артиллерии Западного особого военного округа генерал-лейтенанта Клича. Интересно, а от кого Клич мог узнать про войну в начале июля? Вероятнее всего, от командующего Западным особым военным округом генерала армии Павлова.

Не думаю, чтобы Клич или Павлов знали планы Гитлера. Но они знали планы Сталина. И если не в полном объеме, то в части, их касающейся.

Но допустим невероятное: генерал-лейтенант артиллерии Клич в начале июня 1941 года знал планы Гитлера — максимум через месяц нападет. Если он в Минске это знал и понимал, то, наверное, и гениальный Жуков должен был это понимать. Жукову с высоты виднее. У Жукова в подчинении Разведывательное управление Генерального штаба, ему все разведывательные отделы штабов военных округов информацию шлют. Как же случилось, что командир относительно небольшого ранга в начале июня бьет тревогу, а гениальный стратег в Москве сам тревогу не бьет и других осаживает?

А у меня еще вопрос: зачем знание о скором начале войны в секрете держать? Почему один советский генерал о возможном сроке начала войны сообщает другому намеком? Да не каждому намекает, а только другу своему Руссиянову, в уверенности, что тот не проболтается. Подумаем: кто заинтересован срок начала войны держать в секрете? Только нападающая сторона, только агрессор. Если агрессор Гитлер, то пусть он свои секреты и хранит. А нам зачем гитлеровский секрет беречь? Наоборот, на весь свет трубить надо было: не суетись, Гитлер, твои замыслы нам известны!

А ведь не одному Руссиянову намекали.

Генерал-майор войск связи Агафонов перед войной был начальником связи 11-й армии Прибалтийского особого военного округа. В его рассказе упомянут генерал-майор И.Т.

Шлемин. Он был начальником штаба 11-й армии. Итак: «За несколько дней до войны было проведено последнее учение 128-й стрелковой дивизией в районе Кальварии. После учения подошел я, помню, к начальнику штаба генералу Шлемину и попросил разрешения снять наведенные полевые кабельные линии.

— Ни в коем случае не делайте этого! — категорически приказал начальник штаба, а потом уже более мягко спросил: — Неужели, товарищ Агафонов, вы не понимаете обстановки, не понимаете, для чего это требуется?

— Ясно, товарищ генерал...» (В.П. Агафонов. Неман! Неман! Я — Дунай! М., 1967. С. 20).

Итак, учения завершились. А полевые кабели остались. Не для учений. И не для оборонительной войны. 128-я стрелковая дивизия, как и все остальные, к обороне не готовилась, траншей не рыла, она училась «бить врага на его территории». Особо любопытным рекомендую найти на карте эту самую Кальварию и линию границы 1941 года...

Начальнику связи 11-й армии намек: линии связи развернуты не для учений. Соображай, для чего.

Если я что не так сказал, товарищи поправят, но сдается мне: если генералы о грядущей войне шептались, намеками называя примерную дату ее начала, значит, речь шла не о гитлеровской тайне, а о сталинской.

И не потому Павлов, Клич, Климовских, Копец, Таюрский беззаботно в театре сидели, что делать им нечего, и не потому, что на мирное сосуществование с Гитлером надеялись. Как раз наоборот. Они знали: скоро война, именно потому надо в театре появляться.

Иногда.

А числятся ли за Куликом и Павловым преступления?

Надо признать: числятся.

Не хочу быть однобоким. Справедливости ради надо вспомнить преступления Павлова и Кулика. Некоторые из этих преступлений простить нельзя. Например, оба в конце 30-х годов воевали в Испании. «Чтоб землю крестьянам в Гренаде отдать». На первый взгляд — дело благородное: борьба с фашизмом. Однако...

Однако у нас к 1936 году уже были истреблены миллионы людей. Ничего равного и подобного фашист Франко в Испании никогда не совершал и не замышлял.

У нас миллионы уже сидели в концлагерях, а Испания по большому счету обошлась без этого.

Наших мужиков загнали в колхозы, а испанский мужик оставался свободным. Границы Испании были открыты, и каждый, кому диктатура генералиссимуса Франко не нравилась, мог свободно ехать на все четыре стороны, хоть в Аргентину, хоть в Австралию, хоть на родину мирового пролетариата. А наши границы были на замке. Любого желающего побывать в капиталистическом аду ждал на границе, щелкая затвором, доблестный пограничник Карацупа с верным псом.

В 1932 году коммунисты преднамеренно устроили голод, прежде всего на земле Украины, и убили голодом новые миллионы. А в 1936 году наши доблестные воины поехали Испанию освобождать, хотя в Испании никакого голода не было и не предвиделось. Нашим воинам-интернационалистам надо было не в чужие земли рваться, а воевать за свободу своей страны, своего народа.

Какого черта вы лезли чужой народ освобождать, если наш народ в это время на цепи сидел? Откуда эта ответственность за судьбы далеких стран при полной безответственности за собственную судьбу?

Глава 22
КТО СРАВНИТСЯ С ПАВЛОВЫМ?

> «Правдивая история» Великой Отечественной войны представляет собой фантастическую композицию из лживых мемуаров Жукова, насквозь фальшивых романов Стаднюка и фильмов Озерова.
>
> *Анатолий Тарас.*
> Предисловие к книге: И. Дроговоз.
> Большой флот Страны Советов. Минск, 2003. С. 8

1

Не имея возможности придраться к боевым делам командующего Западным фронтом генерала армии Д.Г. Павлова, защитники Жукова бросились на «бытовуху» и «аморалку». Как почитаешь сочинения о поведении Павлова в быту, сразу начинаешь понимать причины поражения Западного фронта в первую неделю войны.

Вот образец.

Статья: «Командарма арестовывал офицер ГРУ». Опубликована в «Независимом военном обозрении» 5 декабря 2003 года. Автор — Михаил Ефимович Болтунов — «военный писатель, автор ряда книг по истории разведывательно-диверсионной службы». Статья рассказывает об аресте «командарма 1 ранга» Павлова «полковником ГРУ» Мамсуровым.

В заголовке военный писатель Болтунов сделал две ошибки. Должность Павлова — командующий Западным фронтом, воинское звание — генерал армии.

А Болтунов упорно называет Павлова командармом 1 ранга. Павлов такого звания никогда не имел. По возвращении из Испании Герой Советского Союза комбриг Павлов получил воинское звание комкора и должность начальника Автобронетанкового управления РККА. После Зимней войны в Финляндии за успешные действия танковых войск в нечеловеческих условиях на «противотанковой» местности против сильного, стойкого, умного противника, за решение даже теоретически нерешаемой задачи комкор Павлов был произведен в командармы 2 ранга. 4 июня 1940 года в Красной Армии были введены генеральские звания. В этот день постановлением СНК Павлов получил воинское звание генерал-полковника танковых войск. В январе 1941 года Павлов в ходе стратегической игры на картах, действуя против Жукова, проявил завидное полководческое мастерство и 23 февраля 1941 года был произведен в генералы армии.

Об аресте какого командарма летом 1941 года нам рассказывает «военный писатель» Болтунов?

И откуда в июне 1941 года мог появиться полковник ГРУ? Автору книг «по истории разведывательно-диверсионной службы» надо бы знать, что ГРУ было создано 16 февраля 1942 года.

Знание предмета «военным писателем» ясно проглядывается не только в заголовке, но и в подзаголовках. Например, в таких: «В поисках штаба Белорусского округа». Автор сообщает, что «29 июня маршал Ворошилов отдал приказ Мамсурову арестовать командарма 1 ранга Дмитрия Павлова, командарма 2 ранга Владимира Климовских и командарма Николая Клыча». Но «полковник ГРУ» Мамсуров никак не мог разыскать штаб Белорусского округа. Неудивительно. В 1941 году такого военного округа не было. 11 июля 1940 года Белорусский особый военный округ был преобразован в Западный особый военный округ. Это не простая смена вывески. В состав округа была включена Смоленская область, а это противоречило названию «Белорусский».

Но если «полковник ГРУ» искал штаб Западного особого военного округа, то надо было спросить первого встречного.

Любой бы и ответил: в центре Минска. И вовсе не Павлов в первые дни войны управлял округом, а Курдюмов. 21 июня 1941 года произошло разделение структур. Основная часть управления и штаба Западного особого военного округа превратилась в управление и штаб Западного фронта и была тайно переброшена на командный пункт в районе Барановичей. Там после начала войны находился Павлов. Вот там «полковнику ГРУ» и следовало его искать. А меньшая часть управления и штаба так и осталась на месте и сохраняла прежнее название: штаб округа.

Перед выездом из Москвы «полковнику ГРУ» следовало поинтересоваться в Генеральном штабе, где находится штаб Западного фронта. Места расположения нижестоящих штабов определяют и утверждают штабы вышестоящие. В Генеральном штабе должны были знать, что штабу Западного фронта надлежит находиться в районе станции Обуз-Лесьна юго-западнее Барановичей. А если его там нет, то это не вина командующего фронтом генерала армии Павлова. Начальник Генерального штаба генерал армии Жуков якобы знал, что германский удар будет на Барановичи, и именно на пути германского танкового клина определил место для командного пункта Западного фронта. Давайте же еще раз прочитаем план Генерального штаба от 15 мая 1941 года. Жуков называет этот план «моя записка». Так вот там указано место штаба Западного фронта — Барановичи.

С одной стороны, Жуков якобы предвидел, что главный удар германской армии будет в направлении на Барановичи. С другой — именно там расположил штаб Западного фронта. Ну разве не вредительство?

С одной стороны, Сталин якобы с кипением и рычанием отверг план от 15 мая 1941 года, но с другой — штаб Западного фронта так там, в районе Барановичей, и оказался. Точно в соответствии с планом и вопреки рычанию.

Если Павлов, превысив полномочия, вывел свой КП из-под удара, то это не вина, а заслуга. А винить надо некоего гения в Генштабе.

2

Читаем статью «военного писателя» дальше и диву даемся. Не был Владимир Ефимович Климовских командармом 2 ранга. Он был генерал-майором. И вообще не было в Красной Армии в 1941 году воинского звания «командарм». В июне

1940 года подавляющая часть высшего командного состава Красной Армии получила генеральские и адмиральские звания. Со старыми званиями остались некоторые комбриги и комдивы, которых выпустили из тюрем. Но и им в большинстве случаев присваивали генеральские звания. Пример: выпущенный из тюрьмы комдив К.К. Рокоссовский (звание присвоено 26 ноября 1935 года) 4 июня 1940 года стал генерал-майором. Комбригов в 1941 году было еще достаточно много. Комдивов меньше — восемь. Комкор на всю Красную Армию в 1941 году был один — Л.Г. Петровский. А командармов не было. Их либо перестреляли, либо преобразовали в генералы.

До введения генеральских званий звание «командарм» существовало менее пяти лет. Командармов было немного: в 1937 году — пять командармов 1 ранга и десять 2 ранга. После расстрелов еще несколько человек получили звания командармов. Среди них Конев, Кулик, Мерецков, Тимошенко, Шапошников, Ковалев, Тюленев. Но не было среди них никого по фамилии Климовских. И уж явно не было среди них никакого «командарма Клыча». А был на Западном фронте генерал-лейтенант артиллерии Николай Александрович Клич.

Далее в повествовании «военного писателя» появляется «командарм» Еременко. После войны Андрей Иванович стал Маршалом Советского Союза. Неужели «автору ряда книг по истории разведывательно-диверсионной службы» трудно взять мемуары маршала и проверить, какое звание тот имел в описываемый период? Звание «комкор» Еременко получил 4 ноября 1939 года, «генерал-лейтенант» — 4 июня 1940 года. Не был Андрей Иванович командармом ни до введения генеральских званий, ни после.

И уж если «военному писателю» так понравились отмененные воинские звания, то почему он Жукова не называет командармом?

С маршалами — беда. Наш автор вспомнил «Константина Мерецкова». Если вы, мэтр, про будущего Маршала Советского Союза, то звали его Кириллом Афанасьевичем.

Продемонстрировав знание предмета, «военный писатель» обличает Павлова: мол, нехороший был человек. Единственный источник: воспоминания «полковника ГРУ» Мамсурова, который Павлова арестовывал. Неужто вертухай Мамсуров что-то хорошее мог рассказать про арестанта?

Кстати, это тот самый Хаджи-Умар Джиорович Мамсуров, который, поднявшись до звания генерал-полковника, в 1957 году готовил вместе с Жуковым государственный переворот, но в последний момент струсил и покаялся перед Хрущевым.

Совсем сшибает с ног заключительный подзаголовок разоблачительной статьи: «Нашивки за прыжок в окно». «Военный писатель» продолжает рассказ про обстановку в штабе Западного фронта 5 июля 1941 года: «Из окна штабного барака выпрыгнул известный в свое время военачальник... Приземлился неудачно — вывихнул ногу, и его увели в санчасть. На следующий день Мамсуров видел его с костылями. Но более всего его удивило, что на груди полководца на отглаженной щегольской гимнастерке появились две ленточки — золотая и красная, обозначавшие тяжелое и легкое ранения, — эти отличия были введены накануне. Военачальник явно был убежден, что воевать осталось недолго, и хотел в будущем по максимуму поиметь от своего участия в боевых действиях. То, что «увечье» и «царапину» он получил при прыжке из окна штаба, его, похоже, нисколько не смущало. Этот шапкозакидатель тоже чем-то напоминал командарма 1 ранга Павлова».

Вот видите, как все просто: сам «командарм 1 ранга» Павлов в окно от страха не прыгал и нашивок за прыжки в окно на себя не цеплял, но кто-то безымянный сигал в окно, и это очень похоже на поведение Павлова. При таких-то полководцах удивляться не приходится крушению Западного фронта.

Но я вам, уважаемый «военный писатель», не поверю. Не было такого в штабе Западного фронта 5 июля 1941 года. И быть не могло. Врет ваш «полковник ГРУ». Удивляюсь: неужто вы, «военный писатель», вранье распознать не способны? В Красной Армии нашивки за ранения были введены приказом НКО № 213 от 14 июля 1942 года. Через год с неделей после описываемых вами событий.

3

О Кулике и Павлове написано много статей и книг. Их высмеивал некто Озеров в своих казенных киноэпопеях. Над ними глумились всевозможные Бондаревы и Стаднюки. Но все обвинения против Павлова и Кулика — на уровне «Независимого военного обозрения». Люди, подобные «военному писателю» Болтунову, берутся за описание военных способностей генерала армии Павлова, не удосужившись поинтересоваться, какое у него было воинское звание, не зная названия округа, которым он командовал перед войной, не имея отдаленного представления о тех процессах, которые происходили в Красной Армии, не помня имен полководцев, даже весьма знаменитых, не зная фамилий генералов и имен маршалов, о которых рассказывают доверчивым читателям.

Спорить с Озеровыми — Болтуновыми — Бондаревыми — Стаднюками нет смысла.

О Дмитрии Григорьевиче Павлове и Григории Ивановиче Кулике есть другие свидетельства. И есть документы.

Например, такие. На совещании по военной идеологии 13 мая 1940 Д.Г. Павлов заявил: «У нас врагов народа оказалось столько, что я сомневаюсь в том, что вряд ли они были все врагами» (РГВА, фонд 9, опись 36, дело 2861, лист 160).

Великому стратегу Жукову на такой поступок хватило смелости только после смерти Сталина, да и то только когда критика Сталина была рекомендована и предписана вышестоящими инстанциями. А когда критика Сталина по велению сверху умолкала, умолкал и разоблачитель Жуков. А Павлов Дмитрий Григорьевич имел достаточно смелости, чтобы такое сказать публично *в то время*. И делал он это в полной уверенности, что слова его немедленно донесут Сталину, Молотову Берии, Вышинскому.

Не робкого десятка был и Маршал Советского Союза Григорий Иванович Кулик. В 1938 году в разгар террора Д.Г. Павлов, Г.И. Кулик, Г.К. Савченко и П.С. Аллилуев написали письмо Сталину с настоятельным требованием прекратить репрессии против армии. «Эта четверка даже представила проект решения Политбюро ЦК ВКП(б) по этому вопросу» (О.Ф. Сувениров. Трагедия РККА 1937—1938. М., 1998. С. 334).

И дело свое Кулик и Павлов знали.

Четыре предвоенных года, с мая 1937 по август 1941 года, Кулик возглавлял артиллерию Красной Армии. В принципе почти все, с чем Красная Армия прошла всю войну и завершила ее в 1945 году, было принято на вооружение именно в этот период. А именно: 76-мм пушка УСВ, 122-мм гаубица М-30,

152-мм гаубица М-10, 152-мм гаубица-пушка МЛ-20, 210-мм пушка Бр-17, 280-мм мортира Бр-5, 305-мм гаубица Бр-18, 25-, 37-, 76- и 85-мм зенитные пушки, 50-, 82-, 107- и 120-мм минометы, реактивные установки залпового огня БМ-8 и БМ-13. Можно найти множество недостатков у Кулика, можно обзывать его какими угодно словами, но артиллерия Красной Армии была лучшей в мире. Такого маршала не было ни в Германии, ни в Великобритании, ни в США, ни во Франции, ни в Италии, ни в Японии. У нас во главе артиллерии «идиот», зато артиллерия хорошая. А там гении. Только практически у всех гениев перед Второй мировой войной — громкие «научно обоснованные» заявления об «отмирании артиллерии», глубокая недооценка полевой артиллерии, если не полное отрицание ее роли.

Начальник Генерального штаба сухопутных войск Германии генерал-полковник Ф. Гальдер в своем рабочем дневнике 2 февраля 1941 года записал то, что ему было известно о советской артиллерии: матчасть устарела. 22 июня 1941 года германская армия нанесла внезапный удар по Советскому Союзу, и мнение Гальдера о советской артиллерии быстро изменилось. Запись в том же дневнике на ту же тему 12 июля 1941 года: «Эффективность снарядов хорошая, моральное действие сильное. Много новейших, неизвестных нам до сих пор артсистем». Вот признание заслуг Маршала Советского Союза Г.И. Кулика.

Пушки и гаубицы, которые Красная Армия имела в начале войны, ни Японии, ни Германии, ни США, ни Британии не удалось ни создать, ни скопировать до конца войны. Главный советский артиллерист не просто обеспечил вооружение Красной Армии лучшей в мире материальной частью в соответствующих количествах, но сумел это сделать так, что германская разведка не заметила ни разработки, ни испытаний новых советских артсистем, ни массового их внедрения в производство, ни перевооружения советской артиллерии на новейшую материальную часть.

А танковыми войсками до 1940 года командовал Павлов. При нем был принят на вооружение лучший в мире легкий плавающий танк Т-40, лучший танк всех времен и народов Т-34, лучший тяжелый танк мира КВ.

И не надо говорить, что танки проектировали конструкторы, а Павлов присутствовал при процессе. Не надо заявлять, что танки принимали на вооружение не благодаря, а вопреки Павлову. На этот счет тоже есть весомые свидетельства.

Слово Герою Социалистического Труда члену-корреспонденту Академии наук СССР Василию Семеновичу Емельянову. Перед войной он был начальником Главного управления по производству брони. После расстрела Павлова он мог бы себе лично приписать идею создания танков с противоснарядным бронированием. Но он этого не сделал.

Емельянов пришел к идее создания танков с противоснарядным бронированием, а независимо от него к такому же решению пришел Павлов. И не только пришел, но и добился поддержки Сталина в этом вопросе.

Емельянов рассказывает:

«Я вновь поднял вопрос о новых танках с тяжелой броней, защищающей от обстрела снарядами.

— Создать такие танки нелегко, но если ты поможешь, то мы могли бы быстро приступить к работам.

Павлов усмехнулся и сказал:

— А я ведь тоже не лыком шит. — Он вынул из своего несгораемого шкафа листок бумаги и протянул мне. — Вот смотри.

На короткой записке о необходимости начать разработку тяжелых танков было начертано: «Я — за. Сталин» (В.С. Емельянов. На пороге войны. М., 1971. С. 82).

В первой половине XX века переход от противопульного к противоснарядному бронированию был единственно возможным направлением развития танков, понятно, кроме плавающих. Глядя из XXI века, приходится удивляться: неужто кто-то сомневался? Неужели тогда это не всем было понятно? С высоты нашего знания трудно вообразить сомнения танкостроителей того времени. Однако в тридцатые годы XX века эту идею надо было пробивать ледоколом через скованный льдами океан непонимания. В Германии генерала, равного Дмитрию Григорьевичу Павлову, не нашлось. Эту идею не отстояли, да и не пробовали отстоять ни Гудериан, ни Гот, ни Манштейн. Ни один германский генерал не мог после войны похвалиться тем, что перед войной добыл бумагу с резолюцией: «Я — за. Гитлер».

И в США до этого никто не дошел. И в Японии. И в Италии. Не было там генералов таких, как наш Дмитрий Григорьевич Павлов. Робкие попытки делались в Великобритании, но по большому счету они завершились провалом. «Матильда» имела хорошую броню. Но пушка на ней — 40-мм. На советском самом «устаревшем» легком танке Т-26 стояла более мощная пушка. Кроме того, «Матильда» могла идти только по ровной местности и скатываться с горочки. На подъем у нее не хватало сил.

Шутка британских танкистов начального периода Второй мировой войны: как назвать «Матильду» на вершине холма?

Ответ: чудо!

Но британским генералам было не до шуток. Колонны танков «Матильда» приходилось сопровождать колоннами тягачей, назначение которых — тянуть «Матильды» на подъемах. Всем, кто этим вопросом интересуется, настоятельно рекомендую книгу Fletcher D. The Great Tank Scandal: British Armour in the Second World War. London, HMSO, 1989.

Не лучше был и британский танк «Черчилль». Броня была мощной, почти как на советских танках. Но разница заключалась в том, что броневые плиты советских танков сваривали и получалась практически монолитная коробка. При этом линии швов были прочнее самой брони. Британская технология того времени до этого не дошла. Поэтому на стальной каркас из уголков заклепками крепили стальные листы, а к ним на болтах привинчивали броневые плиты, которые между собой ничем не соединялись. Несмотря на мощную броню, корпус был хлипким. При достаточно сильных ударах броневые плиты «держали снаряд», но корпус расшатывался. А бывало, что броневые плиты просто отваливались. Пушка «Черчилля», особенно на первых вариантах, была анекдотически немощной. И двигатель тоже. Уинстон Черчилль шутил: «У танка, носящего мое имя, недостатков больше, чем у меня самого».

Двигаться в горку для «Черчилля» было страданием.

Кстати, это один из главных аргументов против танков с тяжелой броней. Расчеты западных специалистов показывали, что танк с противоснарядным бронированием на пересеченной местности действовать не сможет. Что от него толку, если он с горочки катится, а в горку его надо тащить на аркане?

Т-34 этим не страдал. «Мне очень нравилась конструкция танка Т-34. Во время испытаний водитель одного из этих танков повел машину к холму с очень крутым склоном. Я стоял с Ворошиловым и видел, как он забеспокоился.

— Куда же он полез? Ведь машина сейчас перевернется. Ну разве на такую крутизну можно на танке взбираться?

Ворошилов крепко, до боли сжал мое плечо и не сводил глаз с машины.

А водитель упорно поднимался вверх. У меня замерло сердце. Но вот последнее усилие — и машина, преодолев крутой склон, на вершине. Все зааплодировали.

— Вот это здорово! — воскликнул Ворошилов, отпуская мое плечо. — Ни один противник никогда не будет ждать танковой атаки при таких кручах. Ну и молодцы!..

В программу испытаний входило также преодоление заграждений из надолб — железобетонных столбов, врытых в землю, а также рвов и ряда других препятствий.

Водитель танка Т-34 остановился перед одним из заграждений и не мог его преодолеть. Павлов подбежал к танку и сел на место водителя, разогнал машину и ласточкой перепорхнул через заграждение» (В.С. Емельянов. На пороге войны. С. 173—174).

В то время Павлов был начальником Автобронетанкового управления Красной Армии. Ему можно было бы за рычаги и не садиться. Но танк Т-34 был его детищем. Как и КВ, как и Т-40. Павлов мог управлять танком Т-34 лучше водителей. Не простых водителей, а профессионалов Центра испытаний бронетанковой техники.

4

Когда говорят о создателях танка Т-34, то на первое место выдвигают главного конструктора Михаила Ильича Кошкина, а когда о создателях КВ — Жозефа Яковлевича Котина. Спору нет, и Котин, и Кошкин — выдающиеся конструкторы. Их вклад в дело создания лучших в мире танков не умалить, их славы не отнять.

И все же конструктор — это исполнитель заказа. Вроде инженера-строителя. Если прикажут царский дворец строить, построит дворец. А если назавтра — пятиэтажные дома на четыре подъезда, то он будет строить пятиэтажные дома. Если закажут сооружение высотой в 500 метров со стометровой вращающейся статуей Ленина на вершине, что ж, будет рыть котлован, укладывать бетон, чтобы однажды в небе Москвы Ленин-флюгер вертелся на все четыре стороны. Так и с конструкторами танков. Если заказчику нужны танки для рывка по автострадам, конструкторы сделают, что им заказали. Если командованию нужны плавающие танки, будут плавающие.

Подумаем вот над чем. Одновременно, независимо друг от друга, в обстановке строжайшей секретности были созданы два танка — КВ и Т-34. Оба приняты на вооружение в один день — 19 декабря 1939 года. Один танк создавался в Ленинграде, другой — в Харькове. Один танк тяжелый, другой — средний. Конструкторы консультироваться между собой не могли и не имели права.

Но оба, и Котин, и Кошкин, независимо друг от друга повторили пять основных элементов, которые и сделали их танки лучшими в мире. Оба установили длинноствольные 76-мм пушки. Оба танка имели противоснарядное бронирование. Оба имели один и тот же дизельный двигатель В-2 (только для тяжелого танка был использован форсированный вариант, а для среднего — обычный). Оба танка имели одинаковую компоновку. Оба имели низкое удельное давление на грунт благодаря использованию широких гусеничных лент. Совпадения можно продолжать. Но первое правило разведки гласит: если совпадений больше двух, то это уже не совпадения. Это система.

Котин создавал тяжелый танк, Кошкин — средний. Но кто-то им эти танки заказал. Причем заказал в один и тот же день и потребовал завершить работу к одному и тому же сроку. Заказчик имел совершенно четкое представление о том, что ему нужно. Несмотря на то что тяжелый и средний танки имеют разное назначение в войне, проектировались разными коллективами и строились на разных заводах, в конструкции обеих машин просматриваются единая логика, единый почерк, единый взгляд на вещи.

Кто же он, этот заказчик?

«Вглядываясь в непроницаемый мрак будущей войны, неизвестный русский гений сумел в нем различить то, чего не увидел никто. Он создал танки именно для тех условий, которые потом продиктовала война». Так за рубежами нашего отечества описывают создателя лучших в мире танков.

Имя «неизвестного русского гения» известно. Его звали Дмитрий Григорьевич Павлов. «Танки Т-34 и другие, прославившие себя в годы Великой Отечественной войны, явились не чем иным, как мечтой Д.Г. Павлова, воплощенной в металл». Это сказал Маршал Советского Союза Кирилл Афанасьевич Мерецков (На службе народу. М., 1968. С. 201).

Но имя Павлова вновь и вновь втаптывают в навоз. Делают это «авторы ряда книг по истории разведывательно-диверсионной службы» по централизованному лубянскому заказу. Мотив понятен. Где молодому поколению в начале нового тысячелетия прочитать о руководящей и направляющей роли Центрального Комитета Коммунистической партии? О решающем вкладе ЦК в разгром гитлеровской Германии? Такое можно почерпнуть только из книги Жукова «Воспоминания и размышления». Вот поэтому книгу превозносят, а великому стратегу, от имени которого книга написана и множество раз переписана, лепят памятники уже десятками и сотнями. Чтобы роль Центрального Комитета не была забыта, надо славить Жукова по полной программе и гасить все, что сияет и сверкает. Если очернить достижения генерала армии Павлова, тогда будет заметен Жуков. Ибо в темноте и гнилушка светится.

Если же вспомнить и по достоинству оценить заслуги Павлова, то на этом фоне померкнет тусклый блеск величия Жукова. А если умолкнет мертвый Жуков, кто же будет петь славу Коммунистической партии и ее Центральному Комитету?

Глава 23
ПРО НЕВЕРОЯТНУЮ ПРОЗОРЛИВОСТЬ

> Надо отдать должное Георгию Констан-
> тиновичу: он старался до конца отстаивать
> правду о войне — такую, какой он ее видел.
>
> *А.Д. Миркина*, редактор двенадцати различных версий
> книги Жукова «Воспоминания и размышления».
> «Аргументы и факты». 1995. № 18—19

1

Жуков — гений военного искусства. По крайней мере так заявлено в центральном органе Министерства обороны РФ газете «Красная звезда» 19 февраля 1999 года.

Одно из величайших свершений гения — спасение Ленинграда осенью 1941 года. «Обладая общим трехкратным превосходством, а на направлениях главных ударов — восьмикратным, большим преимуществом в огневой мощи и подвижности, германские войска нанесли поражение Северо-Западному фронту и к 10 июля вышли на дальние подступы к Ленинграду... Ленинград был действительно на грани падения. Только спасительный гений Г.К. Жукова, неукротимая воля полководца предотвратили...» И т.д. (Генерал-майор М. Белов. «Красная звезда», 19 апреля 1996 г.).

У немцев 3 тысячи танков, у нас 24 тысячи. Примерно такое же соотношение было и по авиации, и по артиллерии. Как немецкие генералы ухитрились иметь трехкратное превосходство, а на направлениях главных ударов — восьмикратное? Если поверить этому тексту, то получается, что Жуков, который в начале войны был начальником Генерального штаба, все свои танки, самолеты и пушки держал там, где противника не было, а туда, где противник действовал, танки и самолеты подбросить не додумался.

И еще: противник вышел на дальние подступы Ленинграда 10 июля, а спаситель Жуков появился в Ленинграде 13 сентября. Кто же и как ухитрился два месяца удерживать восьмикратно превосходящего врага на подступах к Ленинграду, пока спаситель не подоспел?

2

Чтобы оценить личный вклад гениального полководца в спасение северной столицы, надо помнить, что опасность захвата Ленинграда существовала с 10 июля до 6 сентября 1941 года. В эти дни Жукова в Питере не было. А были там Молотов, Маленков, Ворошилов, Жданов.

Молотов — второй после Сталина человек в Советском Союзе. Маленков — третий. Иногда в ходе войны Маленков по своему значению становился вторым, Молотов — третьим. Потом снова менялись местами.

Если рассматривать эту группу вождей с точки зрения партийной иерархии, то Молотов, Маленков, Ворошилов и Жданов — это центровая группа Политбюро. Тут только Берии не хватает.

Государственный Комитет Обороны, как мы помним, — это «чрезвычайный высший государственный орган СССР, в котором в годы войны была сосредоточена вся полнота власти. Постановления ГКО имели силу законов военного времени». В августе, в критические для Ленинграда дни, трое из пяти членов ГКО находились в Ленинграде, и только двое, Сталин и Берия, — в Москве.

Помимо этого, в Ленинграде находились Вознесенский, Косыгин, Родионов, Штыков, Попков. Каждый из них мог совершить невозможное. Они доказали это в ходе коллективизации и индустриализации. И на войне они действовали решительно и свирепо. В сентябре генерал армии Жуков сменил маршала Ворошилова на посту командующего Ленинградским фронтом. Это достаточно высокая должность. Однако оборона Ленинграда не исчерпывалась чисто военными действиями. Руководителям высшего ранга, на которых Сталин возложил оборону Ленинграда, помимо военных, предстояло решать множество других задач: политических, экономических, организационных, мобилизационных, снабженческих, транспортных, эвакуационных, финансовых, медицинских, санитарных и прочих, которым нет числа. По большому счету они с поставленными задачами справились. Жуков среди них был отнюдь не главным «спасителем».

Возразят: они не военные.

Правильно. Но в Ленинград 23 августа, за три недели до появления Жукова, прибыли нарком военно-морского флота адмирал Н.Г. Кузнецов, командующий ВВС Красной Армии генерал-лейтенант авиации П.Ф. Жигарев, командующий артиллерией Красной Армии генерал-полковник артиллерии Н.Н. Воронов. Как видим, в Ленинграде была собрана не только наиболее влиятельная часть партийных вождей, но и высшее руководство Вооруженных сил. Не хватало только Верховного Главнокомандующего. И это не считая командующих Балтийским флотом и Ленинградским фронтом с их штабами.

Так что было кому обороной города руководить.

Через 16 лет после тех событий, в 1957 году, Жуков совершил государственный переворот. Великий стратег временно, как он считал, посадил на трон Хрущева, сместив со своих постов большинство Президиума ЦК КПСС, в том числе Молотова, Маленкова, Кагановича и примкнувшего к ним Шепилова. Все изгнанные с вершин были причислены к разряду «нелюдей» и вычеркнуты из нашей истории. Их, как у нас принято, перестали вспоминать. Все их заслуги были мгновенно забыты. Через несколько десятилетий заслуги Молотова, Маленкова, Жданова, Кузнецова, Родионова, еще одного Кузнецова (адмирала), Жигарева, Новикова, Воронова и других руководителей были приписаны гению Жукова.

3

В первом издании мемуаров Жукова спасение Ленинграда описано красиво. В последующих — еще краше.

Но обилие вариантов смущает.

Начнем по порядку. Все началось с того, что 29 июля 1941 года начальник Генерального штаба генерал армии Жуков в кабинете Сталина предсказал катастрофу советских войск в районе Киева. Он предлагал войска отвести, а Киев сдать. Сталин не согласился. В кабинете Сталина в тот исторический момент находились Маленков и «узколобый» Мехлис. Они мудрых советов великого полководца не слушали, они подпевали Сталину. Разговор пошел на повышенных тонах. Гениальное предвидение великого полководца Сталин назвал чепухой. Гордый полководец не стерпел такого к себе отношения и потребовал отставки с поста начальника Генерального штаба...

Все это выглядит достаточно достоверно. На первый взгляд. Но мелкие странности заставляют присмотреться. Тот же спор со Сталиным об отводе войск из района Киева Жуков описал писателю Константину Симонову. Только в этом варианте Сталину подпевали не Маленков и не Мехлис, а злодей Берия.

Казалось бы, велика ли разница, кто из бестолковых прихвостней поддакивал вождю в том споре против Жукова, кто вместе со Сталиным отвергал столь ясные и мудрые советы величайшего военного мыслителя? Разница невелика. Но мы ради истины все же не поленимся картину восстановить. Открываем «Журнал записи лиц, принятых И.В. Сталиным». Выясняем: 29 июля 1941 года в кабинете Сталина не было «узколобого» Мехлиса. Потому не мог он подпевать Сталину. И Маленкова там не было. И злодея Берии тоже. Самое удивительное — в тот исторический день не было там и самого Жукова. Вся его мудрость и невероятная прозорливость имеют более позднее, пенсионное происхождение.

Да и не мог Жуков 29 июля 1941 года требовать отвода советских войск из района Киева. Незачем было их отводить. Германские войска штурмовали Киевский укрепленный район в лоб, а войска 37-й армии генерал-майора А.А. Власова героически отражали все попытки противника взять город приступом. Возможности глубоко охватить киевскую группировку советских войск у германского командования в июле не было. Такая возможность появилась только в конце августа в результате Смоленского сражения и ряда сражений в низовьях Днепра. Но и тогда германское командование встало перед неразрешимой дилеммой: идти прямо на Москву или сначала нанести удар в обход Киева?

В июле, когда Жуков якобы требовал отвести советские войска из района Киева, ни Гитлер, ни его генералы никакого окружения советских войск в этом районе еще не затевали. Они не могли знать, какой будет стратегическая ситуация во второй половине августа, тем более — в сентябре. А Жуков уже наперед видел их действия не только на весь август, но и на сентябрь. Жуков предвосхитил коварные замыслы Гитлера до того, как они возникли...

Или задним числом.

4

Как бы там ни было, 29 июля 1941 года Жуков был снят с должности начальника Генерального штаба и отправлен командовать войсками Резервного фронта. А в сентябре Сталин вызвал Жукова в Кремль. В первом издании «Воспоминаний и размышлений» это описано так: «8 сентября я был вызван к И.В. Сталину. Поздно вечером вошел в приемную. Мне передали, что И.В. Сталин ждет меня в кремлевской квартире...» (Воспоминания и размышления. М., 1969. С. 310).

Но гения военного искусства тут же уличили боевые товарищи и бывшие подчиненные. Дело в том, что с 30 августа по 8 сентября Резервный фронт под мудрым водительством выдающегося полководца Жукова безуспешно пытался окружить группировку германских войск в районе Ельни. Подготовка была бестолковой. Операция сорвалась. Никакого окружения не получилось. Были зря пролиты цистерны солдатской крови. Финал операции для Резервного фронта был печальным. Еще в декабре 1940 года на совещании высшего командного состава Красной Армии Жуков вещал о внезапных стремительных наступательных операциях на чужой территории, об окружениях грандиозных вражеских группировок. В ответ на это выступил Маршал Советского Союза Семен Михайлович Буденный. Речь его была простой, понятной, толковой. Среди прочего Буденный сказал: «Если хочешь зайти противнику в тыл, хочешь его окружить, ты должен знать, что будешь обязательно сам окружен» (Накануне войны. Материалы совещания высшего руководящего состава РККА 23—31 декабря 1940. М., 1993. С. 272).

Так и вышло у Жукова в районе Ельни.

Стратег пытался окружить группировку противника, но 8 сентября германские войска нанесли контрудар, который свел на нет все усилия и жертвы Резервного фронта. Дело оборачивалось окружением и поражением.

В то же время на 600 километров севернее, в районе Ленинграда, бои стихали. Мемуаристу Жукову в своих воспоминаниях надо было скорее оказаться именно там, в Ленинграде, пока не рассеялся дым сражений, пока фронт не замер и не заматерел, пока бои окончательно не стихли. И Жуков объявил, что якобы 8 сентября его вызвал Сталин и приказал принять под командование Ленинградский фронт. Если верить первому изданию мемуаров Жукова, то 9 сентября он уже прилетел в Ленинград...

Неудобство было в том, что в момент, когда появилось первое издание мемуаров, свидетелей событий еще было много. И посыпались письма: неужто в момент, когда Резервный фронт попал в беду, командующий фронтом генерал армии Жуков, бросив войска, рванул в Москву, а оттуда в Ленинград? Резервный фронт оказался на грани разгрома по вине своего великого командующего. Это он вел победоносные полки по костям к новым свершениям. И вот привел к последней черте, а сам сбежал? Кто же расхлебывал?

Гений военного искусства спорить не стал. Но второе издание было дополнено рассказом о «молодом, недостаточно опытном командире дивизии», который ни по имени, ни даже по званию не назван. В те лихие времена командиром дивизии мог быть и генерал, и полковник, и подполковник, а то и майор. Номер дивизии тоже не назван, потому не представляется возможным этого молодого и недостаточно опытного вычислить. Но во всем виноват именно он, некто смутный, расплывчатый, без имени и звания. Вот он, прохвост, и ошибся. «Этой ошибкой немедленно воспользовался противник. Танковой контратакой он смял боевые порядки дивизии... Сейчас трудно сказать, какая сторона имела больше потерь. Контратака гитлеровцев была отбита, но и нам пришлось на этом участке остановить наступление. Такова была расплата за необдуманные действия командира этой дивизии. Почти до самого вечера 9 сентября пришлось мне вместе с командиром находиться на его наблюдательном пункте, исправляя допущенную оплошность. Днем неожиданно пришла телефонограмма Б.М. Шапошникова: к 20 часам того же дня меня вызывал в Ставку Верховный» (Воспоминания и размышления. М., 1975. Т. 1. С. 376).

Итак, в первом издании Жуков 9 сентября уже героически оборонял Ленинград, отбивая яростные атаки противника. А во втором издании он в этот день в районе Ельни исправлял глупейшие ошибки молодого неопытного командира неопределенной дивизии.

В первом издании (с. 306) Жуков признал, что «завершить окружение противника и взять в плен ельнинскую группировку нам не удалось». (Это авторский прием, достойный подражания. Когда победа, Жуков пишет: *мне* удалось. А когда позорное поражение, тогда: *нам* не удалось...)

Гений военного искусства объяснил причину провала под Ельней: у него было мало танков. Объяснение удивительное. Если нет денег в кармане, не заказывай обед в «Метрополе». Если нет танков в достатке, не кидайся проводить грандиозную операцию на окружение. Жуков бахвалится, что это он настоял на проведении операции в районе Ельни. Зачем же настаивал, если знал, что нет сил для такого дела?

Во втором издании гений военного искусства был вынужден вспомнить и о потерях. Правда, ему «трудно сказать, какая сторона имела больше потерь». Он так и не решил, кто же больше пострадал от Ельнинской операции, какой стороне она пошла во вред. Но спасибо и на этом. В остальных своих операциях Жуков вообще о своих потерях не вспоминает. А тут признал: иногда они бывали и у нас.

5

Но вот сражение позади, и Жуков спешит по вызову Сталина. В первом издании, как мы помним, поздно вечером стратег вошел в приемную рабочего кабинета Сталина. Дежурный секретарь передал, что Сталина тут нет, он ждет Жукова в своей кремлевской квартире...

Во втором издании Жуков был вызван к Сталину не 8-го, а 9 сентября. Но изменилась не только дата. «В Кремль въезжали в полной темноте. Вдруг резкий свет карманного фонарика ударил мне в лицо. Машина остановилась. В подошедшем военном я узнал начальника управления охраны генерала Власика. Поздоровались.

— Верховный Главнокомандующий приказал встретить и проводить вас к нему на квартиру».

Чему верить?

Если, как написано в первом издании, Жуков пошел в рабочий кабинет Сталина, значит, у Боровицких ворот его Власик не встречал и приказ Сталина не передавал.

Если же, как написано во втором издании, прямо у ворот Жукова встретил Власик и по приказу Сталина проводил прямо на квартиру вождя, значит, Жуков в рабочий кабинет не ходил.

Как ни крути, одна из этих сцен выдумана, если не обе.

Можно, конечно, предположить, что имело место и то и другое: у Боровицких ворот Жукова встретил начальник охраны Сталина Власик, передал приказ следовать не в рабочий кабинет, а прямо на квартиру, но Жуков не послушал, пошел в рабочий кабинет, и там, в приемной, дежурный секретарь еще раз объяснил стратегу: да нет его тут, он в своей квартире ждет...

Но стоит ли обращать внимание на мелочи? Не все ли равно, у Боровицких ворот начальник охраны передал Жукову приказ идти на квартиру вождя или это сообщил дежурный секретарь в приемной кремлевского кабинета?

На мелочи внимания обращать не стоило бы. Но дьявол — в мелочах. Из мелочей состоит все. В том числе и мемуары величайшего стратега. И в этих мелочах он постоянно и подозрительно путается. Мемуары написаны и многократно переписаны безобразно и безграмотно. И возникает ужасная догадка, которой не хочется верить: а что, если он и воевал так же безалаберно, как писал свои мемуары? А что, если к выполнению своих служебных обязанностей он относился так же халатно и безответственно, как и к своим былинам о войне?

Кстати, еще мелочь. Жуков называет «генерала» Власика «начальником управления охраны». К сведению любознательных: Николай Сидорович Власик во время войны генеральского звания не имел. Он стал генералом 12 июля 1945 года. А в сентябре 1941 года имел звание комиссара государственной безопасности 3 ранга. Разница уже в том, что генералы ходили в штанах с лампасами, а комиссарам ГБ таких штанов не полагалось. И был Власик в тот момент начальником 1-го отдела НКВД. Начальником управления он стал 12 мая 1943 года.

6

И вот наконец Жуков — в сталинской квартире. Кроме хозяина, «за столом сидели А.С. Щербаков, В.М. Молотов, Г.М. Маленков и другие члены Политбюро».

Так сказано в первом издании. Во втором издании из этого списка выпал Маленков. В последующих более правдивых изданиях Маленкова за сталинский стол вернули.

Сталин (если верить мемуарам) якобы похвалил Жукова за успех операции под Ельней... Хотя четырьмя страницами раньше сам Жуков признал, что «завершить окружение противника и взять в плен ельнинскую группировку нам не удалось». Выходит, Сталин хвалил Жукова за то, что тот не сумел операцию провести. За провал.

Тут же Сталин якобы произнес: «Вы были тогда правы (имелся в виду мой доклад 29 июля)» (Воспоминания и размышления. М., 1969. С. 310).

Если Сталин действительно произносил такие слова, то тем самым он публично признавал, что свержение Жукова с поста начальника Генерального штаба было необоснованным и несправедливым.

Но Сталин таких слов не произносил. Мы уже установили, что 29 июля Жукова в кабинете Сталина не было. 29 июля Жуков никаких предсказаний по поводу действий Гитлера в сентябре не делал. Просто потому, что предсказывать было нечего: ни Гитлер, ни его фельдмаршалы не могли знать, чем завершится Смоленское сражение и какой будет ситуация в конце августа, тем более в середине сентября. Они не могли знать, когда и как завершатся сражения в районе Умани, Кременчуга и Днепропетровска. Они не знали и не могли знать, что будут делать в августе, а Жуков якобы знал все наперед не только про август, но и про сентябрь.

Допустим на минуту, что все так и было. Поверим, что еще 29 июля 1941 года Жуков предвидел действия Гитлера на полтора месяца вперед и потребовал отвести советские войска из района Киева. Поверим, что Сталин в июле не согласился, но в начале сентября он наконец понял, что ошибся, и в присутствии Молотова, Маленкова, Щербакова и прочих якобы признал правоту великого стратега: ох, прав ты был, Георгий Константинович, в июле, еще тогда надо было Киев сдать.

Вопрос: что должен был делать Сталин в ситуации, когда понял, что ошибся, когда в присутствии своих ближайших соратников признал правоту Жукова?

Ответ: Сталин должен был действовать так, как советовал Жуков, т.е. тут же поднять трубку и отдать командующему Юго-Западным фронтом генерал-полковнику Кирпоносу приказ на отход из района Киева. Казалось бы, в июле Жукова не послушались, Киев не сдали, и в августе не сдали, так хоть в начале сентября его надо скорее сдать.

Удивительная вещь: Сталин, якобы признав правоту гения военного искусства, почему-то его гениальными предложениями не воспользовался и приказа на вывод войск из района Киева не отдал. Наоборот: Сталин поднял трубку и передал Кирпоносу, чтобы тот и думать забыл об отводе войск из Киева.

Но самый удивительный момент не в поведении Сталина, а в поведении Жукова. Прямо на следующей странице великий стратег сам себя разоблачил. И уже не в первый раз. Он зачем-то привел текст переговоров 11 сентября 1941 года между верховным руководством и командованием Юго-Западного фронта. В Москве у аппарата находились Сталин, Шапошников, Тимошенко. В Киеве — Кирпонос, Бурмистренко, Тупиков. Сталин грозно потребовал «перестать наконец заниматься исканием рубежей для отступления, а искать пути сопротивления и только сопротивления». И далее: «Киева не оставлять и мостов не взрывать до особого разрешения Ставки». Сталин грозит Кирпоносу: ишь, додумался, войска отводить! Я тебе дам! Забудь и думать об отступлении!

Проще говоря, слова Жукова действиями Сталина не подтверждаются.

Мне непонятно вот что. Если уж и вписано в мемуары сталинское признание жуковской гениальности, то зачем тут же на следующей странице приводить документ, который эту выдумку опровергает?

7

Разговор на сталинской квартире продолжается. Сталин якобы сказал стратегу: «Езжайте под Ленинград. Ленинград в крайне тяжелом положении. Немцы, взяв Ленинград и соединившись с финнами, могут ударить в обход с северо-востока на Москву, и тогда обстановка осложнится еще больше» (Воспоминания и размышления. М., 1969. С. 310).

Этот рассказ имеет несколько версий.

В первом издании оценку обстановки под Ленинградом давал Сталин, а Жуков внимательно слушал. Великий полководец только подсказал Сталину, на какую должность назначить И.С. Конева, а на какую — маршала С.К. Тимошенко (Сталин, понятное дело, тут же согласился). Жуков якобы указал Сталину, что «над Юго-Западным фронтом нависла угроза». Стратег безошибочно предсказал, что «группа армий «Юг», захватившая плацдарм в районе Кременчуга, будет осуществлять оперативное взаимодействие с армией Гудериана». (Милое дело быть пророком через 28 лет после случившегося. Когда нет свидетелей твоих пророчеств.)

Во втором издании Жуков пошел дальше. Он не только указал Сталину на опасность, которую представлял кременчугский плацдарм, не только предсказал, в какую сторону генерал-фельдмаршал фон Рундштедт развернет свои танковые клинья, не только дал дельные советы по распределению должностей между генералами и маршалами, но еще и четко обрисовал обстановку под Ленинградом. Сталин, как выясняется из более поздних версий, своего мнения об обстановке не имел. Сталин попросил стратега высказаться, и Жуков расставил все по своим местам: «Не завершив операцию под Ленинградом и не соединившись с финскими войсками, немцы едва ли начнут наступление на московском направлении».

Итак, в первом издании Сталин оценивал обстановку районе Ленинграда, а Жуков слушал. А во втором издании они поменялись местами: Жуков оценивал обстановку в районе Ленинграда, а Сталин слушал и соглашался. Во втором издании Жуков сказал то же самое, что говорил Сталин в первом. Верховному Главнокомандующему не оставалось ничего иного, как согласиться с мнением стратега: «И.В. Сталин удовлетворенно кивнул...»

В первом издании Сталин иногда высказывал свое мнение, а в более правдивых изданиях, начиная со второго, было решено роль Жукова высветить, выделить ее более ярко. Жуков легко разгадывает, где и как будут действовать Гудериан и Клейст, фон Лееб и фон Рундштедт. Жуков указывает Сталину, где и какие угрозы возникают, какого маршала на какую должность поставить. Сталин только удовлетворенно кивает. Сталин почти всегда соглашается. А когда не соглашался, то вынужден был после публично каяться. В соответствии с этой установкой слова, которые Сталин якобы произносил в первом издании, приписали Жукову во втором.

И перебрали.

Каждому школьнику известно, что немцы начали-таки операцию на московском направлении, не завершив операции под Ленинградом и не соединившись с финнами. В первом издании оценивал обстановку Сталин. И, как видим, ошибся.

А во втором издании, когда слова Сталина приписали Жукову, в дураках оказался великий стратег. Выходит, он обстановку оценивал неправильно и прогноз выдал неверный.

После смерти Сталина, когда уже никто не мог больше уличить Жукова в хвастовстве, великий стратег вдруг вжился в образ несчастной Кассандры: вижу Трою в пламени!

Жуков вдруг начал рассказывать о своей невероятной способности предвидеть развитие событий. Он предупреждал, а его не слушали! В конце июля 1940 года Гитлер впервые высказал мысль о возможности войны против Советского Союза. А за полтора месяца до этого Жуков якобы уже знал, что именно такая мысль придет в гитлеровскую голову. В конце августа 1941 года Гитлер решил на Москву не идти, а повернуть на Киев. А Жуков за месяц до этого уже совершенно четко понимал, что Гитлер решится именно на этот вариант. У него было еще множество подобных озарений.

Однако ни в каких документах не отражено это ясное предвидение. Допустим, что в начале июня 1940 года Гитлер еще не помышлял о войне против Советского Союза, а Жуков уже наперед знал, что скоро Гитлер к такой мысли придет. Почему бы Жукову в этом случае не написать рапорт Сталину? Почему бы потом, после войны, не отыскать сей рапорт в архиве и не показать его потомкам?

Допустим, что Жуков в конце июля 1941 года знал, какая мысль придет в голову Гитлера через месяц. Почему бы не зафиксировать сие предвидение на бумаге? Первый экземпляр — Сталину, второй — в дело вшить, сохранить в архиве Генерального штаба. А потом Сталина и упрекнуть: а вот я же тебя предупреждал. Да не просто упрекнуть, а в присутствии... И через десятилетия после войны в мемуары сию бумагу вклеить: вот оно, свидетельство моей проницательности.

Но никаких следов жуковских озарений никому пока обнаружить не удалось. Но не это главное. Главное в том, что рассказы о предвидении не подтверждены действиями Жукова. Он предвидел нападение Гитлера, но делал все для того, чтобы облегчить противнику разгром Красной Армии. Он предвидел поворот германских танков в обход киевской группировки советских войск, но действовал так, чтобы облегчить Гудериану удар из района Конотопа на Лохвицу.

Он много всего предвидел, но почему-то действовал вопреки своим предвидениям.

Глава 24
ПРО БЕЗНАДЕЖНОЕ ПОЛОЖЕНИЕ

Жуков как человек — необычайно тще-
славная и властная личность.

Маршал Советского Союза *В.Д. Соколовский.*
Выступление на партактиве Министерства
обороны СССР 2 ноября 1957 г.

1

Помимо различных версий спасения Ленинграда, изло-
женных в разных изданиях мемуаров Жукова, многочисленные биографы великого полководца зафиксировали его устные рассказы. Тут добавлено драмы и героизма. Доктор исторических наук профессор Г.А. Куманев: «Маршал Георгий
Константинович Жуков мне рассказывал, как его вызвал Сталин и сказал буквально следующее: "Поезжайте в Ленинград,
положение Ленинграда безнадежное. Но попытайтесь что-нибудь сделать!"» («Красная звезда», 24 января 2004 г.).

Давайте еще раз поверим героическим балладам великого
полководца. Из его заявления следует, что:

— Ленинград находился в безвыходном положении;

— Сталин это понимал, он уже смирился с потерей города;

— задача спасения Ленинграда ни перед кем не ставилась,
все, начиная со Сталина, понимали: невозможно.

Потому Сталин сказал величайшему полководцу XX века:
делай хоть что-нибудь.

А Жуков взял да и спас Ленинград! А Жуков совершил то, что было за гранью возможного!

Однако профессору Куманеву тут же, на той же странице «Красной звезды» мягко возразил участник обороны Ленинграда генерал-майор С.А. Тюшкевич: «Слова Жукова о том, что Сталин считал положение безнадежным, нигде больше не подтверждены».

2

Интерес Жукова понятен: Сталин и все эти вокруг готовы были сдать Гитлеру колыбель Революции! Но тут появился Я!

А мы усомнимся. А мы спросим: да так ли это? Откуда взято, что положение Ленинграда было безнадежным? Из каких источников известно, что город был на грани падения?

Сейчас известно, что корабли Балтийского флота и важнейшие объекты Ленинграда были заминированы. Но и важнейшие объекты Москвы, от здания ЦК до канализационных каналов, тоже были заминированы. Из этого вовсе не следует, что Сталин готовил Москву к сдаче. Адмирал флота Советского Союза Н.Г. Кузнецов категоричен: «Да, Сталин считался с возможностью оставления Ленинграда, иначе не принял бы такого серьезного решения. Но это еще не значит, что Верховный Главнокомандующий признавал безнадежным положение Ленинграда» (Н.Г. Кузнецов. Курсом к победе. М., 1975. С. 120—121).

На каждом корабле есть кингстоны, с помощью которых корабль можно утопить. Но наличие кингстонов не говорит о намерении их немедленно использовать. Они — на крайний случай. В любой ситуации может случиться нечто непредвиденное, вот на этот самый крайний случай было осуществлено минирование как Москвы, так и Ленинграда и кораблей Балтийского флота.

Но взять Москву было трудно. А Ленинград — труднее.

Западнее Ленинграда — залив. И весь он на много миль был начинен тысячами круглых рогатых мин, которые преграждали путь вражескому флоту. Траление мин было невозможно потому, что вся акватория простреливалась из сверхмощной морской крепости Кронштадт, с береговых укрепленных районов, фортов и батарей. Никакому флоту противника к Ленинграду не прорваться. Да и не было на Балтике крупных сил германского флота. А в Кронштадте и в Ленинграде — весь сталинский Балтийский флот. Поэтому нападения с западной стороны можно было не опасаться.

Восточнее Ленинграда — озеро, которое от моря отличается только пресной водой. На Ладожском озере кораблей противника не было. А на нашей стороне — военная флотилия под командованием контр-адмирала. В августе 1941 года в составе флотилии было 66 боевых кораблей и катеров. Потому прорваться через Ладогу противник тоже не мог. Даже теоретически. Так что и за это направление можно было не опасаться.

Севернее Ленинграда армия Финляндии отбила свои территории, потерянные в ходе Зимней войны 1939/40 года, вышибла Красную Армию с плацдармов, удобных для нового «освободительного похода», и 1 сентября 1941 года остановилась на линии старой государственной границы. С советской стороны на Карельском перешейке подступы к Ленинграду обороняла 23-я армия. Ее оборона опиралась на сверхмощный Карельский УР, который упирался своими флангами в Балтийское море и Ладожское озеро. Ни обойти, ни проломить оборону 23-й армии, как показал опыт трех последующих лет было невозможно. Финская армия таких попыток и не предпринимала. Захват Ленинграда в планы руководителей Финляндии не входил. Так что и за северное направление можно было не опасаться.

3

Германская армия могла штурмовать Ленинград только с юга. А тут на узком фронте держали оборону Невская оперативная группа и три армии: 8-я, 42-я и 55-я. Непосредственные подступы к Ленинграду прикрывали шесть укрепленных районов: три морских — Кронштадтский, Ижорский и Лужский и три сухопутных — Карельский, Красногвардейский и Слуцко-Колпинский. Оборона каждой армии опиралась на мощный укрепленный район. Помимо этого, силами армии и флота строился Невский УР.

Подходы к городу простреливались перекрестным огнем орудий огромной мощи с разных направлений. Каждая батарея, каждый форт, укрепленный район и морская крепость имели почти неисчерпаемый запас снарядов. Береговая оборона Балтийского флота имела 124 береговых батареи, на вооружении которых было 253 орудия калибром от 100 до 406 мм и 60 орудий калибром 45 и 76 мм. (Краснознаменный Балтийский флот в битве за Ленинград. М., 1973. С. 8).

Кроме береговых батарей и фортов, в районе Ленинграда было сосредоточено весьма внушительное количество морских орудий на железнодорожных транспортерах, находившихся в бетонных укрытиях. Вокруг Ленинграда — разветвленная сеть железных дорог. Орудия на железнодорожных транспортерах могли совершать маневр и вести огонь с заранее подготовленных и укрытых огневых позиций, затем быстро их покидать.

В районе Ленинграда была сосредоточена самая мощная в мире группировка тяжелой береговой артиллерии. А тут еще и весь Балтийский флот. Если загнать линкор, крейсер или эсминец на мель, то станет он непотопляемым броневым бастионом с мощной артиллерией.

Противовоздушная оборона Ленинграда была в несколько раз мощнее противовоздушной обороны Берлина. Один только Балтийский флот имел 91 зенитную батарею, общее число зенитных орудий — 352. Это не считая зенитного огня кораблей. Кроме этого, в Ленинграде находился 2-й корпус ПВО. Вдобавок ко всему — зенитные средства армий, дивизий, бригад и полков.

Небо над городом охраняли ВВС Ленинградского фронта, 7-й истребительный авиационный корпус ПВО и ВВС Балтийского флота.

Войск в Ленинграде было так много, что город пришлось «разгружать». Только в октябре 1941 года из Ленинграда через Ладожское озеро в район Тихвина были переброшены 44-я и 191-я стрелковые дивизии и 6-я бригада морской пехоты (ИВОВСС 1941—1945. Т. 2. С. 213). Есть сведения, что в том же месяце из Ленинграда были выведены еще две стрелковые дивизии. До этого на Карельский фронт из Ленинграда была переброшена 3-я отдельная морская бригада.

Помимо армейских соединений, в городе находилась мощная группировка войск НКВД.

Кроме того, Балтийский флот стоял на якорях без всякой перспективы выхода в море в обозримом будущем. Потому, кроме корабельных артиллеристов и зенитчиков, остальным матросам делать было нечего. «Более 125 тысяч моряков-балтийцев были сняты с кораблей и переданы на усиление армии» (Н.Г. Кузнецов. На флотах боевая тревога. М., 1971. С. 73). Если бы матросов не бросали в безумные контратаки, к которым они были совершенно не готовы, а поставили бы в оборону, где опыта не требуется, то они могли бы удержать Ленинград собственными силами. Даже без участия четырех общевойсковых армий.

В 1941 году Ленинград был самым укрепленным городом мира. Центр обороны — Петропавловская крепость. Тот, кто в ней бывал, подтвердит — посади в нее полк НКВД с пулеметами, и не взять ту крепость никаким штурмом. Никогда. А вокруг крепости — огромный город с крепкими кирпичными и каменными домами, с множеством монументальных, поставленных на века зданий. Попробуйте штурмовать Адмиралтейство, Смольный или Кресты. В Ленинграде — заводы, тюрьмы, казармы, вокзалы. Оборонять их легко, штурмовать трудно.

Интенсивные работы по подготовке города к обороне, по усилению и развитию укрепленных районов вокруг него начались уже 27 июня 1941 года. «В июле и августе 1941 г. в работах по возведению укреплений вокруг Ленинграда ежедневно участвовало до 500 тыс. человек» (ИВОВСС 1941—1945. Т. 2. С. 80). «Населенные пункты на ближних подступах к Ленинграду, дороги, улицы города были пересечены окопами, рвами, щелями, опутаны колючей проволокой, прикрыты ежами, надолбами, рогатками» (Там же. С. 86).

«Было отрыто 700 километров противотанковых рвов, создано более 300 километров лесных завалов, установлено 635 километров проволочных заграждений, построено 5000 ДОТов и ДЗОТов. Кроме того, в самом городе было сооружено более 4 тысяч укрепленных огневых точек, проделано в каменных зданиях 17 тысяч амбразур, построено 25 километров баррикад» (Там же. С. 216). И не надо представлять себе баррикаду в виде наваленных кучей шкафов и кроватей. Баррикады Ленинграда возводились под руководством выдающихся фортификаторов по всем правилам инженерного искусства. Они представляли собой несколько рядов стальных ежей, сваренных из кусков рельсов и оплетенных колючей проволокой. За этими препятствиями поперек всей улицы возводилась стена из мешков с песком. Толщина стены до трех метров, высота — до четырех. В стене из мешков с песком устраивались амбразуры для стрельбы из винтовок и пулеметов. Огневая точка позади стены, в свою очередь, со всех сторон огораживалась непробиваемой для пуль и осколков стеной и перекрывалась бетонными плитами или рельсами.

Когда мы говорим о долговременных оборонительных сооружениях, то и тут надо иметь в виду, что были они необычными. Надо помнить, что Ленинград — это город, в котором и цари, и коммунисты строили линкоры, крейсера, миноносцы. На заводах Ленинграда находились огромные запасы броневых плит толщиной от 12 до 406 мм. Строительство кораблей было остановлено уже в июне, но заводы продолжали работать. Броневая сталь была пущена на производство танков, бронепоездов и броневых деталей фортификационных сооружений. «К 13 сентября было сделано и установлено в укрепленных районах и в самом городе около 400 броневых и железобетонных огневых точек для орудий всех калибров и до 650 огневых точек для пулеметов, а также 24 тыс. железобетонных пирамидальных надолб весом от 0,5 до 3 тонн» (Там же. С. 85). Читая эти строки, нужно не забывать, что броневые огневые точки во многих случаях вооружались корабельными пушками и защищались броневыми деталями, которые невозможно сокрушить средствами сухопутных войск.

В Ленинграде летом 1941 года находился единственный в мире завод по производству тяжелых танков. Во второй половине 1941 года в городе было построено 713 танков, в основном КВ. Уйти на другие фронты эти танки не могли. Потому их использовали при обороне города. А в Германии и во всем остальном мире не было тогда ни одного подобного танка. За тот же период было выпущено 480 бронемашин и 58 бронепоездов (Там же. С. 216).

Можно ли себе представить 58 бронепоездов, курсирующих в городе и вокруг него! И опять же не забудем, что на вооружение бронепоездов пошли флотские пушки, заготовленные до войны для строящихся кораблей.

Заводы Ленинграда за вторую половину 1941 года произвели 3,2 миллиона снарядов (Генерал-полковник артиллерии И. Волкотрубенко. ВИЖ. 1984. № 1. С. 91). Это означает, что было произведено по десятку снарядов на каждого германского солдата, которые блокировали город. Не считая тех снарядов, которые были запасены до войны.

Оружия в Ленинграде было так много, что его пришлось вывозить. В ноябре 1941 года из блокадного Ленинграда было отправлено в Москву 431 орудие, 926 минометов и 40 тысяч 76-мм бронебойных снарядов (там же). В это надо вникнуть: из одного только Ленинграда в одну только Москву в одном только ноябре 1941 года отправлено бронебойных снарядов столько, что приходилось больше чем по десятку на каждый германский танк, действующий на всем советско-германском фронте от Белого моря до Черного. А вывоз оружия и боеприпасов из Ленинграда продолжался. Оно было в избытке и переизбытке. А заводы давали все новую продукцию.

4

Это мы рассмотрели только то, что делало население города. Но не бездействовали и советские армии. «Лужский оборонительный рубеж состоял из двух полос обороны протяженностью 175 километров и глубиной 10—12 километров. Перед передним краем и в глубине устанавливались мины, отрывались противотанковые рвы, устраивались лесные завалы и производилось заболачивание местности. Только на строительстве заграждений были заняты пять саперных, один инженерный, два понтонных и восемь строительных батальонов» (Инженерные войска в боях за Советскую Родину. М., 1970. С. 83).

Для полного захвата Ленинграда в любом случае германским войскам предстояло форсировать Неву. А это было невозможно просто потому, что в Неве стояли корабли и катера Балтийского флота и Ладожской флотилии. У штурмующих — надувные лодки или складные фанерные понтоны, обитые прорезиненным брезентом. Попробуйте перебраться через реку, если из-за поворота появляется бронекатер обороняющихся, а на той стороне вас ждут в засадах тяжелые танки КВ и бронепоезда...

О подготовке Ленинграда к обороне можно говорить бесконечно. Но вывод один: штурмом этот город взять было невозможно.

В конце августа германские войска вышли к окраинам Ленинграда, но разве из этого следует, что город обречен, что его тут же надо сдавать супостату?

Почти ровно через год, в 1942 году, германские войска вышли на окраины Сталинграда. Но разве это означало, что на этом надо прекращать борьбу и отдавать город гитлеровцам? Да ни в коем случае! Бои в городе крайне выгодны тем, кто обороняется, и крайне невыгодны тем, кто штурмует.

Ленинград стоит на множестве островов. Между островами — черная холодная вода. Местами — водное пространство, весьма широкое и с сильным течением. Берега одеты в гранит. Если будут взорваны или просто разведены мосты, то штурм захлебнется. Хорошо форсировать водные преграды, когда и тут и там пологие берега. А если тут гранитная стенка, и на той стороне — тоже. Попробуйте обыкновенный пулемет под огнем противника погрузить в лодку, а потом на той стороне его выгрузить. И пару тысяч патронов к нему.

Через год германская армия штурмовала Сталинград. Красной Армии этот город было предельно трудно оборонять. Сталинград узкой полоской вытянут вдоль Волги, он открыт для удара с запада, улицы прямые и широкие, ни каналов, ни мостов. За спиной советских войск — широкая река. Они прижаты к берегу, пополнять их и снабжать — проблема. Германским войскам было предельно просто штурмовать Сталинград. Нет перед наступающими водных преград. Не надо их форсировать. Нет в Сталинграде ничего равного Петропавловской крепости или Лужскому УР. Оттого-то германские генералы и решились на штурм Сталинграда, что он для штурма удобен. А вот Ленинград, наоборот, для обороны предельно удобен, а штурмовать его невозможно. В случае штурма Ленинграда германским генералам пришлось бы платить неизмеримо более высокую цену, чем за грядущий штурм Сталинграда. В Ленинграде потери германской армии были бы действительно большими. Это понимали не только германские генералы, но и сам Гитлер. Потому приказа на штурм не отдал.

5

Нам рисуют Жукова единственным спасителем Ленинграда. И он сам себя таковым рисовал. А мы обратим наш проницательный взор не на слова Жукова, а на действия Сталина.

Гений всех времен и народов Сталин уделял исключительное внимание вопросу заметания следов. В первую неделю войны пал Минск — столица Белоруссии. В Белоруссии противником были захвачены трофеи совершенно немыслимой ценности. Но архивы ему захватить не удалось. Даже в обстановке всеобщей паники и неразберихи ответственные товарищи позаботились об архивах — успели сжечь. В первые месяцы войны германская армия захватила десятки областных городов и сотни районных центров. Но по большому счету в руки Гитлера попал только архив в Смоленске. (Что имело для Советского Союза и для товарища Сталина персонально весьма печальные последствия.) После этого вопросам безопасности архивов Сталин уделял еще большее внимание. В октябре 1941 года Сталин не собирался сдавать Москву, но на всякий случай приказал бумаги жечь. Уничтожение архивов было поставлено с таким размахом, что в столице возникла паника и народ побежал из Белокаменной.

А теперь посмотрим на Ленинград под этим углом. По рассказу Жукова выходит, что Сталин в сентябре 1941 года считал Ленинград потерянным, но удивительное дело: почему-то не отдал приказ об уничтожении архивов.

Если Сталин считал положение Ленинграда безнадежным, то незачем было посылать туда Молотова, Маленкова и других товарищей. Достаточно было Сталину сказать комиссару ГБ 3 ранга товарищу Куприну Павлу Тихоновичу пару слов, и над северной столицей поднялись бы клубы дыма до самого неба. Но ленинградские архивы никто не жег.

В тот самый момент, когда Сталин решил бы, что Ленинград спасти нельзя, он должен был отдать приказ топить Балтийский флот, сжигать флотские запасы, взрывать склады боеприпасов и береговые батареи. Боевые корабли и флотские запасы представляют собой колоссальную ценность. Чтобы они не достались Гитлеру, их следовало немедленно и решительно уничтожить. Для таких действий тоже незачем посылать товарищей Молотова и Маленкова в Ленинград. Было достаточно дать шифровку членам Политбюро Ворошилову и Жданову, которые уже находились в городе. Но Сталин такого приказа не отдал.

Если Сталин считал ситуацию проигранной, то отдал бы приказ на перелет авиации Балтийского флота и Ленинградского фронта на Большую землю. Но он и этого не сделал.

Если бы Сталин считал, что Ленинград не удержать, то распорядился бы взрывать заводы. На тот момент в Ленинграде среди прочего находился единственный в мире завод по производству тяжелых танков. Этот завод следовало взрывать до фундаментов и ниже. Но и ради этого незачем было посылать в Ленинград Молотова и Маленкова. Достаточно было позвонить товарищам Кузнецову, Капустину, Субботину, Попкову. Они бы о предприятиях позаботились. Но никто в Ленинграде заводов не взрывал. Не было на то приказа. Сталин такого приказа не отдал, ибо не считал, что Ленинград обречен.

Если положение безнадежно, то Сталину следовало распорядиться об эвакуации из Ленинграда высшей номенклатуры, прежде всего Жданова, Ворошилова, Кузнецова, Капустина, Субботина, Штыкова, Попкова и пр. Кроме того, надо было срочно эвакуировать Куприна, Гусева Федора Ивановича и всю их компанию. А еще Жигарева, адмирала Кузнецова, Воронова, командование и штабы Балтийского флота, Ленинградского фронта и четырех армий, которые входили в его состав. Но Сталин приказ об эвакуации вождей, чекистов, генералов и адмиралов не отдавал. Наоборот, он послал в Ленинград вождей, которые по своему положению равнялись Герингу, Геббельсу, Борману в гитлеровской Германии, т.е., кроме себя, все высшее руководство страной и армией.

И уж если Сталин послал Молотова, Маленкова и сопровождавших товарищей в Ленинград, то задачу им надо было ставить не абстрактную, типа «делайте хоть что-нибудь», а вполне конкретную: жгите, взрывайте, топите.

Короче: если бы Сталин считал положение Ленинграда безнадежным, то вождей высшего ранга туда не послал бы. Если бы и послал, то с вполне определенной целью: уничтожить все, что может представлять ценность для врага.

А по рассказу Жукова выходит, что глупенький Сталин собирался сдать Ленинград Гитлеру вместе с архивами, в которых содержался такой компромат на коммунистическую власть, от которого коммунистам вообще и Сталину в частности никогда ни на каком судебном процессе не оправдаться. Кроме того, если верить Жукову, Сталин собирался сдать Гитлеру четырех членов Политбюро, шестнадцать кандидатов и членов ЦК, целые отары чекистов высшего выбора, генералов, адмиралов, включая и величайшего стратега всех времен и народов.

Если город на грани падения, надо вывозить из него всех, кого еще можно, а не гнать в него новых потенциальных пленников высочайшего ранга.

6

Германская группа армий «Север» наносила удар с территории Германии, из Восточной Пруссии. Все ее тылы: стационарные склады и хранилища, командные пункты, узлы связи, госпитали, ремонтные базы — все находилось рядом. 22 июня группа армий «Север» вступила на территорию Советского Союза, имея фронт шириной 230 километров. До Ленинграда — 800 километров по прямой. По дорогам — больше. За два месяца боев германские войска теряли людей, вооружение, боевую технику, расходовали боеприпасы, горюче-смазочные материалы, изматывали лошадей и людей. Четверть автомашин вышла из строя и требовала ремонта, еще одна четверть не подлежала восстановлению. Попробуйте пройти 800 километров по песку и болотам, по булыжным дорогам и по проселкам. Точно говорю: сапоги стопчете. Надо остановиться и подбить новые каблуки и подковки.

Коммуникации растянулись. Одно дело — запас топлива за спиной иметь, другое — возить бензин за сотни километров. Одно дело — бомбить Красную Армию у границ, взлетая со стационарных аэродромов под Кенигсбергом и Тильзитом, другое — летать под Ленинград.

Растянутые коммуникации группы армий «Север» приходилось охранять. В каждом захваченном городе надо оставлять гарнизон. И на каждом захваченном мосту надо ставить охрану с пулеметами. Чем дальше вперед шла группа армий, тем больше своих войск оставляла в тылу. Все железнодорожные линии и узлы тоже нуждаются в защите. Надо было перегонять авиацию на полевые аэродромы на захваченной территории, бдительно их охранять и стойко оборонять. Чем дальше шла группа армий «Север», тем быстрее таяли ее силы. А фронт наступления расширился сначала в полтора раза, потом в два, потом — в два с половиной. Плотные массы войск превращались в жижу.

Гитлер нанес удары растопыренными пальцами: сразу и на Одессу, и в Крым, на Киев и Харьков, на Орел и Тулу, на Москву, на Витебск, Новгород, на Ленинград. Чем дальше шли германские войска, тем шире становился фронт. Они попали в воронку, которая становилась все шире и шире. Локтевая связь между группами армий терялась. Но терялась она и между отдельными армиями, корпусами и дивизиями. Группа армий «Север» шла на Ленинград. Это упрямое прямолинейное движение с откровенно, открыто и нагло провозглашенной целью противоречило всем устоям стратегии. Вы не должны показать противнику направление своего движения. Он всегда должен гадать, что же вы задумали, не рванете ли вы в последний момент в ту сторону, где вас не ждут?

Но у Гитлера стратегия была лобовая: вперед и вперед! Даешь Питер!

Неизменно выдерживая направление на Ленинград, германская группа армий «Север» не только сразу же раскрыла свой замысел, но и попала в «коридор». Западнее оставалась 8-я советская армия. Потрепанная, побитая, но не разбитая. И германским командирам приходилось все время прикрывать свой левый бок. Восточнее — советский Северо-Западный фронт. Он постоянно наносил удары в правый бок германской группы армий. Иногда эти удары были достаточно свирепыми. Это признает и Манштейн. 14 июля войска 11-й армии (генерал В.И. Морозов) нанесли контрудар из района Сольцы. Противник был отброшен на 40 километров. Этот контрудар задержал германское наступление на Ленинград почти на месяц.

А вот еще: «В период боевых действий советских войск на подступах к Ленинграду их тяжелое положение было облегчено наступлением Северо-Западного фронта, начавшимся 12 августа в районе Старой Руссы. Главный удар наносила 34-я армия с рубежа реки Ловать. Соединения армии к 14 августа продвинулись на глубину 60 км и создали угрозу тылу ударной группировки врага» (Инженерные войска в боях за Советскую Родину. С. 84).

Такие удары могли повториться в любой момент.

Итак, Ленинград впереди; если германская армия бросится на штурм, то ей справа во фланг и тыл ударят советские войска. Могут и слева.

Положение группы армий «Север» было достаточно безрадостным. И даже коммунистическая официальная история вынуждена признать, что угрозы штурма Ленинграда не было. «Выдвинувшись к Ленинграду, вражеская группа армий «Север» растянула свой фронт более чем на 600 километров по дуге от Копорского залива через южные окрестности Ленинграда, южный берег Ладожского озера, Кириши и далее по рекам Волхов и Ловать до Великих Лук. Наступательные возможности немецких войск иссякли» (ИВОВСС 1941—1945. Т. 2. С. 91).

Заявления Жукова о том, что положение Ленинграда было безнадежным, опровергнуты не только германскими источниками, но и официальными советскими. Стратег набивал себе цену: положение было безнадежным, а я спас. Но если признать, что положение было надежным, то спаситель превращается в хвастуна, ибо нечего там было спасать и спаситель не требовался.

А самое интересное в том, что и в данном случае Жуков еще раз сам себя разоблачил.

Вернемся к докладу Жукова Сталину 29 июля 1941 года. Это тот момент, когда Жуков якобы предлагал Сталину сдать Киев. Помимо прочего Жуков доложил Сталину в тот день: «На ленинградском направлении без дополнительных сил немцы не смогут начать операции по захвату Ленинграда и соединению с финнами» (Воспоминания и размышления. М., 1969. С. 300).

Так написано в мемуарах стратега. В первом издании. При живом Жукове. Если эту подлую фразу вписали вредители из Центрального Комитета, то Жуков должен был протестовать: не подпишу! Но гений военного искусства по какой-то причине не протестовал.

Итак, в июле 1941 года у германской армии сил для штурма Ленинграда не было. Так сказал сам Жуков. Так записал в мемуарах. В августе сил не прибавилось. И не могло прибавиться. Силы германской армии таяли, фронт расширялся, резервов не было, германская армия расползалась по необъятным территориям. И в начале сентября никаких дополнительных сил группа армий «Север» не получила. Наоборот, ее раскулачивали упорно и регулярно.

И вот мудрый стратег еще в июле 1941 года доложил Сталину, что за Ленинград можно не беспокоиться, нет у Гитлера сил для захвата Ленинграда. А нам через 28 лет он рассказал, что несметные полчища столпились у ворот Ленинграда, и уж если бы он, великий, не вмешался, то быть беде...

Достаточно интересно, что фраза о том, что «без дополнительных сил немцы не смогут начать операции по захвату Ленинграда», уже из второго издания выпала.

Живой Жуков проговорился. Жуков проболтался. Но некто бдительный уже после смерти величайшего гения военного искусства проговорку усмотрел и из текста вычистил.

Жаль, что, вытравив одну глупость, те же руки тут же вписали в мемуар множество других глупостей.

Глава 25
КАК ОН ПРИНИМАЛ ДЕПАРТАМЕНТ

> Нам нужна история не описывающая, а объясняющая.
>
> *Анатолий Копейкин*

1

Провожая Жукова в Ленинград, Сталин якобы сказал ему: «Вот записка, передайте ее Ворошилову, а приказ о вашем назначении будет передан, когда прибудете в Ленинград. В записке К.Е. Ворошилову значилось: "Передайте командование фронтом Жукову, а сами немедленно вылетайте в Москву"» (Воспоминания и размышления. М., 1969. С. 313).

«9 сентября 1941 года вместе с генерал-лейтенантом М.С. Хозиным и генерал-майором И.И. Федюнинским мы вылетели в блокированный Ленинград» (Там же. С. 327). Жуков почему-то не назвал генерал-майора Кокорева Петра Ивановича, который летел вместе с ним. Существует достаточно документов, которые подтверждают это. Кокорев был начальником отдела в Оперативном управлении Генерального штаба. По прибытии в Ленинград был назначен начальником штаба 8-й армии. Впоследствии — генерал-лейтенант, начальник штаба 2-й ударной армии.

Достаточно интересно, что в последующих изданиях, уже после смерти Жукова, была изменена не только дата полета в

Ленинград с 9 на 10 сентября, но и весь текст значительно переработан, в него добавили красочные детали. Тот же момент во втором издании описан так: «Утро 10 сентября 1941 г. было прохладным и пасмурным. На Центральном аэродроме столицы, куда я прибыл, чтобы лететь в осажденный Ленинград, у стоявшего на взлетной полосе самолета маячили три фигуры: одна высокая генерал-лейтенанта М.С. Хозина, вторая, поменьше, генерал-майора И.И. Федюнинского, третья — летчика, командира воздушного корабля».

Если верить мемуарам, Жуков прилетел в Ленинград и сразу же направился в Смольный. А там член Политбюро и ГКО Маршал Советского Союза Ворошилов, член Политбюро Жданов, командование фронта и Балтийского флота, «а также директора важнейших государственных объектов» совещались о том, как бы им перед сдачей Ленинграда взорвать и уничтожить все, что возможно...

И тут появился Жуков.

Он якобы попросил разрешения присутствовать, посидел, послушал, потом протянул Ворошилову записку Сталина. Ворошилов прочитал, сник, сгорбился, сразу постарел. Тут же Жуков закрыл совещание, отменил все распоряжения о подрыве заводов, вокзалов, дворцов, мостов, складов, портовых сооружений, кораблей. Тут же Жуков принялся отдавать решительные приказы, которые и спасли город...

2

Жуков появился в Ленинграде, когда непосредственная опасность городу была ликвидирована. Никаких штурмов города противник не предпринимал. Потому никакой героизм Жукова тут не вырисовывается и никакие гениальные решения полководца не просматриваются. Как же быть? Чем подкрепить рассказы о Жукове-спасителе? На каком основании записать его в число защитников?

Выход был один: дату появления Жукова в Ленинграде приблизить к действительно опасному периоду. Потому и появился рассказ про полет с Центрального аэродрома. Это было особо подчеркнуто. Зачем? Да затем, чтобы оттенить срочный характер его миссии: вечером с Резервного фронта — в

Кремль, ночь — работа в Генеральном штабе, а ранним утром 9 сентября прямо из центра Москвы взмыл в воздух...

Когда выдумку про 9 сентября разоблачили, авторам жуковских мемуаров пришлось согласиться: ах да, правильно, он прилетел в Ленинград 10 сентября.

Давайте же вредительскому тексту первого издания не будем верить, а поверим более правдивым изданиям. И чтобы окончательно развеять все сомнения, откроем мемуары тех, кто был в тот исторический момент рядом с Жуковым.

Генералы Кокорев и Хозин мемуаров не оставили. А генерал-майор Федюнинский уже через месяц сменил Жукова на посту командующего Ленинградским фронтом, впоследствии стал генералом армии, т.е. в воинском звании поднялся почти до уровня Жукова. Он мемуары написал: «Утром 13 сентября самолет Ли-2 поднялся с Внуковского аэродрома и под охраной звена истребителей взял курс на Ленинград. В самолете находились генерал армии Г.К. Жуков, назначенный командующим Ленинградским фронтом, генералы М.С. Хозин, П.И. Кокорев и я» (И.И. Федюнинский. Поднятые по тревоге. М., 1964. С. 41).

Итак, Жуков срочно летел в Ленинград из Москвы с Центрального аэродрома не то 9, не то 10 сентября. А Федюнинский в одном с ним самолете без всякой спешки — с Внуковского аэродрома 13 сентября.

Разберемся.

3

Чтобы понять ситуацию, еще раз прочитаем рассказ Жукова, на предмет поиска странностей, которые послужат нам ключиком.

Странностей искать не надо. Они на поверхности. Они перед нами. Вот хотя бы записка, которую Сталин якобы написал Ворошилову: передай фронт Жукову, а сам немедленно возвращайся... Момент, когда Жуков передавал сталинскую записку Ворошилову, от издания к изданию описан со все возрастающим драматизмом.

«Мы поднялись на второй этаж в кабинет командующего. В большом кабинете за покрытым красным сукном столом сидели человек десять. Поздоровавшись с К.Е. Ворошиловым и А.А. Ждановым, попросил разрешения присутствовать на заседании. Через некоторое время вручил К.Е. Ворошилову записку И.В. Сталина. Должен сознаться, что делал я это не без внутреннего волнения. Маршал прочитал записку молча и, чуть кивнув головой, передал ее А.А. Жданову, продолжая проводить заседание. На Военном совете фронта рассматривался вопрос о мерах, которые следовало провести в случае невозможности удержать город. Высказывались коротко и сухо. Эти меры предусматривали уничтожение важнейших военных и индустриальных объектов и т.д. Сейчас, более тридцати лет спустя, эти планы кажутся невероятными. А тогда? Тогда положение было критическим...» (Воспоминания и размышления. М., 2003. Т. 1. С. 385).

Сольное выступление Жукова поддержано мощным ансамблем Чаковских — Гареевых — Симоновых — Яковлевых и иже с ними. Вот та же ария в еще более драматическом исполнении Владимира Васильевича Карпова. Он заговорил не просто про безнадежное положение Ленинграда, но даже про «ленинградскую катастрофу». И выходит у Карпова, что, понимая невероятные трудности предстоящего дела, Жуков якобы сам предложил себя на эту безнадежную и заведомо проигрышную роль. Он якобы по собственной инициативе бросился на амбразуру. И нечем Ленинград было оборонять. И некому. Один только Жуков и остался. Вот рассказ Карпова:

«Сталин задумался и, словно бы размышляя вслух, стал говорить:

— Очень тяжелое положение сложилось сейчас под Ленинградом, я бы даже сказал, положение катастрофическое. — Помолчав, Сталин явно подбирал еще какое-то слово, которым хотел подчеркнуть сложность обстановки на Ленинградском фронте, и наконец вымолвил: — Я бы даже сказал, безнадежное. С потерей Ленинграда произойдет такое осложнение, последствия которого просто трудно предвидеть. Окажется под угрозой удара с севера Москва.

Жукову стало ясно, что Сталин явно клонил к тому, что ликвидировать ленинградскую катастрофу, наверное, лучше всего сможет он, Жуков. Понимая, что Сталин уже решил послать его на это «безнадежное дело», Георгий Константинович сказал:

— Ну, если там так сложно, я готов поехать командующим Ленинградским фронтом.

Сталин, как бы пытаясь проникнуть в состояние Жукова, снова произнес то же слово, внимательно при этом глядя на него:

— А если это безнадежное дело?

Жукова удивило такое повторение. Он понимал, что Сталин делает это неспроста, но почему, объяснить не мог. А причина действительно была. Еще в конце августа под Ленинградом сложилась критическая обстановка, и Сталин послал в Ленинград комиссию ЦК ВКП(б) и ГКО в составе Н.Н. Воронова, П.Ф. Жигарева, А.Н. Косыгина, Н.Г. Кузнецова, Г.М. Маленкова, В.М. Молотова. Как видим, комиссия была очень представительная и с большими полномочиями. Она предприняла много усилий для того, чтобы мобилизовать имеющиеся войска и ресурсы и организовать стойкую оборону. Но этого оказалось недостаточно, и после отъезда комиссии положение Ленинграда ничуть не улучшилось. Противник продолжал продвигаться в сторону города, остановить его было нечем и некому. Ворошилов явно не был способен на это. Сталин понимал, что предпринятые им меры ни к чему не привели. Поэтому и пульсировали в его сознании эти неприятные, но точные слова: «положение безнадежное». Жуков оставался последней надеждой, и Сталин почти не скрывал этого». (В. Карпов. Маршал Жуков. Его соратники и противники в дни войны и мира. Литературная мозаика. М., 1992. С. 339—340).

Книга Карпова была сдана в набор 1 октября 1990 года. А подписана в печать 7 марта 1991 года. То есть еще под серпом и молотом. Владимир Васильевич Карпов тогда был повелителем всех писателей Страны Советов, он распределял дачи, квартиры, машины, премии, ордена, путевки, направлял финансовые потоки, определял, кому можно присвоить ранг писателя, а кому нельзя, решал, кого миловать, а кого бить и до какой степени. Самое главное: устанавливал, кого каким тиражом печатать. Себя не забывал.

Сочинение о «ленинградской катастрофе», о том, что город было спасать нечем и некому, Карпов повелел печатать тиражами с большим количеством нолей после единички.

По Карпову выходит, что Молотов, Маленков, нарком ВМФ адмирал Кузнецов, командующий артиллерией Красной Армии генерал-полковник артиллерии Воронов, командующий ВВС РККА генерал-лейтенант авиации Жигарев, командующий ВВС Ленинградского фронта генерал-лейтенант авиации Новиков и другие якобы ничего не смогли сделать для обороны Питера. Непреодолимая оборона, возведенная вокруг города по их планам и под их руководством, — не в счет. Только Жуков один мог тут справиться...

Читаю эти строки и не могу отделаться от мысли, что этот отрывок я уже где-то читал... Никто не мог осилить должность, и вся надежда на одного... Только он один и мог бы... Где же я встречал такое? Не у Карпова. А у кого? Питер... Питер... Ах да! Правильно. В том же городе сотней лет раньше возникла та же ситуация: никто не мог... Оставался только один кандидат, которого однажды даже приняли за главнокомандующего. «Ну, натурально, пошли толки: как, кому занять место? Многие из генералов находились охотники и брались, но подойдут, бывало, — нет, мудрено. Кажется, и легко на вид, а рассмотришь — просто черт возьми! После видят, нечего делать, ко мне. И в ту же минуту по улице курьеры, курьеры, курьеры... «Извольте, господа, я принимаю должность, я принимаю, говорю, так и быть, говорю, принимаю; только уж у меня: ни, ни, ни! Уж у меня ухо востро! уж я...» И точно: бывало, как прохожу через департамент, — просто землетрясение, все дрожит и трясется, как лист».

Владимира Васильевича Карпова явно вдохновляла история о том, как Иван Александрович Хлестаков принимал департамент. Именно так Карпов и описал появление Жукова в безнадежном городе.

Н.Н. Яковлев пошел дальше: «Условием командования в Ленинграде Жуков поставил — никакого вмешательства в оперативные вопросы со стороны члена Военного совета фронта А.А. Жданова. Сталин пообещал, что лично переговорит об этом со Ждановым» (Н.Н. Яковлев. Маршал Жуков. М., 1995. С. 87).

Вот видите, *генерал* Жуков не только указывал Верховному Главнокомандующему, на какую должность назначить *маршала*, но еще и ставил условия, на которых согласен ехать в

Ленинград: я принимаю должность, я принимаю, говорю, так и быть, говорю, принимаю...

И вот Жуков — в штабе фронта. Карпов продолжает: «Я слышал или где-то читал о том, что Жуков якобы вошел в кабинет командующего фронтом, пнув дверь ногой. Даже если это и было, то все, что предшествовало этому, мне кажется, объясняет такое нервное состояние Георгия Константиновича.

Не снимая шинели и фуражки, Жуков вошел в кабинет маршала Ворошилова. В это время в кабинете заседал Военный совет фронта, на котором присутствовали Ворошилов, Жданов, Кузнецов и другие члены Военного совета. Они рассматривали вопрос, как уничтожить важнейшие объекты города, потому что удержать его уже считалось почти невозможным, когда и как подготовить к взрыву боевые корабли, чтобы их не захватил противник.

Жуков сел на свободный стул и некоторое время слушал происходивший разговор. Тема разговора еще больше его взвинтила. Он приехал в Ленинград для того, чтобы отстаивать его, а тут говорят о сдаче. Он подал записку Сталина о своем назначении Ворошилову. Маршал прочитал эту записку, как-то сник и ничего не сказал присутствующим. Пришлось Жукову самому сообщить, что он назначен командующим фронтом. Он коротко предложил закрыть совещание Военного совета и вообще не вести никаких обсуждений о сдаче города, а принять все необходимые меры для того, чтобы отстоять его, и закончил такими словами:

— Будем защищать Ленинград до последнего человека!»

Н.Н. Яковлев добавляет: «Жуков появился в разгар совещания Военного совета фронта, на котором под водительством самозваного стратега А.А. Жданова и послушного К.Е. Ворошилова обсуждалось, что делать, если не удастся удержать Ленинград. Коротко докладывалось о том, как именно взорвать и уничтожить важнейшие объекты города. Жуков послушал и передал сталинскую записку Ворошилову, тот прочитал и вручил ее Жданову. Словопрение продолжалось. Пришлось Жукову закрыть заседание. Формальностей при сдаче дел бывшим командующим не было» (Там же. С. 88).

4

Хорошо написано! Все есть. Только реализма не хватает.

Давайте обратимся к автору этого фантастического сюжета Герою Советского Союза писателю Карпову и попросим взять слова обратно. И писателя Яковлева попросим о том же.

Владимир Васильевич Карпов — человек военный, он, конечно, понимает, что ничего подобного никогда не было. И причина тут серьезная: такого не могло быть потому, что нé могло быть никогда.

Владимир Васильевич, вы разведчик, давайте используем прием, которому нас в разведке учили. Любую неясную ситуацию надо мысленно уменьшить в два, три, пять, десять раз. Или увеличить. Тогда странность происходящего может проявиться более рельефно и четко.

Масштаб происходящего я мысленно уменьшаю в три раза. Давайте представим Днепр, который чуден при тихой погоде, и прекрасный город Черкассы на высоком берегу. Красота почти как в Киеве. Время действия, допустим, 1970 год. В светлом кабинете за огромным столом восседает первый секретарь Черкасского обкома (так в ту пору назывались губернаторы) товарищ Андреев и вся его команда. Напротив — самый главный местный воинский начальник генерал-майор танковых войск А. Роман, командир 41-й гвардейской ордена Суворова танковой дивизии. Он тоже с командой. Тут же — высокие столичные гости. Идет обсуждение некоего весьма важного вопроса. Например: как бы бросить танковую дивизию в прорыв. То бишь на картошку. В армии операции подобного типа именуются термином «картошка в мундире».

Все идет как предписано. И вдруг на совещании появляется некий полковничек Жуковкин. С ним — майор и капитан. О полковнике присутствующим известно, что взлетел он высоко и быстро, но на высотах не удержался, был с треском и грохотом сброшен и отправлен в провинцию управлять чем-то резервно-второстепенным. Никакого отношения ни к Черкасской области, ни к 41-й гвардейской танковой дивизии он не имеет. О майоре и капитане вообще ничего не известно.

— Давайте, — говорит полковник, — мы тут с вами посидим, послушаем, о чем мяукаете.

— Сидай, друже, — широким хозяйским жестом приглашает товарищ Андреев.

Сидел, сидел полковничек, слушал, слушал, не выдержал.

— Не картошку убирать надо! — кричит. — Надо боевой подготовкой заниматься! Вот вам записка! Меня командиром дивизии назначили!

Владимир Васильевич Карпов, ну согласитесь же, что сцена дурацкой получается. Прежде всего не пустят полковника с майором и капитаном в кабинет, где держит совет первый секретарь обкома с генерал-майором. Полковнику вежливо объяснят, что товарищ Андреев занят. Ждите. И командир дивизии генерал-майор танковых войск Роман тоже занят. Если у вас, товарищ полковник, срочное дело, скажите, в чем оно заключается, — доложим.

Но так чтобы: заходите дорогие, неизвестно для чего прибывшие, товарищи, рассаживайтесь, слушайте, — так не бывает. Даже если обсуждается вопрос о картошке в привольной и прекрасной Черкасской области.

А теперь вернемся на ленинградские высоты.

В кабинете восседает член ГКО и Политбюро Маршал Советского Союза К.Е. Ворошилов. В ГКО, кроме Сталина, четверо. И один из них — Ворошилов. Тут же товарищ А.А. Жданов — член Политбюро. Само Политбюро затаилось и себя ничем не проявляло. Но звание члена Политбюро означало, что носитель этого титула — в десятке ближайших к Сталину людей. В данном случае Жданов в иерархии империи где-то на пятом или шестом месте после Сталина. Кроме них, достаточное количество товарищей весьма высокого ранга. И обсуждают они не картофельные дела, а вопрос об уничтожении города Ленинграда и Балтийского флота, о сдаче противнику четырех армий и невероятных по любым стандартам военных запасов. И тут вдруг появляется генерал армии Жуков. О нем присутствующим известно, что был он начальником Генерального штаба, но чуть больше месяца назад с этого поста слетел и направлен командовать *Резервным* фронтом. И вот неизвестно зачем он появляется в Ленинграде, приходит на заседание Военного совета Ленинградского фронта и Балтийского флота, садится на стульчик и слушает, о чем тут толкуют. Никакого отношения к Ленинграду, к Балтийскому флоту и Ленинградскому фронту он не имеет. Официально он — командующий совсем другим фронтом, на совсем другом направлении, на 600 километров южнее. И ни у кого вопроса не возникло: эй, ты, чего тебе тут надо? Турист или как?

Да ведь не один же он. Жуков так и пишет: мы вошли. С ним — Хозин, Федюнинский, возможно, и Кокорев.

И не спешите в меня булыжники метать — я пропорцию блюду: для Маршала Советского Союза Ворошилова генерал-лейтенант Хозин — это вроде как для командира танковой дивизии в Черкассах неизвестный, непонятно откуда взявшийся майор. Позволит ли генерал-майор какому-то неизвестному, не имеющему никакого отношения к его дивизии майору сидеть и слушать его речи, хотя бы и об уборке картошки? Ты расскажи, кто таков, с чем пришел, тогда тебе, может быть, разрешат присутствовать.

А генерал-майор Федюнинский для маршала Ворошилова — это как капитан для командира дивизии. Неужто так и было: садись, дорогой, слушай, что непонятно — спрашивай...

И вот, посидев и послушав, Жуков не выдержал и наконец рассказал, что он тут не просто так, не любопытства ради на огонек забрел, а имеет в кармане записку... Вникнем: до момента, когда Жуков вручил записку Ворошилову, он был для присутствующих совершенно чужим человеком, который не имел никакого права присутствовать на заседании Военного совета. Он не имел права там находиться, даже если бы обсуждался не совершенно секретный вопрос, а самый простой, например о заготовке дров. Посторонним вход воспрещен! А сопровождавшие Жукова генералы до объявления полномочий были не только посторонними, но и к тому же не имеющими права присутствовать в таком месте просто в силу того, что их воинские звания были слишком низкими для этого высокого кабинета.

Адмирал Ю.А. Пантелеев, который в начальном периоде войны был начальником штаба Балтийского флота, свидетельствует: подготовка кораблей к подрыву осуществлялась в обстановке глубокой секретности. На флоте об этом знали командующий, начальник штаба, начальник оперативного отдела штаба, начальник тыла и непосредственные исполнители (Ю.А. Пантелеев. Морской фронт. М., 1965. С. 204). А Жуков и вместе с ним Карпов, Чаковский, Гареев, Яковлев и прочие рассказывают нам дивные истории о том, что посторонние люди пришли на заседание Военного совета фронта и флота, сидели и слушали совершенно секретные разговоры.

5

Странностям нет конца.

Через несколько страниц Жуков объяснил: «Военный совет, в состав которого, кроме А.А. Жданова, А.А. Кузнецова и меня, входили секретарь Ленинградского обкома партии Т.Ф. Штыков, председатель облисполкома Н.В. Соловьев, председатель горисполкома П.Е. Попков, работал дружно, творчески, энергично, не считаясь ни со временем, ни с усталостью. Всех этих товарищей сейчас уже нет в живых. Должен сказать, что они были выдающиеся деятели нашей партии и государства. Они сделали все, что можно было сделать, для успешной борьбы, отстаивая город Ленина, над которым тогда нависла смертельная опасность. Ленинградцы их хорошо знали и уважали за мужественное поведение и несгибаемую волю к победе».

Так сказано во втором издании (Воспоминания и размышления. М., 1975. Т. 1. С. 397). Зловредный идеолог Суслов запретил говорить правду о решающей роли Коммунистической партии в достижении победы, поэтому эти теплые слова о «выдающихся деятелях нашей партии и государства» были вырезаны из первого издания. Но потом зловредный смиловался и разрешил...

Но нелегко быть коммунистическим идеологом. С одной стороны, надо доказать, что Жуков и только Жуков спас Ленинград. С другой — надо показать руководящую и направляющую роль Коммунистической партии. Потому, с одной стороны, Жуков якобы поставил перед Сталиным условие: член Политбюро и Военного совета Ленинградского фронта «самозваный стратег» Жданов не должен вмешиваться в решения Жукова. Сталин, ясное дело, на это согласился. А если уж Жданову нельзя вмешиваться в решения Жукова, то какому-то там Попкову и подавно такие вещи запрещались. А с другой стороны, со всеми этими «выдающимися деятелями нашей партии и государства» Жуков работал дружно, творчески и энергично.

Постойте, если Жуков с ними не обсуждал оперативных вопросов, то какие обсуждал? Как наладить работу канализации? Как ловить людоедов и что с ними делать? Как вывозить трупы из города?

Эти вопросы, думаю, они бы решили и без Жукова.

Но я о другом. В момент первого появления Жукова на заседании Военного совета Ленинградского фронта «за покрытым красным сукном столом сидели человек десять». Теперь мы знаем их имена: Ворошилов, Жданов, Кузнецов, Попков, Штыков, Соловьев... Не могли не присутствовать начальник штаба Ленинградского фронта и начальник тыла. Тот же Жуков рассказывает, что за столом сидели начальники родов войск фронта. А это — командующие авиацией, артиллерией, ПВО, танковыми войсками, начальники инженерных войск, войск связи и другие. И рядом с каждым из них — партийный надзирала. Носили эти товарищи разные титулы: члены военных советов, комиссары и пр. Но суть одна — присмотр. Осенью 1941 года без них командиры и командующие шага ступить не могли. Но больше всего, по описанию Жукова, на том совете было флотских товарищей, ибо обсуждался вопрос об уничтожении флота. И если так, то явно присутствовал командующий Балтийским флотом адмирал Трибуц со своим надзирателем, начальник штаба, начальник тыла и прочие.

Помимо высшего партийного руководства, генералов и адмиралов, как рассказывает Жуков, — еще и директора важнейших государственных объектов... И все это — человек десять?

Это я к тому веду разговор, что командующих армиями Ленинградского фронта на то совещание явно не пригласили. Четверо командующих армиями да у каждого надсмотрщик — это восемь человек. Если за столом сидело человек десять, значит, командующим армиями там места не было.

И вот представим себе ситуацию: на совещание высочайшего уровня, на которое не позвали командующих армиями Ленинградского фронта, входит посторонний генерал-майор И.И. Федюнинский, командующий 32-й армией Резервного фронта.

Своих командармов не пригласили, а этот чужой, со стороны, пусть сидит...

6

Если верить коммунистической пропаганде, то Ворошилов был дурачком, а Жуков — гением. При таком раскладе все вроде бы согласуется: в критической обстановке Сталин на место дурачка поставил гения. Но тут выпирает новая нестыковка. В сентябре Ворошилов вернулся в Москву и тут же по приказу Сталина начал подготовку к проведению конференции трех держав: США, Великобритании и Советского Союза. Конференция открылась в Москве 29 сентября 1941 года. Советскую делегацию возглавлял Сталин. Заместителем был Ворошилов. Кроме того, в состав делегации вошли Голиков, Малышев, Вышинский, Микоян, Шахурин.

Не настаиваю, но смена командования Ленинградского фронта в сентябре 1941 года могла иметь иное объяснение: Сталину надо было вызвать Ворошилова в Москву для подготовки мероприятия исключительной важности. А уж кого было поставить на его место, значения не имело. Кстати, «дурачка» Ворошилова Сталин привлекал и потом к участию в переговорах высочайшего уровня. Ворошилов, например, ездил со Сталиным в Тегеран на встречу с Рузвельтом и Черчиллем. А гениальному Жукову Сталин такие дела не доверял.

И еще момент. В 1943 году координацию действий двух фронтов при прорыве блокады Ленинграда осуществляли два полководца: Ворошилов и Жуков. Так и было объявлено в официальном сообщении Совинформбюро от 18 января 1943 года. Если бы Сталин еще в 1941 году убедился в непригодности Ворошилова, то в 1943 году ответственным за прорыв блокады Ленинграда не поставил бы.

Впоследствии имя Ворошилова стерлось в героической летописи прорыва блокады Ленинграда, а имя Жукова осталось.

Чуть ниже мы увидим, как Жуков с задачей прорыва блокады справился.

Но вернемся в 1941 год. Представим себе, что все происходит так, как описывали Жуков и подпевающие товарищи. Итак, Ворошилов сдал фронт Жукову, а сам немедленно тем же самолетом улетел в Москву. И вот Жуков ходит по коридорам штаба. Представляю, как это могло быть. Тут-тук в Оперативный отдел: отворитесь, отопритесь! А ему — кукиш. Посторонним вход воспрещен! Любого-всякого в оперативный отдел не пустят.

— Так я же новый командующий фронтом!!!

— Неужели?

— Точно говорю!

— А где приказ?

— Скоро подпишут.

— Когда подпишут, тогда приходи.

— А у меня записка от товарища Сталина.

— Сверни ее трубочкой и засунь куда-нибудь. Откуда нам знать, что записка настоящая?

Приходит Жуков в Разведывательный отдел: покажите карту обстановки! Ему карту никто не покажет. В 1937 году к бдительности приучили. Но это во-вторых.

А во-первых — его в Разведывательный отдел просто не пустят. И ни в какой другой отдел — тоже.

Решил товарищ Жуков Сталину пожаловаться. А как? На узел связи уж точно хода нет. Очень дело серьезное. Тем более что линия Москва — Ленинград — это самая главная линия связи. А ребята в правительственной связи имеют свои линии подчинения. Им никто, кроме товарища Сталина и прямых начальников, не страшен. Те пошлют пришельца матерным слогом. И ничего ты им не сделаешь. К этому надо добавить, что телефонной и телеграфной связи в тот момент между Москвой и Ленинградом не было. Город блокирован, кабель правительственной связи пролегал по территории, занятой противником. Об этом говорит и сам Жуков в письме П.Н. Демичеву от 27 июля 1971 года (Георгий Жуков. Стенограмма октябрьского (1957 г.) пленума ЦК КПСС и другие документы. С. 567).

И возникает вопрос: а зачем вообще нужна была записка Сталина? Неужели Сталин не понимал, что Жуков без приказа Верховного Главнокомандующего фронт принять не может? Запиской никак не обойдешься. Даже если это записка самого Сталина. Дело тут вот в чем. Фронт — это грандиозный военный организм. В его составе несколько армий, авиация фронта, а также множество отдельных корпусов, дивизий, бригад, полков, тыловых частей и учреждений. Командирам всех рангов надо точно знать, до какого момента действует власть старого командующего, с какого момента — власть нового. Ответственность совершенно четко распределяется, в том числе и по времени: это твои свершения, победы, просчеты, ошибки, поражения и преступления, а это — мои. Для этого отдается приказ: с 23.45 фронтом командую Я!

Без такого приказа сотни и тысячи нижестоящих командиров просто не знают, чьи распоряжения в данный момент надо выполнять. Это явление именуется страшным термином «потеря управления», виновные караются расстрелом.

Итак, чтобы кони привередливые не понесли вскачь, чтобы не выпустить вожжи ни на минуту, чтобы не допустить потери управления, нужно отдать приказ по фронту. Но такой приказ можно отдать только на основании приказа Верховного Главнокомандующего. А его, как рассказывает Жуков, не было. Была только записка Ворошилову. Имея в руках записку, Ворошилов фронт сдать не мог. В любой момент могло случиться все, что угодно. Тем более что, по рассказам Жуковых — Карповых, город был на грани падения. Если у Ворошилова в руках приказ Верховного Главнокомандующего, то он может оправдаться перед любым трибуналом. А записка ему не поможет.

Забудем фронты и армии. Вот вам забытый гарнизон и в нем четырежды проклятый мотострелковый полк. Лейтенант Иванов сдает караул лейтенанту Петрову. Друзья закадычные. Вместе пьют по праздничным дням. Вместе в свободное от службы время с подругами веселятся. Но чтобы одному сдать караул, а другому принять, должен быть приказ по полку. И назначен пароль. И подписи должны быть под ведомостью. До того как оба расписались — твоя ответственность, а после — моя. И записочкой, пусть от самого командира полка, мол, ты, Вася, сдай караул другу Коле, тут никак не обойдешься.

А в Ленинграде — не караул в мотострелковом полку. Предстояла передача ответственности за фронт в составе четырех армий, Балтийский флот и огромный город. Город этот — один из красивейших в мире. Город этот — морские ворота Советского Союза. Город этот — сокровищница. Город этот — индустриальный центр мирового масштаба. Тут строили все — от подводных лодок и самолетов до приборов управления артиллерийским огнем, от самых мощных в мире танков до крупнейших в Советском Союзе артиллерийских орудий, от сложнейшего навигационного оборудования до простейших минометов. Отчего же Сталин не подписал приказ: Ворошилову ответственность за все это сдать, Жукову принять?

При живом Жукове ответа на этот вопрос никто не придумал. Но вопрос оставался. Потому мертвый Жуков во втором издании объяснил: Сталин опасался «за успех нашего перелета».

Ловко придумано. На первый взгляд. А на второй взгляд — очень даже неловко. В решениях Сталина всегда присутствовала логика. А тут она полностью отсутствует.

Жуков без приказа о назначении командующим Ленинградским фронтом никакой самостоятельной ценности не представлял. Никто перед ним сейфы не растворил бы. Потому Сталин должен был не записку ему вручать, а подписать приказ. Только в этом случае Жуков без проблем и проволочек мог бы взять бразды правления в свои мозолистые руки. Иначе он водитель, которому дали новую машину, но не дали ключи.

Ну а если бы Жуков не долетел до Ленинграда? Если бы самолет был сбит, разбился, сгорел или утонул в Ладожском озере, тогда как? Да никак! В этом случае приказ сгорел бы или утонул вместе с Жуковым. Даже если бы Жуков погиб в самолете, а приказ был передан в штаб Ленинградского фронта по другим каналам, то и в этом случае ничего страшного приключиться не могло. Раз сменщик не прилетел, значит, командование фронтом передавать некому, следовательно, приказ не вступил бы в силу. Только и делов. В этом случае Ворошилов еще несколько дней занимал бы свой пост, пока Сталин не нашел бы другого гения на смену сгоревшему.

Если посмотреть с этой стороны, то ситуация становится совсем непонятной: почему Сталин записку мог подписать, а приказ не мог? Сталин знал, что подтвердить правильность записки он не может ни по телефону, ни по телеграфу. По радио сообщения такой важности не передают. Да им и не поверят. В Советском Союзе верили бумаге. Командир Либавской военно-морской базы капитан 1 ранга Клеванский поверил устному приказу взрывать корабли, которые не могут выйти в море. А его за это — в трибунал. Все, кто такие приказы отдавал, отказались. Вот и все. После того — расстрел.

В том же сентябре 1941 года командующий Юго-Западным фронтом генерал-полковник Кирпонос получил приказ на отход. Устный приказ. Прилетел полковник Баграмян и приказ передал. Кирпонос отказался его выполнять: а где бумага? В результате миллионная группировка советских войск в районе Киева погибла.

Но у Кирпоноса выбора не было. На слово он поверить не имел права.

В октябре 1941 года Рокоссовский под Москвой получил приказ Конева на отход. Рокоссовский приказ выполнять отказался на том же основании: а где бумага? Пришлось Коневу бумагу подписать и отослать Рокоссовскому. Отошел Рокоссовский на указанные рубежи, а ему назначают расстрел. Он на Конева кивает. А тот молчит, мол, я-то тут при чем? Тогда Рокоссовский достал подписанную Коневым бумагу... Только так от расстрела и увернулся.

Но ведь и официальные бумаги не всегда спасали. Генерал армии Павлов выполнял письменные приказы Жукова, но расстрела не избежал.

Я это вот к чему клоню: зачем Сталин усложнял ситуацию? Если он знал, что записке могут не поверить, а подтвердить ее правильность невозможно из-за отсутствия связи, почему не написал приказ?

Всю эту историю с запиской опроверг сам Жуков. 27 июля 1971 года он написал письмо в ЦК КПСС П.Н. Демичеву. В письме сказано: «Маршал К.Е. Ворошилов уехал из Ленинграда через двое суток, подробно введя меня в курс дела» (Георгий Жуков. Стенограмма октябрьского (1957 г.) пленума ЦК КПСС и другие документы. С. 556).

Странно. Жуков нам рассказал, что в записке Сталин приказал Ворошилову сдать фронт и немедленно возвращаться в Москву. А в ЦК КПСС тот же Жуков написал, что Ворошилов немедленно в Москву не полетел. Ворошилов, не спеша, двое суток передавал дела.

Получается, что Ворошилов поверил первой части сталинской записки и фронт сдал, а второй части не поверил и немедленно в Москву не полетел.

Одно из двух:
— либо Жуков выдумал содержание записки,
— либо вообще никакой записки не было.

7

И тут настало время наконец обратиться к архивным документам.

«Главкому Ленинградским фронтом
Командующему Резервным фронтом
11 сентября 1941 г.
19 час. 10 минут.

1. Освободить Маршала Советского Союза тов. Ворошилова от обязанностей главнокомандующего Ленинградским фронтом.

2. Назначить командующим Ленинградским фронтом генерала армии тов. Жукова с освобождением его от обязанностей командующего Резервным фронтом.

3. Тов. Ворошилову сдать дела фронта, а тов. Жукову принять в течение 24 часов с часа прибытия в Ленинград тов. Жукова.

Генерал-лейтенанта Хозина назначить начальником штаба Ленинградского фронта.

СТАЛИН, Б. ШАПОШНИКОВ».

Приказ этот опубликован. Всем исследователям он доступен. Во втором издании мертвый Жуков был вынужден признать существование этого приказа и даже цитировать пункт третий.

Если внимательно прочитать приказ Сталина и Шапошникова, то сомнения отпадают: этот документ опровергает вымыслы Жукова.

Жуков рассказывает, что прямо на Военном совете принял командование и тут же отменил неправильные распоряжения и начал отдавать правильные. Но документ, подписанный Сталиным и Шапошниковым, предписывал не спешить с передачей дел. По этому документу Ворошилов еще целые сутки оставался в должности командующего Ленинградским фронтом, его приказы были действительными, а приказы Жукова пока недействительными.

В записке Сталин якобы писал Ворошилову, чтобы тот немедленно возвращался в Москву, а в приказе тот же Сталин дал 24 часа на передачу дел.

Из этого следует, что жареные птицы не буйствовали и в спину не клевали, что спешки не было, что Верховный Главнокомандующий не считал положение дел безнадежным и никак не мыслил, что Ленинград с часу на час придется сдать...

Да и зачем Сталину вечером 11 сентября писать в приказе, что на передачу дел дается 24 часа, если, по рассказу Жукова, дела передали прямо на заседании Военного совета и Ворошилов тут же, не то 9, не то 10 сентября, улетел в Москву. Надо думать, что, прибыв в Москву, Ворошилов Сталину о прибытии доложил...

И еще, если бы на момент подписания приказа Жуков был уже в Ленинграде, то доложил бы Сталину: долетел благополучно. От этого момента и начался бы отсчет времени по приему дел. Но вечером 11 сентября, когда Сталин и Шапошников подписывали приказ, Жукова в Ленинграде еще не было. И неизвестно было, когда погода и обстановка в воздухе позволят ему туда попасть. Потому в приказе и сказано: с момента, когда прилетит, отсчитайте 24 часа.

Все становится на свои места, если мы примем версию генерала армии Федюнинского Ивана Ивановича: он, Жуков и другие генералы летели в Ленинград не 9-го и не 10-го, а 13 сентября 1941 года.

Цепь событий такая: вечером 11 сентября Сталин и Шапошников подписали приказ о назначении Жукова командующим Ленинградским фронтом, а Хозина — начальником штаба. 12 сентября полет не состоялся по условиям погоды. 13 сентября — полет. 14 сентября, через 24 часа после прилета, Жуков в соответствии с приказом вступил в должность.

Этот вариант подтверждается и докладом Жукова Шапошникову 14 сентября: фронт принял. Жуков доносил первые впечатления. А до того молчал.

Если 14 сентября принять как дату вступления Жукова в должность, тогда все приобретает смысл и логику, все сходится и стыкуется. Но этот вариант не удовлетворял мемуариста Жукова. Получилось, что появился он в Питере к шапочному разбору, когда судьба великого города была решена без него.

Вот потому в своих мемуарах он рвался в Питер хоть на денек, хоть на два пораньше. Но как обойти стороной официальный приказ Сталина?

Вот ради этого и была выдумана записка.

Глава 26
ПРО СОРОК БОЧЕК

> Ценились и выдвигались лишь так назы-
> ваемые волевые начальники. Под этим тер-
> мином понимались командиры-держиморды,
> о которых можно было знать, что, где бы и
> чем бы они ни командовали, все подчинен-
> ные будут их смертельно бояться и ненави-
> деть. Классический пример — Жуков, Ере-
> менко, Конев.
>
> *В. Батшев.*
> Власов. Франкфурт-на-Майне, 2001. Ч. 1. С. 23

1

В своих мемуарах Жуков поведал удивительные вещи, а
сверх мемуаров — просто потрясающие. Вот что стратег открыл Герою Социалистического Труда писателю Константину
Симонову.

«Моряки обсуждали вопрос, в каком порядке им рвать
суда, чтобы они не достались немцам. Я сказал командующему флотом Трибуцу: «Как командующий фронтом запрещаю
вам это. Во-первых, извольте разминировать корабли, чтобы
они сами не взорвались, а во-вторых, подведите их ближе к
городу, чтобы они могли стрелять всей своей артиллерией».
Они, видите ли, обсуждали вопрос о минировании кораблей, а
на них, на этих кораблях, было по сорок боекомплектов. Я

сказал им: «Как вообще можно минировать корабли? Да, возможно, они погибнут. Но если так, они должны погибнуть в бою, стреляя». И когда потом немцы пошли в наступление на Приморском участке фронта, моряки так дали по ним со своих кораблей, что они просто-напросто бежали. Еще бы! Шестнадцатидюймовые орудия! Представляете себе, какая это силища?»

Мотивы поведения писателя Константина Симонова пока никто не объяснил. Симонов мог бы посмеяться, похлопать стратега по плечу и дружески посоветовать никому никогда такую чепуху больше не рассказывать. Но Симонов зачем-то записывал рассказы о невероятных похождениях полководца, а потом их публиковал.

Еще более странно, что Герой Советского Союза писатель Владимир Карпов эти волшебные истории переписал в свою книгу (Маршал Жуков. Его соратники и противники в дни войны и мира. Литературная мозаика. М., 1992. С. 344).

За Карповым последовал писатель Н.Н. Яковлев. Он написал книгу под тем же названием. Только без подзаголовка (Н. Яковлев. Маршал Жуков. М., 1995. С. 86). Карпов, цитируя этот странный кусок текста, ссылался на Константина Симонова. А Яковлев уже ни на кого не ссылался. Он переписал этот отрывок как общеизвестный факт, который не требует ссылок и объяснений.

2

Писателям-героям Симонову, Карпову и примкнувшему к ним Яковлеву перед тем, как повторять рассказы гения про сорок боекомплектов на кораблях, следовало бы разобраться, что же собой представляет один боекомплект.

Главная огневая и ударная сила Балтийского флота — два линейных корабля типа «Севастополь»: «Марат» и «Октябрьская революция». «Лишь один залп линкора весил шесть тонн, а за минуту корабль мог обрушить на врага пятьдесят тонн снарядов» (Адмирал флота Советского Союза Н.Г. Кузнецов. Курсом к победе. М., 1975. С. 115). Понятно, что линейный корабль рассчитан не на одну минуту боя, следовательно, на нем не 50 тонн снарядов, а больше.

Каждый линкор типа «Севастополь» имел двенадцать 305-мм пушек и шестнадцать 120-мм. Не считая зенитных пушек и пулеметов. Конструкция корабля рассчитана на определенное, четко установленное еще на стадии эскизного проекта количество снарядов. Это количество называется боекомплектом. Для линкоров типа «Севастополь» боекомплект составлял 1200 305-мм снарядов (по 100 на ствол), 4800 120-мм снарядов (по 300 на ствол), не считая торпед, снарядов и патронов для зенитных пушек и пулеметов (M. S. Sobanski. Rosyjskie pancerniki typu «SEWASTOPOL». Warszawa. Tarnowskie Gory. 2003. P. 18, 20).

Малокалиберные снаряды и патроны сверх одного боекомплекта можно как-то разместить — рассовать ящики по коридорам, каютам и кубрикам. Но загрузить хотя бы несколько снарядов главного калибра сверх одного боекомплекта практически невозможно. 305-мм снаряд весит 470, 9 кг. Конструкцией корабля предусмотрен весь путь снаряда с грузовой баржи до хранилища, а потом — до орудия: снаряды принимаем вот тут специальным подъемником, рассчитанным именно на эти снаряды, опускаем их глубоко вниз и укладываем в специальные стеллажи. И так все 1200 штук. Но вот подвезли десяток лишних снарядов. Куда их девать? По трапам вниз тащить? Уж слишком тяжелые. И куда укладывать? И чем крепить? А то ведь проклятые на крутой волне по палубе кататься будут. Идешь себе, вдруг на тебя с грохотом по железному коридору такая штука катит.

Но со снарядами кое-как можно справиться. Беда в том, что к каждому снаряду есть еще и заряд. Это порох в шелковых мешках. Один заряд — 132 кг. Хранят заряды в особых помещениях. Шелковые мешки с порохом надо уберечь от влаги и пыли. В помещениях, где они хранятся, — особый контроль за температурой и влажностью. И особая забота, чтобы какой прохвост не вошел туда в кованых сапогах. Не ровен час, искорку подковкой высечет.

Помещения линкора рассчитаны точно на 1200 снарядов главного калибра и столько же зарядов. Вес зарядов главного калибра 158 тонн. Без упаковки. Загрузили, допустим, заряды первого боекомплекта, а заряды второго боекомплекта куда девать? По коридорам разложить? Пыли можно не бояться. А вот влаги по корабельным закоулкам в избытке. Тут еще и матросня с цигарками.

Один боекомплект снарядов и зарядов только для главного калибра — 723 тонны. А еще 4800 120-мм снарядов. Те совсем небольшие — 29,48 кг. Но умножим этот вес на количество и получим почти 150 тонн снарядов. А к этому добавим вес зарядов. Заряжание тут не картузное. Порох не в мешках, а в латунных гильзах. Тоже солидно набирается веса. Не забудем про 2000 снарядов на каждый зенитный ствол и по 30 тысяч патронов на каждый пулемет. Грубо говоря, один боекомплект линкора типа «Севастополь» — это тысяча тонн. Если загрузить один боекомплект, то корабль, как и положено, осядет. Второй боекомплект девать некуда. Куда его размещал Жуков, не знаю. А что будет, если на корабль водоизмещением 23 тысячи тонн погрузить сорок боекомплектов? Об этом надо спросить у преподавателя физики, у гения военного искусства и у писателей-героев, которые повторяли эти волшебные сказания.

Возразят: но ведь на крейсерах пушки не такие огромные, как на линкорах!

Правильно. Крейсер «Киров» имел 9 180-мм и 8 100-мм орудий, 10 37-мм зенитных пушек и пулеметы. Кроме того, два трехтрубных торпедных аппарата, два самолета. Мог принять на борт 170 морских мин.

Боекомплект крейсера «Киров» — 1800 снарядов главного калибра. Снаряды — 97,5 кг. И заряды к ним. Снаряды, действительно, не такие огромные, но и сам крейсер размером скромнее — 8600 тонн. Но доложу я вам, тоже не радость, когда стокилограммовые чушки по коридорам катаются. На крейсере тоже второй боекомплект некуда девать. На крейсере, кроме всего прочего, еще и торпеды, и самолеты, и морские мины.

То же и с эсминцами. Там 130-мм пушки. Пропорционально их размерам и водоизмещению. Там тоже теснота. Как Жуков вмещал по сорок боекомплектов на подводные лодки и торпедные катера, надо было у него спрашивать. Жаль, что задававший вопросы писатель попался не из любознательных.

Балтийский флот действительно имел почти неисчерпаемые запасы снарядов. Но только не на кораблях, как рассказывает Жуков, а на берегу.

3

Итак, Жуков приказал подтянуть корабли ближе к городу, и они ударили из шестнадцатидюймовых пушек...

16 дюймов — это 406 мм.

Писателям-героям Симонову и Карпову перед тем, как такое публиковать, следовало бы проверить, какие пушки стояли на советских кораблях. Так вот, товарищи герои, не было таких пушек на советских кораблях. О шестнадцатидюймовых пушках Жуков говорил во множественном числе. А так говорить нельзя. Ибо в Советском Союзе такая пушка существовала в единственном числе.

Пушка № 1 калибром 406-мм действительно участвовала в обороне Ленинграда. Была она экспериментальной. Находилась на полигоне в районе станции Ржевка. Ствол длиной 18,28 метра весил 109,4 тонны. Вес снаряда 1116,3 кг. Заряд 347 кг. Такая пушка разрабатывалась для нового поколения линейных кораблей типа «Советский Союз» и береговых батарей. Полное водоизмещение такого линкора 65 150 тонн. Каждый линкор нового типа должен был нести по три трехорудийных башни главного калибра. Каждая башня — почти две тысячи тонн. Если бы такие башни поставили на старые линкоры типа «Севастополь», то они утонули бы даже без боекомплекта.

Рассказы великого стратега про шестнадцатидюймовые пушки и сорок боекомплектов на кораблях — это нечто из серии про сорок бочек арестантов или про тридцать пять тысяч курьеров.

4

Если рассказам Жукова верить, то выходит, что наш полководец был еще и флотоводцем. Приказал адмиралам подтянуть корабли к городу, адмиралы послушали гения и потом ударили с кораблей из пушек. А не приказал бы им стратег, так и не ударили бы.

Между тем события развивались совсем не так, как они представлялись после войны гению военного искусства.

29 августа 1941 года в 17.00 боевые корабли Балтийского флота отдали якоря на Кронштадтском рейде. Израненный

флот прорвался из Таллина. Флот понес огромные потери и теперь был в буквальном смысле загнан в угол: мелководный залив, с трех сторон — земля, а со стороны моря противник минами перекрыл выход. Балтийский флот был самым мощным из четырех советских флотов. В Ленинграде и Кронштадте в начале сентября 1941 года было сосредоточено 2 линкора, 2 крейсера, 13 эсминцев, 12 сторожевых кораблей, 42 подводные лодки, 62 тральщика, 38 торпедных катеров, 60 катеров типа «МО», 3 бронекатера, не считая минных и сетевых заградителей, канонерских лодок, учебных и недостроенных кораблей (некоторые из них тоже могли вести огонь, в том числе и из очень мощных орудий).

Пока Ленинград держался, у флота оставался кусок родного берега, к которому можно прижаться, с которого по нему не стреляют. Как только противник захватит Ленинград, флоту конец. Флот окажется в мышеловке, в полном окружении. Как акула в аквариуме. Как волк на цепи. Как боец с гранатометом, запертый в железном сортире.

Повторилась ситуация 1904 года. Порт-Артур — город, порт, крепость, морская база. А в гавани — эскадра, которую японский флот загнал в угол и не выпускает в море. Если противник захватит Порт-Артур, эскадру придется топить. Единственное, что могла делать эскадра в 1904 году, — всеми силами защищать Порт-Артур, оттягивая свою гибель. Единственное спасение Балтийскому флоту в 1941 году — всеми силами защищать Ленинград и Кронштадт.

Серьезность положения понимали все. Без подсказок Жукова. Потому задолго до Жукова в Ленинград прибыл нарком ВМФ адмирал Н.Г. Кузнецов. Почти постоянно в Кронштадте и Ленинграде находился первый заместитель наркома ВМФ, начальник главного морского штаба адмирал И.С. Исаков. Главная их забота — удержать Ленинград. Без Ленинграда самый мощный из четырех сталинских флотов погибнет. Вот почему по приказу адмирала Кузнецова немедленно после прорыва из Таллина все силы Балтийского флота были нацелены на подготовку отражения возможного штурма Ленинграда. Уже в тот же день, 29 августа, командующий артиллерией Балтийского флота контр-адмирал И.И. Грен отдал приказ о приведении всей корабельной артиллерии в готовность к немедленному открытию огня по береговым целям по первому требованию армейского командования. А береговая артиллерия флота такой приказ получила раньше. Как только противник появился, артиллерия флота открыла по нему огонь. Это случилось 30 августа. В этот день корабли на Неве и орудия Морского полигона в районе Ржевки по требованию армейского командования 28 раз открывали огонь по береговым целям, выпустив 340 снарядов калибром от 130 до 406 мм. На следующий день огонь флотской артиллерии был еще более интенсивным. 1 сентября противник вышел в зону действий береговых батарей форта Красная Горка и попал под убийственный огонь его 305-мм орудий.

Об участии флота в защите Ленинграда создан мощный пласт литературы. Расписано и объяснено, почему линейный корабль «Марат» стоял в ковше Морского канала, а «Октябрьская революция» — на позиции против Стрельны, почему крейсер «Максим Горький» занимал позицию у Хлебного мола, а недостроенный крейсер «Петропавловск» — в районе Угольной гавани. Растолковано и обосновано положение каждого корабля. Учтены все стрельбы, проведенные кораблями, береговыми стационарными и железнодорожными батареями флота, указаны цели, расход боеприпасов и результаты огневых налетов.

Особое внимание командование флота уделило вопросу создания оборонительного рубежа на Неве. Был сформирован отряд кораблей в составе двух новейших эсминцев, четырех канонерских лодок, двух торпедных и двенадцати сторожевых катеров, трех сторожевых кораблей, четырех бронекатеров и плавучей батареи. Этот отряд под командованием капитана 1 ранга В.С. Черокова занял позиции между Смольным и Усть-Ижорой. Кроме того, еще в августе в район Невской Дубровки были переброшены шесть батарей, укомплектованных матросами и вооруженных снятыми с кораблей 120-мм и 180-мм орудиями. Там же заняла оборону 4-я бригада морской пехоты.

В ночь на 9 сентября, еще до появления Жукова в Ленинграде, противник пытался форсировать Неву, но был отброшен и истреблен огнем корабельной и береговой артиллерии флота. 4-я бригада морской пехоты удержала северный берег Невы. Потом на протяжении всей блокады Ленинграда германским войскам так и не удалось прорваться через Неву.

Прошло более четверти века после тех событий, и вдруг Жуков объявил, что нарком военно-морского флота адмирал Н.Г. Кузнецов, его первый заместитель начальник главного морского штаба адмирал И.С. Исаков, командующий Балтийским флотом адмирал Трибуц, начальник штаба флота вице-адмирал Ю.А. Пантелеев, командующий артиллерией флота контр-адмирал И.И. Грен, командующий эскадрой флота контр-адмирал Д.Д. Вдовиченко, командующий ОЛС флота контр-адмирал В.П. Дрозд ничего не понимали и ничего не делали для защиты Ленинграда. И только он, великий Жуков, появившись в Ленинграде после того, как враг был остановлен, якобы отдал приказ снять часть матросов с кораблей и направить на сухопутные фронты. Кроме того, стратегический гений якобы распорядился «подтянуть корабли ближе к городу». И вот только после этого, выполнив указания выдающегося стратега, моряки наконец себя проявили. А без указаний Жукова они бы мучились бездельем да готовили свои корабли к взрывам.

Жуков бахвалился, что в Смольном он требовал подтянуть корабли ближе к городу, а они в это время уже давно стояли в Неве. Прямо за окнами Смольного. И дрожали окна от их огня. А снятые с кораблей матросы, срочно переквалифицированные в морскую пехоту, до появления Жукова уже навсегда остановили противника на невском рубеже и стабилизировали фронт.

Забыв все эти детали и факты, писатели-герои Симонов с Карповым, а за ними всех мастей Яковлевы, Гареевы и Чаковские повторяли: ах, если бы гений не дал указаний, так ведь не догадались бы Кузнецов с Исаковым Ленинград защищать, не додумались бы из корабельных пушек по врагу стрелять, так и утопили бы корабли без толку, не стрельнув ни разу.

5

Россия не раз топила свой флот: во время Крымской войны в Севастополе, во время Русско-японской войны в Порт-Артуре, потом в 1918 году изменник Родины Ленин распустил многомиллионную армию, а затем в угоду германскому кайзеру утопил Черноморский флот. В 1941 году вновь возникла ситуация, когда флот попал почти в безвыходное положение.

Не по своей вине. На ограниченном морском театре, тем более в закрытой акватории, флот полностью зависит от устойчивости приморских флангов сухопутного фронта, от стабильности и безопасности военно-морских баз. Основным противником как Балтийского, так и Черноморского флотов стал не флот противника, а его сухопутные войска. Остановить вражеские танковые клинья флот не способен. Не для этого он создан. Остановить врага на суше должны сухопутные войска. Если сухопутные войска не способны защитить морские базы, то флоту — конец.

«Г.К. Жуков во всех случаях, с одной стороны, признавал старшинство только сухопутного начальника, а с другой — не хотел возлагать на него всю ответственность. Благодаря этому с началом войны в Либаве было два по существу независимых начальника: командир 67-й стрелковой дивизии Н.А. Дедаев и командир базы М.С. Клеванский» (Адмирал флота Советского Союза Н.Г. Кузнецов. ВИЖ. 1992. № 1. С. 76).

«Никаких документов о взаимодействии ЛВМБ и 67-й дивизии к началу войны разработано не было. Командир базы не знал планов армейского командования на случай возникновения необходимости обороны Либавы с суши... В Либаве дислоцировался 148-й истребительный авиационный полк для прикрытия базы с воздуха. Этот полк, будучи армейским, не подчинялся командованию базы, и к началу войны не были разработаны документы, регламентирующие взаимодействие базовой зенитной артиллерии с истребительной авиацией» (Краснознаменный Балтийский флот в битве за Ленинград. 1941—1944. М., 1973. С. 22).

«Просьба командующего флотом разрешить постановку предусмотренных планом оборонительных минных заграждений еще раз была категорически отклонена» (Борьба за советскую Прибалтику в Великой Отечественной войне. 1941—1945. Рига, 1966. Т. 1. С. 53).

В марте 1941 года неугомонный Жуков настрочил донос на руководство Наркомата военно-морского флота: ишь, додумались, по самолетам-нарушителям огонь открывать! Требую, настаиваю — всех под трибунал!

Товарищи из НКВД рьяно отреагировали на донос Жукова. Их урезонил Сталин: обойдемся в данном случае предупреждением.

В ночь на 22 июня Жуков направил войскам директиву: на провокации не поддаваться. На основе этих указаний командование ВМФ отправило флотам собственную директиву. «Документ по своей двусмысленности, по намеренности, в нем заложенной, запутать, сбить с толку любого, кто его читает, превосходит директиву сухопутным войскам... Чувствуется, что обвинение, которое в мартовские дни было предъявлено НКВД командованию Военно-Морского Флота, не забыто» (ВИЖ. 1989. № 6. С. 38).

А тем временем нижестоящие командиры взывали и требовали...

«Командир Либавской военно-морской базы капитан 1 ранга М.С. Клеванский настойчиво просил разрешения открыть хотя бы предупредительный огонь по немецким самолетам, появляющимся над базой» (Ю.А. Пантелеев. Морской фронт. М., 1965. С. 30). Понятное дело, ему запретили.

«Командование базы и дислоцировавшейся здесь 67-й стрелковой дивизии приступило к совместному осуществлению оборонительных мероприятий только с началом войны» (ВИЖ. 1962. № 4. С.45).

Либава (Лиепая) — у самой границы. Жуков должен был взять на себя ответственность за сухопутную оборону и прикрытие базы с воздуха. Для этого следовало отдать соответствующие распоряжения командиру 67-й стрелковой дивизии генерал-майору Дедаеву и командиру истребительного авиационного полка. В крайнем случае всю ответственность надо было переложить на флот: сами планируйте оборону своей базы. При таком решении стрелковую дивизию и авиационный полк следовало передать в оперативное подчинение флота. То есть они остаются в составе Красной Армии, но боевые действия ведут по планам и приказам флотского командования.

Но Жуков не сделал ни того ни другого: и стрелковую дивизию с авиационным полком флоту не отдал, и свои планы обороны раскрыть не позволил. Как потом выяснилось, никаких планов обороны Либавы у Жукова вообще не было. Мало того, 148-й истребительный авиационный полк, как и все остальные полки, имел категорический приказ самолетов противника не сбивать.

В первый день войны Либава оказалась в зоне боевых действий. Часть кораблей сумела вырваться. Часть была подорвана. Некоторые попали в руки противника. Командир базы капитан 1 ранга М.С. Клеванский был определен в качестве виновника и расстрелян. Но все случилось потому, что германская 291-я пехотная дивизия уже в первый день войны отрезала Либаву от своих тылов и с окраин города начала обстрел гавани. Отбивать германскую пехоту должна была советская 67-я стрелковая дивизия по гениальным планам Жукова. Но по какой-то причине наша стрелковая дивизия, находясь у самой границы, «не имела заблаговременно подготовленной обороны» (ВИЖ. 1962. № 4. С. 45).

«После падения Лиепаи под угрозой захвата с суши оказалась Рига, а затем и Таллин. Сухопутный фронт обороны этих баз не был подготовлен» (ИВОВСС. Т. 2. С. 44).

«Сухопутная оборона главной базы Краснознаменного Балтийского флота — Таллина к началу войны вообще не планировалась» (Краснознаменный Балтийский флот в битве за Ленинград. 1941—1944. С. 51).

Гениальный Жуков перед войной не предусматривал, не планировал и не готовил сухопутную оборону ни Либавы, ни Риги, ни Таллина. И они вместе с огромными запасами достались противнику. Сухопутная оборона не только балтийских, но и черноморских баз не готовилась потому, что великий Жуков был уверен: противник до этого рубежа не дойдет.

И вот на очереди Ленинград. «Угроза Ленинграду с юго-запада, со стороны Восточной Пруссии, в расчет почти не принималась, и в плане нашей обороны возможность прорыва противника на этом направлении, по существу, не учитывалась» (Генерал-майор авиации А. Новиков. ВИЖ. 1969. № 1. С. 63).

Топить флот — плохо. Но отдать противнику — еще хуже. И вот в сентябре 1941 года в Ленинграде появился Жуков, которого уже сбросили с поста начальника Генерального штаба, и приказал командующему флотом адмиралу Трибуцу: ну-ка разминируй корабли!

— А почему? На каком основании? А потому, что Жуков все так же уверен: сюда противник не дойдет. Жуков уже много раз жестоко ошибался, и за его ошибки расстреливали людей.

Где гарантия того, что он не подставит флот под смертельный удар, как уже подставил Дунайскую и Пинскую флотилии, Лиепаю, Одессу, Ригу и Таллин? А если и на этот раз у Жукова будет, как всегда у него бывает? Кто отвечать будет? Кто под расстрел пойдет?

6

Как писатель Константин Симонов был обязан проявлять бдительность, обращать внимание на мелкие, на первый взгляд неприметные детали. Рассказ Жукова Симонову свидетельствует не о решительности и бесстрашии Жукова, а о чудовищной безответственности. Что это значит: «Я *сказал* командующему флотом Трибуцу»?

Генерал армии Павлов выполнял письменные директивы Жукова. Его потом обвинили в том, что он *выполнил* приказ, и за это расстреляли. Вместе со всем его штабом. А в Ленинграде Жуков даже и письменных приказов не отдавал: я *сказал* командующему флотом! Если уж Жуков оказался таким мудрым, решительным и уверенным в победе, то следовало объявить: я, Жуков, беру на себя персональную ответственность за судьбу флота! Вот письменный приказ: корабли немедленно разминировать! Если хоть один попадет в руки противника, пусть меня расстреляют!

Но великий стратег никогда ни словом не обмолвился о письменном приказе разминировать корабли. И ни один из жуковских защитников никогда не представил такого документа: вот, мол, какой он храбрый, на себя ответственность взял! И Константину Симонову в голову не пришло возмутиться этой дикой безответственностью: отдавать устные приказы, не оставляя письменных следов.

Писатель Симонов должен был задать стратегу и другой вопрос: почему, Георгий Константинович, ты мне рассказываешь, что отдал приказ разминировать корабли, а в мемуарах об этом ни словом не обмолвился? Стесняешься или как?

А еще надо было Симонову спросить: как командующий Балтийским флотом адмирал Трибуц на приказ Жукова реагировал?

Интересно слышать, как кто-то решительно и смело отдает приказы. Но не менее интересно знать, как эти приказы выполняют. Нет более жалкого зрелища, когда командир орет, брызжет слюной, а подчиненные его приказы игнорируют.

Перед тем как вдохновенно описывать стратегического гения, отдающего приказ разминировать корабли, писателям-героям следовало поинтересоваться, а был ли приказ Жукова выполнен? Да и сам полководец рассказал, что приказ он отдал, но забыл уточнить: выполнен он был или нет?

Конфуз заключается в том, что корабли Балтийского флота разминировали через год, осенью 1942 года, когда окончательно стало ясно, что они врагу ни в коем случае не достанутся. Жукова в это время уже давно в Ленинграде не было.

Одно из двух:

— либо стратег в сентябре 1941 года отдал грозный приказ, над которым командование флота посмеялось и не стало его выполнять;

— либо стратег свои решительные действия в Ленинграде просто выдумал, он рассказал наивному писателю Симонову то, чего никогда не было.

7

Прикинем, а почему, собственно, командующий Балтийским флотом адмирал Трибуц должен был приказ Жукова выполнять? На время блокады Балтийский флот, запертый в Кронштадте и Ленинграде, перешел в оперативное подчинение Ленинградского фронта. Что сие означает? Это означает, что в вопросах ведения боевых действий командующий флотом временно подчиняется командующему Ленинградским фронтом. А какие боевые действия мог вести флот, лишенный свободы маневра? Что ему оставалось? Правильно. Оставалось с места вести огонь корабельной, береговой и зенитной артиллерией. И тут командующий Ленинградским фронтом мог приказать: квадрат 13-41, ну-ка, матросики, подбросьте огоньку! Вот и все. На этом полномочия командующего Ленинградским фронтом кончались. Больше ничего он Балтийскому флоту приказать не мог.

Во всех остальных вопросах Балтийский флот командующему Ленинградским фронтом не подчинялся. В остальных вопросах у Балтийского флота оставалась обычная система подчинения: командующий флотом адмирал Трибуц, над ним — нарком ВМФ адмирал Кузнецов, а над ним — Верховный Главнокомандующий. Жуков в этой цепочке подчиненности отсутствует. И не ему было решать: минировать корабли или разминировать, взрывать сейчас или повременить.

А смешное вот где. Жуков по первой версии прибыл в Ленинград 9 сентября, по второй версии — 10 сентября. И сразу ворвался на совещание и приказал корабли разминировать. Но даже вечером 11 сентября генерал армии Жуков официально все еще числился на должности командующего Резервным фронтом. И именно командующим Резервным фронтом Жуков назван в приказе Сталина, который был подписан вечером 11 сентября. А Резервный фронт вел боевые действия на Смоленском направлении.

Представим ситуацию: 9 или 10 сентября генерал, который официально командует Резервным фронтом, который не имеет никакого отношения ни к Ленинграду, ни к Балтийскому флоту, отдает *устный* приказ командующему флотом разминировать корабли. Командующий флотом Трибуц головой отвечает за то, чтобы корабли не достались противнику. А командующий Резервным фронтом Жуков тут ни за что не отвечает. Бросится ли командующий Балтийским флотом выполнять приказ постороннего человека, которому не подчинен?

И уж если Жуков решил отменять приказ, то прежде всего надо было поинтересоваться, кто же принял решение минировать корабли? Чей это приказ он отменяет?

Для себя установим: такое решение не могло быть самодеятельностью командующего Балтийским флотом. Кто бы после 1937 года на свой страх и риск решился в пороховых погребах линейного корабля «Марат» установить детонаторы и рубильники с проводами? А на четырех десятках подводных лодок? За такую самодеятельность полагается вышак без обжалования.

И нарком ВМФ на такое не решился бы. Ему тоже жить хочется. Он, как сейчас известно, и не решился. Остается предположить, что только Сталин и мог отдать приказ минировать корабли. Это предположение подтверждается и документами, и воспоминаниями флотоводцев, которым в данном вопросе нет оснований не верить.

Адмирал флота Советского Союза Николай Герасимович Кузнецов удостоверяет: приказ отдал Сталин. «Переспросив, понял ли я, Сталин подчеркнул, что в случае невыполнения этого приказа виновные будут строго наказаны» (Н.Г. Кузнецов. На флотах боевая тревога. М., 1971. С. 78).

Мы можем быть уверены, что в случае, если бы корабли попали в руки противника, виновные строгим выговором не отделались бы. У товарища Сталина были свои представления о строгости.

Отдав устный приказ, Сталин приказал Кузнецову изложить его письменно и подписать. А Кузнецов подписывать отказался: «Чтобы дать такое ответственное задание, требуется особый авторитет, и одних указаний наркома ВМФ недостаточно» (Там же).

Тогда Сталин приказал поставить две подписи: наркома ВМФ адмирала Кузнецова и начальника Генерального штаба РККА Маршала Советского Союза Шапошникова. Шапошников и Кузнецов директиву составили, подписали, но вдвоем отправились к Сталину и потребовали, чтобы он поставил утверждающую подпись.

Когда Кузнецов писал мемуары, свои слова он не мог ничем подтвердить. Совершенно секретные документы он цитировать не имел права. Но через 20 лет после выхода его книги Советский Союз рассыпался, некоторая часть документов была рассекречена, в том числе и эта директива. Выяснилось, что Кузнецов полностью прав. А Жуков, мягко говоря, не прав.

Пункт 4 директивы гласил: «Уничтожение производится по строго последовательному плану с момента дачи сигнала Главным Командованием». Это означает, что незачем было Жукову обвинять командование Балтийского флота в трусости и паникерстве. Минирование кораблей производилось не по местной инициативе, а по приказу Москвы. И подрыв мог производиться только по приказу высшего руководства государства и Вооруженных Сил.

И вот вам ситуация: сидят на совещании в Смольном высшие адмиралы Балтийского флота, обсуждают, как выполнить директиву, которую подписал нарком ВМФ, начальник Генерального РККА и утвердил Верховный Главнокомандующий. И тут вдруг врывается гений военного искусства и отменяет приказ Верховного Главнокомандующего, начальника Генерального штаба и наркома ВМФ. Выходит, что могущественный Жуков отменял не только директивы Генерального штаба, но и приказы самого Сталина.

Не слишком ли нашего стратега заносит?

Могло ли быть такое: командование Балтийским флотом решило не подчиняться ни Генеральному штабу, ни своему наркому, ни товарищу Сталину? Но решило подчиниться командующему Резервным фронтом, войска которого захлебнулись в крови в районе Смоленска. Чудно: записке Сталина они тут же поверили, а официальный приказ, утвержденный тем же Сталиным, решили не выполнять.

Но это присказка. Сказка впереди.

Самое интересное — резолюция Верховного Главнокомандующего на приказе о подготовке кораблей Балтийского флота к подрыву. Текст прост и короток: «Утверждаю. 13.9.41. Сталин».

8

Минирование кораблей — дело ответственное и сложное. По свидетельству адмиралов Кузнецова, Трибуца, Пантелеева, минирование нельзя было начать немедленно после получения приказа. Прежде всего надо было подобрать психически стойких людей, которым можно было бы доверить рубильники. А ведь боевых единиц было больше двухсот, не считая береговых объектов флота. Надо было предотвратить панику и падение морального состояния личного состава заминированных кораблей. Предотвратить панику можно было только путем сохранения тайны. Для этого надо было так подобрать сотни исполнителей, чтобы слухи не поползли по флоту. Было много других проблем с минированием. Предварительно надо было так расставить корабли, чтобы они были не просто взорваны, а чтобы своими корпусами перекрывали фарватеры. Одним словом, минирование не могло начаться 13 сентября. Оно началось позже.

По рассказам Жукова, корабли были заминированы, а он приказал: «Извольте разминировать корабли». А по документам выходит, что корабли в момент появления Жукова в Ленинграде еще не были заминированы. Операция по минированию кораблей проводилась после того, как Жуков был назначен командующим Ленинградским фронтом, после того, как прибыл в Ленинград и принял должность.

По рассказу Жукова, он появился в Ленинграде не то 9-го, не то 10 сентября и тут же отменил приказ Сталина, который был подписан 13 сентября.

Выходит, что Жуков не просто отменил приказ Сталина, но отменил за три дня до подписания.

Из этого, в свою очередь, следует, что героические сцены на совещании в Смольном — плод больного воображения стратега... и ротозейства писателей-героев.

Жуков находился в Ленинграде меньше месяца. Прибыл 13 сентября, убыл 6 октября. Появление Жукова в Ленинграде ничего не изменило и изменить не могло.

Никто особо важных объектов в Ленинграде не взрывал ни до появления Жукова, ни при нем, ни после него.

А теперь объясните мне, в чем же выразился личный вклад спасителя? Что изменилось с его появлением?

Жуков похвалялся: появился я и приказал разминировать корабли.

Все обстояло как раз наоборот. Появился Жуков, а уже после его появления началась операция по минированию объектов особой важности в городе и на флоте. При этом никто не спрашивал ни мнения Жукова, ни его совета, ни согласия, ни разрешения.

Глава 27
СПАСИТЕЛЬ

Жуков — браконьер русского народа.

А. Варламов.
«Литературная газета», 3—9 сентября 2003 г.

1

Каждый, кого готовили в военную стратегическую разведку, помнит главную заповедь: ты должен достать такие доказательства, которые убедят любого. Нужно искать такие факты, которым поверит даже тот, кто не хочет верить. А потом седой полковник махнет рукой и сокрушенно скажет: но бывают такие мудрые стратеги, которых никакими фактами, никакими доказательствами не прошибешь, в этой ситуации разведка бессильна. Напутствие это обычно сопровождают рассказом о столкновении командующего фронтом генерала армии Г.К. Жукова с начальником разведки Ленинградского фронта комбригом Евстигнеевым Петром Петровичем...

Сам Жуков, ясное дело, об этом эпизоде не вспоминает и о нем не размышляет. Он вспоминает совсем другое. Жукову было мало рассказать о Сталине, который якобы считал положение Ленинграда безнадежным и уже смирился с его потерей. Жуков рассказал о Гитлере и его окружении: «Командующий немецкой группой армий «Север» фон Лееб торопил войска. Он требовал быстрее сломить сопротивление защитников

373

Ленинграда, чтобы соединиться с карельской группой финских войск. После падения Ленинграда германское командование хотело всеми силами ударить на Москву, обойдя ее с северо-востока. Но Ленинград стоял крепко и не сдавался врагу, несмотря на всю ярость и мощь его атак. Гитлер был в бешенстве» (Воспоминания и размышления. М., 1969. С. 331).

Если верить Жукову, то с момента его появления в Ленинграде германские войска непрерывно штурмовали город. Если бы они его захватили, то высвободившиеся силы бросили б в обход Москвы. Но Жуков спас Ленинград. Жуков штурмы отбил. Тем самым великий стратег не позволил Гитлеру освободившиеся после захвата Ленинграда дивизии бросить на московское направление. Получается, что, защищая Ленинград, Жуков и Москву спас. Понятное дело, Гитлер взбесился.

Все вроде бы сходится.

Но не будем спешить. Прикинем: откуда Жукову известно, что германское командование требовало от своих подчиненных? А из каких источников Жуков узнал, что Гитлер был в бешенстве? Где стратег вычитал, что фон Лееб торопил войска? Если Жуков такое почерпнул в трофейных документах, то следовало на них сослаться. А еще лучше — их опубликовать.

Во втором издании звучание резко усилено: «Гитлер торопил командующего группой армий "Север" генерал-фельдмаршала фон Лееба быстрее овладеть Ленинградом и как можно скорее высвободить подвижные соединения 4-й танковой группы для переброски их на московское направление в состав группы армий "Центр"». И далее: «Генерал-фельдмаршал фон Лееб лез из кожи вон, чтобы выполнить любой ценой приказ Гитлера — покончить с ленинградской операцией до начала наступления немецких войск под Москвой» (Воспоминания и размышления. М., 1975. Т. 1. С. 400, 408).

В первом издании фон Лееб торопил, а во втором, более правдивом, поднимай выше: торопил сам Гитлер.

После войны германские историки весьма серьезно занялись изучением просчетов и ошибок, допущенных Гитлером и его полководцами. Доступ ко всем документам, которые остались после войны на территории Западной Германии, был практически немедленно открыт. Подавляющая часть этих документов опубликована.

И очень жаль, что официальная пропаганда Советского Союза, а теперь России лепит нашу историю и культ личности Жукова, не считаясь с содержанием архивных документов. Всех мастей Карповы, Симоновы, Гареевы и Чаковские заявляют, что архивами они пользоваться не намерены, что героических рассказов Жукова им вполне достаточно.

Рад бы с ними согласиться, да вот беда: в разные годы разным людям Жуков рассказывал разные истории. Не только те, кто был рядом с Жуковым, опровергают его вымыслы, но и он сам постоянно опровергал себя самого.

2

Обратимся к германским документам, к которым ни Жукову, ни его защитникам обращаться никак не хочется.

Гитлеру явно не хватало сил наносить удары растопыренными пальцами и на юг, и на восток, и на север. У него не было сил одновременно захватывать и Крым, и Донбасс, и Северный Кавказ, и Москву, и Киев, и Харьков, и Ленинград. Потому 6 сентября 1941 года Гитлер подписал Директиву № 35. Пункт 3 предписывал Ленинград *окружить*. Не штурмовать, а только отрезать от страны. Но и такая задача представлялась Гитлеру весьма трудной, а ее решение — проблематичным. Поэтому он ставил задачу осторожнее: «Стремиться к полному окружению Ленинграда, по меньшей мере с востока». В директиве нет даже намеков на возможный штурм Ленинграда. Наоборот, директива начисто отметала такую возможность, ибо предписывала перебросить из-под Ленинграда значительную часть подвижных войск и соединений 1-го воздушного флота в группу армий «Центр», т.е. на московское направление.

Директиву № 35 каждый желающий может найти в любом немецком справочнике по войне. Эта директива переведена на русский язык и многократно публиковалась, например, в сборнике В.И. Дашичева «Банкротство стратегии германского фашизма. Исторические очерки. Документы и материалы» (М., 1973. Т. 2. С. 241—243).

Для стратегического охвата Москвы с северо-востока Гитлеру требовались подвижные соединения: танковые и моторизованные дивизии. В группе армий «Север», которая наступала на Ленинград, все подвижные соединения были объединены в 4-ю танковую группу. Жуков находился в районе Ельни, Сталин еще его и в Москву не вызывал, а Гитлер уже отдал приказ о переброске 4-й танковой группы с ленинградского направления на московское, в район Рославля. Жуков беседовал в Кремле со Сталиным, Сталин ставил ему задачу, а германская 4-я танковая группа уже завершила боевые действия под Ленинградом. Колонны ее танковых и моторизованных дивизий уже повернули от стен Ленинграда и потянулись на юг. После ухода 4-й танковой группы под Ленинградом оставалась только германская пехота, которая была усилена артиллерией большой и особой мощности. В составе германских войск под Ленинградом не осталось НИ ОДНОГО ТАНКА. Кроме того, из-под Ленинграда на московское направление была перегруппирована большая часть авиации.

Ни Гитлер, ни его генералы приказ на штурм Ленинграда не давали. Потому рассказы Жукова о том, что «Ленинград стоял крепко и не сдавался врагу, несмотря на всю ярость и мощь его атак», надо считать лихим перехлестом. Были бои местного значения. Но штурма не было.

У Гитлера не было повода впадать в бешенство из-за неудачных попыток взять Ленинград приступом. Ибо не было таких попыток. И фон Лееб «не лез из кожи вон, чтобы выполнить любой ценой приказ Гитлера», ибо Гитлер такого приказа не отдавал.

Жуков увлекся, рассказывая о том, что, обороняя Ленинград, он сковывал силы германской армии и тем самым не давал возможности Гитлеру перебросить их на московское направление. Все, что только можно, Гитлер перебросил с ленинградского направления на московское. Если бы даже Ленинград и сдался, то Гитлеру все равно было нечего перебрасывать из-под Ленинграда для охвата Москвы. Все, что можно, он уже или перебросил, или готовил к переброске. Из этого следует: оборона Ленинграда в период, когда там был Жуков, не отвлекала на себя не только никаких германских подвижных соединений, но и ни одного германского танка.

Дочери Жукова написали книгу о необычайных приключениях и невероятных способностях своего родителя. Не только сами много рассказали, но и пригласили заслуженных историков: пойте хвалу! И те пели. Но даже и они проговаривались. Доктор исторических наук капитан 1 ранга А.В. Басов: «5 сентября Гитлер заявил, что под Ленинградом цель достигнута и «отныне район Ленинграда будет второстепенным театром военных действий». На следующий день он подписал директиву № 35, в которой поставил задачу окружить советские войска в районе Ленинграда, чтобы не позднее 15 сентября подвижные соединения и 1-й воздушный флот высвободить для группы армий "Центр"» (Эра и Элла Жуковы. Маршал победы. Воспоминания и размышления. М., 1996. С. 245).

Даже если мы поверим рассказам Жукова о том, что он появился в Питере 9 или 10 сентября, все равно спасителя из него не получается. Гитлер уже отказался от идеи взять Ленинград приступом. Никакой генеральный штурм не назревал. Яростных атак Жуков не отбивал. А Гитлер не бесился в бессильной ярости.

3

Жуков любил рассказывать о своих необыкновенных стратегических способностях: одного взгляда на карту ему было якобы достаточно, чтобы понять любую самую сложную и запутанную ситуацию, чтобы раскусить коварные замыслы супостата. Платные хвалители Жукова ужасно любят об этой способности гения напоминать зрителям, читателям, слушателям: «Георгий Константинович обычно как бы читал мысли немецких командующих» (Н.Н. Яковлев. Маршал Жуков. С. 111).

Но вот в Ленинграде великий стратег обмишурился. Ситуация была совершенно ясной, а Жуков так и не сумел в нее вникнуть. Да и не старался.

Жуков должен был мысленно поставить себя на место германских стратегов и попытаться оценить обстановку с их точки зрения. Окруженный город или крепость противник может взять только двумя способами: штурмом или осадой. За штурм надо расплачиваться большой кровью. За осаду — временем. Не подлежит сомнению: на месте германских генералов Жуков тут же бросился бы на штурм. Но в том-то и заключалась работа Жукова, чтобы сообразить: неужто кто-то еще, кроме Красной Армии, решился бы на штурм самого укрепленного в мире города, в котором столько оружия, что его в буквальном смысле некуда девать, и столько войск, что их приходится вывозить целыми бригадами и дивизиями? Неужто германские генералы мыслят так же, как и советские? Нам-то все равно: потеряем мы миллион солдат, или два миллиона, или пять. Без разницы. Но ведь в германской армии не так устроено. У германских генералов головы не так работают. Они иначе мыслят. Для нас загубить без толку триста тысяч солдат — мелкая тактическая потеря, а для них это уже чуть ли не стратегический уровень. Они еще подумают, прежде чем на такие потери решиться.

Работа Жукова — планы германской армии сорвать. А для этого надо было разгадать замысел противника, т.е. определить, на что же супостат решился — на быстротечный кровавый приступ или на медленное, почти бескровное удушение голодом.

Если противник решился на штурм, то Жукову следовало основную массу войск поставить в глухую оборону на наиболее угрожаемых направлениях. Кроме того, создать мощный подвижный резерв, который в критический момент бросить туда, где наметился прорыв противника. Проще говоря, закрыть пробоину.

Если же противник решился на длительную осаду, то Жукову следовало действовать иначе: в обороне оставить минимум войск, а все, что, возможно, бросить на штурм станции Мга. Тут противник перерезал последнюю железнодорожную магистраль, которая связывала Ленинград со страной. Пока вражеская оборона не затвердела, пока не закостенела, нужно было станцию отбить. На это надо было бросить все резервы. Это тот самый случай, когда отбивать станцию надо было любой ценой. Именно — любой. Ибо потом придется платить миллионом жизней интеллигентных, умных, образованных, трудолюбивых и добрых людей.

Если бы гитлеровцы бросили свои главные силы на штурм Ленинграда, то Жукову главные силы Ленинградского фронта надо было направить на отражение штурма. В этом случае какие-то мелкие городишки и железнодорожные станции восточнее Ленинграда теряли свое значение. Потеряв миллион, о копейках не плачут.

А если Гитлер решился на блокаду, тогда небольшие станции восточнее Ленинграда приобретали воистину стратегическое значение. Это то самое горло, ухватив за которое Гитлер надеялся удушить город, фронт и флот.

Именно на этот вариант Гитлер и дерзнул. Он принял решение взять Ленинград измором, удавить голодом. Для этого ему надо было удерживать железные дороги, которые подходили к Ленинграду с востока. Перерезав эти магистрали, германские дивизии тут же вгрызлись в землю. Они рыли ее, не останавливаясь ни днем ни ночью. Окопы для стрельбы лежа быстро превращались в окопы для стрельбы с колена, дальше — для стрельбы стоя. Стрелковые окопы соединялись траншеями, траншеи перекрывались. Передний край опутывали все новые и новые ряды колючей проволоки. Густели минные поля. За первой траншеей отрывалась вторая, за ней — третья. Там, где не было ничего, возникали огневые точки, укрытия и блиндажи. На три наката перекрытий ложился четвертый накат, за ним — пятый, за ним потом — и десятый. Оборона твердела. А Жуков в это время действовал по первому варианту. Он отбивал штурмы... Которых не было.

С востока к Ленинграду рвалась 54-я армия под командованием Маршала Советского Союза Г.И. Кулика. Кулик требовал: Жуков, наноси встречный удар!

И Жуков нанес! На прорыв блокады Ленинграда в сентябре 1941 года Жуков выделил потрепанную в боях 115-ю стрелковую дивизию и необстрелянную, только что сформированную, не обученную вести бой на суше 4-ю бригаду морской пехоты. Понятно, что ничего из этого прорыва не вышло и выйти не могло. А виноват во всем (по версии Жукова) Маршал Советского Союза Г.И. Кулик, который недостаточно активно рвался навстречу. Кулик с Большой земли протянул Жукову руку спасения в лице наступающей 54-й армии. А Жуков протянул Кулику... пальчик. У Жукова в подчинении 24 дивизии и 17 бригад, на прорыв блокады он выделил одну дивизию и одну бригаду.

А остальные?

А остальные по приказу Жукова отражали штурм Ленинграда... который германским командованием даже не замышлялся.

Уже 14 сентября 1941 года, приняв командование фронтом, Жуков связался с Генеральным штабом и доложил Маршалу Советского Союза Шапошникову: «Обстановка в южном секторе фронта значительно сложнее, чем казалось Генеральному штабу. К исходу сегодняшнего дня противник, развивая прорыв тремя-четырьмя пехотными дивизиями и введя в бой до двух танковых дивизий...»

Это наш стиль. Это система. Советские командиры постоянно преувеличивали силы и потери противника, преуменьшали свои силы, скрывали потери. И вот вам блестящий образец. Жуков доложил об ужасающей обстановке для того, чтобы выше оценили его усилия и заслуги. Но Жуков ни тогда, ни после войны не назвал номеров вражеских дивизий, которые якобы «развивали прорыв», — вот в чем смущение. Согласен, в ходе боев не всегда ясно, какой именно противник перед тобой. Но после войны, когда все карты раскрыты, когда все архивы противника захвачены, а вражеские генералы переловлены и ждут решения своей участи, номера эти можно было легко восстановить. Германских танковых дивизий на советско-германском фронте не набиралось и двух десятков. Боевой путь каждой известен с точностью до часов и минут, ибо в каждом штабе вели журнал боевых действий. И вот в подтверждение своих слов было бы неплохо назвать номера. Но Жуков в первом издании своих мемуаров вообще не вспомнил об этом эпизоде. А в последующих «более правдивых» изданиях вспомнил про свой доклад в Генеральный штаб и привел выдержки из него.

Но этот доклад был лживым.

14 сентября 1941 года в разговоре с Москвой Жуков явно сгущал краски и дезинформировал Генеральный штаб. Жуков подтвердил наличие двух танковых дивизий под Ленинградом, следовательно, к информации об их появлении на московском направлении Генеральный штаб отнесся скептически. Обманывая Генеральный штаб, Жуков играл на руку Гитлеру. Своим очковтирательством он усыплял бдительность Верховного Главнокомандования: если танковые дивизии 4-й танковой группы все еще под Ленинградом, значит, за безопасность Москвы можно не беспокоиться.

В первом издании мемуаров весь этот позорный эпизод был попросту пропущен. А во втором издании осмелевшие соавторы, видя, что никто их во вранье не уличает и не хватает за рукава, поместили отрывки из доклада Жукова Шапошникову (Воспоминания и размышления. М., 1975. Т. 1. С. 403). И тут же Карпов повторил жуковскую ложь в своей книге: вот видите, как героически отбивался Жуков! Три-четыре пехотных и до двух танковых дивизий рвались к городу Ленина! Жуков их остановил!

За Карповым последовал Н. Яковлев. Он тоже рассказал о двух танковых дивизиях и заключил: «Назревал генеральный штурм» (Н.Н. Яковлев. Маршал Жуков. С. 90).

Нет, дорогие товарищи. Не назревал генеральный штурм. И если вы на этом настаиваете, то потрудитесь назвать номера тех германских танковых дивизий, наступление которых Жуков якобы отражал 14 сентября 1941 года.

Если германские войска и предпринимали атаки у Ленинграда, то цель их в другом — улучшить тактическое положение, сжать фронт окружения, главное — отвлечь внимание от станции Мга, от Любани, Чудово и Тосно, дать возможность окопавшимся там германским войскам намертво закрепиться. От того, что Жуков на этом направлении действовал вяло, германские войска получили возможность закрепиться так, что удержали эти города, станции и железные дороги до февраля 1944 года.

Возразят: каждый мнит себя стратегом, видя бой издалека! Легко нам сейчас рассуждать. Задним умом все мы крепки. А каково было Жукову в то время решения принимать!

Согласен: решения на войне принимать нелегко. Случаются ситуации, когда надо делать одно, а стратеги делают совсем другое. Но об этом не надо умалчивать. Не надо из Жукова лепить гения. Надо честно признать: в сентябре 1941 года в Ленинграде, вместо того чтобы не позволить противнику укреплять оборону вокруг города, Жуков занимался совсем другим делом: готовил отражение штурма, который германским командованием не готовился и не планировался.

И еще нужно признать вот что. Данных о подготовке штурма не было никаких, а данные о том, что противник замышляет блокаду, были исчерпывающими. Но Жуков не поверил разведке.

Более того, начальник Разведывательного отдела штаба Ленинградского фронта комбриг П.П. Евстигнеев доложил:

германские танки уходят. Из этого следовал только один вывод: штурма не будет. Перед штурмом огромного города группировку войск надо усиливать, а Гитлер ее ослаблял.

4

Из каких источников разведка Ленинградского фронта черпала сведения?

Из многих.

Прежде всего — доклады с переднего края. В каждом полку — штаб. В каждом штабе — начальник разведки полка. Каждый день он требует от командиров батальонов доклада об обстановке: где объявилась новая минометная батарея, а где она смолкла, где проявила себя новая противотанковая пушка, где противник роет землю и тут же ее маскирует, а где роет открыто, где сверкают линзы биноклей, где вьются дымки... И требует уточнений: дым от костра, из трубы блиндажа или от полевой кухни?

Полковая разведка смотрит, слушает, рыщет по вражеским тылам. Начальник разведки полка требует от командиров батальонов организации круглосуточного наблюдения и подслушивания противника. Он требует направлять в тыл противника разведывательные группы и дозоры. Кроме того, в подчинении начальника разведки полка — собственный разведывательный взвод, укомплектованный лихими ребятами. А то и целая рота. Эти могут притащить вражеского солдатика, а то и офицерика. Это уже достойный источник информации.

А в артиллерийских полках — разведчики в каждой батарее, во взводе управления. И в каждом дивизионе. И у командира полка — тоже. Со всех полков в штабы дивизий ручейками стекается информация. И обрабатывается.

В штабе каждой дивизии — тоже разведчик сидит. У того уже штат. И в подчинении — уж точно целая разведрота. Она тоже по тылам рыщет.

Стрелковые корпуса к тому времени расформировали. Зато сформировали множество бригад. Бригада больше полка, но меньше дивизии. Соответственно средств разведки в бригаде меньше, чем в дивизии, но больше, чем в полку. Над бригадами и дивизиями — штабы армий. А в тех штабах — разведывательные отделы. В их подчинении мощные силы разведки — и радиоперехват, и звукометрическая разведка, собственные диверсанты, информационная работа на соответствующем уровне и прочее всякое, вплоть до собственной как информационной, так и диверсионной агентуры.

Над ними — разведывательный отдел штаба фронта. Он координирует действия всех нижестоящих, обрабатывает потоки информации, кроме того, имеет собственные силы и ведет разведку самостоятельно во всем диапазоне — от заброски агентуры и групп глубинной разведки до пеленгации и фотодешифровки.

И вот наступает момент, когда аналитики-информаторы обращают внимание на странную вещь: во всех докладах из полков, бригад, дивизий и армий больше не упоминаются германские танки. Они пропали. А что говорит радиоразведка? Она подтверждает: вот работала радиосеть танковой дивизии, но смолкла. И тут тоже — смолкла. Только тут продолжает работать радиосеть 3-й танковой дивизии. Но это явное надувательство: по всем признакам дивизия ушла, а радистов пока оставили на месте. Но нас уже не проведешь. Есть признаки, по которым матерые радиоразведчики безошибочно вскрывают такие хитрости. А что авиация говорит? Авиация подтверждает.

У начальника разведки фронта — связь с нашими разбитыми частями, которые прорываются из окружения. Те видели отходящие танковые колонны. И агентура что-то сообщает. У разведывательного отдела Ленинградского фронта — связь с партизанами. Не было тогда партизан в Ленинградской области? Были. 8 августа 1941 года начальник спецотдела (диверсии и ликвидация) Разведывательного управления Генерального штаба полковник Х.У. Мамсуров был направлен в Ленинград в качестве уполномоченного по руководству партизанским движением (ЦАМО. Фонд 249, опись 1554, дело 1, лист 32). Он принял под контроль те разведывательные и диверсионные группы Разведотдела Ленинградского фронта, которые уже находились за линией фронта и которым был отдан приказ на переход к партизанским действиям с привлечением в свой состав бойцов и командиров, оказавшихся в тылу. Помимо этого, вместе с Мамсуровым прибыли диверсионные группы из Москвы, которые тут же ушли в тыл противника.

Нужно помнить, что параллельно с партизанскими группами военной разведки собственную партизанскую структуру разворачивали товарищи из НКВД. Мало еще было партизан. Но они были. И они докладывали.

Одним словом, начальник разведки Ленинградского фронта комбриг Евстигнеев к моменту появления Жукова в Ленинграде имел четкую картину: 4-я танковая группа из-под Ленинграда уходит. Из этого следовал единственно возможный вывод: штурма не будет. А из этого, в свою очередь, следовал другой вывод: будет блокада. На основе этого надо было бросать все резервы в район станции Мга на прорыв только что замкнувшегося кольца.

Но Жуков, который, как нам сообщают, умел читать мысли гитлеровцев, на этот раз прочитать не сумел. Он якобы в Кремле указывал Сталину на всевозможные опасности на других фронтах, к которым у него в тот момент не было никакого отношения, но почему-то не указал на возможность блокады Ленинграда. И ничего не предлагал для того, чтобы блокаду предотвратить. Жуков ждал штурма.

А разведка ему: не жди, не будет штурма!

Но гений не поверил разведке.

На основании чего?

Да просто так. Взял и не поверил.

5

Какие у Жукова были основания не верить разведке?

Никаких.

До 9 сентября включительно он воевал в районе Смоленска. Ему не дано было знать, что творится в районе Ленинграда. Затем Сталин вызвал Жукова в Москву и назначил на должность командующего войсками Ленинградского фронта. По версии Жукова, он тут же улетел в Ленинград. Прямо с Центрального аэродрома.

По воспоминаниям других участников событий, у него было еще несколько дней, чтобы с обстановкой под Ленинградом детально ознакомиться. Но что Жуков мог узнать в Москве? О положении и состоянии своих войск — практически все. А о противнике? Разведывательные группы из-под Москвы в районе Ленинграда не рыщут. И пленных не захватывают. И наблюдения за передним краем не ведут. Разведывательные самолеты с московского направления на ленинградское не летают. Им своей работы хватает на собственном направлении. Стратегическая агентура? Но связь с ней в те критические дни была потеряна. Если бы связь с резидентурами в Женеве и Берне, в Берлине, Вене и Амстердаме работала, то и тогда стратегическая агентурная разведка не доложила бы о подготовке к штурму Ленинграда. Ибо ни приказа, ни самой подготовки к штурму не было.

Проще говоря, основным и единственным источником сведений о положении противника под Ленинградом, о его намерениях, планах и замыслах могла быть только разведка Ленинградского фронта и Балтийского флота.

Разведчики-аналитики Разведывательного отдела штаба Ленинградского фронта на основе многочисленных, пусть кратких, отрывочных, порой противоречивых сведений, могли делать выводы. Они могли быть правильными или ошибочными. Но у них был материал, с которым можно было работать.

Сейчас мы знаем, что выводы эти были правильными.

Жуков им не поверил.

Простительно Жукову было ошибиться, если бы у него были какие-то другие сведения. Но ничего, кроме того, что добыла разведка Ленинградского фронта, у Жукова не было и быть не могло. Он не верил донесениям разведки, не обосновывая своего мнения никакими аргументами: не верю, и все тут.

6

Генерал-лейтенант инженерных войск Б.В. Бычевский свидетельствует: несколько дней Жуков отказывался соглашаться с доводами разведки. Объявив сообщение разведки провокационным, он приказал разобраться, кто этим делом занимается (Б.В. Бычевский. Город-фронт. Л., 1967. С. 124). Случай этот описан в несколько строк. Мы не знаем, чем эта история завершилась для офицера Разведывательного отдела, которого Жуков объявил провокатором. Но можем себе представить. Кто у нас разбирался с провокаторами? Правильно: недремлющие органы. И если командующий Ленинградским фронтом генерал армии Жуков приказал начальнику Особого отдела фронта разобраться с провокатором, то не будем сомневаться: ленинградские чекисты разборку учинить умели.

Работа разведчика невероятно трудна. Он никогда не может быть уверен: видит он действительную картину происходящего или это только мираж, это только то, что противник ему демонстрирует. Большие начальники требуют докладывать точно, достоверно и своевременно. Но эти категории находятся в непреодолимом противоречии. Докладываешь первые признаки каких-то изменений, а начальник тебе как колуном между ушей: почему докладываешь непроверенные сведения? Хорошо... Начинаешь проверять, уточнять. На это уходит драгоценное время. Пока собрал доказательства, событие, о котором хотел предупредить, уже совершилось. Опять не так. Опять виноват. Опять вопрос: а какого черта раньше молчал?

Так вот, любой командир должен уважать чужой труд. Даже если разведчики и ошиблись, не суди их строго. Прикинь себя на их месте. Из тысяч обрывков и осколков они складывают картину, которая никогда не может быть полной, которая постоянно меняется. И то, что вчера было четко установленной истиной, сегодня уже может быть обманом. Вчера было достоверно и точно известно, что операция «Морской лев» готовится со всей серьезностью и в ближайшее время будет дана команда на ее проведение. А сегодня подготовка к той же операции используется для отвода глаз, для прикрытия подготовки другой операции на других меридианах. Но вот в сентябре 1941 года разведка Ленинградского фронта своевременно представила точные и достоверные сведения исключительной важности. Перед тем как кого-то обзывать провокатором и отдавать на растерзание компетентным органам, полководцу неплохо было бы убедиться, кто же прав: он, великий гений, или некий майор из Разведывательного отдела?

А у меня вопрос: когда через несколько дней выяснилось, что разведчик-аналитик был прав, вспомнил ли Жуков о нем, приказал ли выпустить из узилища? Да и было ли кого выпускать? Осталось ли что-нибудь от того аналитика?

Теперь попытаемся представить себе обстановку в штабе Ленинградского фронта во время, когда фронтом командовал почти святой гений. За своевременный, точный и достоверный доклад офицера объявляют провокатором со всеми вытекающими в военное время последствиями. Начальник разведки фронта комбриг Евстигнеев тоже чуть было не пошел на фронт рядовым. Это за правильный доклад. А если ошибешься ненароком, тогда как?

Можете спорить, но я настаиваю: продуктивно работать в обстановке такой нервозности никакой аппарат управления не способен. Неудивительно, что, кроме провалов, ничего другого у Жукова на Ленинградском фронте не получилось.

И на других фронтах тоже.

7

В описаниях Жукова — сплошной героизм. В районе Ленинграда великий стратег попытался исправить стратегическую ситуацию проведением очень красивой операции. В районе Петергофа германские войска вышли к побережью Финского залива. Тем самым они отрезали 8-ю советскую армию от главных сил Ленинградского фронта и прижали ее к морю. Образовался Ораниенбаумский плацдарм. Жуков решил выбить германские войска с берега Финского залива. Для этого приказал нанести два удара по сходящимся направлениям вдоль побережья: части 8-й армии с Ораниенбаумского плацдарма, части 42-й армии — из района Урицка. Там, где войска двух армий должны были встретиться, был высажен морской десант.

Сразу оговорюсь: замысел бестолковый. И вот почему. Миллионный город, Балтийский флот, 23-я, 42-я и 55-я армии, авиация фронта и два корпуса ПВО отрезаны от страны. Кроме того, от этой главной группировки Ленинградского фронта отрезана 8-я армия. О чем надо думать в первую очередь? О городе, флоте и главных силах Ленинградского фронта или о второстепенной 8-й армии? Куда надо рубить коридор? На восток, чтобы избежать блокады Ленинграда, или на запад, чтобы блокированный голодный город соединить с такой же голодной потрепанной армией?

И гений решил блокаду Ленинграда прорывать одной измученной дивизией и неготовой к бою бригадой, из чего, как мы теперь знаем, ничего не вышло, а главными силами рубить коридор на запад, на соединение с 8-й армией. Но что толку? Если город, флот и главные силы Ленинградского фронта погибнут от голода, то погибнет и 8-я армия на Ораниенбаумском плацдарме независимо от того, соединилась она с главными силами или нет.

И вот 8-я и 42-я армии наносят удар навстречу друг другу.

Вот как Жуков все это описывает: «В районе Петергофа в тыл вражеских войск был высажен морской десантный отряд с целью содействия приморской группе в проведении операции. Моряки действовали не только смело, но и предельно дерзко. Каким-то образом противник обнаружил подход десанта и встретил его огнем еще на воде. Моряков не смутил огонь противника. Они выбрались на берег, и немцы, естественно, побежали. К тому времени они уже были хорошо знакомы с тем, что такое «шварце тодт» («черная смерть»), так они называли морскую пехоту. К сожалению, я не запомнил фамилии мужественного моряка — командира отряда морского десанта. Увлекшись первыми успехами, матросы преследовали бегущего противника, но к утру сами оказались отрезанными от моря, и большинство из них не возвратились. Не вернулся и командир» (Воспоминания и размышления. М., 1969. С. 330).

Итак, у наших — беспредельный героизм, а немцы, «естественно», под напором «черной смерти» в панике разбегались. Но давайте еще раз внимательно прочитаем этот небольшой отрывок. Героизм героизмом — тут ни добавить, ни прибавить, но десантная операция была подготовлена безалаберно и бездарно, а может, и преступно. Если противник «каким-то образом обнаружил подход десанта» и встретил его огнем еще на воде, то за такую подготовку руководителей, начиная с Жукова, надо было судить.

Было у матросов много мужества, но не было никакого понимания тактики. «Моряки, сражаясь на суше, испытывали большие трудности. Постигая основы общевойскового боя, они порой несли неоправданные потери из-за неумения использовать местность, недооценки маскировки... Командиры нередко стремились решить задачу боя лишь за счет храбрости, героизма и мужества моряков» (ВИЖ. 1976. № 11. С. 36). Только военный преступник мог бросить в бой людей, которые о сухопутной войне не знали ничего, кроме «Ура!» и «Вперед!». Противник не стал лить кровь своих солдат ради удержания пустого берега. Противник отвел свои войска, а матросики с победными криками ринулись за ними. Ложный отход — это самая простая, самая примитивная ловушка, которую использовали во все века и тысячелетия. Безграмотные в тактике матросики попались на мякине. Тут-то их и отрезали от берега, т.е. от линии снабжения и эвакуации. Матросики остались без сухарей, без бинтов, без картошки, без патронов и снарядов. После этого их нашла настоящая «черная смерть». Сколько там полегло, Жуков сообщить забыл. Чем завершилась операция приморской группы, в интересах которой был выяжен морской десант, в «самой правдивой книге о войне» тоже не сообщается. Немцы под напором героических матросиков «естественно» разбежались. Но тут же туда и вернулись. И выбить немцев с побережья не удалось ни в сентябре 1941 года, ни в октябре, ни в ноябре, ни в декабре. В 1942 году это тоже сделать не получилось. Как и в 1943-м.

Восхвалением дерзости и героизма десантников Жуков прикрыл позор бездарных организаторов операции, главным из которых был он сам. После первого провала можно было бы подобные героические операции и не повторять, но Жуков требовал: давай еще! И снова высаживали новый десант. А за ним — еще и еще. А финал всегда был единообразным. Даже в хвалебных книгах о великом полководце попадаются такие признания: «Жуков требовал от флота усиления наступательной активности, в частности высадки морских десантов в районе Петергофа. Десанты готовились поспешно, носили импровизированный характер и преследовали демонстративно-отвлекающие цели. Такие десанты несли большие потери и даже полностью погибали» (Капитан 1 ранга А. Басов // В кн.: Эра и Элла Жуковы. Маршал победы. Воспоминания и размышления. С. 255). Любому провалу Жукова нашли универсальное объяснение: а он ничего серьезного и не замышлял. Просто отвлекал вражеское внимание.

Но это присказка. Главное вот где. Живой Жуков честно признал, что, «к сожалению, не запомнил фамилии мужественного моряка — командира отряда морского десанта». А в более поздних, т.е. более правдивых, изданиях мертвый

Жуков фамилию мужественного моряка вспомнил! «Увлекшись первыми успехами, моряки преследовали бегущего противника, но к утру сами оказались отрезанными от моря. Большинство из них пало смертью храбрых. Не вернулся и командир героического десанта полковник Андрей Трофимович Ворожилов» (Воспоминания и размышления. М., 2003. Т. 1. С. 399).

Живой Жуков ничего про героического командира не помнил, а мертвый вспомнил и звание, и фамилию, и даже имя с отчеством. Во память у мертвеца!

А мы вспомним, что осенью 1941 года из-за невероятных потерь полками на фронте командовали майоры, а то и капитаны. Если героическим десантом командовал полковник, то было в том десанте никак не меньше полка. Можно предположить, что было больше. Да и не стал бы великий стратег вспоминать о гибели всего лишь какого-то там полка.

Видимо, провал был хоть и героическим, но грандиозным.

И давайте перестанем валить вину на немцев за чудовищные потери Советского Союза в войне. Наши полководцы, прежде всего Жуков, воевали так, что потери могли исчисляться только десятками миллионов.

В середине сентября 1941 года существовала реальная возможность предотвратить блокаду Ленинграда. Навстречу 54-й армии Кулика Жуков должен был бросить не одну истерзанную в боях дивизию и одну бригаду, а огромные силы, находившиеся в его распоряжении, которые он бездарно распылял и растрачивал на других направлениях. Прорвав блокаду, надо было срочно организовать оборону в районе станция Мга и прилегающей местности. Опыт германской армии показал: тут можно было ничтожными силами держаться годами.

Жуков ничего этого не сделал. Он высаживал десанты совсем в другом месте и совсем с другой целью. Он планировал и проводил совместные удары 8-й и 42-й армий с высадкой морских десантов. Были эти удары бестолковыми и безуспешными. Они ничего не решали в судьбе города и не были попытками прорвать кольцо окружения. Виной этому — тупое упрямство гения военного искусства. Решение Жукова не прорывать блокаду в сентябре 1941 года, когда оборона противника еще не затвердела, не имеет никакого обоснования, никакого логического объяснения.

Прошли десятилетия. Никто не скрывает того, что блокада окостенела по вине Жукова, что миллион жизней соотечественников — на его совести. Он их убил.

Исходя из этого решили: а не поставить ли ему, ленинградскому душегубу, памятник?

И поставили.

Глава 28

КАК ЖУКОВ ГРОМИЛ ФАЛЬСИФИКАТОРОВ

> Жуков расстреливал целые отступавшие
> наши батальоны. Он, как Ворошилов, не бе-
> гал с пистолетом в руке, не водил сам бойцов
> в атаку, а ставил пулеметный заслон — и по
> отступавшим, по своим.
>
> Главный маршал авиации *А. Голованов.*
> Ф. Чуев. Солдаты империи. М., 1998. С. 314

1

Осенью 1964 года, сразу после свержения Хрущева, Центральный Комитет отдал приказ работникам идеологического
фронта воздвигнуть Жукову памятник нерукотворный, возне-
сти стратега на величественный постамент немеркнущей славы. Инженеры человеческих душ рванули под козырек и бросились исполнять.

То давнее решение ЦК КПСС до сих пор не отменено,
поэтому коммунистические писатели, художники, скульпторы
рвения не ослабляют, в соответствии с отданным приказом
поют оды стратегу, лепят ему конные статуи, высекают его
профиль в граните и мраморе, воспевают в романах и диссертациях, отливают в гипсе и бронзе. Проще всего писателям.
Их творческий метод бесхитростен. Они раскрывают «Воспоминания и размышления» и все, что написано в мемуарах
Жукова, пересказывают своими словами, добавляя от себя

никогда никем не зафиксированные диалоги, описывают состояние души великого полководца и полет его мысли. Главное — иметь в руках самое последнее издание, чтобы, как учил Жуков, уловить дух времени.

Первым на писательском фронте отличился Александр Борисович Чаковский. Получив приказ, он немедленно бросился писать и за несколько лет выдал умопомрачительную серию «Блокада»: несколько книг по 700—800 страниц каждая. Сейчас эти книги забыты. А в то время им сделали шумную рекламу. Раскрутили, как говорят.

Центральную идею «Блокады» можно выразить в трех словах: Жуков спас Ленинград. Чаковский аккуратно переписал из мемуаров Жукова удивительную историю о том, как стратег прибыл на заседание Военного совета Ленинградского фронта, как он сидел, слушал, и никто не поинтересовался, по какому праву посторонние присутствуют при обсуждении вопросов величайшей государственной важности. Дальше у Чаковского — все точно по Жукову: стратег передал Ворошилову записку Сталина, тут же ухватил бразды правления и твердой рукой навел революционный порядок. Одним своим присутствием Жуков обстановку стабилизировал, и враг тут же был остановлен у самых стен города Ленина...

Но Чаковский хватил чуть дальше. Он кое-что добавил от себя.

Не затем, чтобы обличить и разоблачить. Ни в коем случае! И не с тем, чтобы сказать правду. Цель другая: более ярко и броско изобразить волевой напор стратега. По Чаковскому, спаситель Ленинграда стратег Жуков одного командира батальона даже обругал по телефону, чтобы тот панику не поднимал.

И все было бы хорошо, но Чаковский переступил грань. Он решился на неслыханную дерзость: написал, что Жуков этому командиру батальона *пригрозил* расстрелом. Нет-нет. Не подумайте плохого. Никого Жуков в романе не расстреливал. Никого не бросал на расправу трибуналу. Он якобы изрек: «Если хоть один немец на твоем участке пройдет, хоть на танке, хоть на мотоцикле, хоть на палке верхом, расстреляю! Тебя расстреляю, понял?»

Роман Чаковского дошел до Жукова.

И величайший стратег XX века взорвался.

2

Жуков тут же настрочил гневный донос и 27 июля 1971 года направил его в Центральный Комитет секретарю ЦК товарищу П.Н. Демичеву, который тогда был всевластным повелителем над писателями, клоунами, поэтами, жонглерами, балеринами, иллюзионистами, драматическими и комическими актерами, сценаристами, операторами, рабочими сцены, эстрадными исполнителями, дирижерами, суфлерами, осветителями, скульпторами, хранителями музеев, художниками и прочими тружениками фронта культуры всего необъятного Советского Союза. В своем доносе возмущенный стратег писал: «...На мой взгляд, автор, берущий на себя смелость описывать важнейшие исторические события, и тем более такого сравнительно недавнего прошлого, как Великая Отечественная война, должен быть крайне осторожен, честен, правдив и тактичен в описании тех или иных фактов... В романе Чаковского, посвященном Ленинградской блокаде, имеется ряд прямых нарушений в описании действительности, искажений фактов и передержек, которые могут создать у читателя ложные представления об этом важнейшем этапе Великой Отечественной войны... В романе неоднократно проводится мысль, что Советское командование добивалось исполнения приказов не методом убеждения, не личным авторитетом, не взывая к патриотическим чувствам бойцов и командиров, а под прямой угрозой расстрела. Выходит, что бойцы и командиры Красной Армии выполняли приказы не как подобает коммунистам, советским людям и патриотам, а из чувства животного страха, под угрозой лишения жизни...

Приведенные факты, как и даваемые нелестные эпитеты своим героям, остались бы на писательской совести автора, если бы за всем этим не стояли вопросы более серьезные, имеющие несомненное политическое значение.

Буржуазные фальсификаторы истории — наши идеологические противники всячески стараются подчеркнуть именно эту мысль, что Великая Отечественная война была выиграна русскими не за счет превосходства Советских вооруженных сил, не в силу глубокого патриотизма советского народа, не благодаря преимуществу и несокрушимости советского социалистического строя, а под угрозой расстрела и страха за свою жизнь. Что советские военачальники добились успеха в той или иной операции не благодаря своему оперативно-стратегическому мастерству, а в результате многократного превосходства силы войск, личной жестокости, принесения ненужных бессмысленных жертв.

У читателя может возникнуть впечатление, что у нас не было военно-полевых судов, которые судили за те или иные преступления, а существовало самоуправство военачальников, которые без всякого суда и следствия расстреливали подчиненных. Непонятно, с какой целью А. Чаковский пропагандирует эту ложь? Такая пропаганда, безусловно, вредна и играет на руку нашим идеологическим противникам.

Это тем более странно, что сцены и диалоги между немецко-фашистскими военачальниками, которые приводятся в книге, написаны совсем в ином тоне. По сравнению с советскими командующими фашисты поданы как благовоспитанные и интеллигентные люди. Подобный контраст вызывает естественное недоумение...».

Далее стратег пишет, что удивлен позицией журнала «Знамя», который публиковал отрывки из романа Чаковского. Почему же редакторы не посоветовались со стратегом? Вот он бы, гений военного искусства, и рассказал бы, что добивался выполнения приказов не личной жестокостью, не угрозой расстрела, а убеждением, личным примером, взывая к чувству патриотизма.

Свой донос великий полководец завершил так: «Полагаю, что предварительное ознакомление с этим произведением бывших командующих войсками на Ленинградском фронте принесло бы несомненную пользу и помогло бы автору А.Б. Чаковскому избежать грубых идеологических ошибок и искажений исторической правды».

Письмо великого военного мыслителя полностью опубликовано в сборнике «Георгий Жуков. Стенограмма октябрьского (1957 г.) пленума ЦК КПСС и другие документы» (С. 566—568).

3

Выходка Чаковского возмутительна. Как можно было написать, что Жуков кому-то однажды пригрозил расстрелом, если в мемуарах Жукова, в этой самой правдивой книге о войне, нет ни слова ни о расстрелах, ни об угрозах расстрела?

Однако перед тем как пинать Чаковского за пособничество буржуазным фальсификаторам, давайте обратимся к документам. Нет, нет. Не каким-то там совершенно секретным, а к тем, которые опубликованы и всем доступны. Ознакомившись лишь с единичными образцами из многих сотен, мы делаем совершенно неизбежный вывод: Чаковский истину исказил и извратил. Портрет Жукова надо писать совсем другими красками. Итак, документы:

«Боевой приказ войскам Ленинградского фронта 17.9.41
...за оставление без письменного приказа военного совета фронта и армии указанного рубежа все командиры, политработники и бойцы подлежат немедленному расстрелу...

Командующий войсками ЛФ Герой Советского Союза
генерал армии ЖУКОВ.
Член военного совета ЛФ секретарь ЦК ВКП(б) ЖДАНОВ.
Начальник штаба ЛФ генерал-лейтенант ХОЗИН».

Этот документ опубликован в 1988 году (ВИЖ. № 11. С. 95).
Вот так Жуков убеждал, так взывал к чувствам бойцов и командиров. И никакого тут животного страха. Патриотизм в чистом виде.
Вот еще приказ. Через два дня.

«СОВ. СЕКРЕТНО.
ПРИКАЗ
войскам Ленинградского фронта
№ 0040
гор. Ленинград 19 сентября 1941 г.

...Военный совет Ленинградского фронта ПРИКАЗЫВАЕТ командирам частей и Особым отделам расстреливать всех лиц, бросивших оружие и ушедших с поля боя в тыл. Военным советам армий, командирам, комиссарам дивизий, полков и политорганам разъяснить настоящий приказ всему личному составу воинских частей.
Приказ разослать до командиров и комиссаров полков включительно.

Командующий войсками ЛФ Герой Советского Союза
генерал армии ЖУКОВ.
Член военного совета ЛФ секретарь ЦК ВКП(б) ЖДАНОВ.
Начальник штаба ЛФ генерал-лейтенант ХОЗИН».

396

Документ впервые опубликован в журнале «История Петербурга» (2001. № 2. С. 85, со ссылкой на Архив штаба ЛенВО, фонд 21, опись 44917, дело 1, лист 16).

На той же странице опубликован другой, на этот раз несекретный приказ Жукова о расстрелах. Он подписан в тот же день — 19 сентября 1941 года. Но это уже о других расстрелах, которые днем раньше были приведены в исполнение. И тут же еще один приказ — от 21 сентября. И опять о расстрелах. Тоже подписан Жуковым. Это не угрозы расстрелом, а информация к размышлению о том, что осуществлено накануне.

22 сентября Жуков и Жданов направили военному совету 8-й армии шифровку. В составе военного совета — командующий 8-й армией генерал-майор Щербаков В.И., член военного совета дивизионный комиссар Чухнов И.Ф., заместитель командующего армией генерал-лейтенант Шевалдин Т.И. и начальник штаба генерал-майор Кокорев П.И. Вот завершающие фразы: «...Такой военный совет вполне заслужил суровой кары, вплоть до расстрела. Я требую: Щербакову, Чухнову, Кокореву выехать в 2 дно, 11 сд, 10 сд и лично вести их в бой. Шевалдину и Кокореву предупредить командиров всех степеней, что за самовольное оставление Петергофа будут расстреляны, как трусы и изменники. Всем объявить — НИ ОДНОГО ШАГУ НАЗАД» (ВИЖ. 1992. № 6. С. 18). Это — пять дней Георгия Константиновича. Это кое-что из того, что сохранилось в архивах. Но не все ведь сохранилось, и не все доступно. Да и не все злодеяния святого гения фиксировались в архивных делах.

4

Жуков находился в Ленинграде чуть больше трех недель. И каждый день — расстрелы, расстрелы, расстрелы. И угрозы расстрела всем — от командующих армиями до рядовых бойцов. Приказы Жукова о расстрелах — то секретные, то совершенно секретные. В зависимости от того, какой категории командиров они адресованы. И тут же — приказы о расстрелах несекретные, для всех бойцов и командиров. А еще приказы о том, чтобы заместители командующих армиями и начальники армейских штабов лично вели в бой стрелковые дивизии или дивизии народного ополчения (дно). Впереди на лихом коне! Так учит Жуков!

Вот вам и вся стратегия. Вот вам и превосходство жуковского оперативно-стратегического мастерства над выучкой гитлеровских генералов. Уж гитлеровцы явно до таких высот военного искусства не дошли. У них начальники штабов армейского уровня лично в бой дивизии не водили.

Все тут превосходно, а непонятно вот что: вести дивизию можно в наступательный бой. А в обороне ее никуда вести не надо. Если (по Жукову) Ленинград находился в критическом положении, то ставь войска в оборону. Вспомним книгу детства «Остров сокровищ». Хороших людей на острове горсточка, а плохих — целая шайка. Но случайно в кустах оказался... нет, нет, не рояль. В кустах оказался бревенчатый домик, обнесенный частоколом. В нем хорошие и засели. Частокол от пуль спасает, да еще и стенки у домика крепкие. Из окошка высунулся — бабах из мушкета! Считай, одним врагом меньше. Даже когда враги на приступ пошли, то все равно частокол героев спас. Врагу перелезть через колья надо. Тут-то и бей его по голове! И не могут все враз налететь. Один перескочил, а другой только примеряется. Бей их по одному. Если бы герои приняли бой в открытом поле против банды пиратов, то погибли бы ни за грош. А стены спасли.

В Ленинграде у Жукова был не бревенчатый домик, а неприступные укрепленные районы, форты, капониры и бастионы. Вот в них и посади свои дивизии! Даже в обыкновенном окопе боец защищен почти полностью. Только голова торчит. И стреляет он с места. А наступающий враг — в поле, в полный рост. Он виден целиком. К тому же запыхался: бежит, а на нем вон сколько всего навешано. Обороняющийся стреляет с места, с упора. А наступающий — с хода, с руки. Если же обороняющиеся войска засели не в траншеях, а в железобетонных и броневых казематах, то им и подавно враг не страшен — знай себе постреливай.

Вот если бы великий стратег прочитал «Остров сокровищ», если бы постиг тактику на уровне приключенческих книг для юношества, то не гнал бы войска из неприступных капониров и блокгаузов в чисто поле в дурацкие атаки, да еще и с генерал-майорами и генерал-лейтенантами впереди.

В своей самой правдивой книге о войне «Воспоминания и размышления» гений стратегии об этих атаках не вспомнил и не размышлял. И про свирепые расстрельные приказы — тоже. А было бы интересно посчитать, сколько он таких приказов за свою жизнь подписал и сколько людей перестрелял лично.

У защитников великого полководца на любую мерзость, на любое преступление есть объяснение и обстоятельный ответ: да, признают они, были такие приказы, но это так, для острастки, это Георгий Константинович только пугал. Каждый день подписывал приказы о расстрелах, но этим он только демонстрировал строгость. Никто и не думал эти приказы выполнять... «Конечно, Жуков никого не расстрелял и не повесил. Но обстановка требовала резких фраз» (Н.Н. Яковлев. Маршал Жуков. С. 91).

Ах, лучше бы вы, защитники, такого не говорили. Нет ничего более жалкого, чем командир, отдающий приказы, которые заведомо не будут выполнены.

5

Расстрелами не обошлось.

Жуков, как известно, был верным учеником военного преступника Тухачевского, который брал и расстреливал заложников. Прибыв в Ленинград, Жуков первым делом взял в заложники семьи своих подчиненных, включая жен, матерей, сестер, детей. Жуков отправил командующим армиями Ленинградского фронта и Балтийского флота шифрограмму № 4976: «Разъяснить всему личному составу, что все семьи сдавшихся врагу будут расстреляны и по возвращении из плена они тоже будут расстреляны». Приказ Жукова о заложниках был впервые опубликован в журнале «Начало» № 3 за 1991 год.

В соответствии с приказом Жукова в заложниках оказались семьи бойцов и командиров четырех армий и авиации Ленинградского фронта, двух корпусов ПВО и Балтийского флота. Общее число военнослужащих в этих соединениях и объединениях в тот момент — 516 000. А родственников у них — миллионы. Вот эти миллионы Жуков письменным приказом и объявил заложниками. Жуков не уточнял, кого именно будут расстреливать. Понимай как знаешь: только жен или сестер тоже? Если будут расстреливать детей, то с какого возраста? А у стариков какие возрастные ограничения? Или никаких?

Разница между Жуковым и самыми отъявленными гитлеровскими негодяями в том, что ни один гитлеровец миллион заложников никогда не брал. Ни сам Гитлер, ни Сталин таких приказов никогда не отдавали. По крайней мере в письменном виде.

И вот нам объясняют, что в июне 1941 года у Жукова полномочий не было отменить собственные приказы, которые вязали армию по ногам и рукам, которые запрещали армии отражать нападение противника. Но объявить заложниками миллионы людей у Жукова полномочия были. Кто же он такой? Ладно — своих генералов, офицеров, сержантов и солдат он истреблял беспощадно. Но какое у него право объявлять заложниками солдатских жен и родителей в какой-то алтайской или сибирской деревне? Какие полномочия у командующего Ленинградским фронтом расстреливать чьих-то детей в Казахстане или на Урале?

Захват заложников запрещен Гаагской конвенцией 1907 года и объявлен тягчайшим военным преступлением. Военный человек не может совершить более гнусного и позорного поступка. Так вот, в истории человечества никто никогда столько заложников не брал. Жуков и тут побил все рекорды.

Но и в отношении своих подчиненных у Жукова явное превышение власти. У нас было заведено просто и гуманно: воюешь за Родину, по вине великого стратега попал в плен, допустим под Ельней, если с противником в плену не сотрудничал, то по возвращении отсидишь 10 лет в каторжных лагерях и — свободен. Потом этот срок увеличили до 25 лет. Но тоже терпимо. А у Жукова — расстрел и тебе, и семье.

Как же великий стратег мыслил выполнение своего приказа? Вот победоносно завершилась война, открылись ворота гитлеровских лагерей, всех пленных перегоняют в сталинские концлагеря, и начинается сортировка: ты под командованием Жукова не воевал — тебе четвертной, и тебе, и тебе, а ты попал в плен на Ленинградском фронте — становись к стенке... Так Жуков мыслил победу или иначе? Кто дал ему право и полномочия проводить в отношении военнопленных политику, которая противоречит государственной, которая не соответствует тому, что решено и утверждено Верховным Главнокомандующим?

Люди, которые ставили памятник Жукову, знали, что он злодей и величайший военный преступник. В момент, когда некий великий скульптор лепил стратега верхом на коне, приказ Жукова о заложниках уже был опубликован и всем известен. Мне бы знать хотелось, какой тайный смысл скульптор вкладывал в сей монумент? И за какие коврижки он решился на такое гражданское паскудство?

6

Балтийский флот находился в оперативном подчинении Ленинградского фронта. Но только в оперативном. Командующий флотом адмирал Трибуц обратился к начальник ПУ РККВМФ армейскому комиссару 2 ранга Рогову Ивану Васильевичу: как реагировать на шифровки Жукова? Рогов направил протест Г. Маленкову. Маленков, который в тот момент находился в Ленинграде, приказ Жукова о заложниках отменил. Так что и над Жуковым в Питере была власть, которая пресекала преступные замыслы великого патриота земли русской.

Без этих тормозов стратег дров наломал бы.

К слову нужно сказать, что отмена приказа о заложниках — это проявление не столько гуманности и законности, сколько здравого смысла. И Рогов, и Маленков сами были палачами, правда, не такого размаха, как Жуков. Но у них было достаточно благоразумия, чтобы понять: приказ о заложниках вредит. Летчики под всякими предлогами перестали перелетать линию фронта. Собьют над вражьими частями — доказывай потом, что сдался в плен не добровольно. После приказа о заложниках разведчики искали любые причины, чтобы в тыл противника не идти, а если уж и идти, то особенно не рисковать и скорее возвращаться. Да и вообще все бойцы и командиры старались держаться подальше от переднего края: мало ли что...

Над Жуковым была управа, потому не мог он развернуться на полную мощь, да и полномочия его расстрельные действовали только четыре года войны. Дали бы ему 30 лет верховной власти без ограничений, как Сталину, уж он бы натворил. Во всем видны признаки и проявления безумной кровожадности.

После Ленинграда Жуков командовал Западным фронтом. Стиль тот же самый. Жуков принял Западный фронт 8 октября 1941 года. Вот шифровка командующему 49-й армии генерал-лейтенанту И.Г. Захаркину 12 октября: «...Переходом в контрнаступление восстановить положение. В противном случае за самовольный отход из гор. Калуга не только командование частей, но и вы будете расстреляны...» (А.Н. Мерцалов, Л.А. Мерцалова. Иной Жуков. М., 1996. С. 66).

Жуков явно страдал психическим расстройством. 8 ноября 1941 года командующий 43-й армией Западного фронта генерал-майор К.Д. Голубев обратился к Верховному Главнокомандующему: так работать невозможно. Голубев писал Сталину: «На второй день по приезде меня обещали расстрелять, на третий день отдать под суд, на четвертый день грозили расстрелять перед строем армии» (Известия ЦК КПСС. 1991. № 3. С. 220—221).

Но в оправдание Жукову надо сказать: он просто изнывал от переполнявшего его чувства справедливости. Ю. Сигачев о Жукове: «Одним из главных вопросов жизни партии он считал преодоление наследства культа личности Сталина. И в годы хрущевской опалы маршал оставался верен курсу XX съезда на десталинизацию, хотел рассказать народу правду о «вожде всех времен», правду о событиях Великой Отечественной войны, как он их видел» («Родина». 2000, октябрь).

Вот видите, каким добрым был Георгий Константинович: ужасно хотел разоблачить Сталина за то, что он, прохвост, возвращенных из плена бойцов в лагеря сажал. А сам, будь его воля, в лагеря бы не сажал, а расстреливал. Вместе с детьми, братьями, сестрами, отцами и матерями.

Стремление Жукова разоблачить Сталина похвально. Но было бы неплохо, если бы он и о себе немного рассказал. Читайте приказы Сталина, которые он подписывал во время войны. Есть ли в них слово «расстрел»? Ищите, копайтесь, не найдете. Сталин был величайшим преступником, однако у него было достаточно ума, чтобы говорить с народом и армией другим языком.

Не только Сталина Жуков разоблачал за зверство в отношении бойцов и командиров, попавших в германский плен. Жуков обличал главного сталинского контролера — наркома государственного контроля Л.З. Мехлиса, а Константин Симонов старательно записывал и публиковал слова почти святого Георгия: «...У нас Мехлис додумался до того, что выдумал формулу: «Каждый, кто попал в плен — предатель Родины»... по теории Мехлиса выходило, что даже вернувшиеся, пройдя через этот ад, должны были дома встретить такое отношение к себе, чтобы они раскаялись в том, что тогда, в 41-м или 42-м не лишили себя жизни... Как можно требовать огульного презрения ко всем, кто попал в плен в результате постигших нас в начале войны катастроф!» (К.М. Симонов. Глазами человека моего поколения. М., 1988. С. 329).

Злодей Мехлис *требовал* огульного презрения ко всем, кто попал в плен, а ласковый Жуков *подписал приказ* о расстреле семей бойцов и командиров, которые попали в плен, и о расстреле их самих после возвращения из плена.

И Жуков возмущен зверством Мехлиса.

Официальный орган Агитпропа современной России журнал «Родина» (октябрь 2000 г.) исходит восторгом: Жуков написал «откровенные, никого не щадящие мемуары»! Уточним: кроме себя самого. Уж себя-то, любимого, пощадил.

Жуков бросился разоблачать Сталина, но пришел в бешенство, когда писатель Чаковский осмелился написать, что великий полководец однажды кому-то пригрозил расстрелом. Да не просто в бешенство пришел, а настрочил донос в ЦК КПСС: дело политическое, клеветник Чаковский совершил идеологическую диверсию, он льет воду на мельницу буржуазных фальсификаторов!

Самое страшное в том, что ярость Жукова неподдельная. Он искренне верил, что никого не расстреливал сам, заложников не брал, приказов о расстрелах не подписывал и даже никогда никому расстрелом не угрожал. Он верил в то, что на войне удерживал рубежи не поголовными пулеметными расстрелами, а методом убеждения, личным авторитетом, взывая к патриотическим чувствам бойцов и командиров. Жуков обратился в ЦК, но ведь именно там хранилось невероятное множество свидетельств о запредельном жуковском зверстве.

Однажды мне пришлось присутствовать на приеме, где собрались врачи с громкими именами: хирурги, кардиологи, невропатологи. И вдруг среди них — психиатр с мировым именем. Такой момент упустить не мог. Не называя имени героя, описал ситуацию в общих чертах. Итак, некий человек, по натуре садист, совершил множество преступлений. Он о них не помнит. Он уверен, что такого не было и быть не могло. Он крайне болезненно реагирует даже на намек о своих преступлениях. Причем намек сделан не для того, чтобы осудить, а чтобы прославить, чтобы преступления в глазах общества превратить в проявления спасительной энергии. Этот человек обращается с доносом на «клеветника» в самые высокие инстанции, наперед зная, что именно там, в этих инстанциях, хранятся во множестве документы, которые «клевету» не опровергают, а подтверждают. Вместе с тем этот садист ставит перед собой цель жизни: разоблачить других злодеев, совершивших подобные преступления, правда, с меньшей жестокостью.

Психиатр, не задумываясь ни на мгновение, выдал диагноз.

Этот ход я повторил несколько раз в другие времена, в других ситуациях.

Каждому, кто сомневается, рекомендую мой опыт воспроизвести. Гарантирую: реакция всегда будет одинаковой. Любой психиатр вам тут же назовет болезнь. Причем мгновенно. И разнобоя в ответах не будет. Это состояние хорошо известно науке и досконально изучено.

8

В своем доносе на писателя Чаковского Жуков писал: «Только в угоду дешевой сенсации, желанием произвести внешний эффект я могу объяснить это вымышленное, не соответствующее действительности описание сцены отстранения от должности маршала К.Е. Ворошилова и мое вступление в должность командующего Ленинградским фронтом. В действительности не было ничего похожего и подобного! Передача эта происходила лично с глазу на глаз» (Георгий Жуков. Стенограмма октябрьского (1957 г.) пленума ЦК КПСС и другие документы. М., 2001. С. 556).

Как только донос Жукова был извлечен из архивных недр, журнал «Родина» (октябрь 2000 г.) тут же разразился мощной статьей под названием «В угоду дешевой сенсации...».

Подзаголовок — *Протест опального маршала: правда и вымысел.*

Смысл: о, как принципиален стратег! Какая правильная у него позиция! Вот видите: Жуков призывает авторов, берущих на себя смелость описывать важнейшие исторические события, такие как война, быть крайне осторожными, честными, правдивыми и тактичными... Смотрите, как правильно он разоблачил лжеца Чаковского, который лил воду на мельницу буржуазных фальсификаторов! «Письмо Жукова секретарю ЦК КПСС П.Н. Демичеву ярко характеризует его отношение к использованию в литературе исторических фактов. Свою позицию маршал отстаивает со свойственной ему прямотой и последовательностью». И далее — в том же духе, в том же возвышенном тоне: нашлись всякие, понимаешь, Чаковские, извратители истории...

И тут я вынужден встать на защиту Чаковского. Дорогие товарищи из журнала «Родина», Александр Борисович Чаковский ничего сам не выдумал. Сцена отстранения Ворошилова на заседании Военного совета Ленинградского фронта впервые была описана в мемуарах Жукова. Откройте мемуары и прочитайте: вот он входит, а они за столом сидят и обсуждают, как будут взрывать дворцы, мосты, заводы и корабли, вот Жуков посидел, послушал, не выдержал и протянул записку...

Жуков все это опубликовал в 1969 году. Чаковский эту сцену переписал и в 1971 году выдал свою книгу с добросовестным перепевом жуковского рассказа: *вот недоумки решают флот топить, вот Жуков записку протягивает*... И тут же Жуков обвинил Чаковского в пособничестве идеологическим врагам: не было никакого заседания Военного совета! Не было никакого обсуждения, как топить флот! Не было никакой записки! Я у Ворошилова в кабинете с глазу на глаз без посторонних дела принимал!

Разоблачив «клеветника» Чаковского, который «в угоду дешевой сенсации» лил воду на вражьи мельницы, Жуков разоблачил сам себя. Это он сам в угоду дешевой сенсации все это выдумал.

Итак, сам все описал, через два года с негодованием все опроверг. А потом случилось чудо. Еще через четыре года вышло второе издание мемуаров Жукова, и в нем сцена отстранения Ворошилова по записке Сталина описана с еще большим драматизмом: «В большом кабинете за покрытым красным сукном столом сидели человек десять... Попросил разрешения присутствовать... Через некоторое время вручил К.Е. Ворошилову записку И.В. Сталина... Должен сознаться, что делал я это не без внутреннего волнения... На Военном совете фронта рассматривался вопрос о мерах...» Ну и т.д.

И в самых правдивых последних изданиях все это повторяется. Как прикажете этому верить, если стратег сам написал опровержение секретарю ЦК КПСС: не было такого!

Удивительна позиция у товарищей из журнала «Родина»: если Чаковский переписал сцену из мемуаров Жукова, значит, он клеветник. А если Жуков сам все это написал ДО Чаковского и ПОСЛЕ Чаковского, значит, борец за правду.

Товарищи Гареевы, Карповы, Н. Яковлевы. Вы разоблачены. Все вы описывали сцену с запиской. Все вы в угоду дешевой сенсации льете воду на мельницы буржуазных фальсификаторов.

И разоблачил вас не кто-нибудь, а ваш любимый кумир, которого все вы с таким упорством защищаете и прославляете.

Глава 29
ОН — О СЕБЕ

В своих мемуарах Жуков сильно преувеличивает свою роль в войне, выставляя себя чуть ли не единственным талантливым военачальником СССР.

К.А. Залесский.
Империя Сталина. Биографический
энциклопедический словарь. М., 2000. С. 171

1

О Жукове известно, что в детстве на спор он проспал ночь на кладбище. Завернулся в тулуп, завалился среди могил, да и спит себе.

В 14 лет во время пожара в деревне он вошел в горящую избу и спас двоих детей.

Жалко, что свидетелей тех героических деяний не сохранилось. Вернее, сохранился только один. Это Георгий Константинович Жуков. Сам он о своих подвигах и поведал.

Он много чего о себе рассказывал.

Осенью 1941 года, когда германские войска подошли к Москве, когда в их бинокли уже были видны звезды Кремля, Сталин назначил Жукова командующим Западным фронтом. В самый критический момент Сталин позвонил Жукову и спросил: удержим ли Москву? Жуков решительно ответил: отстоим!

Ситуация была на грани полного крушения. Немец давил. Под напором, как нас учили, «превосходящих сил противника» советские войска отходили. Но Жуков со своим штабом оставался на месте. Он приказал не отводить в тыл свой командный пункт. И тогда командные пункты армий тоже вынуждены были прекратить отход. А за ними командные пункты дивизий, бригад и полков притормозили откат на восток. Они пятились назад, но скорость отхода снижалась и вскоре достигла нулевой отметки. Напором врага фронт сдавило так, что командный пункт Жукова оказался почти у переднего края. Сталин позвонил Жукову и напомнил, что такое положение слишком опасно. На это Жуков ответил: если я оттяну свой штаб, оттянутся и штабы армий, а за ними и все остальные потянутся...

Одним словом, и сверху ему рекомендовали отойти, и снизу натиск, но Жуков не дрогнул. Он на своем командном пункте оставался у самого переднего края. Так и устояли. Своей личной храбростью, вопреки неудержимому напору отходящих войск и рекомендациям Сталина Жуков удержал фронт и спас Москву.

Откуда такое известно?

Из рассказов Георгия Константиновича Жукова.

А есть ли свидетели? Есть и свидетели. И весьма высокого ранга: Маршал Советского Союза А.М. Василевский, главный маршал авиации А.Е. Голованов, генерал армии С.М. Штеменко.

Правда, свидетели совсем другое рассказывают.

2

Ни одного из свидетелей нельзя уличить в злопыхательстве. Василевский состоял с Жуковым в родстве, всегда хорошо отзывался о Жукове. Но в данном случае с версией Жукова не согласен.

Штеменко — ближайший соратник Жукова и один из самых доверенных людей. Государственный переворот осенью 1957 года готовил триумвират: министр обороны Маршал Советского Союза Жуков, начальник ГРУ генерал армии Штеменко и первый заместитель начальника ГРУ генерал-полковник Мамсуров при одобряющем нейтралитете председателя

КГБ генерала армии Серова. Мамсуров предал Жукова, а Штеменко оказался верным до конца. Он всегда писал о Жукове только хорошо. Но и он в данном случае с версией стратега не согласен.

Главный маршал авиации Голованов в клане Жукова не состоял. Их отношения всегда были холодными с изморозью, ибо на войне Голованов подчинялся только Верховному Главнокомандующему, а заместителю Верховного не подчинялся. Демонстративно. За это Жуков лично вычеркнул Голованова из списка кандидатов в Герои Советского Союза за Берлинскую операцию. Однако Голованов не был ни мелочным, ни мстительным. В 1957 году Жукова решительно свергли со всех постов. Вся свора подхалимов и лизоблюдов шарахнулась от сброшенного с высот стратега. А Голованов приехал к Жукову слово доброе сказать, потолковать «за жисть», чем немало удивил Георгия Константиновича.

Так вот: благородный Голованов в данном случае тоже с версией Жукова категорически не согласен.

3

Жуков намеревался разделить штаб Западного фронта на два эшелона. Небольшую часть, отдав Москву Гитлеру, разместить на восточной окраине столицы, а основную часть штаба Западного фронта вынести в район Арзамаса, т.е. на 400 километров восточнее Москвы. Сам Жуков пока к Сталину с этим вопросом не обращался. Но обращались его подчиненные. 7 октября 1941 года в распоряжение командующего Западным фронтом поступил член Военного совета ВВС РККА корпусной комиссар П.С. Степанов для координации действий авиации в интересах Западного фронта (М.Н. Кожевников. Командование и штаб ВВС Советской Армии в Великой Отечественной войне 1941—1945 гг. М., 1977. С. 61). Немедленно Сталин присвоил Степанову звание армейского комиссара 2 ранга, для того чтобы поднять его авторитет и влияние. Вскоре командующим Западным фронтом стал Жуков, а Степанов оставался при нем. Вот он-то и обратился к Сталину.

Свидетелей обращения Степанова к Сталину несколько — от главного маршала авиации А.Е. Голованова до сталинского телохранителя майора А.Т. Рыбина.

Вот рассказ Голованова. Он находился в кабинете Сталина, когда позвонил Степанов.

«— Как там у вас дела? — спросил Сталин.

— Командование обеспокоено тем, что штаб фронта находится очень близко от переднего края обороны. Нужно его вывести на восток, за Москву, примерно в район Арзамаса. А командный пункт организовать на восточной окраине Москвы.

Воцарилось долгое молчание.

— Товарищ Степанов, спросите в штабе, лопаты у них есть? — не повышая голоса, сказал Сталин.

— Сейчас. — И снова молчание.

— А какие лопаты, товарищ Сталин?

— Все равно какие.

— Сейчас... Лопаты есть, товарищ Сталин.

— Передайте товарищам, пусть берут лопаты и копают себе могилы. Штаб фронта останется в Перхушкове, а я останусь в Москве. До свидания.

Он произнес все это спокойно и не спеша положил трубку. Не спросил даже, кто именно ставит такие вопросы, хотя было ясно, что без ведома командующего фронтом Жукова Степанов звонить Сталину не стал бы» (Ф. Чуев. Солдаты империи. М., 1998. С. 342).

После этого вопрос о перемещении командного пункта Западного фронта на восток поднимали член Военного совета Западного фронта Н.А. Булганин и начальник штаба Западного фронта генерал-лейтенант В.Д. Соколовский. Но и они получили «сталинский отлуп».

Положение ухудшалось, и Жукову не оставалось ничего иного, как лично обратиться к Сталину. Об Арзамасе он уже не упоминал. Его требование скромнее: оттянуть командный пункт Западного фронта пусть не на восточную окраину Москвы, а хотя бы на западную.

Свидетельство генерала армии С.М. Штеменко: «Жуков обратился к Сталину с просьбой о разрешении перевода своего командного пункта подальше от линии обороны, к Белорусскому вокзалу. Сталин ответил, что если Жуков перейдет к Белорусскому вокзалу, то он займет его место».

Чтобы рассеять сомнения в достоверности сказанного, обратимся к центральным газетам Советского Союза за 3 и 4 января 1942 года. В эти дни публиковались указы о награждении большой группы командиров Западного фронта, которые отличились в сражениях за Москву. Командующий 20-й армией генерал-лейтенант Власов получил высшую государственную награду — орден Ленина. Командующий 16-й армией генерал-лейтенант Рокоссовский — орден Ленина. Командующий 10-й армией генерал-лейтенант Голиков — орден Красного Знамени. Командующий 5-й армией генерал-лейтенант артиллерии Говоров — орден Ленина. Рядом с указами — портреты командующих армиями Западного фронта. Только нет портрета командующего Западным фронтом генерала армии Жукова. И ничем его Сталин за сражения под Москвой не наградил.

Сталин не жалел наград для Жукова. Он его осыпал орденами от шеи до пупа и ниже. Но требование сдать Москву Сталин Жукову не простил.

4

Жуков смачно и в деталях повествовал о своем участии в Сталинградской битве и сражении на Курской дуге. Никто, кроме него, этого участия не обнаружил. Сейчас уже никто о его участии ни в Сталинградской битве, ни в сражении на Курской дуге не спорит. Установлено: стратег прихвастнул.

Итог дискуссии о роли Жукова под Сталинградом и на Курской дуге подвел главный маршал авиации Голованов: «Жуков не имеет прямого отношения к Сталинградской битве, и к битве на Курской дуге, и ко многим другим операциям» (Ф. Чуев. Солдаты империи. С. 314).

Роль Жукова в грандиозной Корсунь-Шевченковской операции отрицательная. За эту операцию И.С. Конев получил звание Маршала Советского Союза, А.А. Новиков — главного маршала авиации, П.А. Ротмистров — маршала бронетанковых войск. А Жуков не получил ничего. Более того, Сталин письменно выразил ему свое неудовольствие и отозвал в Москву.

А если Жукова послушать...

5

Жуков «академиев не кончал». Отсутствием военного и какого-либо вообще образования гордился: я и без «академиев» грамотный. Великий стратег любил поразить слушателей своей просто невероятной эрудицией. В то же время он был наделен почти ленинской скромностью. Георгий Константинович честно признавал, что даже и он не все знает, даже и у его широчайших познаний есть границы. Жизнь сложилась так, что не выпало ему изучать естественные науки, в частности зоологию и биологию. Стратегу было жаль, что не имел он «знания биологии, естественных наук, с которыми сталкиваешься... в своих чисто военных размышлениях» («Огонек». 1986. № 48. С. 7). Вот если бы представлял он, как функционирует печень пингвина, то о стратегии размышлял бы иначе. Множество наук он самостоятельно постиг, книжную науку превзошел. Только биологии ему и не хватало. Знать бы ему, как инфузории размножаются, совсем было бы хорошо. А без этого ему было трудно на войне. Без этого стратегические решения какие-то однобокие получались.

Дочь стратега Мария Георгиевна добавляет: «Его знания в разных областях можно назвать обширными, причем в таких, в которых, казалось бы, знания были ни к чему... Удивительная простота, не ума, конечно же, а сердца. Он никогда не подчеркивал свою эрудицию, чтобы как-то унизить собеседника. С любым человеком он находил нужный язык, с крестьянином или солдатом — свой, с академиком — свой, с музыкантом — свой. И уж тем более никогда не слышала я от него слов «гнилых», даже просто пустых разговоров» («Трибуна», 24 июня 2004 г.).

Да, эрудиция была запредельной. Жаль только, что не знал стратег военного дела. Он представления не имел, сколько у него в подчинении танков, самолетов и пушек, дивизий, корпусов и армий. На войне не знал и, когда за мемуары засел, тоже не поинтересовался, не вспомнил. Даже приблизительно.

Тех, кто имел военное образование, особенно академическое, Жуков ненавидел и публично оскорблял. Так сказать, находил для них свой язык. Генерал армии Николай Григорьевич Лященко свидетельствует:

«Жуков вдруг спросил:

— Вы, наверное, академию кончали?

— Да.

— Так и знал. Что ни дурак, то выпускник академии» (О.Ф. Сувениров. Трагедия РККА 1937—1938. М., 1998. С. 323).

412

В тот момент Лященко еще не был генералом. Он был полковником, командиром дивизии. Но и боевому полковнику на войне, думаю, не радостно получить такой комплимент от вышестоящего командира.

Мысль о том, что «умники» были ни на что не способны, Жуков повторял неоднократно. «Некоторые из наших высокообразованных военных, профессоров, оказавшись в положении командующих на тех или других фронтах войны, не проявили себя с положительной стороны... Порой они предлагали поверхностные решения сложных проблем, не укладывавшихся в их профессорскую начитанность» («Огонек». 1986. № 50. С. 8).

Зря Жуков злобствовал. Поверхностные решения предлагал не имевший академического образования Тухачевский. Такие же решения предлагал и Жуков. А вот Герман Капитонович Маландин поверхностных решений не предлагал. Военная подготовка у него была основательной. Окончил Александровское военное училище, курсы высшего начсостава при Военной академии им. Фрунзе и Академию Генерального штаба. До войны был на командных должностях до командира полка включительно, на штабных должностях: начальник штаба бригады, дивизии, корпуса, заместитель начальника штаба Киевского особого военного округа, кроме того, был он и на преподавательской работе в Военной академии Генерального штаба. Его ценили везде. С командных должностей его не хотели отпускать на штабные, со штабных — на преподавательские, а с преподавательских — снова на штабные. Ради интереса я много лет ищу отрицательные отзывы о Германе Капитоновиче. Но пока безуспешно. О нем говорят: спокойный, выдержанный, мудрый, культурный, человечный, грамотный. И воевал хорошо. Кстати, такого же мнения придерживался и сам Жуков. В начале 1941 года после назначения на должность начальника Генерального штаба Жуков потянул за собой из Киева группу генералов. В их числе был и Маландин. По рекомендации Жукова Маландин был назначен на ключевую должность начальника Оперативного управления Генерального штаба. Войну завершил в Праге в должности начальника штаба 13-й армии. После войны — генерал армии, профессор, заместитель начальника Генерального штаба.

И Маршал Советского Союза Говоров Леонид Александрович поверхностных решений не предлагал. Из всех советских маршалов он имел самую основательную подготовку. Говоров окончил: Константиновское артиллерийское училище, Артиллерийские курсы усовершенствования комсостава, высшие академические курсы при Военной академии им. Фрунзе, заочный курс академии им. Фрунзе и Военную академию Генерального штаба. Сам был старшим преподавателем на кафедре тактики артиллерийской академии Красной Армии им. Дзержинского и начальником этой академии. Все это — до войны. Так что в войну вступил теоретически подкованным. И проявил себя выдающимся полководцем. От присвоения звания генерал-майора артиллерии до Маршала Советского Союза — 4 года и 12 дней. Нет ни одного отрицательного отзыва о нем. Его уважали все — от рядовых солдат до Верховного Главнокомандующего. А проведенные им операции — образец для подражания.

Николай Павлович Пухов с 1930 по 1941 год — на преподавательских и штабных должностях. В июне 1941 года — начальник учебного отдела Интендантской академии РККА. Что с него взять, с интенданта? В сентябре 1941 года назначен командиром только что сформированной из резервистов 304-й стрелковой дивизии. Воевал хорошо. В январе 1942 года генерал-майор Пухов, перешагнув сразу через три служебные ступени, был назначен командующим 13-й армией. Вот тут-то он себя и показал. 13-й армией он блистательно и бессменно командовал до самого конца войны. Отличился в Курской, Висло-Одерской, Берлинской, Пражской и других операциях. Войну закончил генерал-полковником, Героем Советского Союза, кавалером шести полководческих орденов первой степени. Такого комплекта боевых наград не имел ни один советский полководец. Только в 1956 году Маршал Советского Союза Соколовский догнал Пухова по количеству полководческих орденов. Но свой шестой полководческий орден Соколовский получил не на войне, не за боевые действия, а за карательную экспедицию в Венгрии. Потому можно считать, что Пухова так никто и не догнал. Вот вам и «профессор интендантских наук».

Вот еще «умник», Маршал Советского Союза Родион Яковлевич Малиновский. С академическим образованием и с опытом преподавателя. Окончил Военную академию им. Фрунзе. Через несколько лет был старшим преподавателем в этой академии. В войну вступил в звании генерал-майора в должности командира 48-го стрелкового корпуса. Командовал армиями и фронтами. В августе 1945 года совершил настоящее чудо. Германский генерал-майор Ф.В. фон Меллентин: «Для иллюстрации растущей гибкости боевых действий Красной Армии и ее способности успешно проводить широкие и стремительные танковые операции я хочу указать на сенсационное продвижение маршала Малиновского в Маньчжурию в августе 1945 года» (Танковые сражения 1939—1945. М., 1957. С. 249). Рывок Малиновского к океану — это сияющий венец военного искусства. Ничего подобного и близкого Жуков в своей жизни не совершал.

Потому утверждение стратега, что безграмотные командовали лучше грамотных, мы отнесем к разряду спорных.

6

После войны Сталин выгнал Жукова с больших постов. Отправил командовать Одесским военным округом, затем — Уральским. Но вот перед самой смертью Сталин осознал несправедливость и решил вернуть Жукова на вершины. Да не успел...

Откуда такое известно?

Из рассказов все того же великого стратега. Жуков и доказательство представил: в октябре 1952 года на XIX съезде партии после семи лет опалы его назначили кандидатом в члены Центрального Комитета... (У коммунистов принято говорить — избрали. Это у них стиль такой: «Мы говорим — Ленин, подразумеваем — партия!» Говорят одно — подразумевают другое.)

Итак, в октябре 1952 года звезда Жукова начала новое восхождение по номенклатурному небосводу. Все, казалось бы, стыкуется: Сталин сменил гнев на милость, сообразил, что без великого полководца ему не обойтись...

Однако представленное доказательство сталинской якобы милости работает как раз против версии Жукова.

XIX съезд партии был собран в октябре 1952 года против воли Сталина. Был этот съезд не чем иным, как бунтом высшей номенклатуры против стареющего вождя. Это была уголовная разборка на высшем уровне. Авторитетные урки прогнали главного пахана под золоченые кремлевские нары под свист и вопли номенклатурных шестерок. Съезд сменил название партии. Коммунистическая братия объявила: мы больше не большевики! Политбюро было упразднено. Вместо него был создан Президиум ЦК. Съезд принял новый (антисталинский) устав партии. Почти все, что предлагал Сталин, было съездом отвергнуто. А было принято то, против чего выступал Сталин.

Кадры решают все.

Именно это еще раз подтвердил XIX съезд партии. Сталинские кадры восстали против Сталина. И решали все. По-своему. И вводили они в состав руководства того, кто угоден был им, а не проигравшему Сталину.

Производство Жукова в ранг кандидата в члены ЦК именно на этой антисталинской сходке свидетельствует о том, что Жуков был не за Сталина, а против него. Берия, Маленков, Хрущев и Булганин вернули Жукова в свой круг. Это было наградой за участие Жукова в отстранении Сталина от реальной власти.

И последующие события это подтвердили.

В марте 1953 года Сталин был убит. (По некоторым неподтвержденным версиям — умер естественной смертью.) Немедленно ликующие сатрапы окончательно разогнали последних сторонников ушедшего вождя, но при этом командующего Уральским военным округом Жукова назначили первым заместителем министра обороны. Через четыре месяца Жуков стал полноправным членом ЦК. Того самого ЦК, который подготовил и осуществил на следующем XX съезде публичное разоблачение Сталина как величайшего преступника всех времен и народов. Главными организаторами и вдохновителями XX съезда были Хрущев и Жуков. В принципе XX съезд партии только подвел итоги и публично огласил результаты предыдущего антисталинского XIX съезда.

Перед нами выбор.

Либо мы должны согласиться с тем, что в октябре 1952 года Жуков находился в сговоре с противниками Сталина, и именно они поднимали опального маршала вверх вопреки воле вождя.

416

Либо мы поверим захватывающему рассказу великого стратега: стареющий вождь сам решил вернуть Жукова на вершины власти. В этом случае Сталин совершил непростительную самоубийственную ошибку. Он поднимал вверх того, кто, почувствовав слабость верховной власти, тут же переметнулся на сторону восставших сатрапов, а потом вцепился мертвой хваткой в горло убитого и потому безопасного Сталина.

7

В 1957 году Хрущев снова выгнал Жукова. Однако в октябре 1964 года Хрущев осознал несправедливость, позвонил Жукову, предложил пост министра обороны...

Но надо же было такому случиться: не успел Хрущев!

Самую чуточку. Самую малость! Хрущева в этот самый момент свергли.

А так бы быть Жукову снова на вершине власти.

Откуда нам известно это благородное намерение Хрущева? Опять же из рассказов Жукова Георгия Константиновича. Вот, мол, Сталин меня скинул, да только без меня прожить никак не мог. И с Хрущевым та же история: скинуть-то скинул, а как ему без меня? Рассказы Жукова подхватили: «В 1964 году, по некоторым свидетельствам, состоялся телефонный звонок Хрущева Жукову. Никита Сергеевич якобы признал, что его неправильно информировали осенью 1957-го, и после возвращения из отпуска он хотел бы встретиться с маршалом. Если эта информация верна, Хрущев, догадавшийся о начавшихся против него интригах, возможно, хотел вернуть популярного полководца на вершину власти...» («Красная звезда», 26 октября 2002 г.).

Между тем в октябре 1964 года, когда Хрущев якобы намеревался вернуть стратега, да не успел... Жукову было без малого 68 лет. Последние семь из этих лет Жуков не имел никакой связи с армией. А она за эти годы весьма радикально изменилась. В руководстве партии, государства и армии сложились новые группировки и кланы. И ни в одной из этих группировок у Жукова не было ни связей, ни поддержки и ни одного сторонника.

Хрущеву незачем было возвращать Жукова на вершины. А причина простая: один в поле не воин. Не было у Жукова своей группировки, своего клана.

Свидетельствует главный маршал авиации А.Е. Голованов: «Когда он был министром обороны при Хрущеве, стал окружать себя подхалимами, а людей, открыто говоривших ему о недостатках, просто сметал» (Ф. Чуев. Солдаты империи. С. 318).

О том же говорит и «Красная звезда» (29 января 2003 г.): «Людей такого высокого положения во властной пирамиде окружало, как правило, немало подхалимов и карьеристов. Находились в окружении Жукова люди, которые стремились превознести заслуги прославленного полководца. Ведь не самому же Георгию Константиновичу приходила в голову бредовая мысль вывешивать на дорогах поверженной Германии плакаты «Слава маршалу Жукову», отправлять на родину десятки трофейных сервизов и ковров, за что маршала и «била» госбезопасность в 46-м».

Ну конечно же, не сам Жуков со щеткой и ведром обклеивал стены немецких городов плакатами во славу себя. И вагоны ворованным барахлом не сам он грузил. Делали это подхалимы и лизоблюды. Но окружал себя подхалимами сам Жуков.

Я вновь обращаюсь к великой формуле Никколо Макиавелли: об уме правителя судят прежде всего по тому, каких людей он к себе приближает. Формула эта подтверждена многими тысячами лет человеческой истории. И эта формула не в пользу великого стратега: не от большого ума сколачивал он свою группу из лизоблюдов. Из-за дефицита умственных способностей стратег сформировал свой клан из флюгеров. В 1957 году во время свержения Жукова с поста министра обороны и члена Президиума ЦК против него единогласно и дружно выступили партийные вожди всех уровней, министры, маршалы, генералы, адмиралы. А группировка Жукова оказалась кисельной. Она мгновенно расползлась, растеклась, распалась. Все, кого приголубил стратег, шарахнулись от него при первых отдаленных раскатах надвигающейся грозы.

Полководцы первой величины тоже не поддерживали Жукова. «В критические моменты своей жизни, например осенью 1957 года, Жуков лишался необходимой поддержки со стороны многих своих соратников по войне» (ВИЖ. 1988. № 10. С. 18). Тут тоже была причина: и Василевский, и Рокоссовский, и Малиновский, и Конев, и все остальные очень хорошо понимали, чем для них обернется власть Жукова.

А через семь лет опалы за спиной Жукова и подавно никого не было.

Сила любого политика в Советском Союзе определялась мощью группировки, которая стояла за ним. Каждый, кто рвался наверх, формировал свою группу, которую тянул за собой. Один налегке карабкается по отвесной стене, вбивает крючья. Группа страхует его. Потом по проложенному пути, по спущенной сверху веревке, поднимается вверх группа, закрепляется, а лидер карабкается выше... Чем сильнее и сплоченнее группа, тем выше поднимется лидер, тем выше тянет за собой группу.

У Жукова была огромная горластая ватага. Но каждый в ней думал о собственном спасении. Когда Жуков валился в пропасть, лизоблюды, которые следовали за ним, в панике рубили концы, чтобы он их за собой не потянул в бездну.

Провалившись в пропасть, Жуков остался один.

Если бы Хрущеву через семь лет после падения Жукова и пришла в голову сумасбродная идея вернуть стратега на пост министра обороны, то свою власть Хрущев таким ходом не укрепил бы, а расшатал. У Жукова не было в тот момент своей опоры, а в противниках у него была вся верховная знать.

Но Жукову всю жизнь ужасно хотелось верить, что без него ни Сталин, ни Хрущев не могли прожить. И он об этом рассказывал встречным и поперечным.

Если бы Брежнев умер раньше Жукова, то рассказы стратегического гения обогатились бы еще одним эпизодом: не мог-де Леонид Ильич без меня никак, все хотел во власть вернуть, позвонил, поговорили, договорились, жаль, старик концы отдал некстати, уже рука с пером к бумаге тянулась указ подписать... Самую чуточку не успел... А так бы...

8

Жукова все любили. Всегда. Даже когда его сняли со всех постов, все равно любили. (По крайней мере он так рассказывал.)

Вот замечательная история: отстраненный от власти Жуков приехал в санаторий. «Был тихий час, и ворота заперты. А сторож куда-то отлучился. Стоим у запертых дверей и попасть на территорию не можем. Вдруг кто-то из отдыхающих подошел к калитке, взглянул, что-то пробормотал и бросился назад. Через несколько минут бежит ватага молодых офицеров, радостно приветствуют, кто-то бросился искать сторожа.

— Да что же это, ребята? — вдруг крикнул капитан. — Это же маршал Жуков! Давай навались.

И выдернули ворота из петель, повалили их на землю — вытянулись:

— Пожалуйста, проходите, товарищ маршал!

Так сквозь строй, под аплодисменты, через поваленные ворота прошли на территорию санатория...» («Огонек». 1988. № 18. С. 19).

Трогательно и романтично.

А я обратил внимание на мелочь, на пустячок: командовал молодыми офицерами капитан... Откуда Жукову это известно? В санатории у нас было принято в пижаме ходить. И халат больничный еще выдавали. Куда ни шло: в майке или в футболке мячик было принято гонять. А тут — капитан в погонах. В санатории. Не иначе набирался бедняга здоровья, не снижая бдительности и боеготовности, в погонах, в сапогах, при портупее...

В данном случае свидетелей, кроме самого Жукова, тоже не сохранилось. Никто из тех молодых офицеров, срывавших перед ним ворота, никогда этот случай не припомнил, никто о нем прессе не поведал. А ведь этот случай куда убедительнее прозвучал бы в устах того самого капитана в погонах или одного из его сотоварищей. Но не отыскалось такого. Вроде и войны в ту пору большой не было, и по годам своим молодым должны бы они Жукова пережить. И рассказать восхищенным слушателям, как валили преграды на пути стратега.

Но вот досада, свидетелей и на этот раз не обнаружилось.

А вопросы остаются. Если молодыми офицерами командовал капитан, то остальные были меньшего звания. По крайней мере равны ему. И тут мы попадаем в провал более крупного масштаба: это какими же ветрами Маршала Советского Союза Жукова, пусть даже отставного и опального, занесло в санаторий, где набирались здоровья лейтенанты и капитаны? Где это вы видели, чтобы у нас капитаны с маршалами в одном санатории по кустам водяру из стаканов-гранчаков лакали? Укажи мне такую обитель...

Неужто бедного Жукова в том санатории так и кормили, как принято у нас кормить лейтенантов и капитанов? О несчастный! Не иначе на серых сырых простынях спал, как у нас принято. И врачи его те же лечили...

Напомню тем, кто забыл: четырехзвездные генералы, адмиралы флота, маршалы и главные маршалы родов войск, а тем более Маршалы Советского Союза, — это *не* номенклатура ЦК. Поднимай выше. Это номенклатура Политбюро. И не имеет значения, правишь ты или отошел от дел. Ты в номенклатуре Политбюро. И этим все сказано.

Вот пример. Давно умер генсек. И рассыпалась Коммунистическая партия с ее ленинским Центральным Комитетом и вершиной вершин — Политбюро ЦК. Но осталась номенклатура ЦК, а тем более номенклатура Политбюро. В новой «демократической» России болеет жена давно умершего генсека. И лечат ее не где-нибудь, а в Кремлевской больнице. И отдыхает она опять же не где-нибудь, а в «Барвихе». Бесплатно. Да кто она такая? Да почему же? По какому праву? А по такому. Номенклатура Политбюро. Отдай что положено. Отдай и не греши.

Так вот, Жуков, опальный или отставной, не имеет значения, — это номенклатура Политбюро. Потому были сохранены за ним все привилегии и права. В том числе Кремлевская столовая и Кремлевская больница, и телефоны «кремлевка» с «вертушкой», и персональная дача. Имея все это, мог бы Жуков и не рваться в те санатории, в коих лейтенанты с капитанами обитали. Он туда и не рвался. Он тоже набирался здоровья в «Барвихе» и равноценных ей обителях. И нет в тех местах запертых ворот с пьяным сторожем. И нет там среди отдыхающих ни капитанов, ни майоров, ни генерал-майоров. И генерал-полковников там не бывает. Рылом и званием не вышли.

Выходит, что история про вырванные ворота — из той же серии, что и рассказы стратега про то, как он спасал Ленинград.

Глава 30

А ЭТО — О НЕМ

> Жуков предлагал сдать Москву, так оно и было бы, если бы не Сталин.
>
> *Главный маршал авиации А.Е. Голованов.*
> Ф. Чуев. Солдаты империи. С. 311

1

Интересно послушать, что Жуков о себе рассказывает. А еще интереснее — что о нем говорят. Сразу должен сказать: многие из тех, кто его хорошо и близко знал, вообще отказывались о нем говорить. Пример: «Дважды Герой Советского Союза маршал бронетанковых войск М.Е. Катуков, Герой Советского Союза Адмирал флота Советского Союза Н.Г. Кузнецов, признавая талант и весомый вклад Жукова в Победу, наотрез отказались написать о Георгии Константиновиче» («Красная звезда», 16 апреля 1999 г.). И не они одни. А это о чем-то тоже говорит.

Но начнем по порядку.

Вот Жуков в 1939 году воюет на Халхин-Голе. Туда был послан генеральный секретарь Союза писателей СССР В.П. Ставский. Он сообщил Сталину: «За несколько месяцев расстреляно 600 человек, а к награде представлено 83» («Вести», 10 июля 2003 г. С. 39).

Жуков прибыл в Монголию 5 июня 1939 года. 16 сентября боевые действия были прекращены, расстрельные полномочия Жукова кончились. 600 расстрелов за 104 дня. О, душа его христианская! Прощайте и прощены будете! По шесть смертных приговоров сей христианин выносил каждый день. Без выходных и праздников. Если прикинуть, что спал он по шесть часов в сутки, то за 18 часов бодрствования смертный приговор он выносил через каждые три часа. Вот кого у нас в святые определить решили.

Его бы на иконах с топором живописать.

И честнейшая дочь величайшего стратега желает знать суровую правду.

— А ты имел какое-нибудь отношение к репрессиям? — вопрошает она своего великого родителя.

— Нет. Никогда, — твердо, глядя в глаза, отвечал правдивый отец.

600 расстрелов — не в счет. Мелочь. Да и стрелял мелюзгу — командиров полков да батальонов. Разве это репрессии? Да ведь и не знаем мы, подвел Ставский окончательный результат или написал письмо Сталину в разгар чудотворной деятельности почти святого Георгия.

Возразят: так это не он смертные приговоры выносил. Это дело трибунала и прокурора. А вот и нет. Свою кровавую эпопею на Халхин-Голе Жуков начал с того, что не только разогнал командование и штаб советских войск в Монголии, но и снял с должности военного прокурора 1-й армейской группы Хуторяна. И следы прокурора теряются во мраке. О нем никакие справочники и энциклопедии больше не упоминают. И даже его инициалы неизвестны. Вместо неугодного Жукову прокурора прислали нового. «Военный прокурор группы настаивал на соблюдении закона. Тогда командующий 1-й армейской группой войск комкор Жуков заявил ему: "Вы слушайте, что вам скажут, и не рассуждайте. Учтите, что Хуторяна за это сняли"» (О.Ф. Сувениров. Трагедия РККА 1937—1938. М., 1998. С. 288). Прокурор, по логике Жукова, — это тот, кто выполняет приказы не рассуждая.

1-я армейская группа, которой командовал Жуков, — это 57 тысяч бойцов и командиров. А теперь прикинем, что было бы, если бы проводить чистку армии товарищ Сталин поручил не Ежову Николаю Ивановичу, а Жукову Георгию Константиновичу. Каждый желающий сумеет сам вычислить возможные результаты правления Жукова, если бы под его властью оказались не 57 тысяч, а вся Красная Армия численностью в полтора миллиона. Если бы расстрельные полномочия были не на три месяца, а на два года.

Жуков слезно сокрушался о том, что бедную Красную Армию в 1937—1938 годах якобы обезглавили. Однако на столь коротком промежутке времени такой интенсивности расстрелов военнослужащих, какой Жуков достиг в Монголии летом 1939 года, не было нигде в Красной Армии ни в 1937-м, ни в 1938 году. Такое зверство не снилось ни Ежову, ни Фриновскому, ни Заковскому, ни Ульриху.

А скольких в тюрьму загнал! В книге «Тень победы» я рассказал о приезде Жукова в Монголию. Начал он со смещения командиров. Вот снял начальника штаба комбрига Кущева Александра Михайловича. У комдива Жукова не было полномочий расстрелять комбрига. Потому его просто выгнали. Но что же с ним стало? Куда его, снятого, определили? Тогда я этого не знал. Теперь выяснил. Отправили комбрига Кущева туда, где лес валят. И черную фуфаечку не пожалели. Отписали ему 20 лет. Строгого режима. Потом еще пять добавили («Красная звезда», 2 апреля 2002 г.). А неплохой был командир. Вспомнили о нем в декабре 1943 года. Как-никак две академии за плечами, одна из которых Академия Генерального штаба. Дали ему звание полковника. В сентябре 1944 года — генерал-майора. Был начальником штаба 5-й ударной армии. Воевал храбро. Получил Героя Советского Союза. Имел одиннадцать пулевых и осколочных ранений. Работал блестяще. Это вынужден был признать и сам Жуков. Завершил службу в звании генерал-полковника.

А в 1939 году прибыл Жуков в Монголию и первым делом комбрига Кущева в тюрягу засадил, коль не было возможности расстрелять.

2

После Монголии, в 1940 году, Жуков назначен командовать Киевским особым военным округом. Войны пока нет, потому не мог Жуков расстреливать кого ни попадя. Это состояние он переносил с трудом.

«Коренастый генерал стоял в окружении командиров у входа в могилев-подольский Дом Красной Армии. А на тротуаре напротив, на расстоянии примерно десяти метров — мы, стайка четырнадцатилетних мальчиков, пожиравших генерала глазами.

Через пустырь на месте снесенного костела неторопливо приближался капитан-пограничник. Он щел из бани со свертком грязного белья, завернутого в газету. Ни сном ни духом не ведал капитан, что ждет его за углом. От угла Дома Красной Армии до генерала было не более пяти метров. Со свертком под мышкой капитан растерянно приложил руку к козырьку, перейдя на строевой шаг. Лицо генерала Жукова исказила брезгливо-презрительная гримаса:

— Вас что, капитан, не учили, как приветствуют старших по званию? Повторить!

Капитан, багровый от стыда, зашел за угол, положил сверток на тротуар, вышел на мостовую, чтобы появилось расстояние, необходимое для семи строевых шагов, и прошел перед генералом так красиво, что даже у нас, привыкших к парадам, дух перехватило. У пограничников была отличная строевая выправка и вольтижировка. Кто-то из мальчишек метнулся к свертку и принес его, чтобы капитану не пришлось возвращаться.

— Повторить! — сквозь сжатые зубы процедил Жуков.

На противоположном тротуаре, кроме нас, уже собралась изрядная толпа зевак. Семь раз капитан печатал строевой шаг перед генералом. Не знаю, как чувствовала себя свита Жукова. Нам было стыдно.

В течение двух дней пребывания генерала армии Жукова в Могилеве-Подольском, вероятно, не менее сотни мальчишек установили за ним наблюдение. На значительном расстоянии мы предупреждали командиров и красноармейцев о присутствии самодура. После инцидента с капитаном генерала Жукова на улице не поприветствовал ни один военнослужащий. Они исчезали своевременно» (И.Л. Дегин. Четыре года. Холон, Рама-Пресс, 2001. С. 276—277).

А ведь это не первое свидетельство того, что люди военные при приближении Жукова разбегались. Где, когда, в каких армиях, в каких исторических эпохах вы найдете полководцев, от которых бегут и солдаты, и офицеры, и генералы?

3

Потом — война.

«Основным занятием Жукова во время войны было упоение своей бесконтрольной властью» (А. Тонов. «Независимая газета», 5 марта 1994 г.).

Рассказывает рядовой связист Николай Лазаренко: «Парадный портрет полководца далеко не всегда соответствовал реалиям военной действительности. Больше всего наши радисты, которые работали на самом «верху», боялись не немецко-фашистских пуль и осколков, а собственного командующего. Дело в том, что Жуков был человеком настроения и потому — очень крут на расправу... За время войны легендарный полководец около 40% своих радистов отдал под трибунал. А это равносильно тому, что он расстрелял бы их собственноручно. «Вина» этих рядовых радистов, как правило, заключалась в том, что они не смогли сиюминутно установить связь. А ведь связь могла отсутствовать не только по техническим причинам. Человек с другой стороны провода мог быть просто убитым. Однако Жукова такие «мелочи» вообще не интересовали. Он требовал немедленной связи, а ее отсутствие воспринимал только как невыполнение приказа — и не иначе. Отсюда и псевдоправовая сторона его жестокости — трибунал за невыполнение приказа в военное время. Впрочем, до военно-полевого суда дело часто не доходило. Взбешенный отсутствием связи герой войны мог и собственноручно пристрелить ни в чем не повинного солдата» (Н. Лазаренко. Тот самый Жуков // «Европа-Экспресс», 24 февраля 2002 г.).

У нас полный диапазон охвата. И мальчишки на улице, и рядовые солдаты, и маршалы рассказывают о Жукове одинаковые истории.

4

Свидетельствует генерал-лейтенант инженерных войск Б.В. Бычевский. В сентябре 1941 года он был подполковником, но занимал исключительно высокую и важную должность начальника инженерных войск Ленинградского фронта: «Первое мое знакомство с новым командующим носило несколько странный характер. Выслушав мое обычное в таких случаях представление, он несколько секунд рассматривал меня недоверчивыми, холодными глазами. Потом вдруг резко спросил:

— Ты кто такой?

Вопроса я не понял и еще раз доложил:

— Начальник Инженерного управления фронта подполковник Бычевский.

— Я спрашиваю, ты кто такой? Откуда взялся?

В голосе его чувствовалось раздражение. Тяжеловесный подбородок Жукова выдвинулся вперед. Невысокая, но плотная, кряжистая фигура поднялась над столом.

«Биографию, что ли, спрашивает? Кому это нужно сейчас?» — подумал я, не сообразив, что командующий ожидал увидеть в этой должности кого-то другого. Неуверенно стал докладывать, что начальником Инженерного управления округа, а затем фронта работаю почти полтора года, во время советско-финляндской войны был начинжем 13-й армии на Карельском перешейке.

— Хренова, что ли, сменил здесь? Так бы и говорил! А где генерал Назаров? Я его вызывал.

— Генерал Назаров работал в штабе главкома Северо-Западного направления и координировал инженерные мероприятия двух фронтов, — уточнил я. — Он улетел сегодня ночью вместе с маршалом.

— Координировал... улетел... — пробурчал Жуков. — Ну и черт с ним! Что там у тебя, докладывай.

Я положил карты и показал, что было сделано до начала прорыва под Красным Селом, Красногвардейском и Колпино, что имеется сейчас на пулковской позиции, что делается в городе, на Неве, на Карельском перешейке, где работают минеры и понтонеры.

Жуков слушал, не задавая вопросов... Потом — случайно или намеренно — его рука резко двинула карты, так, что листы упали со стола и разлетелись по полу, и, ни слова не говоря, стал рассматривать большую схему обороны города, прикрепленную к стене.

— Что за танки оказались в районе Петрославянки? — неожиданно спросил он, опять обернувшись ко мне и глядя, как я складываю в папку сброшенные на пол карты. — Чего прячешь, дай-ка сюда! Чушь там какая-то...

— Это макеты танков, товарищ командующий, — показал я на карте условный знак ложной танковой группировки, которая бросилась ему в глаза. — Пятьдесят штук сделано в мастерской Мариинского театра. Немцы дважды их бомбили...

— Дважды! — насмешливо перебил Жуков. — И долго там держишь эти игрушки?

— Два дня.

— Дураков ищешь? Ждешь, когда немцы сбросят тоже деревяшку? Сегодня же ночью убрать оттуда! Сделать еще сто штук и завтра с утра поставить в двух местах за Средней Рогаткой. Здесь и здесь, — показал он карандашом.

— Мастерские театра не успеют за ночь сделать сто макетов, — неосторожно сказал я.

Жуков поднял голову и осмотрел меня сверху вниз и обратно.

— Не успеют — под суд пойдешь. Завтра сам проверю.

Отрывистые угрожающие фразы Жукова походили на удары хлыстом. Казалось, он нарочно испытывает мое терпение.

— Завтра на Пулковскую высоту поеду, посмотрю, что вы там наковыряли... Почему так поздно ее начали укреплять? И тут же, не ожидая ответа, отрезал: — Можешь идти!..» (Б.В. Бычевский. Город-фронт. Л., 1967. С. 121).

Вот оно, пролетарское хамство. Во всей красе. Нижестоящим стратег тыкал. Всем. В тот момент Бычевский был подполковником. Но у нас старшинство определяется не воинским званием, а занимаемой должностью. А должность у него — начинж Ленинградского фронта. В каждом полку — саперная рота. И в каждой бригаде. В сентябре 1941 года в составе Ленинградского фронта таких рот было больше ста. В каждой дивизии — собственный саперный батальон. Таких батальонов было 24. В каждой армии — комплект инженерных частей: саперных, понтонно-мостовых, переправочных, маскировочных и прочих. В составе четырех армий было еще 10 саперных батальонов, не считая отдельных рот армейского подчинения. Кроме того, инженерно-саперные части фронта. В тот момент в прямом подчинении фронта были Управление военно-полевого строительства (а это инженерно-саперная армия), 14 отдельных саперных батальонов и 6 отдельных рот, не считая отрядов заграждения, взво-

428

дов спецтехники, переправочных парков и прочего и прочего (См.: Инженерные войска в боях за Советскую Родину. С. 106).

И все десятки тысяч людей, от которых зависит оборона Ленинграда, подчинены подполковнику Бычевскому. Он пока подполковник, но скоро станет полковником, генерал-майором, затем генерал-лейтенантом инженерных войск. Но, будучи в звании всего лишь подполковника, он имел над своими подчиненными ту же самую власть, которую имел потом, став генералом. В руководстве Ленинградским фронтом подполковник Бычевский занимал место в десятке самых приближенных Жукову людей. Среди них: первый зам, начальник штаба фронта, командующие авиацией, артиллерией, ПВО, танковых войск, начальники тыла, связи и, конечно, начинж. Начальник инженерных войск по своему положению стоит даже выше начальника разведки. Потому как начальник разведки подчинен начальнику штаба, а уж потом командующему фронтом, а начальник инженерных войск подчинен командующему фронтом прямо и непосредственно.

И вот великий стратег с первой встречи хамит и угрожает своему помощнику. Между тем мастерская Мариинского театра начальнику инженерных войск Ленинградского фронта не подчинена никак. Люди по собственной инициативе сделали макеты танков. Подполковник Бычевский при всем своем могуществе не мог приказать гражданским мастерам изготовить за ночь еще сто макетов. Нет у него над ними власти. Но Жукова это не интересует: не сделаешь — под суд пойдешь...

Своими действиями Жуков показывает подчиненным, что инициатива наказуема. Не сделали бы мастера Мариинского театра первые пятьдесят макетов, то все было бы прекрасно. А раз сделали, значит, им ставят непосильную задачу и устанавливают фантастический срок. А начинжу грозят трибуналом.

5

Генерал армии Н.Г. Лященко вспоминает день 18 января 1943 года. Он тогда был полковником, командиром 90-й Краснознаменной стрелковой дивизии. «Вскоре позвонил Георгий Константинович Жуков. Узнав, что мы ночью собираемся захватить Синявино, сильно возмутился... «Это не оправдание! —

жестко сказал Жуков. И, чуть помедлив, продолжил: — Уточните. Сидите там. Вы даже званий начальников не знаете...» Потом я стал анализировать сказанное Георгием Константиновичем. Оказывается, Жукову в этот день было присвоено звание Маршала Советского Союза — и я этого действительно не знал» («Красная звезда», 16 мая 2000 г.).

И откуда было знать? Фронт. Война. Газеты доходят через неделю, если не через две. И то не все. И не всегда. Слушать передачи Москвы не получается. Бой идет. Да и сообщений о присвоении воинских званий во время войны по радио не передавали. Был только один источник, из которого можно было узнать о величайшей радости, о присвоении выдающемуся гению стратегии маршальского звания. В тот день, 18 января 1943 года, московское радио передало сообщение Совинформбюро о прорыве блокады Ленинграда. В длинном сообщении рассказано о действиях советских войск, об обороне противника и о том, как ее прорывали, названы имена отличившихся командиров, перечислены трофеи и освобожденные населенные пункты. Среди прочего было сказано: «Координацию действий обоих фронтов осуществляли представители Ставки Верховного Главнокомандования Маршалы Советского Союза тов. Жуков Г.К. и тов. Ворошилов К.Е.» (Сообщения Советского Информбюро. Издание Совинформбюро. М., 1944. Т. 4. С. 48).

Надо было обладать обостренным вниманием, чтобы в грохоте боя выслушать множество цифр, имен, названий и уловить нюанс: Жуков назван не генералом, а маршалом. Полковнику Лященко в тот момент было не до нюансов и не до победных сообщений. Дело в том, что для прорыва обороны Ленинграда надо было захватить Синявино. Это проклятое Синявино советские войска штурмовали с сентября 1941-го до января 1943 года. Кости советских солдат там лежали пирамидами. Это я не для красного словца. Термин «Синявинские высоты» во время войны приобрел новый смысл. Раньше под этим понимали возвышенную местность, а во время войны — груды тел советских солдат. После войны некоторых похоронили. Но не всех. У нас все просто — потери считать по числу похороненных. А те, которых не похоронили? Те не считаются. Те из статистики выпали. Так мы военную историю и изучали. Мне в Военно-дипломатической академии Советской

Армии объясняли: в районе Синявино обошлись почти без потерь. Там положили тысяч сто, не больше. Пропорционально числу убитых там должно было быть тысяч триста — четыреста раненых и искалеченных. Сам же Георгий Константинович вопрос потерь под Синявино обошел стороной.

Но правда не тонет. Даже «Красная звезда» (11 декабря 2001 г.) вынуждена признать: небольшое количество похороненных солдат — это одно, а если вспомнить тех, кого не похоронили, то получится нечто другое: «Синявинские высоты наши войска штурмовали и в 1941-м, и в 42-м, и в 43-м. Здесь была прорвана блокада Ленинграда. Поэтому погибших немерено — хотя официально захоронены 128 390 бойцов и командиров». Нужно помнить, что хоронили тех, кто поперек дороги лежал. А до тех, кто в кустах да канавках, руки не доходили. Их не хоронили, а потому в статистике и не учитывали. Вот потому и выходит, что потерь там почти не было. Всего только 128 тысяч убитых.

И вот 18 января 1943 года Жуков отрапортовал, что Синявино наконец взято и блокада Ленинграда прорвана. И тут же прозвучало длинное сообщение Советского Информбюро, в котором сказано о взятии Синявино, а Жуков назван маршалом.

Оставалось совсем немного: это самое Синявино взять. Совершить это маленькое чудо, сделать то, что уже тысячу раз оборачивалось кровавым провалом, предстояло 90-й стрелковой дивизии полковника Лященко. Следовало действительные события подогнать под победные сообщения. Ясно, что полковнику Лященко, которому выпало делать дело, не доставляло особой радости вслушиваться в сообщения о том, что дело уже сделано, что величайший стратег за взятие Синявино (которое не взято) уже произведен в маршалы.

А тут и сам он на проводе: как?! Вы еще не знаете, что мне маршала присвоили за выдающуюся победу на Синявинских высотах? Сидите там!

В карьере Жукова это отнюдь не единственный случай, когда он сначала рапортовал, а потом любой ценой подгонял действительное под желаемое.

В Берлине великий стратег издал победный приказ о взятии Рейхстага. Об этом немедленно на весь мир сообщило московское радио. В приказе Жуков расписал детали боя в коридорах и залах. Приказ был подписан в момент, когда прижатая огнем советская пехота лежала на подступах к Рейхстагу. Приказ был подписан до того, как первый советский солдат сумел переступить порог на входе. К этому эпизоду мы еще вернемся.

6

Главный маршал авиации А.Е. Голованов: «Если б он матом крыл, — это ладно, это обычным было на войне, а он старался унизить, раздавить человека. Помню, встретил он одного генерала: «Ты кто такой?» — Тот доложил. А он ему: «Ты мешок с дерьмом, а не генерал!» ...Жукову ничего не стоило после разговора с генерал-лейтенантом сказать: до свидания, полковник!» (Ф. Чуев. Солдаты империи. С. 316).

У Жукова так: кого может, расстреляет. Кого не может расстрелять, над тем издевается. Не надо думать, что вот он только над капитанами измывался или сбрасывал на пол карты, заставляя начальника инженерных войск фронта ползать перед ним на карачках. Не надо думать, что он генералами ограничивался. Над Маршалами Советского Союза он тоже измывался. Первым к Берлину вышел Маршал Советского Союза Рокоссовский, который командовал 1-м Белорусским фронтом. Рокоссовский был образцом полководца. Он вышел ростом и лицом. И доблестью воинской. И личной храбростью. И талантом. А фамилией не вышел. Потому на самом финише войны ему — понижение. Не мог человек с польской фамилией брать Берлин. На место Рокоссовского товарищ Сталин поставил Жукова...

Рокоссовский спросил Сталина: за что такая немилость?

Сталин: тут политика. Мол, не обижайся.

Жуков, принимая 1-й Белорусский фронт у Рокоссовского, устроил банкет. Совершенно ясно, что организатором был не Рокоссовский, ему нечего было праздновать.

Рассказывает артист Борис Сичкин: «Я прекрасно помню банкет по поводу передачи командования нашим фронтом из рук Рокоссовского Жукову. Наш ансамбль выступал на этом вечере. На возвышении стояли два мощных кресла, на которых восседали оба маршала... В ансамбле работал солистом хора Яша Мучник... После его выступления Жуков подозвал его к себе и, усадив рядом, на место маршала Рокоссовского, весь вечер не отпускал. Яша робко пытался что-то сказать маршалу, но Жуков успокаивал Яшу:

— Не волнуйся, сиди спокойно, пусть он погуляет.

Солдат-еврей Яша Мучник весь вечер просидел на троне вместо Рокоссовского с прославленным маршалом Георгием Константиновичем Жуковым» (Б. Сичкин. Я из Одессы, здрасьте... С. 75—76).

Борис Сичкин в восторге: вот как Жуков любил и уважал еврейский народ!

А на мой взгляд, любовь и уважение к еврейскому народу можно было выразить по другому поводу и в другой обстановке. Тут не о любви и уважении речь. Тут речь о сознательном и публичном унижении маршала Рокоссовского. Он прорвался к Берлину первым, а Жуков пришел на все готовенькое, на завершающий этап, чтобы сорвать лавры. И Жукову в этой обстановке посочувствовать бы Рокоссовскому: не моя, мол, Костя, вина, не я на твое место победителя напросился, так Хозяин решил. Ты вывел фронт к Берлину, история этого не забудет, а мне выпадает флаги развешивать, писать победные реляции, принимать капитуляцию и сверлить дырки для орденов.

Но не так ведет себя Жуков. Ему надо втоптать Рокоссовского в грязь. При всем честном народе.

Со времен древнейших цивилизаций у всех племен на званом пиру исключительное внимание уделялось рассаживанию гостей. И у нас на Руси, будь то свадьба деревенская, будь то царские палаты или тюремная камера, — внимание месту: ты — на троне, ты — по правую руку, ты — по левую, ты — в избе в красном углу, ты — на нарах у окошка, ты — у параши, а ты, сука, под нары лезь. И вот Жуков на маршальское место сажает шута. Не в национальности тут дело. Плясали бы на той пьянке цыгане или чукчи, Жуков им бы свою любовь и уважение демонстрировал. Потому как место выдающегося полководца Маршала Советского Союза Рокоссовского Константина Константиновича надо было кем-то занять. Чтобы ему сесть некуда было. Чтобы доблестный маршал «погулял» без места.

Жертвами звериной жестокости и легендарного хамства Жукова были не только солдаты, офицеры, генералы и маршалы. Доставалось и иностранцам.

Борис Сичкин продолжает рассказ: «После окончания войны в честь Победы был устроен банкет для иностранных делегаций. Выступал французский министр, который долго хвалил Советскую Армию и потом много лестных слов говорил в адрес Жукова. Жуков взял слово и начал говорить. Переводчик переводил речь Жукова на французский язык. И вдруг Жуков остановил переводчика и сказал, что не надо переводить его. Они, мол, и так поймут без переводчика, так как рано или поздно французы будут плясать под нашу дудочку. Многие опешили. Маршал вообще не отличался дипломатичностью. А тут, вероятно, сказалось количество выпитого.

В этот же вечер Георгий Константинович допустил еще одну бестактность по отношению к французам. Французский министр подошел к Жукову и предложил тост. Жуков отказался пить и, передав генералу Чуйкову свой бокал вина, поручил ему выпить с французом» (Б. Сичкин. Я из Одессы, здрасьте... С. 83).

Война Советского Союза за мировое господство была проиграна. В том числе и по вине Жукова. Но амбиции остались. Навернос, только у Жукова: скоро я Францией править буду!

Коммунисты говорят: вот какие мы миролюбивые. Могли бы в 1945 году вышвырнуть американцев с континента, но не стали этого делать. Могли бы Францию с Италией в коммунизм обратить, да не захотели...

В 1945 году Советский Союз был разорен войной. Несколько поколений молодых мужчин были истреблены практически полностью. В армии некому было служить. Последний военный призыв служил в армии с 1945 по 1953 год «без срока давности». Никто не знал, когда отпустят. Если бы не умер Сталин, то ребята служили бы и дальше. В стране разразился голод 1947 года. Промышленность и транспорт были разрушены, деревня разорена и обескровлена. У американцев была бомба. У нас ее не было. Говорят, мало у них было бомб. Правильно. А много вам надо? И если мало, то они бы через год-другой добавили бы. А у нас все равно пока еще ничего не было. Но когда бомба и появилась, не было для нее носителя.

У американцев был океанский флот. У нас его не было. У американцев была стратегическая авиация. У нас ее не было. Даже без атомной бомбы она могла причинить неисчислимые беды. У американцев была огромная сытая армия. У нас — бесчисленные армии калек и инвалидов, которых было нечем кормить.

Американцы могли нас достать с любого направления, а нам до Америки как дотянуться?

И вот Жуков мечтает о Франции. Мечтать можно, только болтать надо меньше.

За такие выходки в отношении официальных представителей чужой страны Сталин должен был немедленно гнать Жукова со всех постов.

Не дай Бог свинье рогов, а холопу барства.

8

А вот великий стратег после войны. Борис Сичкин в него бесконечно влюблен. Но то, что он рассказывает о Жукове, стратега никак не украшает и славы ему не прибавляет. «Через несколько минут прибежал наш майор. Жуков на него посмотрел как на крысу. Начальник пытался доложить, кто он и что он явился по распоряжению, но язык его присох, челюсть дрожала, глаза ничего не выражали. Корнеев был в коме. Жуков сказал, что если он еще раз увидит его близ своего особняка, то он его потом больше никогда не увидит, и послал его вон. Майор Корнеев продолжал стоять, не шелохнувшись. Потом неожиданно для всех он отошел и бросился бежать из резиденции. Жуков не выдержал и засмеялся вместе с нами. И тут на радостях я затянул вместе с маршалом "Не за пьянство..."» (Б. Сичкин. Я из Одессы, здрасьте... С. 82).

В чем же провинился руководитель ансамбля майор Корнеев?

Борис Сичкин разъясняет: «Жуков любил петь кабацкие русские песни. Самая любимая его песня была «Не за пьянство, не за буянство и не за ночной разбой...». Обычно Корнеев нас отвозил к маршалу Жукову и ждал у входа в дежурной. Как-то я на радостях сильно выпил и от всей души вместе с

Жуковым начал петь дуэтом «Не за пьянство, не за буянство...». Голос звучал отлично. У моего голоса не было совершенно бархата, но было много металла. Этого металла могло хватить минимум на два металлических завода. Мой голос был услышан начальником далеко в дежурке. Он не знал, что Жукову нравится мой голос. Ему стало страшно, что я отвратительным горлопанским звуком балуюсь в таком ответственном месте. Начальник вызвал меня. Я вышел и обнаружил майора в дрожащем состоянии.

— Борис, — умоляюще сказал он, — пожалуйста, больше не пой. Ты меня подведешь под монастырь.

— Это приказ? — спросил я.

— Да, — ответил начальник.

— Все в порядке, больше я петь не буду, — ответил я ему.

Я вернулся, сел за стол, где меня поджидал Георгий Константинович. Мы выпили еще, пошутили. Жуков был в этот день в очень хорошем настроении, обнял меня и сказал:

— Давай, Борис, затянем нашу любимую.

Я с нетерпением этого ждал.

— Простите, товарищ маршал, но мне запретили петь!

Жуков лишился дара речи, у него затряслись губы, глаза налились кровью, и через длинную паузу он не проговорил, а прошипел:

— Кто это тебе запретил петь?

Я отсутствующим голосом назвал нашего начальника ансамбля.

— Позовите ее (вернее всего маршал имел в виду эту блядь), — сказал Жуков».

Далее последовало то, что описано выше.

Но я обращаю внимание на другую деталь. Артист Борис Сичкин и маршал Жуков — собутыльники. Они обнимаются и вместе занимаются «отвратительным горлопанством». Но артист к маршалу на вы, а маршал артисту тычет. Да почему же? Давай уж или на брудершафт с артистом выпей, или прояви к нему такое же уважение, которое он к тебе проявляет. Но дорвавшийся до барства вчерашний холоп Жуков обращается с людьми так, как обращались с крепостными лицедеями. Только ансамбли крепостных при Екатеринах и Александрах никогда майоры не возглавляли. Это только у нас в стране победившего социализма привозил майор труппу певчих и

436

плясунов к барину, а сам со швейцарами под лестницей дожидался.

И если уж сравнивать коммунистическое братство людей с проклятым омерзительным рабством прошлого, то сравнение никак не вырисовывается в пользу свободы, равенства и братства. Не могу представить генерал-фельдмаршала князя Голенищева-Кутузова Михаила Илларионовича, который, нажравшись водяры, веселил бы свой штаб «отвратительным горлопанством». И не получается вообразить, чтобы великий полководец Кутузов, отдавая приказы, не говорил, а шипел, чтобы смотрел на майора как на крысу, чтобы называл его в женском роде, подразумевая при этом, что имеет дело не со старшим офицером победоносной армии, а с грязной продажной шлюхой.

Жукову в этой ситуации сказать бы: майор, все в порядке, не волнуйся, это я блатной репертуар Сичкину заказал. Но нет! У Жукова глаза кровью налиты. У Жукова губы трясутся. Жуков шипит. Жукову надо, чтобы все дрожали и тряслись.

Так в чем же провинился руководитель ансамбля майор Корнеев? А в том, что не изучил жиганских вкусов полководца-босяка. Майор хотел как лучше. Майор считал, что в таком обществе, на таких высотах должны звучать пристойные песни. И ошибся. В компании Жукова пели и плясали, как на воровской малине. В стране голод, а тут ломятся столы. Борис Сичкин описывает невероятное изобилие: тут вам и икра, и семга, и балычок, и все, что хотите. Пир горой! Впору орать: *«шимпанскава и мамзелей!»*

Тут присутствуют союзники, которым пьяный Жуков демонстративно и нарочито хамит. Сичкин продолжает: «Начались танцы. Член военного совета фронта генерал-лейтенант Телегин танцевал русский танец с платочком в руке и напоминал колхозного гомосексуалиста... Герой Сталинграда генерал Чуйков был легендарной и незаурядной личностью. Несмотря на свою славу, в жизни это был простой, жизнерадостный человек. Он не признавал условностей. Помню, на том банкете он расстегнул китель, из-под которого показалась тельняшка... Жуков пригласил на танец генерала Чуйкова. Чуйков в матросской майке, огромный, с железными зубами...» Ну и т.д.

Почему главнокомандующий Группой советских оккупационных войск в Германии Маршал Советского Союза Г.К. Жуков приглашает на танец командующего 8-й гвардейской армией генерал-полковника В.И. Чуйкова? Что об этих танцах думают союзники? Баб Жукову мало? Нет, баб хватает. Приказ генерал-полковнику Серову: обеспечить для иностранцев! «Серов понимал толк в проститутках: у него в Москве был целый штат и на разные вкусы...» А тут не Москва, тут Берлин. Война только завершилась. Но генерал-полковник действует...

«Серов, не обращая на меня никакого внимания, набрал номер и жлобским голосом приказал:

— Нужны бляди. Штук восемь. Французы остаются и пара англичан. Ничего не знаю. Достань блядей где хочешь. Пойми, что важно. Четырех мало, их должно быть не меньше восьми. У тебя есть примерно два-три часа. Слушай меня, они должны быть прилично одеты, в вечерних платьях. Что значит — нет платьев? Достань! Зайди к немцам и возьми. Заодно захвати у немцев краски, чтобы их подкрасить, и духи — надушить. Надень им на платья ордена, медали и гвардейские значки. Одну сделай Героем Советского Союза. Давай действуй!» (Б. Сичкин. С. 85).

Дальше все, как по расписанию: в срок достали гвардейско-героических блядей, союзников уважили...

А Чуйков через голову кувыркается.

А Жуков пляшет и поет. И на гармошке наяривает. И ничего ему не стоит повесить на блядские сиськи Золотую Звезду. «Жуков смеялся до слез. У нашей Клавы — Героя Советского Союза — была огромная грудь, ее короткие руки не доставали до сосков, а на самом конце груди висели Золотая Звезда и орден Ленина. Француз был в восторге от Клавиной груди и нежно ее целовал, как все пьяные люди не сомневаясь, что этого никто не видит. Со стороны же было полное впечатление, что он целует Ленина на ордене».

Чуть раньше, во время войны, генерал де Голль побывал в Советском Союзе и описал банкеты, «которые отличались невероятным изобилием и чрезмерной до неприличия роскошью».

Вожди и стратеги умели гужеваться.

Владимир Бешанов высказал интересную мысль: принц Конде считал, что, прежде чем стать хорошим генералом, надо выучиться хорошо играть в шахматы. Интересно, Жуков в шахматы умел играть? Или токмо на гармошке?

Глава 31
ПРО ВЛАСОВА

Когда вызывал Жуков, возникало желание не отвечать на оклик часового — пусть стреляет.

Генерал-лейтенант *М. Мильштейн*, заместитель начальника Главного разведывательного управления.
«Вести», 10 июля 2003 г.

1

Тема «Власов» неисчерпаема.

Как и тема «Берия».

Может быть, когда-нибудь доберемся и до них.

А сейчас речь о Жукове. Интересны его оценки.

Заместитель командующего Волховским фронтом генерал-лейтенант Власов Андрей Андреевич в 1942 году попал в плен. На заключительном этапе войны вопреки противодействию Гитлера Власов сумел из советских военнопленных создать разрозненные антикоммунистические воинские формирования под общим названием РОА.

Вот рассказ Жукова: «Я его давно знал — в 1924 году учились вместе на кавалерийских курсах усовершенствования комсостава (ККУКС). В 1940 году он служил в Украинском особом военном округе, которым я тогда командовал. В начале войны под Москвой он командовал 40-й дивизией. Показал себя слабым командиром. Я уже подумывал его сместить. Но вдруг позвонил Сталин:

— Мы тут думаем у вас Власова забрать — на Волховском направлении у нас прорыв.

Я очень обрадовался.

— Ну что ж, — говорю, — берите.

Думаю, что сначала он не имел цели предательства. Но попал в трудное положение. Коридор был узкий, мешок. Выйти трудно. Они блуждали в лесах больше месяца. Потом из трусости предался немцам — жить хотел, думал бежать в Америку, чемоданчик с золотом с собой прихватил.

На Потсдамском направлении перебежал к нам его адъютант. Сообщил, где находится Власов. Отрядили часть. Догнали. Взяли в окружение.

— Вот, — кричит адъютант, — его автомобиль!

Остановили. Там шофер и еще кто-то, какие-то тюки с вещами. Власова нет.

— Ищите, он здесь под барахлом! — кричит адъютант.

Раскидали вещи. Оттуда выскочил Власов и побежал по меже. Его догнал адъютант и револьвером стукнул по затылку. Он упал. Его схватили. Потом судили и повесили.

Трус! Должен был застрелиться раньше, чем попал в плен к немцам» («Огонек». 1988. № 18. С. 18).

В рассказах Жукова меня всегда поражает обилие деталей: чемоданчик с золотом, тюки барахла... Откуда это? О Власове никто никогда ни в каких документах ничего подобного не сообщал. Управление особых отделов НКВД отношением за № 4-7796 от 7 февраля 1941 года сообщало в Управление кадров ЦК ВПП(б): «Компрометирующих материалов на т. Власова не имеется». Не замечен Андрей Андреевич Власов в барахольстве. Это Жуков замечен в мародерстве и хищении трофейного имущества. В особо крупных размерах. Чемоданчик с бриллиантами, дачи, набитые тюками ворованного барахла, стены, увешанные гобеленами и картинами многомиллионной стоимости, многовековой давности, — это не о Власове, это о Жукове в официальных документах сообщали. Видно, великий стратег других по своим меркам мерил, под свой аршин подгонял.

2

Рассказ Жукова разберем по косточкам.

Начнем с власовских сокровищ. Из каких источников Жуков узнал про чемоданчик с золотом? Власов попал в лапы отдела контрразведки СМЕРШ 13-й армии 1-го Украинского фронта 13 мая 1945 года. 13-й армией командовал генерал-полковник Пухов Николай Павлович, 1-м Украинским фронтом — Маршал Советского Союза Конев Иван Степанович. О захвате такого пленника Пухов был обязан доложить Коневу, а Конев — Верховному Главнокомандующему. Пухову перед докладом Коневу следовало уточнить детали. Так же должен был поступить и Конев перед докладом Сталину. Товарищ Сталин мог задать любой вопрос, потому и Пухову, и Коневу следовало поинтересоваться: в каком состоянии пленник? Ранен или нет? Здоров или болен? Много ли еще народа захвачено вместе с ним? Кто именно? Приняты ли меры к поиску остальных? Есть ли при нем документы? И т.д. и т.д. Товарищ Сталин любил обстоятельные доклады.

Любопытно, что ни Пухов, ни Конев, которые по долгу службы с этим делом были прямо связаны, ничего про чемоданчик с золотом никогда не рассказывали. Об этом рассказал Жуков Георгий Константинович, который к этому делу не имел никакого отношения, которого вообще на территории Чехословакии тогда не было.

Попав в чистые руки смершевцев, Власов в самый первый момент, как принято, был обыскан. После крушения Советского Союза любому исследователю доступен протокол обыска. У Власова было изъято тридцать тысяч рейхсмарок. Больше никаких ценностей при нем не было. Ни золотых часов, ни монет, ни слитков. Нательный крест, который с него сорвали, и тот был не золотым и не серебряным, а оловянным.

Происхождение тридцати тысяч объяснимо. В германской армии Власов был генерал-полковником, получал министерский оклад — шесть тысяч в месяц. Ни в 1944-м, ни тем более в 1945 году широких возможностей тратить деньги не представлялось — почти все распределялось по карточкам. Кроме того, после крушения и капитуляции Германии власовские формирования распались. Что прикажете делать с финансами полков, дивизий и всей Русской Освободительной Армии? Разделить. Что же еще?

Если тридцать тысяч рейхсмарок — это часть финансовых средств РОА, то Власову, по любым стандартам, досталось немного. Особенно если сравнивать с жуковским размахом. Сам Жуков и его братия собирали рейхсмарки целыми вагонами и подвалами и тратили их, не считая, миллионами, ящиками и мешками.

Итак, где же заветный чемоданчик, с которым Власов собирался бежать в Америку?

Я могу предположить только два варианта.

Первый. Товарищи с горячими сердцами, холодными головами и чистыми руками из отдела контрразведки СМЕРШ 13-й армии просто по-человечески забыли внести чемоданчик в протокол, по-братски разделив содержимое.

Второй вариант. Не было никакого чемоданчика с золотом. Жуков просто повторил чью-то ложь.

Рассмотрим первый вариант. Если наши недремлющие компетентные товарищи действительно прибрали чемоданчик, то они должны были делиться содержимым. Прежде всего с Пуховым и Коневым. Ибо и тот и другой имели все основания и полное право поговорить с пленником перед отправкой в Москву. А в ходе разговора пленник мог бы вспомнить о некорректном поведении чистых на руку чекистов.

Кроме того, начальник отдела СМЕРШ 13-й армии должен был бы делиться с начальником Управления СМЕРШ 1-го Украинского фронта, а тот, в свою очередь, — с начальником ГУКР СМЕРШ НКО СССР комиссаром ГБ 2-го ранга Абакумовым Виктором Семеновичем.

Но и это не все. Следовало делиться со всей цепочкой прокуроров — от прокурора 13-й армии до Генерального прокурора СССР. Ибо любой из них мог вскрыть существование чемоданчика и дать делу ход.

И это не конец цепочки. Власов — слишком видная фигура. К следствию должны были привлечь не только ГУКР СМЕРШ, но и НКВД. Если не поделиться с наркомом внутренних дел генеральным комиссаром государственной безопасности Берией Лаврентием Павловичем, то он и обидеться мог. И его подчиненных следовало не забыть.

Но не исключалась и встреча товарища Сталина со знаменитым пленником. И вовсе не исключалось, что пленник мог заявить: «Вы, гражданин Сталин, конечно, меня повесите. Так не забудьте и гражданина Берию с Абакумовым, Коневым, Пуховым...»

Спорить не буду, но лично мне ясно: Власов был тем пленником, у которого было невозможно отнять и присвоить ни сапоги, ни шинель, ни сапожную щетку. Предстояло следствие на самом высшем уровне. И не так глупы наши чекисты, прокуроры и генералы, чтобы украсть чемоданчик и поплатиться головой.

Вывод прост: если чемоданчик с золотом не указан в протоколе обыска, значит, не было никакого чемоданчика.

И если первый вариант отпадает, то остается только второй: Жуков — клеветник и сплетник.

3

Рассказ Жукова про перебежавшего адъютанта Власова — это нечто за гранью фантастики. Сюрреализм какой-то. Уж кто-кто, а власовцы к красным не перебегали. Уж они-то знали, что их ждет. Вот рассказ рядового власовца: «Немцы не дураки, они сразу нам — самую черную работу, чтоб обратно не было ходу, так и засели по уши. И с немцами путь до первого перекрестка, и красным попадемся — за яйца подвесят» (А. Кузнецов. Бабий Яр. Нью-Йорк, 1986. С. 425).

Рассказать про перебежавшего к красным власовского офицера психически здоровый человек просто не мог. Но если и поверить этому бреду, если предположить, что Жуков был здоров и трезв, то и тогда остаются вопросы. Откуда, к примеру, Жукову знать, что именно кричал адъютант Власова? И откуда стратегу известно, что Власов по меже побежал? Почему не по тропинке? Не по просеке? Не по чистому полю, наконец? Откуда у Жукова это ясное видение событий, участником которых он не был и быть не мог?

А откуда в 1945 году появился револьвер? Не иначе из музея. К концу войны от револьверов и в Вермахте, и в Красной Армии давно и окончательно отказались. И как этот самый револьвер оказался в руках адъютанта Власова, перебежавшего к красным? Прикинем: вот сдался власовец. Кто же в отделе контрразведки СМЕРШ мог решиться на такое: кто дал пленному власовцу в руки оружие?

Так ведь не простой власовец перебежал, а офицер.

Так не простой же офицер, а адъютант самого Власова.

Кто бы взял на себя ответственность дать ему револьвер, пусть даже и музейный?

О, эта жуковская точность! Ах, эта удивительная способность подмечать детали, которые никогда сам не видел: адъютант догнал Власова и стукнул револьвером по затылку... Не по темечку, не в висок, не по шее, не по загривку. А вот именно — по затылку.

Итак, откуда Жуков почерпнул детали?

Ларчик просто открывается. Была в свое время выпущена мерзкая книжонка Аркадия Васильева «В час дня, ваше превосходительство». Это роман. Состряпан на лубянской кухне. Там умеют. На Лубянке «романом» называли не то, что все мы имеем в виду. «Роман» на лубянском наречии — это вымышленные и совершенно невероятные показания арестованных. «Романистами» называли самых даровитых лубянских садистов, которые были способны изобретать немыслимые сюжеты, а потом сноровисто и быстро вышибать признания из арестантов. «Прозаик» Аркадий Васильев — платный агент ГБ. Он выполнял заказы. Самые грязные. Он, например, выступал так называемым «общественным обвинителем» на процессе Даниэля и Синявского. Обвинял он их в том, что осмелились мыслить самостоятельно. Весь процесс был показательной поркой в назидание народам Советского Союза и всех «братских» стран: не смейте думать! Есть кому думать за всех вас! За вас думает Центральный Комитет!

Работа «общественного обвинителя» давала Аркадию Васильеву неплохой доход. Детали — в книге Л. Владимирова «Россия без прикрас и умолчаний» (Мюнхен. Посев, 1968).

Для Аркадия Васильева сочинение «романов» про доброго Дзержинского, про чекистов с горячими сердцами и чистыми руками, про злых, коварных врагов — это ревностное выполнение все тех же обязанностей «общественного обвинителя». Книга «В час дня, ваше превосходительство» — сияющий венец прокурорской карьеры Васильева. Вранье уже в названии. Не было в Русской Освободительной Армии благородий и превосходительств. Были господа: господин лейтенант, госпо-

444

дин майор. И лишь оттого в РОА были господа, что в русском языке ничего больше нет — ни панов, ни герров, ни мистеров, ни сэров. Господа или товарищи. Третьего не дано. Товарищами они никак быть не хотели. Был еще вариант: гражданин начальник... Но он по ряду причин не был принят. Что же, кроме господ, оставалось?

«Роман» Васильева — это даже не о Власове. Это прежде всего о доблестных и храбрых чекистах с умными, чуть усталыми глазами. Советские разведчики, оказывается, окружали Власова плотными боевыми порядками. Они все знали, все видели, все предвидели. Это они палки в колеса вставляли. Это они, смелые и отважные, страну спасли.

В этом «романе» извращено все, в нем вымышлено множество подробностей. Документов о барахольных наклонностях Власова нет. Поэтому Васильеву пришлось описывать детали, опираясь исключительно на свое воображение.

Были и помимо Васильева «прозаики» подобного толка. Тоже про доблестных чекистов, пробравшихся в окружение Власова, баллады пели. А великий стратег Жуков всю эту чепуху повторял. Озвучивал, как теперь принято выражаться в лучших домах.

Жуков выполнял роль усилителя сплетен. На первом этапе — «романы» Васильевых, Кожевниковых и прочих гэбилов. На втором этапе — «воспоминания» Жукова. Сначала они выдумывали, потом Жуков все выдуманное вдруг «вспоминал». Никто не скрывал, что «романы» Васильева и ему подобных — вымысел, хотя и малохудожественный. Но после подтверждений Жукова гэбэшные выдумки превращались в «исторические факты».

4

Не менее удивительны рассказы Жукова о том, что он знал Власова с 20-х годов. Ни в 20-х, ни в 30-х годах Жуков Власова не знал и не встречал. Их пути не совпадали и не пересекались. Биографию Власова, поведанную Жуковым, вообще ни в какой стандарт не впихнуть. Даже вольные лубянские «прозаики» и те должны были бы устыдиться, читая баллады стратега.

Жуков учился на курсах в 1924 году, а Власов — в 1920-м, на других курсах — в 1928—1929, в академии — в 1934—1935 годах.

До 1940 года боевые пути Жукова и Власова не совпадали не только во времени, но и по месту и по профилю. Жуков — кавалерист, а Власов к кавалерии никакого отношения не имел. Послужной список Власова: рядовой боец в 27-м Приволжском стрелковом полку, затем — 14-й Смоленский стрелковый полк 2-й Донской стрелковой дивизии. В этой дивизии, позже переименованной в 9-ю Донскую стрелковую, Власов прошел все ступени служебной лестницы, не пропустив ни одной, — от взводного до исполняющего обязанности командира стрелкового полка. Два года Власов был преподавателем тактики. Затем командовал 215-м и 133-м стрелковыми полками. В разные годы в карьере Власова — несколько должностей в разведке: от помощника начальника 1-го (информационного) сектора разведывательного отдела штаба Ленинградского военного округа до начальника разведывательного отдела штаба Киевского особого военного округа. В сентябре 1938 года Власов был назначен командиром 72-й стрелковой дивизии. С октября 1938-го по ноябрь 1939 года — командировка в Китай, где он работал военным советником и получил золотой китайский орден. После возвращения, в январе1940 года, Власов был назначен командиром 99-й стрелковой дивизии, затем, в феврале 1941 года, — командиром 4-го мехкорпуса.

Власову было решительно нечего делать на кавалерийских курсах, где его якобы встречал Жуков. У Власова был совсем другой профиль подготовки: 24-е Нижегородские курсы командного состава РККА, высшие тактико-стрелковые курсы усовершенствования комсостава РККА («Выстрел») и первый курс Военной академии им. Фрунзе.

В «Украинском особом военном округе» Власов не служил ни в 1940-м, ни в каком другом году. И не мог в таком округе служить. И Жуков таким округом не командовал. И не мог командовать. Такого округа никогда не существовало. Был Украинский военный округ. Но он не был особым. И существовал он только до 16 мая 1935 года включительно. В то время ни Жукова, ни Власова там не было. 17 мая 1935 года Украинский военный округ был разделен на Киевский и Харьковский. 26 июля 1938 года Киевский военный округ стал особым.

Великий стратег рассказывает биографию Власова, но не помнит собственную. Он не представляет, где и когда сам служил. Не помнит, кем командовал. А уж о других он и подавно ничего не знает.

Не мог Власов командовать 40-й стрелковой дивизией в битве под Москвой. 40-я ордена Ленина имени Орджоникидзе стрелковая дивизия под Москвой не воевала. И вообще на советско-германском фронте ее не было. 40-я находилась в Посьете. На самом краешке советской земли. Это знаменитая Хасанская дивизия. Там их две было: 32-я и 40-я. 32-ю полковника Полосухина В.И. осенью 1941 года перебросили с Дальнего Востока, а 40-я комбрига Мамонова С.К. там так и осталась. Всю войну она находилась в составе 39-го стрелкового корпуса 25-й армии Дальневосточного фронта.

Рассказ Жукова о том, что Власов «показал себя слабым командиром», — ложь. Перед войной Власов командовал 99-й стрелковой дивизией, которая под его командованием стала лучшей дивизией Красной Армии. Лучшей среди всех 303 дивизий, как стрелковых, так и всех остальных. Подготовленная Власовым 99-я стрелковая дивизия самой первой во всей Красной Армии в первый месяц войны получила боевой орден. Об этом говорит и сам Жуков: «99-я дивизия, нанеся большие потери противнику, не сдала ни одного метра своих позиций. За героические действия она была награждена орденом Красного Знамени» (Воспоминания и размышления. М., 2003. Т. 1. С. 273).

На войне Власов не командовал ни 40-й стрелковой дивизией, ни какой-либо другой. Перед войной он пошел на повышение — стал командиром 4-го мехкорпуса 6-й армии. В этой должности встретил 22 июня. В катастрофической ситуации лета 1941 года показал себя с лучшей стороны. На втором месяце войны был назначен комендантом Киевского укрепленного района. Одновременно получил приказ сформировать (из подручного материала) и возглавить 37-ю армию. Власов армию сформировал и, опираясь на Киевский укрепленный район, длительное время сдерживал германское наступление. Это вынуждены признавать даже советские полководцы высокого ранга и безупречной репутации. Дважды Герой Советского Союза генерал-полковник А.И. Родимцев: «Геройческими усилиями 37-й армии непосредственная угроза Киеву с юга была устранена» (ВИЖ. 1961. № 8. С. 69). Правда, Александр Ильич не уточнил, кто именно на пустом месте из необученных резервов сформировал 37-ю армию и ею так умело командовал.

«На переднем рубеже Киевского УР 11—14 июля был отражен первый натиск мотопехоты и танков противника, пытавшихся с ходу захватить Киев и переправы через Днепр. Затем, опираясь на этот УР, войска 37-й армии в течение 71 суток отражали атаки 17 дивизий противника» (Инженерные войска Советской Армии. М., С. 195).

На октябрьском (1957 года) пленуме ЦК КПСС Хрущев вынужден был признать: «37-й армией тогда командовал Власов, командовал замечательно» (Георгий Жуков. Стенограмма октябрьского (1957 г.) пленума ЦК КПСС и другие документы. С. 385).

В 1941 году героические защитники Киева гордо называли себя власовцами.

Не вина Власова в том, что 37-ю армию обошли на флангах. В этом вина Жукова. В июне под Минском из-за «гениального» планирования Жукова погиб Западный фронт. Сталин создал новый Западный фронт, но Жуков сдал его в июле под Смоленском. Вот оттуда Гудериан развернулся и ударил в тыл Юго-Западного фронта, глубоким крюком обходя пять советских армий, в их числе и 37-ю армию Власова. А южнее таким же крюком охватывала советские войска 1-я германская танковая группа. Свободу стратегического маневра эта танковая группа обрела в результате самого грандиозного в истории войн танкового сражения в районе Дубно, Ровно и Луцка. Этим сражением с советской стороны непосредственно руководил Жуков. Имея восьмикратное количественное и абсолютное качественное превосходство над противником, Жуков ухитрился это сражение проиграть. В результате противник получил свободу маневра на земле Украины, форсировал Днепр, а потом танки Гудериана и Клейста, встретившись в районе Лохвицы, замкнули кольцо самого грандиозного в истории человечества киевского окружения.

Власов держал Киев до последней возможности. Он оставил Киев не по собственной инициативе, а по приказу Верховного Главнокомандующего. «Убедившись в бесплодности прямых атак на Киевский укрепленный район, немецко-фашистское командование в конце июля 1941 года заменило соединения 1-й танковой группы пехотными дивизиями и все подвижные войска сосредоточило на флангах с целью глубокого обхода столицы Украины. В сентябре двумя сходящимися танковыми клиньями, наступавшими одновременно с юга от Кременчуга и с севера от Конотопа, враг замкнул кольцо окружения вокруг наших сильно ослабленных непрерывными боями войск, находившихся в Киеве и на восточном берегу Днепра. По приказу Ставки 19 сентября город был оставлен нашими войсками» (ВИЖ. 1984. № 6. С. 71). Если бы на других направлениях хотя бы половина или даже одна четверть укрепленных районов держались бы так же, как держался Киевский УР под командованием Власова, то не было бы никакого блицкрига, через Западную Двину и Днепр противник никогда бы не прорвался.

С 20 сентября по 1 ноября 1941 года Власов выходил из окружения. При этом пешком по тылам противника прошел путь от Киева до Курска. Сталин знал, что Власов не виноват, потому после выхода из окружения снова доверил ему армию: 20-ю Западного фронта.

Мы снова в тупике. Неужели Жуков, который с октября 1941 года был командующим Западным фронтом, забыл, кто на этом фронте командовал самой лучшей армией?

20-я армия Власова под Москвой отличилась даже на фоне армий Рокоссовского, Голикова и Говорова. Власов первым пошел на повышение — был назначен заместителем командующего фронтом. Об успехах Власова каждый может судить сам, открыв центральные советские газеты за 13 декабря 1941 года. Среди героев обороны Москвы — его портрет. И в центральных газетах 3 января 1942 года — тоже.

Жуков рассказывал, что Власов был не способен командовать даже дивизией, и якобы собирался его с дивизии снимать. Но это — задним числом. Ну а передним числом? (Если так можно выразиться.) В 1940 году Жуков написал на Власова, командира 99-й стрелковой дивизии, правдивую (т.е. блестящую) характеристику как на лучшего командира дивизии Киевского особого военного округа и всей Красной Армии. В результате Власов (в мирное время!) получил высшую государственную награду — орден Ленина. Через год с небольшим, 24 января 1942 года, Жуков подписал еще одну характеристику: «Лично генерал-лейтенант Власов в оперативном отношении подготовлен хорошо, организационные навыки имеет. С управлением войсками армии справляется вполне».

А после войны Жуков все это забыл.

5

В рассказе Жукова чепуха лезет на чепуху.

Не мог Жуков «подумывать» снять Власова с командования.

Во-первых, не за что было снимать. Операция Власова на реке Ламе вошла во все учебники в качестве выдающегося образца. Правда, без упоминания имени Власова. Другого такого командующего армией в то время в Советском Союзе просто не было.

А во-вторых, не вправе командующий фронтом сместить командующего армией. За попытку сместить командующего армией или даже за помыслы вмешиваться в сталинскую расстановку кадров можно было поиметь большие неприятности.

Если даже и поверить Жукову в том, что Власов в битве под Москвой командовал всего лишь дивизией, которая к тому же находилась в десяти тысячах километров от Москвы на другой стороне глобуса, то и тогда никакой стыковки не получится. Правда интересно: Власов якобы командовал только дивизией, и вот Сталин назначает его сразу заместителем командующего Волховским фронтом!

Такого не бывало даже в империи Сталина.

Я не раз показывал, что диалоги Жукова со Сталиным выдуманы. Вот вам еще пример: звонит якобы Сталин Жукову и говорит, что забирает Власова, ибо на Волховском фронте прорыв.

Сталин такого Жукову не говорил. И говорить не мог. Тут две причины.

Во-первых, Сталин забрал Власова из-под командования Жукова вовсе не для того, чтобы направить на Волховский фронт. На весну 1942 года Сталин планировал операцию по прорыву к Запорожью и форсированию Днепра. Готовясь к этой грандиозной операции, Сталин усиливал свой южный фланг. В том числе и кадрами. Сталин отправил Власова на Юго-Западный фронт заместителем командующего.

Во-вторых, командующий 20-й армией Западного фронта генерал-лейтенант Власов находился в подчинении Жукова только до 7 февраля 1942 года. Ни в январе, ни в начале февраля 1942 года Сталин не мог говорить с Жуковым о тяжелом положении на Волховском фронте, так как там никакой катастрофы еще не было и не предвиделось.

И только месяц спустя, 8 марта 1942 года, Сталин вызвал Власова со станции Сватово Ворошиловградской области, где находился штаб ЮЗФ, и назначил заместителем командующего Волховским фронтом. Власов получил приказ спасать 2-ю ударную армию. Но ее положение было совершенно безнадежным. Вот только один пример. Начальник Особого отдела НКВД Волховского фронта старший майор государственной безопасности Мельников 6 августа 1942 года направил заместителю наркома внутренних дел комиссару государственной безопасности 3 ранга Абакумову докладную записку «О срыве боевой операции по выводу войск 2-й ударной армии из вражеского окружения». Среди множества примеров сложившегося во 2-й ударной армии положения есть и такой: «Зам. нач. политотдела 46-й дивизии Зубов задержал бойца 57-й стрелковой бригады Афиногенова, который вырезал из трупа убитого красноармейца кусок мяса для питания. Будучи задержан, Афиногенов по дороге умер от истощения».

Во 2-й ударной армии не было снарядов, не было патронов, не было бензина для машин, не было никакого транспорта: лошадей давно съели. Армия питалась крошками от сухарей. Нормы питания были снижены с 50 граммов крошек в день до 10 граммов. Затем перестали выдавать и эти крошки. 2-я ударная армия варила голенища сапог, ремни, командирские сумки. И поедала трупы своих товарищей.

Заявления Жукова о том, что Власов сдался в плен, давно опровергнуты документами. Власов был *захвачен* в плен 12 июля 1942 года в деревне Туховежи Ленинградской области. Блуждавшего по лесу вконец отощавшего генерала приютили и спрятали наши родные советские люди и... сдали немцам. Не за мешок картошки и не за килограмм сала. А по идейным соображениям.

6

Кстати, о предателях.

Удивительно отношение коммунистической пропаганды к личности Андрея Андреевича Власова. До крушения Советского Союза коммунисты называли его предателем. Этому удивляться не стоит. Хотя и тут есть что возразить. При Ленине в России было истреблено больше людей, чем во время гитлеровской оккупации. Ленин был немецким шпионом. Об этом больше никто не спорит. Служить немцам нехорошо. А служить немецкому шпиону лучше? О Ленине, разрушителе России, сейчас пишет даже «Литературная газета» (2004, № 19): не только у немецкого Генерального штаба великий вождь деньги брал, но и во время Русско-японской войны получал средства от японской разведки на подрыв своей Родины. Если это не измена Родине, то что тогда?

Гитлер грабил Россию. А разве Ленин не грабил? Вот совсем небольшие кусочки о ленинской доброте. 1919 год. «В саму Польшу нелегально отправили большую группу командного состава дивизии во главе с ее политкомиссаром, бывшим поручиком старой армии Стефаном Жбиковским. Эта группа создала Военный аппарат компартии Польши и готовила вооруженное восстание. Она располагала неограниченными финансовыми средствами, полученными от Коминтерна» (В.И. Пятницкий. Осип Пятницкий и Коминтерн на весах истории. Минск, 2004. С. 76). Тут ключевое слово — неограниченные.

Тот же 1919 год. «Во второй половине мая в Вену прибыл эмиссар Белы Куна, один из видных венгерских коммунистов — Эрне Беттельхайм. Он привез с собой кучу денег и совершенно дикий план социалистической революции в Вене» (Там же. С. 79).

Сентябрь 1919 года. По личному указанию Ленина в Берлин для раздувания Мировой революции в Германии отправляется некто Рейх Яков Самуилович, он же — «товарищ Томас». Вот его рассказ.

«Инструкции Ленина были кратки: «Возьмите как можно больше денег, присылайте отчеты и, если можно, газеты, а вообще делайте, что покажет обстановка. Только делайте!» Сразу же написал соответствующие записки: Ганецкому, Дзержинскому... Ганецкий в это время заведовал партийной кассой, — не официальной, которой распоряжался ЦК партии, и не правительственной, которой ведали соответствующие инстанции, а секретной партийной кассой, которая была в личном распоряжении Ленина и которой он распоряжался единолично, по своему усмотрению, ни перед кем не отчитываясь. Ганецкий был человеком, которому Ленин передоверил технику хранения этой кассы... Я знал Ганецкого уже много лет, и он меня принял, как старого знакомого товарища, выдал 1 миллион рублей в валюте, — немецкой и шведской. Затем повел меня в кладовую секретной партийной кассы... Повсюду золото и драгоценности: драгоценные камни, вынутые из оправы, лежали кучками на полках, кто-то явно пытался сортировать и бросил. В ящике около входа полно колец. В других золотая оправа, из которой уже вынуты камни. Ганецкий обвел фонарем вокруг и, улыбаясь, говорит: «Выбирайте!» Потом объяснил, что эти все драгоценности, отобранные ЧК у частных лиц, — по указанию Ленина, Дзержинский их сдал сюда на секретные нужды партии... Мне было очень неловко отбирать: как производить оценку? Ведь я в камнях ничего не понимаю. «А я, думается, понимаю больше? — ответил Ганецкий. — Сюда попадают только те, кому Ильич доверяет. Отбирайте на глаз — сколько считаете нужным. Ильич написал, чтобы вы взяли побольше». ...Я стал накладывать, — и Ганецкий все приговаривал: берите побольше, — и советовал в Германии продавать не сразу, а по мере потребности. И действительно, я продавал их потом в течение ряда лет... Наложил полный чемодан камнями, золото не брал: громоздко. Никакой расписки на камни у меня не спрашивали, — на валюту, конечно, расписку я выдал» (В.И. Пятницкий. Осип Пятницкий и Коминтерн на весах истории. Минск, 2004. С. 150—151).

Чемодан с бриллиантами и миллион валютой — это только на первоочередные нужды. Чтобы обосноваться в Берлине. После этого средства «товарищу Томасу» начали поступать по официальным каналам. «Из России с дипломатической почтой Рейху шла не только валюта, но и разного рода драгоценности... Из Москвы шла не только валюта, но и бриллианты, коллекции произведений искусства и нумизматики. Реализовать их было отнюдь не просто. Так, Рейх долго не мог продать собрание серебряных монет, — берлинские антиквары не брались определить подлинную стоимость... Так как самому

ездить за деньгами и драгоценностями в Россию было довольно обременительно, доставка их осуществлялась курьером
Наркоминдела... Деньги также шли на подкуп различных по-
лицейских чинов, аренду транспорта, в том числе самолетов,
приобретение конспиративных квартир, закупку и переправку
в Москву новинок литературы, секретарш, владеющих немецким языком, и даже «на всякие вкусные вещи», как писал сам
Райх в письме от 19 августа 1920 года. В его распоряжении
постоянно находились два самолета... Деньги хранились, как
правило, на квартире товарища Томаса. Они лежали в чемода-
нах, сумках, шкафах, иногда в толстых пачках на книжных
полках или за книгами. Передача денег производилась на наших квартирах поздно вечером, в нескольких картонных ко-
робках весом по 10—15 кг каждая, мне нередко приходилось
убирать с дороги пакеты денег, мешавшие проходу» (Там же.
С. 152—161).

Это небольшой отрывок из книги в 715 страниц мелким
шрифтом. И все о том же: ужасно добрым был Ленин —
берите больше! В стране чудовищный голод, а Ленину брил-
лиантов не жалко. Народных сокровищ не жалко, которым
иностранные эксперты не берутся цену определить. И «товарищ Томас» не одинок. Ленин раздавал народное достояние и
в Америку, и в Японию, и в Румынию. Если бы, кроме пинг-
винов, кто-то еще жил в Антарктиде, то Ленин и там бы
организовал партию коммунистов. И набил бы чемоданы
бриллиантами, а книжные полки — ящиками с деньгами. А
откуда у Ленина сокровища? От товарища Дзержинского. Он,
по учению Маркса, истреблял господствующие классы. При
этом не забывал себя и своих ребят. Основная часть драгоцен-
ностей, оставшихся при истреблении миллионов людей, осе-
дала в карманах людей с горячими сердцами и чистыми руками. А часть они сдавали на нужды правительства, партии, кое-
что шло в личную ленинскую кубышку, которой он так щедро
распоряжался. И не скудела рука дающего.

Интересно, что до захвата власти Ленин был обвинен в
шпионаже в пользу Германии. Обвинения были полностью
доказаны. Оставалось только одно слабое звено — связь Ленина и Ганецкого. За это Ленин и уцепился: да, Ганецкий —
шпион, да, он получал деньги от кайзера на разрушение России, только я-то тут при чем? Не знаю никакого Ганецкого.

Денег от него не получал... И тут же, захватив власть, Ленин назначает этого самого Ганецкого распорядителем бриллиантовых потоков, за которые ни перед кем не отчитывался.

Справедливости ради надо добавить, что не один Владимир Ильич набивал собственные закрома бриллиантами. Такие же частные фонды были у Троцкого, Свердлова, Бухарина, Зиновьева и других товарищей. Они тоже ни перед кем не отчитывались.

Гитлер руками своих палачей убивал миллионы наших людей, грабил, сокровища России вывозил в Германию, чтобы там построить социалистическое общество.

Ленин руками своих палачей убивал миллионы наших людей, грабил, сокровища России вывозил в Германию, чтобы там построить социалистическое общество.

Власов служил Гитлеру. Это измена Родине.

Жуков служил Ленину...

Служить Гитлеру — подлость и преступление. А Ленину? Чем Ленин лучше Гитлера?

Ленин и Сталин истребили больше людей, чем Гитлер, потому с точки зрения арифметики выбор Власова предпочтительнее выбора Жукова. Но мы поднимемся над арифметикой. Гитлеровцы несли смерть. А марксисты-ленинцы-троцкисты-сталинисты — не только смерть физическую, но и нравственное истребление всего человечества. У гитлеровцев — обыкновенное уничтожение. А коммунистам этого было недостаточно. Перед уничтожением они должны были сначала «перевоспитать» миллионы людей, т.е. превратить их в бездушных лицемеров, единственное стремление которых — выжить любой ценой.

7

При Сталине народу истребили еще больше, чем при Ленине. Не оттого, что Сталин был хуже Ленина, просто он у власти находился в шесть раз дольше. Не велика честь служить под красным знаменем палача Гитлера. А чем лучше красное знамя палача Сталина?

Но не об этом речь. Под руководством Коммунистической партии Советский Союз был разорен и благополучно распался на куски. И вот уже после крушения сатанинского режима однажды случилось нечто невероятное. Газета «Аргументы и факты» (1996. № 9) вдруг обозвала генерал-лейтенанта Власова Андрея Андреевича предателем. Я протер глаза, не поверил. Но в газете было написано именно это: «В нашем народном сознании слово «власовец» по сей день четко ассоциируется со словом «предатель»!».

Прямо так и написано.

Товарищи дорогие, осмотритесь, оглядитесь! Власова ли нам считать эталоном мерзости? Я вам более близкий пример дам. Рядом с вами по месту и времени, прямо в Москве проживает некто Куликов Виктор Георгиевич, Маршал Советского Союза, Герой Советского Союза. В Красной Армии с 21 декабря 1939 года. Есть ли хоть какие-нибудь указания на то, что он пытался бежать из Красной Армии? К сожалению, таких сведений никому обнаружить пока не удалось. А ведь в тот момент Красная Армия была верным союзником Гитлера и воевала на стороне Германии. Вместе с Гитлером Красная Армия истязала и крушила Европу. Вместе карательные операции, например в Польше, проводили. Вместе истребляли массы людей. Они к нам ездили учиться концлагеря строить. (А потом, после войны, мы гитлеровские концлагеря под наши нужды приспособили.)

Удивительная логика у товарищей коммунистов из «Аргументов и фактов»: Власов служил в армии, которая воевала на стороне Гитлера, — это плохо, а Куликов служил в армии, которая воевала на стороне Гитлера, — это хорошо.

Спасая честь своей страны, своего народа и своей армии, я ору на все континенты: мы не навсегда намеревались оставаться гитлеровцами! Мы хотели порвать с гитлеризмом.

Казалось бы, а что в этом плохого?

Но нет! Маршал Советского Союза В.Г. Куликов не согласен: не собирались мы с Гитлером рвать! Мы все, и я лично, хотели хранить верность Гитлеру!

Что же получается? Получается, что Маршал Советского Союза В.Г. Куликов — антифашист поневоле. Просто Гитлер не захотел больше дружить с советским народом и его великими вождями. А если бы Гитлер не напал, то Куликов так бы и оставался верным гитлеровцем.

А вот начальник всех писателей СССР, Герой Советского Союза Карпов. Идея у него та же: признаюсь, я против

Гитлера воевал, так не по своей же воле! Это Гитлер с нами дела иметь не захотел, а будь моя воля, так я бы и дальше в компании с СС сжигал бы деревни и расстреливал пленных тысячами.

И много еще таких нашлось.

Так вот, каждый, кто объявляет, что Советский Союз не имел намерений нападать на Германию, тем самым объявляет себя гитлеровским прихвостнем: рад бы Гитлеру служить, да только он меня на службу не взял. И вся грязь на генерал-лейтенанта Власова Андрея Андреевича — из-за ревности: его-то Гитлер взял на службу, а меня не взял. А уж я бы верой и правдой...

Глава 32
ПРО ГОРЬКИЕ СЛЕЗЫ

Уже 6 марта 1953 года, то есть на следующий день после смерти Сталина, Берия дает указания первому заместителю министра внутренних дел С.Н. Круглову подготовить предложения по передаче всех строительных главков МВД в ведение соответствующих министерств, а лагеря и колонии — в Министерство юстиции. Проект постановления новый министр МВД передает в Президиум Совмина 17 марта, а 18 марта оно было уже обнародовано. Таким образом, решающие шаги в разрушении ГУЛАГа были осуществлены Берией уже в марте 1953 года, а Хрущев лишь сделал следующий логически неизбежный шаг по освобождению политзаключенных. Причем не очень спешил.

«Красная звезда», 20 декабря 2003 г.

1

Рассказ Жукова о Лаврентии Павловиче Берии еще более удивляет.

Вот что Жуков поведал своему соавтору Анне Миркиной во время их первой встречи: «Вел он себя, как последний трус, на суде плакал, умолял сохранить ему жизнь. Нет, уж когда доведется умереть, прими смерть достойно!»

Анна Давыдовна вспоминает, что Жуков, произнеся эти слова о поведении Берии на суде, «весь как-то выпрямился, снова стал недоступен и величественно строг. И веришь, что только так этот человек мог бы умереть — с высоко поднятой головой» («Огонек». 1988. № 16. С. 14).

Жуков неоднократно возвращался к этой теме: «При расстреле Берия держал себя очень плохо, как самый последний трус. Истерично плакал, становился на колени и, наконец, весь обмарался» (Георгий Жуков. Стенограмма октябрьского (1957 г.) пленума ЦК КПСС и другие документы. С. 624).

Тут снова всплывает образ мифического адъютанта Власова с револьвером в руке. Тут снова нас поражает удивительная ясность, с которой стратег вспоминает о событиях, участником которых он не был.

Группу Берии судили Специальным Судебным Присутствием Верховного Суда СССР. Председателем Специального Судебного Присутствия был назначен Маршал Советского Союза И.С. Конев. Членами Присутствия были Шверник Н.М., Зейдин Е.Л., Москаленко К.С., Михайлов Н.А., Громов Л.А., Лунев К.Ф., Кучава М.И.

Суд был закрытым. Жукова на суде не было.

Приговор в исполнение привел генерал-полковник Батицкий, будущий Маршал Советского Союза.

При исполнении приговора присутствовали генерал армии Москаленко, будущий Маршал Советского Союза, и Генеральный прокурор СССР Руденко.

Жукова и тут не было.

Так вот Маршалы Советского Союза Конев, Батицкий и Москаленко не трезвонили об участии в суде и расстреле Маршала Советского Союза Берии Лаврентия Павловича. Ни один из них не оставил (насколько это известно в данный момент) письменных свидетельств об этом деле. Так же поступили и все остальные участники позорного судилища. (Если Берия виноват, то надо было судить открытым судом.)

Маршал Советского Союза Конев, когда всплыла его роль в этом деле, кратко ответил: «Не солдатское это дело».

Все, кто был вовлечен в комедию суда и исполнение приговора, считали свое участие постыдным, потому с первым встречным о нем не болтали.

И только Маршал Советского Союза Жуков, который не имел никакого отношения ни к суду, ни к расстрелу, описал в прессе подробности. Он рассказывал о том, чего сам не видел, чему не был свидетелем. Он это рассказывал незнакомой женщине при первой встрече.

И не возражал, чтобы она записывала его слова и публиковала.

2

Видимо, мы никогда не узнаем, как вел себя Берия на суде и во время расстрела. Прямо об этом никто не рассказал. Однако судей, обвинителей и палачей было больше десяти. А расстрел первого заместителя главы правительства в звании Маршала Советского Союза — случай уникальный даже в веселой истории нашей любимой Родины. Потому слухи о поведении Берии на суде и во время расстрела не могли не циркулировать на всех этажах общества. И все они опровергают версию Жукова. «Лаврентий Павлович просил не лишать его жизни, — но без слез и в ногах ни у кого не ползал. За минуту до выстрела Берия даже пытался рвануть рубаху на груди, но она была сработана из прочного солдатского материала — не поддалась» («Красная звезда», 28 июня 2003 г.).

И хотел бы я посмотреть, как повел бы себя Жуков, окажись он на месте Лаврентия Павловича.

Вот тут выдумывать ничего не надо. Опубликована стенограмма октябрьского (1957 г.) пленума ЦК КПСС, на котором Жукова свергли со всех постов. Стенограмма зафиксировала, мягко говоря, подобострастное поведение побитого холуя Жукова. Уж как он молил о пощаде! Уж как унижался! «Я искренне, товарищи, благодарю за эту хотя и горькую, но объективную критику, проникнутую партийной тревогой нашего Центрального Комитета за наши Вооруженные Силы...»

А ведь это не расстрел, просто на жирную пенсию, на обильные хлеба товарища выпроводили. С сохранением множества привилегий, квартир, дач, номенклатурных санаториев, закрытых распределителей, кремлевских буфетов, где за копейки кормили досыта, до отвала.

Опубликованы мемуары и устные высказывания Жукова, и все они пропитаны слезной мольбой о прощении, все они — подобострастная хвала Центральному Комитету.

3

О том, как мог бы вести себя Жуков, попади он на место Берии в расстрельный подвал, мы можем судить по множеству других фактов. Известно, как вел себя Жуков в неприятных для него ситуациях.

Та же Анна Миркина, которая верит, что Жуков на расстреле не плакал бы, рассказывает: «В марте 1971 года открылся XXIV съезд КПСС. Маршал Жуков — делегат от Московской области. Собрался ехать. Сшил новый мундир. Волновался, ведь это первое публичное его появление на партийном съезде после долгих лет забвения. Но случилось непредвиденное. Галине Александровне отказали в гостевом билете. Тогда не долго думая она позвонила Л.И. Брежневу.

После взаимных приветствий между ними состоялся такой разговор.

— Неужели маршал собирается на съезд?

— Но он избран делегатом.

— Я знаю об этом. Но ведь такая нагрузка при его состоянии! Четыре часа подряд вставать и садиться. Сам не пошел бы, — пошутил Л.И. Брежнев, — да необходимо. Вот горло болит — вчера ездил к медицине, не знаю, как доклад сделаю. Я бы не советовал.

— Но Георгий Константинович так хочет быть на съезде — для него это последний долг перед партией. Наконец, сам факт присутствия на съезде он рассматривает как свою реабилитацию.

— То, что он избран делегатом, — делая акцент на слово «избран», внушительно сказал Брежнев, — это и есть признание и реабилитация.

— Не успела повесить трубку, — рассказывала Галина Александровна, — как буквально началось паломничество. Примчались лечащие врачи, маршал Баграмян, разные должностные лица — все наперебой стали уговаривать Георгия Константиновича поберечь здоровье. Он не возражал. Он все понял...

— Вот хотел поехать на съезд. Это ведь в последний раз в жизни. Не пришлось. — Губы его дрогнули — по лицу медленно покатилась единственная слеза. Никогда больше я не видела на глазах его слезы» («Огонек». 1988. № 19. С. 20).

Анна Давыдовна никогда больше не видела слезы на глазах величайшего полководца. А вот другие видели. Тот, кто читал «Тень победы», пусть вспомнит главу «Про плачущего большевика». Плаксив был Георгий Константинович. Мужик в возрасте 42 лет, с пятью генеральскими звездами в петлицах и Золотой Звездой Героя Советского Союза, публично плакал на Киевском вокзале столицы, потому как назначили его не на ту должность, на которую замахнулся. Тот же здоровый мужик в возрасте 51 года с маршальскими погонами на плечах и тремя Золотыми Звездами на груди плакал от того, что никто не пришел к нему в гости...

А вот если бы на расстрел, так уж он бы с гордо поднятой головой...

4

Теперь посмотрим на тот же случай глазами Генерального секретаря ЦК КПСС Брежнева Леонида Ильича.

Есть порода мужиков, которые, прожив жизнь с одной женой (или несколькими женами, как в случае Жукова), под закат своих дней прогоняют жен со двора, как старых собак, и находят себе новых. На полжизни моложе. Не ставлю под сомнение горячую любовь последней жены Жукова Галины Александровны, которая была младше стратега ровно на 30 лет. И вопрос не ставлю, любила бы она его крепче, будь он не маршалом, а, к примеру, дворником или колхозным сторожем. Не наше это дело. Я о другом.

Дамочки этого типа отличаются непозволительным нахальством. Жуков — делегат на съезд коммунистов. Ну и хорошо. Ехал бы себе на съезд. Так нет же. Ей тоже присутствовать возгорелось. Не долго думая поднимает она трубку слоновой кости с золотым диском, с профилем Спасской башни Кремля и требует:

— Мне бы Леонида Ильича. Леонид Ильич? Здрасьте! Не узнаете? Да я же супруга Жукова! Нет. Не та, которая... Я уже новая. Так я вот о чем. Мне бы билетик! Лишнего не найдется?

У Леонида Ильича переговоры о ракетах с американцами. У Леонида Ильича неурожай, хлеба нет народ кормить.

У Леонида Ильича план пятилетний горит. У Леонида Ильича коррупция разъедает страну и в Узбекистане, и в Казахстане, и в Грузии, и на вольной земле Украины, и на Руси. В одной только Москве что творится. У Леонида Ильича Польша дымит. А Чехословакию только-только придушили. Но и там полыхнет при случае. У Леонида Ильича 7000 километров общей границы с Китаем. И держать ее нечем. У Леонида Ильича МВД и КГБ сцепились. Неясно: стравливать или разнимать? У Леонида Ильича гениальный адмирал Горшков флотище такой настроил, что новые корабли тут же резать приходится: базироваться кораблям негде и ремонтной базы нет на такую армаду. У Леонида Ильича доченька такие номера откалывает, что хоть плачь. У Леонида Ильича сердце шалит и запредельное давление скачет. И братия в Политбюро в любой момент в горло вцепится. Черт его знает, чем предстоящий съезд завершится... Точно на таком же съезде самого Сталина с главной партийной должности скинули. А ведь все так сладенько до съезда улыбались. У Леонида Ильича...

А тут какая-то проходимка по «кремлевке» билетик лишний требует.

Жуков — маршал. Пусть и не лучший. А ты, голубушка, кто такая? В чем твоя заслуга? Шла бы ты...

Так, кстати, Леонид Ильич и поступил. Правда, бранных слов не использовал. За рамки нормативной лексики его не вынесло. Но выразил ту же мысль, только ласково: шла бы ты, голубушка, в «Барвиху»! И хахаля своего с собой забери. Чтобы место свое знал и жену свою на цепи держал.

Правильно Леонид Ильич поступил. И Жукову урок: знай свой шесток!

Каждый боевой офицер со своей боевой подругой идет через годы и гарнизоны. И с первого дня объясняет ей элементарные основы воинской этики: я, лейтенант, не имею права напрямую обратиться к командиру батальона по личному вопросу, не спросив разрешения ротного. А ты, голубушка, ни к каким начальникам обращаться не имеешь права. Твоя задача — стойко переносить все тяготы и лишения воинской службы. Если проблемы возникнут, мне скажи, я их буду решать.

Последняя (не помню, какая по счету) жена Жукова гарнизонной закалки не имела. Потому Жуков должен был просто и ясно ей объяснить: существует государственная иерархия, в которой мне, Жукову, больше места нет. Из которой меня вышибли. Но если бы я в ней и был, то в любом случае ты не имеешь права обращаться к государственным деятелям по личным вопросам. Так не принято. Брежнев — глава страны, пусть не великой, но огромной. А я — старый маршал не у дел. Между Брежневым и мной — дистанция огромного размера. Я не могу к нему обращаться по личному вопросу, не попытавшись решить проблему на более низких уровнях. А ты не имеешь права ни к кому из них вообще обращаться. Имей гордость: ни у кого никогда ни о чем не проси! Скажи мне, что тебе нужно, постараюсь решить. И еще: вот это — телефон правительственной связи. Я — номенклатура Политбюро. Телефон установлен для меня, и только я имею право им пользоваться.

Жуков основ государственной, военной и номенклатурной этики своей молодой жене не преподал. И получил заслуженное взыскание: не будет твоей жене лишнего билетика, да и тебе нечего на нашем толковище делать.

Жукову следовало подумать: а как бы он сам на месте Брежнева действовал, если бы его от дел отрывала какая-то дамочка, выскочившая за опального стратега?

Любой сообразил бы, что жена совершила, мягко говоря, необдуманный поступок, на этом и успокоился бы.

А Жуков — в слезы.

5

Танки, как и другую военную технику, принято делить на боевые, учебно-боевые и учебные. В соответствии с этой классификацией во время войны командир любого ранга, помимо боевой подруги, которая дожидалась в тылу, заводил на фронте учебно-боевую подругу. Их еще называли ППЖ — походно-полевая жена.

Жуков был нетерпим к этому явлению. И с ним решительно и беспощадно боролся.

«СОВЕРШЕННО СЕКРЕТНО.
Приказ
войскам Ленинградского фронта
№ 0055
гор. Ленинград 22 сентября 1941

В штабах и на командных пунктах командиров дивизий, полков имеется много женщин, под видом обслуживающих, прикомандированных и т.п. Ряд командиров, потеряв лицо коммунистов, просто сожительствуют...

Приказываю:

под ответственность Военных Советов армий, командиров и комиссаров отдельных частей к 23.9.41 г. удалить из штабов и командных пунктов всех женщин. Ограниченное количество машинисток оставить только по согласованию с Особым отделом.

Исполнение донести 24.9.41.

Командующий Ленинградским фронтом
Герой Советского Союза генерал армии ЖУКОВ».

Этот приказ был впервые опубликован в журнале «История Петербурга» (2001. № 2. С. 87—88).

Тут же — еще один приказ № 0066 от 24 сентября. Речь о 8-й армии Ленинградского фронта: «В штабе армии, среди командиров частей и соединений развито пьянство и разврат».

Подобных документов и свидетельств беспощадной борьбы великого стратега за моральную чистоту командиров-коммунистов любой желающий может найти сколько угодно. Но...

Но сам стратег устоять не мог.

Еще в 1928 году всплыло дело о двоеженстве командира полка Жукова. Почти одновременно у него появились сразу две дочери. Александра Зуйкова родила ему Эру, а Мария Волохова — Маргариту.

После этого было много всяких пятнышек на мундире великого. А на войне он разгулялся. Не обошлось без походных борделей, которые содержали для стратега ретивые подчиненные под прикрытием медсанбатов, полевых госпиталей и узлов связи.

А помимо этого, была у него еще и постоянная ППЖ — Лидия Владимировна Захарова. Воинское звание — старший лейтенант, должность — личная медсестра Жукова. Гений военного искусства бывал на многих фронтах. И если ему плохо, то всегда и везде ему могли немедленно оказать помощь самые квалифицированные врачи. Но этого ему было мало. За ним, здоровым мужиком, всю войну неотступно следовала персональная медсестра.

Офицерского звания медицинской сестре не полагалось. Офицерское звание могли присвоить только врачу. Самое большое, на что могла рассчитывать старшая хирургическая сестра эвакуационного госпиталя, — погоны старшины. А обыкновенная медсестра могла быть сержантом. Но Жукову на законы плевать. Свою ППЖ он произвел в офицеры. И всю обвешал орденами. Газета «СМ Сегодня» (21—27 февраля 1997 года) поместила фотографию старшего лейтенанта Л.В. Захаровой. На ее груди десять(!) боевых наград. Медаль «За боевые заслуги» (в народе — «За половые услуги») объяснима. Это стандартная награда для ППЖ. Но за что на ее груди орден Красной Звезды? И Красного Знамени?

В августе 1941 года пять танков КВ под командованием старшего лейтенанта З.Г. Колобанова на Лужском шоссе в течение месяца сдерживали напор германских танков. (Кстати, до появления Жукова.) 19 августа Колобанов, действуя из засады, подбил сначала головной танк германской колонны, затем — замыкающий. Справа и слева от дороги — болото. Колонна оказалась запертой, и Колобанов начал расстреливать германские танки по одному. Их оказалось 22. А всего группой Колобанова было уничтожено 43 германских танка. Огромную работу провел независимый исследователь Даниял Ибрагимов. Он нашел свидетелей и документы. Подвиг танкистов Колобанова в настоящее время подтвержден по российским и германским архивам, вписан в официальную историю Ленинградского военного округа, в Гатчине поставлен на пьедестал танк КВ, на постаменте — имя Зиновия Григорьевича Колобанова.

За этот подвиг наводчик командирского танка старший сержант А.М. Усов получил орден Ленина, сам Колобанов — орден Красного Знамени, все остальные участники боя — ордена Красной Звезды.

А у ППЖ Жукова на груди — и орден Красного Знамени, и орден Красной Звезды. Хотя она танков противника своей грудью не останавливала и Ленинград не спасала.

А еще на ней — польские ордена. Но тут все ясно. К концу войны коммунистическое правительство Польши находилось под личным контролем Ивана Серова, закадычного друга великого стратега. Польские боевые ордена в те лихие времена вешали по разнарядке Серова. Жуков вешал советские ордена на Серова и его прихвостней, а Серов польские — на Жукова и его окружение.

На фронте Жуков свирепствовал: «Ряд командиров, потеряв лицо коммунистов, просто сожительствуют...». Сам командир Жуков, потеряв лицо коммуниста, в данном случае не просто сожительствовал, но и совершал уголовные преступления. Присвоив своей личной медсестре офицерское звание и незаконно награждая ее боевыми орденами, Жуков дважды переступил грань закона. И первое, и второе деяния попадали под статьи. 2 мая 1943 года Верховный Совет СССР издал Указ «Об ответственности за незаконное награждение орденами и медалями СССР». Согласно указу, это преступление каралось тюремным заключением сроком от 6 месяцев до 2 лет. На протяжении всей войны Жуков совершал уголовные преступления, раздавая боевые ордена приглянувшимся певичкам и актрискам, придворным шутам, подхалимам и прихлебателям. Сталин иногда проявлял недопустимую доброту и мягкость. Иначе Жорику-уголовнику громыхать бы по зонам котелками.

Когда дело доходит до Власова, то ему вспоминают все. Начинают с морального облика. Заместитель командующего фронтом Власов имел ППЖ! Это надо же до такого опуститься! «Военно-исторический журнал» не постеснялся публиковать личные письма женщины, которая была с Власовым в окружении и вырвалась из него, пройдя пешком по вражеским тылам от Киева до Курска. Какое отношение к военной истории имеют личные отношения мужчины и женщины? Но наши историки в погонах торжествуют: вот, читайте, любуйтесь!

При этом никто не пишет о том, что Власов свою ППЖ незаконно произвел в офицеры и награждал боевыми орденами за половые подвиги. Если бы такое случилось, то непременно припомнили бы.

Но вот еще один генерал. Рангом чуть повыше — командующий фронтом Жуков.

Писем его ППЖ никто почему-то не публикует и Жукова не уличает.

У Власова — морально-бытовое разложение, а у Жукова — роман.

Власов нагло сожительствовал, а Жукова фронтовая любовь согревала, помогала ему в трудную минуту, вдохновляла на подвиги и свершения.

6

Дочь стратега Элла Георгиевна рассказывает о высочайших моральных качествах своего родителя: «Должна сказать, что отец крайне отрицательно относился к разводам, считал, что семья должна быть одна на всю жизнь. Помню такой эпизод. Однажды, в бытность министром обороны, он подвозил меня с дачи в Москву. На Рублевском шоссе перед шлагбаумом на железнодорожном переезде наша машина остановилась рядом с машиной Н.А. Булганина, где, кроме него, находилась какая-то женщина. Ждать у переезда пришлось довольно долго. Открыв дверцу машины, Булганин поздоровался с отцом и спросил, с кем он едет. Отец ответил, что с дочерью, и, в свою очередь, спросил: «А с тобой кто в машине?» «А это... — Булганин замешкался, — моя Лидия Ивановна».

Я была неприятно удивлена, поскольку хорошо знала жену Булганина Елену Михайловну... За ужином я стала расспрашивать отца об утреннем эпизоде. В ответ он разразился гневной тирадой в адрес людей, которые, прожив многие годы с женами, делившими с ними все тяготы и лишения, меняют их на молодых. "Мало ли что может быть, — говорил он, — но семью разрушать нельзя"» (Эра и Элла Жуковы. Маршал победы. Воспоминания и размышления. С. 122—123).

Да, Жуков был нетерпим к чужим недостаткам. Но когда он «разражался гневными тирадами» в адрес тех, кто меняет старых жен на молодых, у него уже была параллельная супруга Галина, та самая, на которой он вскоре женился, выгнав старую жену. И с ней, с подпольно-параллельной, а не с законной женой министр обороны СССР Маршал Советского Союза Жуков ездил отдыхать в Болгарию, демонстрируя младшим братьям по классу свободу коммунистических нравов Разница в возрасте — ровно 30. И у них была внебрачная дочь Мария.

В «Воспоминания и размышления» Жуков включил фотографию, на которой изображены три его дочери. Этот снимок «стал своего рода документом, удостоверяющим наличие трех дочерей, которых отец хотел видеть рядом с собой: Эры, Марии и меня. О четвертой дочери Маргарите, неожиданно для нас всплывшей на поверхность, разговоров тогда не было и в помине» (Эра и Элла Жуковы. Маршал победы. Воспоминания и размышления. М., 1996. С. 163).

В личных отношениях Жукова я рыться не намерен. Это непролазная грязь. Я только указал на его чисто коммунистическую нетерпимость к фактам морально-бытового разложения окружающих лиц.

Эта последняя молодая жена и подставила Жукова, требуя у Брежнева лишний билетик. И стратег расплакался.

7

Но плакать-то о чем?

Не пустили на съезд. Так надо было радоваться!

Надо было просто обратить свой ясный взор на Кремль и то, что рядом с ним. Вот, к примеру, прямо возле Кремля — огромная гостиница с гордым именем «Россия». Так вот в ту гостиницу русских людей не пускали. За то, что они русские. Туда только иностранцев пускали. А русские в той гостинице мыли посуду и сортиры, таскали чемоданы, занимались сексуальным обслуживанием дорогих зарубежных гостей.

Где, когда, в какой стране такое возможно? Я другой такой страны не знаю!

Можно ли себе представить ситуацию, когда американца в Вашингтоне в гостиницу с гордым именем «Америка» не пускают на основании того, что он американец? Можно ли вообразить, что в Париже француза на порог гостиницы не пускают за то, что он француз?

Такое было возможно только у нас. В стране победившего социализма. Это был настоящий расизм. Но только расизм особого рода. Нигде в мире не виданный. У нас свой особый путь. Подумать только: расовая ненависть против коренного населения, против собственного народа. Понять можно, когда русских не пускали в «Метрополь», «Националь», «Интурист». Черт с ними, с «Метрополями». Но их не пускали в «Россию»! Коммунисты четко установили: Россия не для русских!

И только раз в пять лет особо отобранных делегатов коммунистического толковища на несколько дней селили в «России». Не всех. У большинства делегатов съездов были свои поместья в Москве и вокруг нее. Всех мастей Кунаевы, Алиевы, Рашидовы и Шолоховы владели достаточно комфортной недвижимостью в Белокаменной для того, чтобы не ютиться по всяким «Метрополям». А меньшинство из сталеваров и шахтеров помещали на несколько дней в «Россию». И они переполнялись особой гордостью: со мной обращаются почти как с иностранцем! За такую щедрость номенклатурные доярки и сталевары были готовы верой и правдой служить делу Ленина и поддерживать любые преступления кремлевских расистов.

И вот Жукова не пустили на этот расистский шабаш. И он, бедный, расплакался.

На кремлевском толковище заседали враги народа. Они довели богатейшую страну до состояния, когда кормить народ стало нечем. Если бы они отчеканили десять тонн золотых червонцев и заплатили бы своим мужикам за выращенный хлеб, то страна была бы завалена не только хлебом, но и мясом, и картошкой. Но кремлевские расисты решили иначе: пусть американским фермерам достанется золото, пусть наш мужик сидит в нищете. Пусть лапу сосет. Не десять тонн золота, а сотни и тысячи тонн золота они перегнали в Америку, чтобы своему народу ничего не досталось. Это настоящая измена Родине. И каждый, кто сидел на тех съездах, — враг народа и предатель.

А как иначе: вот тебе, американский фермер, русское золото, а тебе, русский мужик, — фальшивый рубль, на который ничего нельзя купить.

Если это не вредительство, если это не измена своему народу, своей Родине, то что это? Если делегатов коммунистических съездов не называть врагами народа, то есть ли основания называть их друзьями своего народа?

Говорят, что все это делалось не по злому умыслу, а по глупости. Всех мастей Огарковы и Куликовы держали народ в нищете и пьянстве, на грани и за гранью умственной деградации, вырождения и вымирания, перегоняли русское золото в Америку, но ничего от этого не имели и в собственный карман ни одной тонны золота не отгребли. Допустим. Хотя и трудно такое допустить.

Если они отдавали народные сокровища и при этом часть отгребали себе, значит, проходимцы и воры.

Если же гнали народное достояние просто ради обогащения Америки и разорения собственного народа и ничего от этого сами не имели, значит, были они к тому же еще и кретинами.

Глава 33
КАК ВЕЛИКИЙ СТРАТЕГ УГОДИЛ ИДЕОЛОГИЧЕСКИМ ВРАГАМ

> Жуковское оперативное искусство — это превосходство в силах в 5—6 раз. Он боялся даже в таких условиях, когда Ватутин сосредоточил на узком фронте танковую армию товарища Романенко, два совершенно свежих отдельных танковых корпуса, 3-ю ударную общевойсковую армию товарища Кузнецова, 21-ю общевойсковую армию, несколько отдельных танковых бригад, кавалерийский корпус и много других частей усиления. С такой силищей трусил, хотел, чтобы войска Сталинградского фронта оттянули на себя силы противника. Вот когда Жуков показал свою шкуру.
>
> Маршал Советского Союза *А.И. Еременко.* ВИЖ. 1994. № 5

1

Жуков был нетерпим к фальсификаторам истории. Чего стоит один только донос в ЦК КПСС на Чаковского. В чем только Жуков не уличал воспевшего его писателя: в угоду дешевой сенсации Чаковский-де играет на руку нашим идеологическим врагам.

А сам Жуков написал такую книгу, которую идеологические враги признали выдающимся шедевром. Анна Миркина гордится тем, что врагам книга величайшего полководца XX века ужасно понравилась. Она пишет: «На супере штутгартского издательства ДФА («Дойче ферлагс-аншальт»), выпустившего эту книгу двумя тиражами в ФРГ, было написано красными буквами по всему периметру: Eines der grossen Dokumente unserer Epoche («Один из величайших документов нашей эпохи»). Так оценили труд советского маршала наши идеологические противники» («Огонек». 1988. № 18. С. 20).

Это, конечно, чудо: написать так, чтобы врагам идеологическим понравилось. У меня от зависти — скрежет зубовный. Врагов у меня тоже хватает. Просыпаюсь ночью и все думаю — как бы врагам угодить? Как бы написать что-нибудь такое-эдакое, чтобы все мои идеологические противники приветствовали мой новый шедевр бурными продолжительными аплодисментами? Я не гордый, не надеюсь, что враги объявят мои писания величайшим документом эпохи, но хоть бы шляпы сняли в знак почтения. Так нет же. Как ни стараюсь, ничего не выходит. Что бы ни написал, в меня булыжники кидают. А вот Жуков Георгий Константинович — не только величайший стратег, он еще и великий писатель. Уж так исхитрился, уж такое написал, что идеологические враги тут же с мест вскочили и приветствовали его бессмертное творение радостными воплями.

2

Мне говорят: хорошо, допустим, в «Ледоколе» все правильно, но... Но была ли Красная Армия готова к войне? И тут же сокрушают все мои построения простыми, но страшными свидетельствами полной нашей неготовности. Один только пример: на 21 июня 1941 года нехватка танков в Красной Армии составляла 32 000 машин, в том числе не хватало 16 600 танков новейших образцов.

Источник таких сведений — Маршал Советского Союза Г.К. Жуков (Воспоминания и размышления. М., 1969. С. 205).

Вторая мировая война, если не говорить о войне на море, прежде всего война танковая, и ни у кого в мире не было такой нехватки бронетанковой техники. Скажу больше: во всех армиях мира, вместе взятых, не было такой нехватки основного оружия войны. Эти цифры — наш национальный позор.

Эти цифры вошли во все западные монографии о войне, во все учебники. Эти цифры изучают во всех военных академиях мира. Эксперты помнят эти цифры и ими уже много лет беспощадно гвоздят по моей бедной голове.

Бой идет вот по какой причине. Гитлеровцы сумели внушить всему миру, что немцы — высшая раса, а всякие там славяне, семиты, еще кто-то — низшие. Гитлеровцы так и писали: нелюдь. Сейчас открыто об этом не говорят, но в виду имеют, особенно когда речь заходит о войне. А я возражаю. Я доказываю, что и танки у нас были, и самолеты, и были они вполне на уровне мировых стандартов, а то и выше, и артиллерия лучшая в мире, и боеприпасов наготовили больше, чем все остальные страны мира, вместе взятые, только готовили мы не оборону, а нечто иное. Нас застали врасплох, войну пришлось вести не по тем сценариям... Но нельзя 41-й год объяснять нашей отсталостью и идиотизмом...

А мне в ответ: да знаешь ли ты, что Сталин был трусом? Это сказал сам Жуков! Знаешь ли, что нехватка вооружения в Красной Армии была поистине чудовищной, одних только танков не хватало 32 тысячи, в том числе 16,6 тысячи новейших? И это сказал сам Жуков! Знаешь ли, что самолеты были устаревшими? Это слова Жукова! Знаешь ли, что ни одна дивизия не была полностью укомплектована? И это сказал сам Жуков!

Мы все, жители бывшего Союза, в глазах Запада, да и в собственных глазах, — олухи, и все у нас было не так. Козырный туз всех наших врагов и ненавистников, всех гитлеровцев и расистов — Жуков Георгий Константинович. Нашу «неготовность» Жуков описал в цветах и красках и всем врагам России дал неистощимый запас аргументов.

В Британской армии, например, начинают изложение проблемы участия Советского Союза во Второй мировой войне с цифр: Красная Армия имела ужасающую нехватку боевой техники, одних только танков требовалось...

Выводы каждый делает сам.

А какие после таких оглушительных цифр можно делать выводы? Тут все ясно: русские воевать не могли, они вообще никак к войне не готовились. Как можно воевать, если такая нехватка?!

474

Дальше учебник можно не читать. Все без учебника ясно: Сталин был запуган до смерти, русские Ваньки пьянствовали, валялись на печках, и все они в животном страхе ждали нападения, ждали его, знали, что оно неизбежно, но ничего не делали, чтобы себя защитить. Цифры нехватки одних только танков чего стоят.

Эти цифры повторяются не только в британских лекциях и учебниках, но и в американских, французских, испанских, алжирских. И везде вывод: во Второй мировой войне воевали Германия, Греция, Япония, Британия, Норвегия, Франция, Канада, Албания, США, Люксембург, Австралия... Они-то и внесли решающий вклад. А не готовый к войне Советский Союз к этому добавить ничего не мог. Вы только полюбуйтесь на чудовищную нехватку танков!

Из этих цифр следует и еще один вывод: Жуков — гений. При такой дикой недостаче танков он своей мудростью, своим полководческим даром, своим гением сумел-таки этих Иванов-дураков до самого Берлина довести!

3

Перед Жуковым и коллективом авторов его мемуаров в ЦК КПСС была поставлена задача придумать такую гадость о своей Родине, которая сразила бы умы всего мира. И соавторы Жукова додумались: надо просто забыть все, что имеешь, а вспоминать только то, что хотелось бы иметь. Готовность любой армии к войне всегда определяли по наличию сил и средств: у Ганнибала было столько-то слонов, а у Бонапарта — столько-то пушек. Гениальность Жукова и его соавторов заключается в том, что они первыми сообразили определять готовность (вернее — неготовность) к войне не по наличию танков, пушек и самолетов, а по нехватке. Свой метод Жуков и соавторы применили только против собственной страны и собственной армии: нам не хватало! Против других стран и армий Жуков свой метод не применял. Поэтому только над нами весь мир смеется. У всех хватало, только у нас не хватало...

Но список того, чего нам не хватает, всегда будет очень длинным. Скажу больше: он всегда бесконечный. Недавно в Лондоне я встретил одного ужасно бедного русского дядю, которому страсть как хочется купить нефтеперегонный комплекс в Эмиратах с подводящим нефтепроводом, но не хватает восьми миллиардов долларов. Цифра сшибает с ног: подумать только, какой бедный дядя, как много ему не хватает! Нехватка у него — чисто жуковская. С размахом.

А спросите султана — сколько ему девок в гареме не хватает? Бедный султан! Мы в сравнении с ним обеспечены полностью. Просто потому, что гаремами не владеем. Просто потому, что нам такая нехватка жен и наложниц даже и присниться не может.

Жуковским способом можно изгадить не только нашу историю, нашу страну, но и любую, какую прикажут. Например, забудьте все достижения Америки, забудьте все, что в ней есть хорошего, а напишите список того, что американскому народу и правительству хотелось бы иметь. Сразу вписывайте все грядущие достижения грядущих десятилетий: все это будет, но пока еще всего этого нет, следовательно, не хватает.

А спросите американского министра обороны: хватает ли ему сейчас? Хватает ли ему авианосцев, космических станций, спутников, танков, самолетов, компьютеров? Да просто спросите, хватает ли ему денег? Хватает ли миллиардных бюджетов?

Я на себе однажды испробовал жуковский метод. Презрев все, чем меня одарили судьба и природа, начал писать список того, чего мне в этой жизни не хватает. Список получился ужасающий и удручающий. Самому себя жалко. Пишу и плачу...

4

В сентябре 1939 года Гитлер ввязался во Вторую мировую войну, имея 2977 танков. Ни один из этих танков не дотягивал по боевому весу до 20 тонн, а 2668 из них, т.е. подавляющее большинство, не дотягивали и до 10 тонн. Другими словами, все танки были легкими, в подавляющем большинстве — очень легкими. Половина германских танков того времени пушек не имела, только пулеметы. Остальные имели пушки калибром 20 мм. Вот это пушка! От похабных сравнений воздержусь, хотя и тянет... Самые же мощные германские танки 1939 года имели 37-мм пушки. Всего их было... 98. Эти танки в германской армии назывались средними. Но это только название. Для понта, как говорят. Настоящих средних танков в Германии не было ни одного. Тяжелых — тем более, их не было даже в смелых замыслах.

Для сравнения: Красная Армия в то время давно отказалась от калибра 37 мм и перешла на 45 мм. В Красной Армии в сентябре 1939 года было 15 000 танков с 45-мм пушками, кроме того, сотни танков с 76-мм короткоствольными и длинноствольными пушками. Для полноты картины: в Германии было 211 танков с 75-мм пушками, но стволы были настолько короткими, что для стрельбы по танкам противника не годились.

В Красной Армии осенью 1939 года завершались испытания танков КВ и Т-34, которым суждено было произвести переворот в мировом танкостроении. В декабре того же года они были приняты на вооружение. В Германии в это время ничего нового принимать на вооружение не планировалось и не замышлялось.

И вот вопрос: достаточно ли Гитлеру было этих так называемых танков для покорения мира? И сколько ему не хватало? Эти вопросы никто никогда не поставил. Потому над гитлеровцами никто не смеется. Потому как-то само собой разумеется: им хватало.

Францию Гитлер разгромил за месяц. Французские и британские танки были даже хуже германских. Кроме того, в британской и французской армиях не было ясности в вопросах боевого применения. Франция пала, а Британия уцелела лишь потому, что природа прикрыла ее мощным противотанковым рубежом — Ла-Маншем. Летом 1940 года на Британских островах оставалось менее ста устаревших танков. И никто не ставит вопрос, сколько же танков не хватало Франции и Британии. Раз вопрос не ставится, то и тут мнение экспертов единодушно: хватало.

В момент разгрома британских и французских армий американский сенатор Генри Кабот Лодж посетил крупнейшие маневры американской армии, где были собраны все танки США. Впечатлениями он поделился в сенате: «Я только что видел все танки Соединенных Штатов... их у нас почти 400». В тот момент танковых войск в американской армии вовсе не было. Танки состояли на вооружении пехоты и кавалерии.

Как отдельный род войск танковые войска США были созданы только в июле 1940 года. Кое-что о качестве. Самый мощный калибр танковой пушки — опять же 37 мм. Однако большинство танков не имели и этого — только пулеметы. Броня на всех танках — только противопульная, крепление броневых листов — заклепки. Двигатели — только бензиновые. Гусеницы — очень узкие, удельное давление на грунт высокое, проходимость низкая. Запас хода смешной — 150 км по дорогам. Вне дорог — меньше. И никто не ставит вопрос: сколько же танков не хватало американцам? Потому и считается, что им хватало. Потому над ними тоже никто не смеется.

Полки книжных магазинов Запада ломятся от книг о боевых действиях в Северной Африке: Роммель против Монти, Монти против Роммеля, перелом в войне... Иногда сражения в Африке западные историки ставят в один ряд со Сталинградом. А иногда и не ставят, Сталинград пропускают. Половина текста в британских книгах о войне — бои в пустыне. А вот детали: «Когда Африканский корпус вышел 23 июня на границу, в нем оставалось 44 танка, способных вести боевые действия, у итальянцев — 14» (B.H. Liddell Hart. History Of the Second World War. London. Pan. 1973. P. 288).

В истории Великобритании это момент величайшего кризиса. Танки Роммеля могли перерезать Суэцкий канал, и тогда Британская империя была бы разрезана пополам, связь метрополии с дальними колониями была бы прервана или весьма затруднена. Величайшими усилиями германские танки удалось остановить. Этому сражению посвящены десятки фильмов, сотни книг, тысячи статей. А с нашей колокольни грандиозность происходящего не просматривается. Что это за масштаб боевых действий: 44 танка? 14 танков? И никто не ставит вопрос: а сколько же Роммелю не хватало танков, чтобы к каналу прорваться и его форсировать? И сколько британским войскам не хватало танков, чтобы один немецкий танковый батальон и одну итальянскую танковую роту за пару часов сбросить в Средиземное море и больше никогда о них не вспоминать?

Вопрос не поставлен, потому впечатление — и немцам хватало, и британцам.

22 июня 1941 года Гитлер вступил на нашу землю, имея странное количество танков — 3712. Эту цифру Жуков не-

однократно повторяет. (Танков у немцев было меньше, но не будем придираться.) По типам это были все те же танки, что и в Польше. Ничего нового на вооружение за два года войны не поступило. Изменилась пропорция в пользу более тяжелых образцов, кроме того, танки модернизировали, на некоторые поставили более мощные 50-мм пушки, навешали дополнительной брони, оттого возрос боевой вес. 1404 германских танка из легких превратили в средние: их боевой вес перевалил через рубеж 20 тонн. Но созданы все они были как легкие, и от того, что усилили вооружение и броню, ходовые качества соответственно понизились. Попробуйте взбежать на гору. Легко, если ничего на себе не несешь. А если с полной выкладкой и минометной плитой за спиной? Тот же эффект и с танком. Навешай на него лишние тонны, ему станет трудно. Одним словом, модернизация легких устаревших германских танков и превращение некоторых из них в средние решающего улучшения не принесли.

И никто почему-то не ставит вопрос о том, можно ли покорить Россию, имея 3712 устаревших танков, которые способны действовать только летом (если нет дождя), если эти танки имеют ограниченный моторесурс, удивительно малый запас хода, неудовлетворительную проходимость, противопульное бронирование и пушки, которые не пробивают советские КВ и Т-34. И никто почему-то не вычисляет, сколько же Гитлеру недоставало танков для завоевания мирового господства. Потому принято считать, что Гитлеру танков хватало.

Япония в те славные годы увязла в Китае. Выиграть — невозможно. Больно их много, китайцев. Кроме того, в любой момент могла вспыхнуть война Японии с Советским Союзом. Вооруженные конфликты между советскими и японскими войсками шли чередой. Доходило до серьезного мордобоя с участием сотен самолетов, танков и орудий, десятков тысяч солдат. И ко всему этому Япония напала на США и Великобританию, превратив в своих врагов все страны Тихоокеанского региона и региона Индийского океана. Была ли готова Япония воевать одновременно против всего мира? Не скажу плохого про японскую авиацию и флот, но японские танки упоминания не достойны. Ни по количеству. Ни по качеству. Но никто не ставил вопрос, сколько же японцам не хватало танков для покорения Китая, Монголии, Сибири, Индии, Индокитая, Австралии, США, Британии и всех прочих. И никто над ними не смеялся. Потому принято считать, что японцы были к войне готовы, как-то само собой разумеется: им танков хватало.

Запад привык к игрушечным цифрам: 3712, 2977, 400, 44, 14, потому цифры нашей неготовности потрясают. Не хватало 32 000 танков! В том числе 16 600 новейших! И коммунисты распространяют по миру цифры Жукова. Президент Академии военных наук генерал армии М. Гареев — о том же: вот видите, сколько нам не хватало! (Читайте сборник «Мужество». С. 241—242.)

Ради распространения жуковской «правды о войне» коммунисты засылают в страны Запада своих людей. Вот один из этих засланцев, полковник Иосиф Саксонов, выносит в заголовок вопрос: «МОГ ЛИ СССР НАПАСТЬ НА ГЕРМАНИЮ В ИЮЛЕ 1941 ГОДА?» («Панорама». Нью-Йорк, 13 сентября 1995 г.). Заголовок набран огромными буквами, и на полстраницы — вопросительный знак. Саксонов повторяет аргумент Жукова: «требовалось 16,6 тысячи только новых танков, а всего 32 тысячи танков». И он не одинок.

5

США, Великобритания, Франция, Япония, Италия вступили во Вторую мировую войну с устаревшими танками. Всю войну они производили танки только устаревших конструкций. До конца войны так и не сумели создать ничего заслуживающего внимания. Так на устаревшей технике войну и завершили.

Германия тоже вступила в войну на устаревших танках. Но в ходе войны сумела создать «Пантеру», «Тигра», «Королевского тигра» и «Элефанта». Однако все эти танки имели бензиновые двигатели. Огромный недостаток — старомодная компоновка. Из-за этого машины не удалось удержать в заданном весе. Командование заказало «Пантеру» весом 30 тонн, а получилось 45. «Тигр» заказали весом в 45 тонн, а получилось 56. Лишний (и совершенно ненужный) вес сделал эти танки тихоходными и неповоротливыми. Удельная мощь оказалась низкой. Техническая надежность — очень низкой. Многорядное расположение катков, которое германские конструкторы использовали на «Пантерах» и «Тиграх», больше никогда в истории мирового танкостроения никем не было повторено, ибо это было явной ошибкой. Вдобавок ко всему все эти машины были очень сложными и дорогими в производстве. Потому удалось за все время войны выпустить 4884 «Пантеры» и 392 самоходных орудия на ее базе, 88 «Элефантов», 1354 «Тигра», 489 «Королевских тигров» и 77 самоходных установок на его базе. Если эти танки считать новейшими, то за все время войны их было произведено 7284. Но подчеркиваю: они начали поступать в войска только в 1943 году, когда исход войны уже окончательно и весьма четко определился. И поступали они не все сразу, а мелкими партиями по мере производства. А в начале войны ничего подобного в германской армии не было.

И только Красная Армия вступила в войну, имея танки новейших конструкций: 711 КВ и 1400 Т-34. Если не считать новейших Т-40, Т-50 и БТ-7М, то и тогда одних только Т-34 и КВ было 2111. Потом в ходе войны тяжелые танки выпускали тысячами, а средние Т-34 — десятками тысяч.

В 1941 году каждый КВ, оставаясь неуязвимым, мог уничтожать несколько немецких танков, причем самых лучших. Одни только КВ были сильнее всех германских танковых войск, вместе взятых, и сильнее всех танковых войск мира, вместе взятых. 711 КВ при умном использовании могли одни остановить германскую агрессию.

И 1400 Т-34 были сильнее всех германских танковых войск, вместе взятых, и танковых войск всего остального мира. И этого количества было достаточно для разгрома вторгшегося противника.

Если же посчитать 704 БТ-7М, 277 Т-40 и 63 Т-50, то общее количество новейших танков в Красной Армии на 22 июня 1941 года — 3155.

Так вот: все страны мира к войне не готовились. Готовился к войне только Советский Союз. Весь мир обходился устаревшими танками, и всех их во всех странах, вместе взятых, к началу войны никак не набиралось десяти тысяч. В 1941 году Советский Союз имел минимум в два раза больше танков, чем все страны мира, вместе взятые, включая 3155 новейших, которых не имел никто, кроме нас. У Т-34 и КВ — противоснарядное бронирование, а у всех остальных танков мира... У нас пушки, способные проломить любой танк, который в то время существовал, и любой, который мог появиться в обозримом будущем до конца Второй мировой войны включительно. А их пушки того времени были способны поразить КВ и Т-34 только с короткой дистанции и то только в борт или в корму. У нас гусеницы, на которых можно ходить по любому снегу и любой грязи, а у них — буксуют. У нас мощные экономичные дизели, а у них слабые, но прожорливые, пожароопасные бензиновые двигатели. Так вот: 2111 Т-34 и КВ было достаточно, чтобы отразить любое нападение. Остальные тысячи наших танков могли бы в танковых боях вообще не участвовать, а попросту гонять немецкую пехоту.

Но Жукову этого мало. Ему бы в момент начала войны хотелось иметь еще 16 600 новейших танков... И весь мир над нами смеется: вот видите, какая была нехватка! Особенно им новейших не хватало! Какая отсталость!

6

Нехватку танков Жуков вычислил и всему миру сообщил. А какая же в этом случае была «хватка»? Чтобы дефицит определить, надо знать наличие: должно быть десять пар сапог, вот девять, следовательно, одной пары не хватает. А Жуков, как мы видели, количества советских танков не представлял даже приблизительно. Об этом заявлено официально. И вот, не зная наличия, он вычислил недостачу. Гений, да и только.

У Гитлера, как Жуков сообщает, 3712 танков. Для того чтобы уравновесить наступающих, обороняющаяся сторона может иметь в три раза меньше сил. Эта формула известна любому новобранцу любой армии мира на протяжении веков и тысячелетий. В данном случае в июне 1941 года Красной Армии было достаточно иметь в обороне 1237 таких же, как у Гитлера, устаревших танков с бензиновыми двигателями, противопульным бронированием и узенькими гусеницами. И тогда силы наступающей и обороняющейся сторон были бы равны. При этом новейших танков не требовалось вовсе. Народ своим героическим трудом, неимоверными лишениями, невосполнимыми потерями и сверхчеловеческими жертвами построил заводы и дал под командование Жукову 23 925 танков, т.е. в 19 раз больше того, что требовалось для обороны, и вот Жуков объявляет, что танков ему не хватало. Величайшему стратегу этого было мало, он бы хотел иметь еще 32 000, включая 16 600 новейших. В этом случае баланс получился бы 55 925 советских танков, включая 19 755 новейших образцов, против 3712 устаревших немецких танков, среди которых ни одного нового типа. Жукову хотелось бы на каждый устаревший немецкий танк иметь по 15 советских танков, в том числе по пять новейших.

При чтении этих цифр возникает неизбежный вопрос об умственных способностях нашего народа, о полноценности, о высшей и низшей расах. Жуков облил грязью наш народ так, что предстоит отмываться много десятилетий, если не веков.

Представим: вот шахматная доска. Тысячу танков примем за одну шахматную фигуру. Тысячу новейших танков будем считать ферзем. У красных — 24 фигуры (в три ряда стоят), в том числе три ферзя. А у коричневых — четыре фигуры. Для точности: неполных четыре и ни одного ферзя. При этом красные заявляют о нехватке. Да о какой! Жукову хотелось бы, чтобы красные фигуры на шахматной доске стояли в семь рядов, и в их числе ему хотелось бы иметь 20 ферзей. Это против трех с половиной немецких фигур, среди которых нет ферзя.

Есть еще и такое объяснение катастрофе 1941 года: немцы сосредоточили силы на узких участках... Вот советник Президента России генерал-полковник Д. Волкогонов объясняет: «Дело в том, что войска вермахта были сконцентрированы в несколько мощных группировок, благодаря чему на направлениях главных ударов противник создал четырех- и пятикратное превосходство в силах и средствах» («Русская мысль», 11—17 мая 1995 г.).

Прикинем: драка на улице, на одной стороне 24 мужика, в том числе три олимпийских чемпиона по боксу, на другой — четыре мужика, точнее, три с половиной, без чемпионов... Расскажите мне, как те трое могут сосредоточиться на узких участках, чтобы набить морды двадцати четырем, включая олимпийцев? Но они ухитрились. И вот нам объявляют, что 24 устоять не могли, уж слишком их мало было, им не хватало еще 32 мужиков, включая 16 чемпионов. Против троих. С половиной.

Или вот идет чемпионат мира по футболу. У нас на поле 24 игрока, а у них трое... Но они сосредоточились на узких участках... А у нас чуть-чуть не хватало.

Люди мира читают, люди удивляются, люди сравнивают, люди делают выводы. Выводы эти — не в пользу умственных способностей нашего народа.

Но допустим, что Жуков действительно не знал, сколько у него было танков. Давайте считать, что у нас круглый ноль. Но даже если бы у нас вообще не было никаких танков, то и тогда жуковские заявления о том, что против неполных четырех тысяч немецких танков нам требовалось 32 тысячи, есть оскорбление. Прежде всего это национальное оскорбление русскому народу. И всем остальным народам бывшего Советского Союза тоже. В свете той арифметики мы все смотримся недоумками и дебилами. Только за одно это заявление следует сдернуть Жукова-идола с постамента.

Соотечественники, у нас выбор: или мы признаем, что наш преступный режим готовил захватническую войну, а к обороне вовсе не готовился, потому нас застали врасплох и гнали до самой Москвы, или мы должны признать себя идиотами.

Книга Жукова — расистская, ибо вбивает в наши головы идею о ничтожестве нашего народа. Гитлеровцы хотели нам навязать идею расового превосходства немцев над славянами, семитами и прочими. Им это не удалось. А марксисту Жукову удалось. Марксисты-ленинцы приучили нас презирать и ненавидеть самих себя. Они приучили нас плевать на предшествующие и будущие поколения, на свою землю, на собственную историю. Гитлер не сумел нас покорить. Жуков сумел.

Книгу Жукова восхваляли все ненавистники русского народа. Товарищи из «Красной звезды» обратились прямо к Михаилу Александровичу Шолохову: скажи слово... Однако «на оценки Шолохов оказался скуп. («Назову одного, — другой обидится».) Впрочем, один комплимент сделал: "Военные мемуары маршалов Жукова и Рокоссовского — книги блистательные"» («Красная звезда», 24 мая 1995 г.).

Зря Михаил Александрович грешное с праведным путал. Нет у Рокоссовского в мемуарах ничего подобного тому, что вписано в похабные творения Жукова.

А хор ненавистников звенит: о, великий Жуков!

И вот вопрос нашим лауреатам, нашим стратегам в генеральских и маршальских погонах: а вам, дорогие товарищи, не противно получать свои сребреники за восхваление этой скотской книжонки?

7

Лавры Жукова-клеветника покоя нашим стратегам не дают. Последний начальник Генерального штаба Вооруженных Сил СССР генерал армии М. Моисеев уже под самый закат коммунистической власти решил отличиться. Он пошел дальше: объявил, что одних только новейших танков нам требовалось не 16 600, как заявлял Жуков, а 31 400 («Правда», 19 июля 1991 г.).

Жуковский метод неисчерпаем, как наши потребности. Товарищи бессовестные генералы, если кому хочется наград, орденов и должностей, объявите, что русские настолько глупы, что им требовалось дополнительно 100 000 новейших танков, не считая тех, которые уже состояли на вооружении Красной Армии. Гарантирую: вам коммунисты тоже памятник слепят.

Причины популярности Жукова в Германии, во Франции, в Британии, США понятны: заевшемуся обывателю приятно читать признания в том, что русские глупее всех на свете. Жуковская фальшивка ласкает национальное самолюбие и немца, и американца, и британца, и француза: русские сами сознают свою неполноценность!

И пусть украинцы, татары, евреи, грузины или армяне не обольщаются. Когда говорят про русских, всех нас в виду имеют. С подачи Жукова Георгия Константиновича, «маршала победы», все мы — низшая раса.

А немцы — высшая.

Никто из лидеров современной России не скрывает, что книга Жукова — идеологическая диверсия. Почему же они восхваляют Жукова и его, извините за выражение, «мемуары»? А вот почему: преступление века сорвалось, «освобождение» Европы, Азии и Африки не состоялось, однако следы подготовки видны невооруженным глазом. Чтобы предотвратить разоблачение, коммунисты распускают (весьма успешно) небылицы про «неготовность». Коммунисты объявили всему миру о том, что наш народ вообще ни на что не способен: не имея двадцатикратного численного и абсолютного качественного превосходства, русский солдат воевать не способен.

Из всех маршалов военного времени Жуков проявил наибольшее усердие и рвение в служении антинародному режиму. Оттого режим и раздувает жуковский культ. Оттого Жукова-клеветника на постамент водрузили: дутым жуковским величием подпирают басни про нехватку танков, про «устаревшие» самолеты и «неукомплектованные» дивизии. Памятник Жукову — свидетельство того, что мы с клеветой смирились, что мы согласны с жуковской оценкой наших способностей.

Каждый, кто читал мемуары Жукова, согласен: более дикой клеветы на Россию никто выдумать не мог. Лично я об этом повторяю во всех своих книгах. Однако я — тоже жертва коммунистической пропаганды. Я считал книгу лживой, но самого Жукова — великим полководцем...

Я ошибся. Жуков не был ни великим, ни полководцем. Свои слова о его якобы величии, о том, что он не имел ни одного поражения, беру обратно.

У всех моих читателей прошу прощения за ошибку.

Жуков заявил, что ему не хватало 32 тысяч танков против 3 тысяч германских. Тем самым он сам признал, что полководцем не является.

13 июля 2004 г.
Бристоль

Список литературы

Бешанов В. Десять сталинских ударов. Минск: Харвест, 2000.

Боевой и численный состав Вооруженных Сил СССР в период Великой Отечественной войны: Статистический сборник № 1 (22 июня 1941 года). М.: Воениздат, 1994.

Вестфаль З., Крейпе В., Блюментрит Г. и др. Роковые решения / Пер. с нем. М.: Воениздат, 1958.

Владимиров Л.В. Россия без прикрас и умолчаний. Мюнхен: Посев, 1968.

Гальдер Ф. Военный дневник / Пер. с нем. М.: Воениздат, 1969—1971.

Георгий Жуков. Стенограмма октябрьского (1957 г.) пленума ЦК КПСС и другие документы. М.: Фонд «Демократия», 2001.

Год 1941. Юго-Западный фронт. Львов: Каменьяр, 1975.

Гот Г. Танковые операции / Пер. с нем. М.: Воениздат, 1961.

Готовил ли Сталин наступательную войну против Гитлера? / Сост. В.А. Невежин. М.: АИРО-ХХ, 1995.

Гудериан Г. Воспоминания солдата / Пер. с нем. Смоленск: Русич, 1998.

Жуков Г.К. Воспоминания и размышления. М.: АПН, 1969.

Залесский К.А. Империя Сталина: Биографический энциклопедический словарь. М.: Вече, 2000.

Иринархов Р.С. Западный особый. Минск: Харвест, 2002.

История Великой Отечественной войны Советского Союза. 1941—1945: В 6 т. М.: Воениздат, 1960—1965.

История Второй мировой войны (1939—1945): В 12 т. М.: Воениздат, 1973—1982.

Карпенко А.В. Обозрение отечественной бронетанковой техники. 1905—1995 гг. СПб.: Невский бастион, 1996.

Краснознаменный Балтийский флот в битве за Ленинград. М.: Наука, 1973.

Кузнецов А. Бабий Яр. Нью-Йорк: Посев, 1986.

Куценко А. Маршалы и Адмиралы флота Советского Союза. М.: Аспект, 2001.

Лиддел Гарт Б.Х. Стратегия непрямых действий / Пер. с англ. М.: Иностранная литература, 1957.

Лиддел Гарт Б.Х. Вторая мировая война / Пер. с англ. М.: Воениздат, 1976.

Манштейн Э. фон. Утерянные победы / Пер. с нем. М.: АСТ, 1999.

Маршалы Советского Союза. М.: Любимая книга, 1996.

Мерцалов А.Н., Мерцалова Л.А. Иной Жуков. М., 1996.

Миддельдорф Э. Тактика в русской кампании / Пер. с нем. М.: Воениздат, 1958.

Морозов Д.А. О них не упоминалось в сводках. М.: Воениздат, 1965.

Мюллер-Гиллебранд Б. Сухопутная армия Германии 1933—1945 гг.: В 3 т. / Пер. с нем. М.: Иностранная литература, 1956—1958.

Накануне войны: Материалы совещания высшего руководящего состава РККА. 23—31 декабря 1940 года. М.: Терра, 1993.

На Северо-Западном фронте (1941—1943): Сборник статей участников боевых действий / Под ред. П.А. Жилина. М.: Наука, 1969.

Невежин В.А. Синдром наступательной войны: Советская пропаганда в преддверии «священных боев» 1939—1941. М.: АИРО-ХХ, 1997.

Николаевский Б.И. Тайные страницы истории. М.: Издательство гуманитарной литературы, 1995.

Нюрнбергский процесс над главными немецкими военными преступниками: Сборник материалов. В 7 т. М.: Юриздат, 1960.

Октябрьский пленум ЦК КПСС: Стенографический отчет. М., 1957.

Ордена Ленина Московский военный округ. М.: Воениздат, 1985.

Петров Н.В., Сорокин К.В. Кто руководил НКВД. 1934—1941. М.: Звенья, 1999.

Пикер Г. Застольные разговоры Гитлера / Пер. с нем. Смоленск: Русич, 1993.

Проэктор Д.М. Война в Европе. М.: Воениздат, 1963.

Рейнгардт К. Поворот под Москвой. М.: Воениздат, 1980.

Рендулич Л. Управление войсками / Пер. с нем. М.: Воениздат, 1974.

Риббентроп И. фон. Между Лондоном и Москвой / Пер. с нем. М.: Мысль, 1996.

Рыбин А.Т. Сталин и Жуков. М.: Гудок. 1994.

Рокоссовский К.К. Солдатский долг. М.: Воениздат, 1968.

Руге Ф. Война на море 1939—1945 гг. / Пер. с нем. М.: Воениздат, 1957.

Самсонов А.М. Знать и помнить. М.: Политиздат, 1989.

Сандалов Л.М. Боевые действия войск 4-й армии Западного фронта в начальный период Великой Отечественной войны. М.: Воениздат, 1961.

Сандалов Л.М. Трудные рубежи. М.: Воениздат, 1965.

Сандалов Л. М. Пережитое. М.: Воениздат, 1966.

Сандалов Л.М. На московском направлении. М.: Наука, 1970.

Сандалов Л.М. Первые дни войны. М.: Воениздат, 1989.

Симонов К.М. Глазами человека моего поколения. М., 1988.

Сичкин Б. Я из Одессы, здрасьте... СПб.: СМИО-Пресс. 1996.

Смирнов Н.Г. Вплоть до высшей меры. М.: Московский рабочий, 1997.

Совершенно секретно! Только для командования. М.: Наука, 1967.

Советская военная энциклопедия: В 8 т. М.: Воениздат, 1976—1980.

Советские Вооруженные Силы: История строительства. М.: Воениздат, 1978.

Соколов Б. Неизвестный Жуков: портрет без ретуши. Минск: Родиола-Плюс, 2000.

Сообщения Советского Информбюро. М.: Изд-во Совинформбюро, 1945—1947.

Солоневич И.Л. Россия в концлагере. М.: Москва, 1999.

Солоневич И.Л. Народная монархия. Минск: Лучи Софии, 1997.

СССР — Германия. 1939—1941 / Сост. Ю. Фельштинский. Нью-Йорк, 1983.

Триандафиллов В.К. Размах операций современных армий. М.; Л.: ОГИЗ, 1926.

Триандафиллов В.К. Характер операций современных армий. М.; Л.: Госиздат, 1929.

Тыл Советских вооруженных сил в Великой Отечественной войне / Под общ. ред. генерала армии С.К. Куркоткина. М.: Воениздат, 1977.

Шапошников Б.М. Мозг армии: В 3 кн. М.; Л.: Госиздат, 1927—1929.

Шпеер А. Воспоминания / Пер. с нем. Смоленск: Русич, 1997.

XVII съезд партии: Стенографический отчет. М.: Партиздат, 1934.

Газеты: «Аргументы и факты», «Вести», «Известия», «Красная звезда», «Российская газета», «Литературная газета», «Московские новости», «Московский комсомолец», «Независимая газета», «Независимость», «Независимое военное обозрение», «Новое русское слово», «Правда», «Русская мысль», «Сегодня» (Киев), «Час».

Журналы: «Бюллетень оппозиции», «Военно-исторический журнал», «Военные архивы России», «Вопросы истории», «22», «Знамя», «Магазин», «Наш современник», «Новая и новейшая история», «Огонек», «Российское возрождение», «Родина».

Beer H. Moskaus As im Kampf der Geheimdienste. München, Hohe Warte, 1983.

British and American Tanks of World War II. New York: ARCO, 1969.

Encyclopedia of German Tanks of World War Two. London: AAP, 1978.

Gregory J., Batchelor D. Airborne Warfare 1918—1941. Leeds: Phoebus, 1978.

Hitler A. Mein Kampf. München: Zentralverlag der NSDAP. Eher, 1933.

Mellenthin F. W. von. Panzer Battles. London. 1955.

Reinhardt K. Die Wende vor Moskau. Stuttgart, 1978.

Rosenberg A. Der Zukunftweg einer deutschen Aussenpolitik. München, 1927.

Оглавление

Литературно-художественное издание

Суворов Виктор
Беру свои слова обратно
Вторая часть трилогии «Тень Победы»

Редактор Л.В. Владимиров

Издательство «Сталкер»
83114, Украина, г. Донецк, ул. Щорса, 108а

Издано при участии ООО «Харвест».
Лицензия № 02330/0056935 от 30.04.04.
Республика Беларусь, 220013, Минск, ул. Кульман,
д. 1, корп. 3, эт. 4, к. 42.

Открытое акционерное общество
«Полиграфкомбинат им. Я. Коласа».
Республика Беларусь, 220600, Минск, ул. Красная, 23.

Суворов, В.

С89   Беру свои слова обратно: Вторая часть трилогии «Тень Победы» / Виктор Суворов. — Донецк: Сталкер, 2007. — 491, [5] с.

ISBN 966-696-874-6 (Ч. 2)
ISBN 966-696-873-8

Каждый человек допускает ошибки. Не избежал их и Виктор Суворов. Перед ним открывалось два пути: настойчиво доказывать свою правоту или признать ошибки. Он выбрал второй путь и оказался самым суровым и беспощадным критиком своих заблуждений.

Читайте вторую часть трилогии «Тень Победы».

УДК 821.161.1
ББК 84 (2Рос=Рус)6-4